出土文獻譯注研析叢刊

銀雀山漢簡數術類文獻整理與研究

龐壯城　著

林序

　　數術是古代關於天文、曆法、占卜等方面的學問，涉及陰陽五行等較為神秘難懂的內容，屬冷門絕學，也是一種傳統文化，現在雖然不流行了，但在古代社會，也是日常生活中必不可少的，在古人的觀念裏，其實非常重要。

　　《漢書・藝文志・數術略》分天文、曆譜、五行、蓍龜、雜占、形法六類，其中所收書籍多已亡佚，傳世文獻不足徵，致使數術文獻和數術文化的研究，難以得到有效的開展。但地不愛寶，近幾十年來所出簡帛文獻，多有涉及數術內容者，學者依據這些材料，使得數術文獻的研究大有起色。從研究的過程看，過去學界對於數術類文獻的研究，多集中在日書、式占一類的「選擇術」，如對九店楚簡、睡虎地秦簡、放馬灘秦簡、周家臺秦簡中的相關內容有較多探討，但較少涉及選擇術之外的數術內容和主題。銀雀山漢簡收錄了涉及陰陽、五行、天文等內容的數術類文獻，數量豐富，如《曹氏陰陽》、《禁》、《三十時》、《迎四時》、《五令》、《不時之應》、《為政不善之應》、《人君不善之應》、《占書》等，呈現西漢初年數術文化的獨特性與複雜性。龐壯城《銀雀山漢簡數術類文獻整理與研究》，以銀雀山漢簡數術類材料為中心，吸收學界研究成果，參照相關傳世和出土文獻，在各篇之簡序排列、文字隸定、詞語訓釋及思想概述等方面進行補苴與考證，挖掘和提煉銀雀山漢簡數術類文獻的主要特色，力求為以往難以企及的先秦兩漢數術文化研究添磚加瓦。龐壯城的此項研究，可與目前學界相關研究相輔相成，相得益彰。本人粗讀一過，覺得主要有以下兩項突出的特點：

　　一是出土文獻與傳世文獻相結合。王國維主張「二重證據法」，謂地下之新材料可據以補正紙上之材料，二者互為證明。其實此種方法在涉及出土材料的研究中，學者自然而然就會用上，如宋代研究金石學，不同性質的材料互為證明，都很常見。王國維之功，在於提煉出「二重證據法」之名，而且有成功的案例。二重證據法是一種科學的研究方法，現在學界都很重視。壯城此書，結合《漢書・藝文志》的相關內容，與銀雀山漢簡出土材料進行比照，分銀雀山相關材料為三類：把《曹氏陰陽》、《陰陽散》、《三十時》、《迎四時》、《四時令》歸為陰陽類文獻；把《禁》、《五令》、《不時之應》、《為政不善之應》、《人君不善之應》歸為五行類文獻；把《占書》、《天地八風五行客主五音之居》歸為天文類文獻。當然，由於書籍內容的複雜性，分類是一項很難兩全的工作，比如陰陽與五行是相關的，但在《漢書・藝文志》中，陰陽家歸屬〈諸子略〉，而五行則歸屬〈數術略〉；曆譜和天文也是相關的，但〈數術略〉中曆譜和天文又是分開的兩類。銀雀山漢簡數術類文獻的分類，也難免有交叉，但對於探討問題，可以提供更多的方便。傳世文獻與出土文獻的結合，在本書的詞語考釋等方面，也都有充分的表現，其中精彩，讀者自可領略。

　　二是重視簡文字詞的考釋。古人云，以小學入經學，則經學可信。字詞是文獻構成的基礎，對字詞的解釋準確與否，關係到對文義內涵的理解是否精準到位。壯城此書的第三章，對銀雀山漢簡數術類的各篇文獻，都進行了字詞考釋，透過文字、音韻、訓詁之方法儘可能釐清字形詞義，力求做到言之有據，信而有徵，對於理解簡文內容

提供了很大幫助，也體現了作者語言文字研究方面的扎實功底。當然，語言文字問題是很複雜的，數術類文獻的研究難度也是眾所周知的，在字詞考釋和內容解讀方面見仁見智也是正常的。

　　壯城兄是臺灣臺北人，畢業於臺灣成功大學，受到沈寶春、季旭昇、許學仁諸先生的指導，學術功底扎實，為人真誠友善。他 2018 年來閩工作，據他說感覺良好，也是我們學院閩臺文教交流的一個好案例。福建師範大學文學院至今已有多位臺籍老師到此任教，給學生帶來了一股「臺灣風」，大有裨益。壯城在教學方面很用心，開設古代漢語、出土文獻、古文字等方面的課程，很受學生歡迎。他在學術研究方面也頗有進取心，已承擔省部級各類項目，並出版了《何士驥文存》（合著）、《〈嶽麓書院藏秦簡（壹）·占夢書〉研究》（獨撰）、《〈上海博物館藏戰國楚竹書（九）〉讀本》（合著），發表論文十數篇。他這次在臺灣萬卷樓出版《銀雀山漢簡數術類文獻整理與研究》，又是他繼續進步的一個標誌。我對數術研究完全外行，蒙壯城不棄邀我作序，只能說些膚淺的內容以交差，但欣喜於壯城新作的出版，並希望他取得更大成績的心情則是真誠的。

福建師範大學文學院院長

林志強

二〇二二年十二月十四日

高序

　　近年地不愛寶、材料蠭出，地下文獻大量公布，令人目不暇給。往往前一冊還未消化完，後一冊又見付梓，研究速度遠遠趕不及發表速度，讓人恨不得一天有四十八小時。然而我觀察到不少新科博士，研究上時有創見，教學上亦屢獲肯定，本書作者龐壯城博士就是此類年輕學者中的佼佼者。

　　我在成功大學中文系攻讀博士時，壯城還是大學部的學生，但他很早就展露出對於古文字學的興趣，以及語言文字研究者應具備的學術敏銳力。他在大學時期便以「《說文解字》從『虎』諸字看中國虎圖騰文化」為題，通過國科會大專學生研究計畫，時常到沈寶春教授研究室請益，其誠懇認真的態度，令我留下深刻的印象。大學畢業後，壯城續留本校攻讀碩、博士，是寶春老師的得意門生，也是關門弟子。這個階段，壯城逐漸將研究視角鎖定在出土文獻中的數術、占卜類資料，有條不紊地考證戰國文字、秦漢簡牘等相關材料，其研究備受學界肯定。

　　壯城畢業後至福建師範大學文學院任職，春風化雨，頗受學生愛戴，不時聽到其課程獲獎的消息。對我來說，這一點都不令人意外，因為他早在成大就學時期，即是全國知名的「鳳凰樹文學獎」的常勝軍，還曾經得過古文組的首獎。他本是能研究也能創作的「二刀流」，唱作俱佳，講授的課程自然引人入勝。

　　本書聚焦銀雀山漢簡的數術類文獻，對文本進行全面且有系統的考釋。壯城在大作完稿後，問序於余，余愧不敢當，謹以此文予以祝福，並期許壯城在學術上能持續精進，更上一層樓。

成功大學中文系副教授

高佑仁 謹識

二〇二二年十二月十五日

目次

凡例

- 釋文採嚴式隸定，後加（ ）註明寬式隸定或通假字；〈 〉表示訛字；（ ？）指釋文隸定尚有疑問；∟表示句讀符號；=表示合文符號或重文符號；□表示文字殘缺，若依線索得知為某字，則使用□加框；【 】表增補文字，簡號以【 】加阿拉伯數字標注於簡末。
- 本書所用上古音分部採用王力《漢語史稿》之系統，聲母為六類三十二母，韻部則十一類二十九部。其聲韻分部如表：*

聲母

喉		影 o					曉 x	匣 h
牙		見 k	溪 kh	群 g	疑 ng		曉 x	匣 h
舌	舌頭	端 t	透 th	定 d	泥 n	來 l		
	舌面	照 tj	穿 thj	神 dj	日 nj	喻 j		
齒	正齒	莊 tzh	初 tsh	床 dzh			山 sh	俟 zh
	齒頭	精 tz	清 ts	從 dz			心 s	邪 z
唇		幫 p	滂 ph	並 b	明 m			

韻部

甲	之 ə	支 e	魚 a	侯 o	宵 Ô	幽 u
	職 ək	錫 ek	鐸 ak	屋 ok	沃 Ôk	覺 uk
	蒸 əng	耕 eng	陽 ang	東 ong		
乙	微 əi	脂 ei	歌 ai			
	物 ət	質 et	月 at			
	文 ən	真 en	元 an			
丙	緝 əp		盍 ap			
	侵 əm		談 am			

- 凡談到西元之紀年，一律以阿拉伯數字表示，例如：「B.C. 1293」；而君王的紀年則一律以中文小寫表示，例如：「魯文公七年」。又文中凡為編號之數字，一律以阿拉伯數字表示，如簡 1、2、3；凡為總數之數字，則以中文小寫表示。
- 各條考釋先列學界意見，並依發表時間先後為序。引用資料之文字、符號若為簡體格式，則改為繁體格式。
- 為節省版面空間，方便閱讀，注腳形式以章為單位，首次引用之書籍為詳注，多次引用者則在引文後標注書名及頁數，不另注出版項。
- 各篇文獻所附之「簡文語譯」，若遇殘缺嚴重之文句，則僅錄原文，不另通譯。

---

* 表格轉引自王力〈同源字論〉一文，參王力：《同源字典》（北京：商務印書館，1982 年），頁 13、18。通假規則可參洪颺：《古文字考釋通假關係研究》（福州：福建人民出版社，2008 年），頁 6-7。

第一章、緒論

　　《銀雀山漢墓竹簡〔貳〕》收錄許多「陰陽」、「五行」的數術類出土文獻，卻乏人問津。過去學界研究此類文獻多集中在日書、式占一類的「選擇術」，如九店楚簡、睡虎地秦簡、放馬灘秦簡、周家臺秦簡，較少涉及選擇術之外的數術主題。深究其因，一是傳世文獻的亡佚，使此類文獻難以參照、解讀，不易論定其意義；二是選擇術流傳廣布，數量較多，而相關出土文獻卻屈指可數。

　　過去有關銀雀山漢簡數術類文獻的研究，在文字辨識、詞語考釋與《漢書・藝文志・數術略》等方面的整合研究，十分不足。該批簡牘出土較早，保存情況較差，產生許多如簡文綴合、歸類、隸定的基礎問題，對文獻本身亦沒有形成綜合性理解，沒有在整體的數術觀點下考釋詞語，此皆由對秦漢文字與《漢書・藝文志・數術略》之性質不夠重視所致。文字辨識是解讀出土文獻的基礎，藉由新出的研究成果，可修正、補充過去隸定有誤的文字，亦可辨識未識字，使簡文得以順利通讀。《七略》、《漢書・藝文志・數術略》是最早對數術類文獻進行分類的文獻目錄，呈現漢代官方對於數術文化的觀點。從時代縱線看，它呈現了數術文化由貴族轉向平民的普及化現象；從社會橫線看，它則記錄了數術文化擴散為「天文、曆譜、五行、蓍龜、雜占、形法」的多元現象。

　　由於《漢書・藝文志・數術略》所收書籍幾乎亡佚，使得秦漢時期數術文化的建構，或相關出土文獻的研究停滯已久。近年來，日書以外的數術類出土文獻大量出現，如上博簡《卜書》、清華簡《祝辭》、《筮法》、《禱辭》、《司歲》、《稱》、《五紀》、《參不違》、北大漢簡《陰陽家言》、《節》、《雨書》、《荊決》、《堪輿》、北大秦簡、烏程漢簡等，甚至馬王堆帛書、銀雀山漢簡的重新整理、公布，皆成為打破此種學術窘況的契機。透過這些珍貴資料，吾人可以重新釐清《漢書・藝文志》所收書目之性質，確立文獻歸類之根據，更可深入研究數術類出土文獻之性質與內容。

第一節、《銀雀山漢墓竹簡》之再整理

　　《銀雀山漢墓竹簡〔貳〕》出版於 2010 年，距今只有十二年，或許不算歷史悠久；但若以挖掘、公布的時間而言，則其距今已有五十年。1972 年 4 月，山東省博物館和臨沂文物組發掘了臨沂銀雀山一號、二號漢墓，其中出土大批文書，有《孫子兵法》、《孫臏兵法》、《六韜》、《十問》、《十陣》、《唐勒》以及陰陽時令、占候、年譜類等文書。該批簡數共七千六百二十三枚，木牘五方，但竹簡多數殘斷，導致文字難以辨識。

　　1972 年至 1974 年間，羅福頤、顧鐵符、吳九龍等人曾先後對銀雀山漢簡進行初步的研究與整理。1974 年成立銀雀山漢墓竹簡整理組，首先整理《孫子兵法》與《孫臏兵法》二書。銀雀山漢簡的出版物較多，然多為分批出版，1975 年，銀雀山漢簡整理小組編纂出版了《銀雀山漢墓竹簡〔壹〕》的大字線裝本，同年出版《孫臏兵法》

的平裝本。[1]1976 年出版《孫子兵法》的平裝本；1985 年出版《銀雀山漢墓竹簡〔壹〕》的精裝本；2010 年出版《銀雀山漢墓竹簡〔貳〕》的精裝本。[2]此外，1974 至 1985 年間，整理小組陸續在《文物》發表〈銀雀山漢墓出土《孫子兵法》殘簡釋文〉、〈臨沂銀雀山漢墓出土《孫臏兵法》釋文〉、〈臨沂銀雀山漢墓出土《王兵》篇釋文〉、〈銀雀山簡本《尉繚子》釋文（附校注）〉、〈銀雀山竹書《守法》、《守令》等十三篇〉等論文，這些釋文後收錄於 1985 年出版之《銀雀山漢墓竹簡〔壹〕》。吳九龍、畢保啟、羅福頤發表的有關《孫子兵法》《孫臏兵法》以及分類、古籍概略、通假字表、曆法等論文，甚至吳九龍於 1985 年出版的《銀雀山漢簡釋文》一書，在當時都屬於重要、前沿的研究成果，為學界提供了重要的資料和參考。不過上述成果，主要聚焦在《銀雀山漢墓竹簡〔壹〕》內的文獻。

　　銀雀山漢簡挖掘、公布至今，已屆五十年。2015 年起，山東博物館與中國文化遺產研究院、清華大學出土文獻研究與保護中心、湖北省荊州文物保護中心等單位聯合展開「銀雀山漢簡保護、整理與研究」的專案，並納入 2011 計畫「出土文獻與中國古代文明研究協同創新中心」的重點專案，對銀雀山漢簡進行預防性保護與資料提取，重新整理、研究銀雀山漢簡，並規畫該批文物的後續保護。[3]該專案預期於三年內完成並出版集成類著作，具體包括紅外線、彩色及部分放大圖版、釋文、集注等，預計有十二至十五輯。

第二節、研究目的及回顧

一、研究目的

　　《銀雀山漢墓竹簡〔貳〕》已出版十二年，時逢大量楚系、秦漢簡牘出版、公布，使其收錄之數術類文獻並未獲得較多關注，本書以其數術類文獻為主題（原題作陰陽時令、占候之類），配合《漢書・藝文志・數術略》的分類意旨，首先討論〈諸子略・陰陽〉與〈數術略〉之差異，釐清陰陽二氣發展為占卜之術，凸顯「由學而術」的脈略。

---

[1] 對當時的學術界而言，銀雀山漢簡除了具有學術意義外，更重要的是儒法鬥爭與軍事思想的意義：「（1974 年）六月八日，在《人民日報》的頭版頭條上，刊登了〈著名的《孫子兵法》和失傳的《孫臏兵法》等竹簡在山東臨沂銀雀山西漢前期墓葬中發現〉，下面還有一個副標題是：『對於研究先秦儒法鬥爭歷史和古代軍事思想提供了重要的新資料』。在這種背景下，這批漢簡的整理研究不僅僅是學術圈裡的事，而是對整個社會都產生了極大影響力的一個大事。……大字本的《孫子兵法》和《孫臏兵法》出版，這本書沒有標注出版社、書號、出版時間，更沒有編者、主編，現在看簡直就像『非法印刷品』，但當時就是這樣，沒有個人署名。還有一個原因是這本書是要呈毛主席看的。」詳參劉紹剛、曹晉彰：〈銀雀山漢簡的文字與書法漫談〉，《中國書法》，2018 年第 1 期，總 321 期，頁 54-63。

[2] 此書定稿於 1981 年，卻出版於 2010 年；甚至《銀雀山漢墓竹簡〔參〕》之底稿亦在過程中亡佚。

[3] 該專案的具體措施可參衛松濤：〈「銀雀山漢簡保護整理與研究項目」階段性成果簡述〉，《孫子研究》，2018 年第 3 期，總第 21 期，頁 91-94。馮令儒、馬瑞文：〈銀雀山漢簡的保護與影像採集〉，《孫子研究》，2018 年第 3 期，總第 21 期，頁 78-82。

　　本書於研究過程中，參照出土、傳世文獻，辨識文字，考釋詞語、梳理文義，從以往學者咸少關注的文獻及思想層面上，尤其是數術文化的時代性與社會性，補充西漢時期的數術類詞語研究。

　　首先，重新進行銀雀山漢簡數術類文獻的歸類、編聯、隸定與考釋工作。出土文獻的研究與整理，除了注重字詞考釋外，簡文篇題、排序與編聯更是不可或缺的重要基礎工作，而部分簡文的散亂或殘斷，皆可能妨礙研究之進展，因此妥善定義簡文篇題，釐清性質，安排簡文排序，分類零散竹簡，對後續研究極有幫助。部分簡文字形因為成像不清，導致綴合、隸定有誤，或考釋、通讀困難等問題，也在此過程中逐一解決，正確辨識。

　　其次，參照傳世文獻，進行釋讀與補苴。釋讀、補苴是對文獻深入的理解認識，也接續了前人研究成果。《漢書‧藝文志‧數術略》所載文獻散佚，過去的研究多半僅止於補充書證，無法彰顯劉、班的學術精神（如〈諸子略‧陰陽〉與〈數術略〉的定義混淆），也無法應用於出土文獻，這是研究材料缺乏所形成的局限。以現今的研究條件看，《漢書‧藝文志‧數術略》在字詞、文義的考釋上仍有商榷的空間，利用出土文獻的相關資料，可補苴缺文，檢視文例，推勘語法，重新審視前人未釋或釋而未當的部分。

　　最後則是通過銀雀山漢簡數術類文獻，廓清戰國至西漢時期數術的性質與樣貌。《漢書‧藝文志‧數術略》將當時的數術文獻分為「天文」、「曆譜」、「五行」、「蓍龜」、「雜占」與「形法」，並錄其卷數及各類別的性質簡述，然其書目所載之書籍至今幾乎失傳，真正的派別內容及思想特色，以今日出土文獻及相關傳世文獻相互印證考索，推敲細究，則可釐清這個先秦諸子學研究上的闕漏，也能夠作為日後相關出土文獻研究分類的參考。

　　銀雀山漢簡數術類文獻收錄於第二輯的「陰陽時令、占候之書」，共有《曹氏陰陽》、《陰陽散》、《禁》、《三十時》、《迎四時》、《四時令》、《五令》、《不時之應》、《為政不善之應》、《人君不善之應》、《占書》與《天地八風五行客主五音之居》，共十二篇。根據本書的研究，《曹氏陰陽》、《陰陽散》、《三十時》、《迎四時》、《四時令》屬陰陽類文獻；《禁》、《五令》、《不時之應》、《為政不善之應》、《人君不善之應》屬五行類文獻；《占書》、《天地八風五行客主五音之居》則屬天文類文獻。銀雀山漢簡內容之豐富，能與清華簡、嶽麓秦簡、睡虎地秦簡、放馬灘秦簡、馬王堆帛書、北大漢簡等文獻相參照。

二、研究回顧

　　銀雀山漢簡數術類文獻的研究，大抵可分為「詞語、義理」、「文字、筆法」與《漢書‧藝文志》，本書在研究過程中盡可能參考、吸收這些學術著作的觀點，並嘗試補充、修正。

（一）詞語、義理方面

除原整理者外，較為重要的研究尚有李零〈讀銀雀山漢簡《三十時》〉一文，補充《三十時》的書證，並略述「陰陽時令、占候之書」。葉山〈論銀雀山陰陽文獻的復原及其與道家黃老學派的關係〉一文，概略處理《占書》的編連與分組。[4]陳乃華〈先秦陰陽學說初探《曹氏陰陽》、《三十時》的文獻學價值〉一文，從文獻學的角度，簡單介紹《曹氏陰陽》的陰陽觀念，以及聯繫《三十時》與《管子·幼官》的紀時系統。[5]連劭名〈銀雀山漢簡陰陽災異書研究〉一文，對《為政不善之應》、《不時之應》與《人君不善之應》進行書證補充；〈銀雀山漢簡《曹氏陰陽》研究〉一文，對《曹氏陰陽》進行書證補充。連劭名的三篇文章寫作方法相同，多引述傳世文獻補證簡文，但在簡文分組、文字隸定上仍沿襲原整理者，並未發現部分簡文有綴合錯誤的問題，原整理者隸定錯誤之字形亦不加辨認，導致立論錯誤，相當為可惜；〈銀雀山漢簡《占書》述略〉一文，對《占書》進行書證補充。[6]鄔可晶〈銀雀山漢簡「陰陽時令、占候之類」叢札〉一文，為札記性質，解釋《曹氏陰陽》、《禁》、《占書》之詞語。[7]

陳侃理〈從陰陽書到明堂禮——讀銀雀山漢簡《迎四時》〉一文，認為《迎四時》與《皇覽》所引禮書屬於相同文獻，但為時代不同的傳本，在文獻學上被分為「陰陽書」與「禮書」，反映文獻在思想史、學術史上的變遷，更是儒學吸收、整合陰陽學說的現象。[8]陳侃理提出的「儒學吸收、整合陰陽學說的現象」，也見於其它數術類出土文獻，如清華簡《祝辭》，提供數術思想的另一種研究面向。劉樂賢〈談銀雀山漢簡中的《亡國志》〉一文，討論《占書》中的「祲祥」（月垣、星貫月、彗星等天文現象），並將該簡文中有關「月暈亡國」的簡文獨立命名為《亡國志》。劉嬌《言公與剿說—從出土簡帛古籍看西漢以前古籍中相同或類似內容重複出現現象》一書，則略舉《占書》與傳世文獻類似之文句。[9]饒宗頤、陳偉武、胡文輝、周雯等也曾對《天地八風五行客主五音之居》中有關「八風」及「兵陰陽」的字詞進行說明。[10]散見的研究

4 參〔加拿大〕葉山著，劉樂賢譯：〈論銀雀山陰陽文獻的復原及其與道家黃老學派的關係〉，中國社會科學院簡帛研究中心編：《簡帛研究譯叢》，第二輯（湖南：湖南人民出版社，1998年），頁82-128。

5 參陳乃華：〈早期陰陽學說的重要文獻「陰陽時令占候之書」初探〉，《文獻》，1997年第1期，頁216-224。

6 參連劭名：〈銀雀山漢簡陰陽災異書研究〉，《考古》，2005年第4期，頁64-68。連劭名：〈銀雀山漢簡《曹氏陰陽》研究〉，《中原文物》，2007年第2期，頁66-71。連劭名：〈銀雀山漢簡《占書》述略〉，《考古》，2007年第8期，頁62-67。

7 參鄔可晶：〈銀雀山漢簡「陰陽時令、占候之類」叢札〉，清華大學出土文獻研究與保護中心編，李學勤主編：《出土文獻》，第七輯（上海：中西書局，2015年10月），頁220-231。

8 參陳侃理：〈從陰陽書到明堂禮——讀銀雀山漢簡《迎四時》〉，《中華文史論叢》，2010年第1期，頁363-380。

9 參劉樂賢：《簡帛數術文獻探論（增訂版）》（北京：中國人民大學出版社，2012年），頁167-174。劉嬌：《言公與剿說——從出土簡帛古籍看西漢以前古籍中相同或類似內容重複出現現象》（北京：線裝書局，2012年），頁373。

10 參饒宗頤：〈談銀雀山漢簡《天地八風五行客主五音之居》〉，《簡帛研究》，第1輯（北京：法律出版社，1993年），頁113-119。胡文輝：〈談銀雀山漢簡《天地八風五行客主五音之居》釋證〉，《簡帛研究》，第3輯（南寧：廣西教育出版社，1998年），頁267-279。陳偉武：《簡帛兵學文獻探源》（廣州：中山大學出版社，1999年），頁64-67。周雯：〈銀雀山漢簡《天地八風五行客主五音之居》

論著如楊安《〈銀雀山漢墓竹簡・佚書叢殘〉集釋》一書,則廣泛蒐集有關《銀雀山漢墓竹簡〔貳〕》的相關論著,為實用資料。[11]與銀雀山漢簡的大量文獻相比,以上研究論著可謂滄海一粟,顯見在出土文獻或古文字領域中,漢簡較少受到關注。上述學術著作,集中在《曹氏陰陽》、《三十時》與《占書》,從文獻的角度出發,補證銀雀山漢簡「陰陽時令、占候」的部分,較少涉及其餘篇章。

(二)文字、筆法方面

　　以漢隸書寫的銀雀山漢簡,具有西漢早期的隸書特色,故相關的文字研究,除了簡文的隸定外,尚有討論隸書筆勢、書法的變化,以及用字、用詞系統的特色。曹磊《銀雀山漢簡文字構形系統研究》認為在「構形系統」的概念下,其形聲字占比七成五,會意字則占兩成,與馬王堆帛書相近,是較嚴謹的構形系統。[12]張會《銀雀山漢墓竹簡字形研究》通過系統性地研究簡文字頻,認為所用隸書起源於戰國的秦文字,在發展中可能受到六國文字所影響,但與篆文沒有承繼關係。[13]史大豐《〈銀雀山漢墓竹簡〔貳〕〉文字詞匯研究》一文,認為簡文字形處於古今隸書之間,其語料則以單音詞為主,仍有一形多音義的現象,也逐漸發展語義聚合的系統性、範疇化,故有相當多的同義詞、反義詞,以及完善的構詞法。[14]劉徵〈銀雀山漢簡文字形體特點〉一文,認為簡文只使用平直筆畫,較少方折,且多連筆書寫,於是在這些省併、簡化的心態下,出現了多種異體(左右、上下換位)、簡體(部件簡省)的字形,而這不僅是銀雀山漢簡的特色,也是此時期隸書之普遍現象,不過銀雀山漢簡也保留了少量的篆體結構,維持圓轉的筆畫。[15]張會、毛新雯〈論銀雀山漢簡字形的書法藝術特徵〉一文,認為簡文具有規整、草率的兩種書寫風格,前者解散了篆文的謹嚴與凝重,在佈局上呈現了平正嚴整與參差錯落的統一;後者則近似於草書,其筆畫與布局呈現豪放不羈之態勢與神采飛揚的藝術風格。[16]劉紹剛、曹晉彰〈銀雀山漢簡的文字與書法漫談〉一文,認為簡文隸書雖有戰國齊系文字性質,但更多的是特殊字形;而其筆法穩健,粗細變化較少,沒有強烈對比,故呈現含蓄溫潤的風格。楊安〈談銀雀山漢簡書法〉一文,提出簡文可見的書法風格為「整飭」、「快書」、「草意」與「古體」四種,呈現秦漢之際隸書、草書走向成熟的過渡性文字性質。張海波〈銀雀山漢簡字跡研究〉

研究綜述〉,武漢大學簡帛研究中心:《簡帛》,第 7 輯(上海:上海古籍出版社,2012 年),頁 321-342。

[11] 參楊安:《〈銀雀山漢墓竹簡・佚書叢殘〉集釋》(長春:吉林大學古籍研究所碩士論文,何景成指導,2013 年)。

[12] 參曹磊:《銀雀山漢簡文字構形系統研究》(河北:河北師範大學漢語言文字學碩士論文,李冬鴿指導,2013 年)。

[13] 參張會:《銀雀山漢墓竹簡字形研究》(長春:吉林文史出版社,2016 年)。

[14] 參史大豐:《〈銀雀山漢墓竹簡〔貳〕〉文字詞匯研究》(上海:華東師範大學中國語言文學系博士論文,臧克和指導,2017 年)。

[15] 參劉徵:〈銀雀山漢簡文字形體特點〉,《古漢語研究》,2017 年第 1 期,總 114 期,頁 76-84。

[16] 參張會、毛新雯〈論銀雀山漢簡字形的書法藝術特徵〉,《民俗典籍文字研究》,2018 年第 1 期,頁 156-164+275。

一文,認為不少篇章的兩種字跡,出自不同書手,單一書手也書寫不同篇章。[17]

　　銀雀山漢簡所見漢隸,與《張家山漢簡》相較,其篆書成分更少;與武帝時期的北大漢簡《老子》《倉頡篇》相較,其隸書較不成熟,反倒與文景之際的虎溪山漢簡《閻氏五勝》相近,呈現了早期漢隸一種規範的書寫面貌;部分文字的寫法為後世草書所繼承,然與之相比,如走馬樓漢簡所見草書時,仍然有較大差異。無論如何,銀雀山漢簡所見的隸書字形,實與馬王堆帛書、北大漢簡、張家山漢簡等西漢早期出土文獻差異較小,類似的「改曲為直」、「改圓為方」以及「改斷為連」等書寫特徵於兩漢出土文獻亦屢見不顯,可見此類書寫風格當屬共性,並非特例,若要說明、呈現古隸之演進、發展脈絡,仍需憑藉多種出土文獻的相互比對。

(三)《漢書‧藝文志》方面

　　本書雖然以出土文獻的考釋通讀為主,卻也關注到傳世文獻所能提供的數術理論及背景文化,《漢書》作為官修史書,很大程度地呈現了漢代官方視角下的數術樣貌,流露出與出土文獻不同的社會面向。《漢書》相關的數術類內容主要見於〈郊祀志〉、〈天文志〉、〈五行志〉與〈藝文志‧數術略〉。

　　〈郊祀志〉記載上古帝王至西漢的邦國祭祀,〈天文志〉記載漢代對於日月五星雲氣變化的解讀,〈五行志〉則是用「五行」觀念解釋《左傳》、《史記》等史傳文獻所記載的災異現象,〈數術略〉記載具體書目,分為「天文」、「曆譜」、「五行」、「蓍龜」、「雜占」以及「形法」六類,收錄秦漢時期的數術書目,共一百九十家,二千五百二十八卷,只是所存書籍幾乎亡佚,後人僅能從書名以及〈數術略〉的序文,推測這些書籍的內容與性質,理解此六類數術之「操作方式」、「使用目的」,勾勒當時的術數文化。

　　過去有關《漢書‧藝文志》的研究,多圍繞在「書籍內容」、「書名辨析」上,如唐人顏師古《注》及宋人王應麟《漢書藝文志考證》,或如清人章學誠《校讎通義》、錢大昕《漢書考異》、錢大昭《漢書辨疑》、王仁俊《漢藝文志考證校補》、沈欽韓《漢書藝文志疏證》、王先謙《漢書補注》、姚振宗《漢書藝文志拾補》與《漢書藝文志條理》、劉光蕡《前漢書藝文志注》。近人如余嘉錫《目錄學發微》、葉長青《漢書藝文志問答》、顧實《漢書藝文志講疏》、姚明輝《漢書藝文志注解》、陳朝爵《漢書藝文志約說》、沈厥民《漢書藝文志校補存遺》、楊樹達《漢書窺管》、張舜徽《漢書藝文志通釋》、陳國慶《漢書藝文志注釋彙編》等。上述著作,多為「札記」,針對各略書目進行疏證、補苴,內容則多節錄傳世文獻的相關部分,大多互相因循,創見較少,但對於窺探《漢書‧藝文志》所收書目的流變脈絡甚有幫助。

　　此外,《漢書‧藝文志》的研究尚有趙益〈漢志數術略考釋補證(上)、(下)〉,其性質與前述相關研究略同,以補證書目為主,差別在前述論著是全面性地探討《漢

---

[17] 參劉紹剛、曹晉彰〈銀雀山漢簡的文字與書法漫談〉,《中國書法》,2018 年第 1 期,總 321 期,頁 54-63。楊安〈談銀雀山漢簡書法〉,《中國書法》,2018 年第 1 期,總 321 期,頁 70-75。張海波〈銀雀山漢簡字跡研究〉,《中國書法》,2018 年第 1 期,總 321 期,頁 80-86。

書・藝文志》之各略,而趙益僅針對〈數術略〉而作,只是其主要觀點仍無法跳脫前人窠臼,故所引例證也大多沿襲前人論著,僅稍微增補今人的說法。李零《蘭臺萬卷・讀〈漢書・藝文志〉》,初步利用出土文獻的視野對《漢書・藝文志》所收書目進行分組,並論述其內容,推動〈數術略〉的研究進程,提供後來學者開展研究之空間。李零《簡帛學術與古書源流(修訂本)》,以《漢書・藝文志》為根據,分類、整理當時所見之出土文獻;不過李氏處理的是整體《漢書・藝文志》的歸類,並非聚焦於〈數術略〉,且出土文獻推陳出新,部分說法也該重新檢討、修正。

綜上所述,本書選定之出土、傳世文獻皆蘊含豐富學術能量,亟待研究開發。以數術類出土文獻論,前人論述旨在廓清文獻性質與樣貌,實際的簡文內容或因為時代認知、出版疏漏而有誤釋的問題,這也是《銀雀山漢墓竹簡》預計重新出版的原因。故本書企圖以更宏觀的視野,就銀雀山漢簡之數術類文獻,呈現深入且完整的數術理論、文化。以傳世文獻論,《漢書・藝文志・數術略》的研究停滯已久,上引書籍之創作年代多屬清代前後,作者於出土文獻固然無所認知,雖是時代之局限,卻也是今人之契機。藉出土文獻的幫助,可重新檢驗前修時賢的論述,去蕪存菁,深化與出土文獻之聯繫。

本書根據現存簡文,配合 2015 年後的新拍攝圖版,盡可能說明各篇性質;各篇簡文的綴合、文字、詞語,也該重新確認其立論的可信度,以便歸類、分組。除受限於簡文殘缺、文字漫漶的影響,傳世文獻的亡佚也降低了研究熱度,提高了校讀的難度。銀雀山漢簡的研究尚待開展,現在的研究方向應轉而比對各數術類出土文獻,在簡帛中尋求互證,勾勒戰國至秦漢時期的數術文化,藉此彌補傳世文獻亡佚的缺憾。

第三節、研究方法與進程

一、研究方法

正確的研究方法,有助提高研究進展的效率,擴大研究視野及成果,本書運用的研究方法如下:

(一)量化統計

量化統計,又稱「定量研究」(Quantitative research),指採用統計、數學或計算技術等方式,對社會現象進行系統性的考察。此種研究的目標是運用發展與社會現象有關的數學模型、理論或假設。定量研究中最重要的過程是測量的過程(量化),以「數學方式」表示現象的「觀察結果」。量化後的數據,可用總數或百分比等方式呈現。此方法多採用統計與線性規劃進行分析,本書僅使用「統計」來分析數據,不涉及後續的觀察結果。

量化統計對於歸納字頻、詞頻以及揭示社會現象甚有助益,透過統計出土文獻詞語,可歸納出當時社會風氣的趨勢以及古人對事物重視的程度。筆者曾統計嶽麓簡《占夢書》之條例,認為其記載「凶多於吉」,反映該書所處的時代充滿鬼神迷信,凸顯

了古人的憂患意識:「相對於好,更注意壞」。雖然古人希望有吉祥的占卜,但更希望不要有凶險的占卜結果,透露了古人對於夢徵的不安與消災解禍的企圖。

統計數術類出土文獻中的「吉兆」、「凶兆」,對於分析「兆象」,推論其內容多有幫助;或者統計簡文的使用者身分,推斷該簡的使用者屬於貴族抑或平民。不過「量化」並非呈現絕對的社會現象,因為所採取之文獻資料若非詳實記錄,則所得數據便不足以反映實際的社會現象。因此依靠少量文獻所推導出的結果,僅是該文獻所透露的社會現象,需以較嚴謹的態度討論。

(二)歸納分類

歸納分類,又稱「邏輯演繹」(Inductive reasoning),指論證的前提支持結論,但不確保結論的推理過程。此種方法是基於對特殊的樣本(token)的有限觀察,透過系統性的分析,將其性質或關係整理出具有意義的模式,並歸結到類型加以解釋。但若觀察的樣本無法具有代表性,則由其所演繹出的分類意義便無法擴大應用。此方法多用於觀察量化統計後的數據,並賦予樣本群特殊的意義。

數術類文獻的性質歸納即可以此方法處理。如班固將〈數術略〉分為六類,共收一百九十家,二千五百二十八卷,但每類數量不一。這些書目雖然各有其類,但每類所收書目之性質卻又不盡相同,其中〈數術略・五行〉所收書目大多與「災異」有關,配合班固之序文,則可推測其將五行與災異相聯繫,故〈數術略・五行〉的性質應該就是兩漢盛行的侵祥、災異學說。銀雀山漢簡諸篇之內容大多強調「災異」與「五行」之關係,可見原題「陰陽時令、占候之類」,若以《漢書・藝文志》所述為準,則其標題忽略了五行與災異的特殊性質。歸納分類可有效地凸顯各出土文獻之特色。

(三)對比分析

對比分析(Comparative analysis approach),依樣本的性質,又可分為絕對比較、相對比較。此方法是把客觀事物加以比較,藉此認識事物的本質、規律,做出正確的評價與解釋。對比分析通常是把兩個相互聯繫的指標數據進行比較,從數量上展示、說明研究對象規模的大小,水平的高低,速度的快慢,以及各種關係是否協調。在對比分析中,選擇合適的對比標準,方能做出客觀的評價;若選擇不合,便可能得出錯誤的評價與結論。如果「歸納分類」是要尋求各樣本之間的同質性,那麼對比分析便是要凸顯樣本之間的差異性,如字樣的比對與詞語、文本之間的比對。

字樣的比對,可以幫助釐清字形,隸定文字,如銀雀山漢簡《曹氏陰陽》簡 1633 有 字,字形漫漶,僅剩右半部。但透過與銀雀山漢簡中的「凡」字作對比,如 (簡 1112)、 (簡 1198 正)、 (簡 1224),可以知道此未識字為「凡」字的可能性很大。或如銀雀山漢簡《地典》簡 1110、1111 提及十二種地形的相勝原則:「十二者相勝有時。一曰□……【四】曰林勝城,五曰城勝弈,六曰弈【勝□】,七曰□勝□,八……【十曰】□勝奚(溪),十一曰奚(溪)勝溝。」然而此二簡殘缺嚴重,未知其所缺地形為何。同篇簡 1119 有「死山陵丘林,其名為□地□」一句,其「山陵丘林」

應即簡 1110、1111 所殘佚之地形，且皆將「林」字列於第四種地形。據此，《地典〉簡 1110 便可補為「一曰山勝陵，二曰陵勝丘，三曰丘勝林，四曰林勝城，五曰城勝斜」。

（四）歷史比較法、推勘法

秦漢時期的文字與文獻，首要工作便是字形的隸定，主要採取「推勘法」以及「歷史比較法」。「歷史比較法」由于省吾提倡的「以形為主」而來，從未識字的字形出發，將其與已識字的字形進行比對，以東漢許慎所撰之《說文解字》為依據，盡可能掌握已識字的字形，包括甲骨文、金文、戰國文字與秦漢篆隸。首先檢驗已識字的準確性，而後採「偏旁分析」，析解未識字的偏旁，逐一比對各種已識字的偏旁，從而隸定未識字的拆分字形。但認識一個古文字的偏旁，並不等於認出這個字，還需要透過各種字形演變的規律、辭例的解讀，才能完整隸定。

「推勘法」則由唐蘭提出，以「詞例」為出發點，根據上下文的意義去推導字形或字義，如楊樹達所說：「初因字以求義，繼復因義而定字」，但這種方法發揮至極限時，便會產生「以文義定字形」、「屈形就義」的結果。事實上「推勘法」針對的辭例，雖然可以提供識字的線索，但並不能確定未識字的隸定，故須以歷史比較法提供佐證，如《四時令》簡 1899：「殺當死」之「殺」字，字形僅存殘筆，故原整理者未隸出，但透過與銀雀山漢簡各篇之「殺」字，可知殘筆部分為「殺」字所从之「殳」旁。且「殺當死」一句不僅與簡文「決疑獄」相對，又同於《淮南子‧時則》「殺當罪」。是知將該字隸為「殺」字，不僅於字形上有證，更有可證於傳世文獻。

（五）二重證據法

王國維曾提出「二重證據法」的概念，認為「吾輩生於今日，幸於紙上之材料外，更得地下之新材料。由此種材料，我輩固得據以補正紙上之材料，亦得證明古書之某部分全為實錄，即百家不雅訓之言亦不無表示一面之事實。此二重證據法惟在今日始得為之」，以地下出土的新材料與傳世典籍互證，藉此解讀新出材料。陳寅恪總結王國維的研究成果，認為「二重證據法」又可擴大衍伸為「取異族之故書與吾國之舊籍互相補證」以及「取外來之觀念，與固有之材料互相參證」。換言之，「二重證據法」是以兩種材料相互驗證比對的方法，並不囿限於地下材料與傳世文獻。

前述提及之「歷史比較法」與「推勘法」，前者強調出土文獻字形之比較，後者著重於傳世文獻詞例之參照，結合二者，便可利用字形、詞例之證據對文獻進行考證與補苴，此即二重證據法。

二、研究進程

本書之研究進程，可分為「基礎工作」與「延伸推衍」兩個層次，分布於第貳、參、肆、伍章之中。第貳章討論學界以《漢書‧藝文志‧數術略》進行出土文獻的研究方法，去其糟粕，取其精華，屬於傳世文獻之梳理；第參、肆、伍章則針對銀雀山

漢簡的「陰陽」、「五行」、「天文」類文獻為對象，逐一進行「字形隸定」、「字詞考釋」與「簡文語譯」等三步驟的研究進程，也涉及數術思想之闡發與補充。試析如下：

（一）字形隸定

戰國文字是研究甲骨、金文至秦漢篆隸字形之演變關鍵，傳統的篆隸文字大多承襲自秦系文字的系統，過去囿於資料不足，甲骨文、金文到秦漢篆隸的構形演變研究多呈現空白、斷層，但在包山簡、郭店簡、新蔡簡、上博簡、清華簡等多種楚系文字公布後，學者對於此時期文字演變脈絡則日漸清晰。字形的採擷，以往依據字書、韻書、辭書，今日則多參酌出土文獻提供新字樣，補苴形體發展中字樣的缺空，銜接字際的斷鏈。王國維提出六國、秦文字皆承襲殷周文字，卻分別發展的〈戰國時秦用籀文六國用古文說〉一文。[18]唐蘭承此，將繼承舊傳統文字的春秋時代和秦代小篆稱為「秦系文字」，而將東方各國文字稱為「六國文字」以明兩者的不同。[19]兩系文字的字形雖然有明顯差異，但據新出的文字材料，卻發現其間存在著「相互影響」的關係。裘錫圭認為，「雖然在原則上不同意隸書有一部分是承襲六國文字的說法，卻不否定隸書所從出的篆書或篆文俗體以至隸書本身曾受東方六國文字的某些影響的可能性」；[20]比對秦隸與楚系文字，郭永秉認為戰國文字從字形到用字與秦文字差異非常大，但在某些抄本裡，仍有不少值得注意的，與秦文字相合、相應的重要現象。[21]

雖然戰國文字分域研究是必要的，但不能因此忽略各系文字間的聯繫，尤其是秦、楚文字之間的比較，唯有在兩者相互參照下，「藉由分層、分期、分類、分域等相關條件之繫聯，在文字構形、語音線索及字義孳乳的基礎上，勾稽演變的字際關係，交錯比對文字形體字樣，以建構文字的發展譜系」，[22]才能更廓清兩者的構形演變，是以本書利用所採取之字形證據雖多出自秦、漢簡，但也涵攝了銅器銘文與戰國文字，企圖為所論字形之隸定提供充足之佐證。

（二）字詞考釋

出土文獻的詞語考釋，若可對照傳世文獻，則效果顯著，如郭店簡的整理工作極有優勢，原因便在「簡文內容全部是古代典籍。其中有的大致相當於傳世或先前出土的古書，可以直接對照；有的語句或辭匯見於傳世古書可以比勘參考」。[23]相對於經典

---

[18] 王國維認為古文、籀文是戰國時東西方所用文字之異名，皆出自殷周古文，但秦地處宗周，故所用字保留較多殷周古文的痕跡。傳統以六國文字為殷周古文，而以籀文、篆文發展較晚的說法是需要修正的。參王國維：〈戰國時秦用籀文六國用古文說〉，王國維：《觀堂集林》（北京：中華書局，2006年），頁 305-307。

[19] 參唐蘭：《中國文字學》（上海：上海古籍出版社，2005 年），頁 119-122。

[20] 裘錫圭：《文字學概要（修訂本）》（北京：商務印書館，2013 年），頁 78。

[21] 參郭永秉：〈談談戰國楚地簡冊文字與秦文字值得注意的相合相應現象〉，發表於上海復旦大學出土文獻與古文字研究中心主辦：「戰國文字研究的回顧與展望」國際學術研討會，上海：復旦大學，2015 年 12 月 12-13 日，頁 93-111。

[22] 許學仁師：〈漢字形體研究斷鏈管窺〉，復旦大學出土文獻與古文字研究編：《出土文獻與古文字研究》，第六輯（上海：上海古籍出版社，2015 年），頁 717。

[23] 陳偉：〈文本復原是一項長期艱鉅的工作〉，《湖北大學學報（哲學社會科學版）》，1999 年第 2 期，

類出土文獻，數術類傳世文獻的亡佚，則導致其整理與釋讀難以進行，所以在採納、引用傳世文獻時，就更不能只侷限於經典類，凡有利於說明、解釋的資料，只要成書年代相近，就具備參考的功能。[24]若能妥善徵引此些文獻，必能使出土文獻的釋讀有相當程度的進展，如北大漢簡《六博》有關博道命名、占卜事項與卜問結果的部分，皆與尹灣漢簡《博局占》相近，可配合解讀；或如北大漢簡《節》可與銀雀山漢簡《地葆》、《地典》諸篇相參照；《陰陽家言》可與銀雀山漢簡《人君不善之應》相參照。

（三）簡文語譯

　　文字隸定及詞語考釋，務必要使簡文能夠順利通讀，簡文的編聯、所隸定的字形與詞語，皆與簡文意義有關，若無法通讀，即表示此三者存在問題，有必要調整。例如北大漢簡《荊決》「泰（大）父為祟，欲來義生」一句，原整理者讀為「大父之鬼為祟，將降臨我等生人」，但這樣的翻譯是有問題的，陳劍指出「來」字實為「求」字，而「義生」即「犧牲」，「欲求犧牲」就是「索求犧牲」的意思。對字形的掌握不夠，加上對詞語的理解不足，即容易造成簡文意義的誤讀。

　　數術類出土文獻的數量不少，但由於文字易識，相關研究多停留在補充書證之層面，較少作為獨立材料被討論，也缺乏整合分析，但這些材料卻也能讓學者一窺戰國至西漢時代數術文化的樣貌，彌補《漢書・藝文志・數術略》之不足。

　　本書企圖呈現戰國至西漢時期之出土文獻所蘊含的陰陽、五行、月令文化之樣貌。在歷史長河中，出土文獻揭示了數術文化以陰陽五行、蓍占的衡定不變，這是「變時性」所顯示的特點，是該文化長久發展的脈絡；《漢書・藝文志・數術略》所載目錄，廣布流變為天文、曆譜、五行、蓍龜、雜占與形法，這是「共時性」的繽紛樣貌，是威權與通俗的角力所致，而本題所選取之文獻凸顯了《漢書・藝文志・數術略》之外的數術特色，為傳統數術學提供了十分可貴的陰陽、五行等理論，有助於拓展研究。

頁 7-9。

[24] 本研究所採用的材料，其時間為「戰國至西漢時期」，因此戰國以前，以及西漢至魏晉時期的傳世文獻皆可能提供解讀的線索。而宋以前的數術類文獻大多亡佚，但敦煌殘卷中有著大量的數術類文獻，如卜法、式法、占候、相書、夢書、日書等，故唐代的敦煌殘卷亦能提供幫助。參黃正建：《敦煌占卜文書與唐五代占卜研究（增訂版）》（北京：中國社會科學出版社，2014 年），頁 1-6。

第二章、陰陽、五行類出土文獻分類

——基於《漢書‧藝文志》之考察

第一節、數術類出土文獻之分類問題

數術類出土文獻面臨的研究困境有二，一是所見內容通常無法與傳世文獻互相參照，故難以據現有的圖書為之分類；二是文獻殘缺導致無法通讀，成為「有字天書」，難以研究。此二難題，常令研究者卻步。如果能將古代（尤其秦漢時期）的數術學整理出頭緒，除可分類該類出土文獻，也能促進其他文獻的分析、理解，推進出土、傳世文獻的學術研究。而在討論銀雀山漢簡數術類文獻之前，應先訂確立「分類」的標準，其須符合出土文獻之背景時代與性質內容。銀雀山漢簡為西漢初期之出土文獻，換言之，相關分類標準應合乎「西漢初期」的數術學，即此，須討論目前學界慣用《漢書‧藝文志》能否適用於數術類文獻分類。

「方以類聚，物以群分」，「分類」是出土文獻研究的重要根據，涉及到文獻的性質判斷與篇名訂定。有關數術類出土文獻的研究，目前並未有公認的分類標準，大多由各批文獻的研究者自行定名，如銀雀山漢簡之研究者便根據簡文內容，將其中的數術類文獻歸類為「陰陽時令、占候之類」；北大漢簡之原整理者則根據對《漢書‧藝文志》的理解，對各缺少篇名的簡文進行命名，如《陰陽家言》。此種歸類與命名方式，完全建構在研究者對數術類文獻（包括傳世、出土）的理解上，但因傳世文獻的亡佚，加上出土文獻的殘損不一，後人實難拼湊古代數術學史的原貌，也導致研究多有紛歧，莫衷一是，進而影響分類、命名的公信力。

「分類」與「命名」取決於研究者對文獻的理解與企圖呈現的詮釋效果，當中也包括對傳世文獻的掌握與援引，以及對出土文獻本身的體會與領悟。作為第一本史志的《漢書‧藝文志》，東漢班固將「文獻目錄」納入史書的範疇，保留西漢劉向、歆父子整理圖書的成果，對於出土文獻之整理與分類有莫大功用。所載序言，更能還原當時學術流派；所存書目，則能幫助理解出土文獻。李零《簡帛古書與學術源流》、駢宇騫《簡帛文獻概述》、駢宇騫、段書安《二十世紀出土簡帛綜述》三書，[1]皆以《漢書‧藝文志》所載六略作為出土文獻分類的依據，[2]其對現今出土文獻研究的重要性，不言可知。

《漢書‧藝文志》的序言、目錄，誠然對後人以出土文獻建構當時（戰國至秦漢）的各家學術史，判明文獻性質多有助益，但無形中也塑造一種學術氛圍——以《漢書‧

---

[1] 參李零：《簡帛古書與學術源流（修訂本）》（北京：三聯書店，2009年），頁245-447。駢宇騫：《簡帛文獻概述》（臺北：萬卷樓圖書股份有限公司，2005年），頁242-392。駢宇騫、段書安：《二十世紀出土簡帛綜述》（北京：文物出版社，2006年），頁183-294。

[2] 李零則依據《隋書‧經籍志》將「史書」從〈六藝略‧春秋〉獨立，自成一類，形成七類的分類系統。參李零：《簡帛古書與學術源流（修訂本）》，頁218-219。

藝文志》作為分類出土文獻的唯一參考儼然成為一種「權威」。《漢書・藝文志》固然有其學術價值，但能否用於分類出土文獻，則有必要更加清楚地辨析。以《漢書・藝文志》作為出土文獻分類之依據，最主要的問題在於：《漢書・藝文志》所反映的學術譜系，是否「通用」於戰國至秦漢的各類出土文獻？

答案自然是否定的。學術的發展趨勢，往往是由簡而繁，成書於兩漢之際的《漢書・藝文志》，雖有「辨章學術，考鏡源流」之功，但所載序言，大多是針對兩漢之際的學界樣貌而論；所存目錄，則是當時宮廷府庫所存之書籍，要以此呈現戰國、秦、漢的學術家別流派，析別數百年的文獻種類，無疑是以管窺天。[1] 銀雀山漢簡（或相近時期的馬王堆帛書、北大漢簡等）的數術類文獻，究竟能否以《漢書・藝文志》進行分類之問題，可從兩方面切入：一是《漢書・藝文志》與出土文獻的成書時間差距；二是《漢書・藝文志》與出土文獻的內容體例。[2]

第二節、《漢書・藝文志》之成書時間

西漢王朝繼承秦朝官府圖籍文書，加上初期的惠帝廢除挾書令，民間獻書不斷，朝廷藏書空前豐富；[3] 期間也進行過歷史上第一次大規模的整理圖書。[4] 只是書籍數量一旦增加，便容易出現重複混淆的情況；又，保存時間久遠，書簡多殘敗脫落，因此成帝河平年間（西元前 28 年至 24 年），下詔投入大量人力進行校書工作。《漢書・藝文志》便有記載此事：

> 至成帝時，以書頗散亡，使謁者陳農求遺書於天下。詔光祿大夫劉向校經傳諸子詩賦，步兵校尉任宏校兵書，太史令尹咸校數術，侍醫李柱國校方技。每一

---

[1] 前述李零獨立「史書」一類，便是認為：「（《隋書》）史不附經，倒可能更接近漢代以前的學術。」（頁 215）換言之，李零已察覺《漢書・藝文志》無法完全反映「漢代之前」的學術樣貌，故立「史書」一類。不過《漢書・藝文志》將史書置於〈六藝略・春秋〉之下，並非表示當時沒有「史書」的觀念，只是史部的書籍過少，故以六藝統攝史書，將史學視為經學的附庸。

[2] 因主題所限，此處僅以數術類出土文獻凸顯《漢書・藝文志》應用於分類上的缺失，但《漢書・藝文志》所載另外五略，於出土文獻分類上是否有同樣現象，也是值得思考的學術史問題。

[3] 如《漢書・高帝紀》：「（高帝元年冬十月）蕭何盡收秦丞相府圖籍文書。」《前漢紀・孝惠帝》：「三月大赦天下，除民挾書律。」《太平御覽》卷八十八引劉歆《七略》：「孝武皇帝敕丞相公孫弘廣開獻書之路。百年之間，書積如山丘。故外有太常、太史、博士之藏，內有延閣、廣內、祕室之府。」是知西漢藏書豐富之原因在於朝廷有意為之，也導致後來劉向、歆父子校書著錄之必然。參〔東漢〕班固撰，〔唐〕顏師古注：《漢書》（北京：中華書局，2007 年），頁 23。〔東漢〕荀悅撰：《前漢紀》（臺北：臺灣商務印書館，1971 年），頁 41。〔宋〕李昉等編：《太平御覽》（臺北：臺灣商務印書館，1975 年），頁 550-2。

[4] 《漢書・藝文志》：「漢興，張良、韓信序次兵法，凡百八十二家，刪取要用，定著三十五家。諸呂用事而盜取之。武帝時，軍政楊僕捃摭遺逸，紀奏兵錄，猶未能備。」（頁 1762）然而漢初校次兵書，其目的可能出於使用的需求，而非單純的整理圖書，留存著錄。武帝之時也曾進行搜集、整理圖書，如《漢書・藝文志》：「迄孝武世，書缺簡脫，禮壞樂崩，聖上喟然而稱曰：『朕甚閔焉！』於是建藏書之策，置寫書之官，下及諸子傳說，皆充祕府。」（頁 1701）此次整理圖書，可能是完善藏書之所，制定抄寫機制，以便良好保存所收圖籍。可知以上兩次整理圖書，雖在劉向、歆父子之前，但所進行的整理工作並非大規模全面性地校書存錄。

書已，向輒條其篇目，撮其指意，錄而奏之。會向卒，哀帝復使向子侍中奉車
都尉歆卒父業。歆於是總群書而奏其七略，故有輯略，有六藝略，有諸子略，
有詩賦略，有兵書略，有術數略，有方技略。今刪其要，以備篇籍。（頁 1701）

由是可知，先有劉向《別錄》，次而劉歆奏《七略》，末則班固輯《漢書·藝文志》。
姚名達認為三者的差異在於：

《別錄》者，劉向等校書，「論其指歸，辨其訛謬」之錄，別集而成者也。《七
略》者，劉歆取《別錄》所載，「總括群篇」，「撮其指要」，「種別」而成者也。
《漢志》者，班固取《七略》「刪其要」而成者。而班固對於《七略》只下「刪
其要」之工夫，縱有差異，亦不過「出幾家，入幾家」而已，自注甚明，別無
增改也。[5]

作為出土文獻分類根據的《漢書·藝文志》，其實多為劉向、歆父子《別錄》、《七略》
的內容，班固的「刪其要」，僅是修正《七略》對所收書籍篇章、家數的統計錯誤，[6]
對於《七略》的內容並無過多更動。然而《別錄》、《七略》皆已亡佚，吾人只能就《漢
書·藝文志》推想二書原貌。

　　據《漢書·成帝紀》所載，劉向於成帝河平三年（西元前 26 年）八月擔任校中
秘書，卒於建平二年（西元前 5 年）；另一說卒於綏和元年（西元前 8 年）。[7]劉向死
後，劉歆繼承父業，延續校書工程。《漢書·楚元王傳》載：

向死後，歆復為中壘校尉。哀帝初即位，大司馬王莽舉歆宗室有材行，為侍中
太中大夫，遷騎都尉、奉車光祿大夫，貴幸，復領五經，卒父前業。歆乃集六
藝群書，種別為《七略》，語在《藝文志》。

哀帝即位初，即綏和二年（西元前 7 年），劉歆開始撰寫《七略》，而後上奏。劉歆何
時上奏《七略》，史籍未詳載，但一般認為最晚不會超過建平元年九月（西元前 6 年）。
[8]王莽篡漢後，劉歆雖貴為國師，卻因叛亂而自殺，卒於新莽地皇四年（西元 23 年）。

---

[5] 姚名達撰，嚴佐之導讀：《中國目錄學史》（上海：上海古籍出版社，2011 年），頁 41。
[6] 如〈六藝略·禮〉顏師古《注》：「凡禮十三家，五百五十五篇。入司馬法一家，百五十五篇。」（頁
1710。）表示班固認為《軍禮司馬法》一書屬於「禮書」，故新增《軍禮司馬法》（一百五十五篇）於
此類；又如〈六藝略·樂〉顏師古《注》：「凡樂六家，百六十五篇。出淮南劉向等琴頌七篇。」（頁
1711）表示班固認為淮南劉向等人所著〈琴頌〉等作品不屬於「樂書」，故刪去此書（七篇）。
[7] 《漢書·楚元王傳》：「（劉向）卒後十三歲而王氏代漢。」（頁 1966）王莽始建國為西元 9 年，故由
此推算，劉向當卒於建平二年（西元前 5 年）。然有學者認為「代漢」一詞暗指王莽攝政。王莽攝政
為居攝元年（西元 6 年），由此推算，劉向則卒於綏和元年（西元前 8 年）。
[8] 《漢書·楚元王傳》及《儒林傳》載哀帝即位後，令劉歆與五經博士講論，諸博士不可置對，故劉
歆上《移太常博士書》，而後遭大司空師丹彈劾而外放。故劉歆上奏《七略》的時間必在建平元年九
月之前。參〔漢〕班固撰，〔唐〕顏師古注：《漢書》，頁 1967-1972、3619-3620。

四十年後班固刪《七略》之要，撰〈藝文志〉，並納入《漢書》，開創史志的體例。《後漢書‧班彪列傳》載：

> （班）固以為漢紹堯運，以建帝業，至於六世，史臣乃追述功德，私作本紀，編於百王之末，廁於秦、項之列，太初以後，闕而不錄，故探撰前記，綴集所聞，以為漢書。……固自永平中始受詔，潛精積思二十餘年，至建初中乃成。當世甚重其書，學者莫不諷誦焉。[9]

班固《漢書》成於建初年間（約西元 80 年）[10]，距劉歆上奏《七略》已近八十年。從劉向《別錄》到劉歆《七略》，再到班固《漢書‧藝文志》，三者之成書時間有近百年的差距，期間朝代更迭，王權轉移，學術風氣變動甚劇，要以一書表現此時期的學術樣貌，已然不易，何況要以此歸納西漢初年的出土文獻，或追溯至秦代、戰國中晚期。

　　銀雀山漢簡的成書、抄寫於漢代初年（西元前 180 年前後），與兩漢之際的《別錄》、《七略》、《漢書‧藝文志》大抵有一百八十年到二百八十年的差距。即便同意《漢書‧藝文志》忠實傳承了《別錄》、《七略》，但距此兩批出土文獻的時間，至少也有一百八十年。另外，數術類文獻的實用性極高，容易隨時更新、變動，其與《漢書‧藝文志》的學術體系、思想，無論如何都不可能相同。若以晚出的《漢書‧藝文志》作為訂立分類之標準，卻又不作絲毫修正，實無法釐清文獻性質，反徒增混亂。

第三節、《漢書‧藝文志》數術體系之模糊問題

　　《漢書‧藝文志》之序文，呈現了劉向、劉歆、班固的學術思想，並反映出當時的學術思潮（特別是西漢末年），但以之歸納西漢初期的數術類出土文獻，卻未必確實貼切。如馬王堆帛書《五星占》前七十五行多記載五星相對應的災異，但在帛書的後面的七十行卻有秦始皇元年正月木、金、土三星的行度與運行，[11]這種「陰陽」與「天文」相嵌入的書寫形式，要放在《漢書‧藝文志》的那一類呢？或如銀雀山漢簡《占書》，其內容也是「陰陽」參雜「天文」、「五行」，又要歸於哪一類呢？西漢初期採此種混雜形式抄寫而成的書籍恐怕不少，使用《漢書‧藝文志》分類這些出土文獻，無疑是忽略了成書時間的差距與所蘊含的數術原理。堅持以此分類出土文獻，恐怕無法凸顯各批文獻的特色，結果未必貼合原貌。[12]

---

[9] 〔南朝宋〕范曄撰，〔唐〕李賢等注：《後漢書》（北京：中華書局，1973 年），頁 1334。

[10] 建初元年為西元 76 年，建初年末為西元 84 年，取其平均數，則為西元 80 年。

[11] 參裘錫圭主編，湖南省博物館、復旦大學出土文獻與古文字研究中心編纂：《長沙馬王堆漢墓簡帛集成（肆）》（北京：中華書局，2014 年），頁 223-244。

[12] 又如睡虎地秦簡《日書》有農事、遷徙、歲、星、病、祭祀、行、夢、相宅、詰咎、五行等數術文獻，若以《漢書‧藝文志》看，其內容幾乎遍及《諸子略‧陰陽》與《數術略‧五行》，故難以用《漢書‧藝文志》作為分類標準。而據劉樂賢考證，認為睡虎地秦簡《日書》的抄本形成年代大約是西元前 250 年至西元前 246 年之間，其成書時間與銀雀山漢簡相差不到一百年，比起近二百年後的《漢書‧藝文志》，兩批出土文獻的關係可能更為密切。

除了成書時間不同外，《漢書・藝文志》之體例也導致分類結果不同。面對《漢書・藝文志》的數術體系，尤其是〈諸子略・陰陽〉與〈數術略〉的性質辨析，亦多有爭議。這是兩漢之際的數術學史的重要問題，也決定了《漢書・藝文志・數術略》的分類能否適用於西漢初年的出土文獻。

一、〈諸子略・陰陽〉與〈數術略・五行〉之爭議

傳統學界一直是以「學」（理論）、「術」（技術）來區別《漢書・藝文志》六略性質。清人章學誠便認為：「《七略》以兵書、方技、數術為三部，列於諸子之外者，諸子立言以明道，兵書、方技、數術皆守法以傳藝，虛理實事，義不同科故也。」[13]「立言明道」、「守法傳藝」，「虛理」、「實事」，是章氏區分《七略》所收書籍性質的標準[14]，所用術語雖與後人不同，但觀念是一致的，如傅榮賢認為：

> 學術之「學」，主要包括《七略》前三略（六藝略、諸子略、詩賦略）圖書，內容與西方古典人文學 humanities 的旨趣近同；而「術」主要是《七略》後三略（兵書略、數術略、方技略）圖書，內容多與職業知識有關，是技術或技藝層次上的各種實用性的知識門類。[15]

以「理論」與「實用」作為〈諸子略・陰陽〉與〈數術略〉分類，大抵可行，[16]但這只是從大方向切入，談《漢書・藝文志》六略的差異，並未釐清略目下的小類別，特別是〈諸子略・陰陽〉與〈數術略〉的不同。

對於《漢書・藝文志》分類模糊的現象，章學誠認為這是「劉、班敘例之不明」所致：「陰陽、蓍龜、雜占三條當附《易經》為部次，曆譜當附《春秋》為部次，五行當附《尚書》為部次。」（頁995）此種分類方式，實際上蘊含章氏「道器合一」的概念，並非單純的圖書分類，顯示《漢書・藝文志》各略之模糊地帶。章學誠也曾試圖釐清〈諸子略・陰陽〉與〈數術略〉性質混淆的問題：

> 第〈諸子〉陰陽之本敘，以謂出於羲和之官；數術七種之總敘，又云「皆明堂

---

13 〔清〕章學誠撰：《文史通義校注》（北京：中華書局，2011年），頁1043。

14 章學誠雖然以「道」、「器」區分《七略》所收書的性質，卻也認為「道」與「器」並不是截然分散於《七略》之中，如其認為：「夫〈兵書略〉中孫、吳諸書，與〈方技略〉中內外諸經，即〈諸子略〉中一家之言，所謂形而上之道也。」此或由章氏認為「劉、班敘例之不明」所致。參〔清〕章學誠撰：《文史通義校注》，頁994-995、1040。

15 傅榮賢：《出土簡帛與中國早期藏書研究》（北京：知識產權出版社，2014年），頁148。

16 又如戴建業認為：「『六藝略』、『諸子略』、『詩賦略』屬於思想情感世界，像人們展示思想觀念和價值取向，而『兵書略』、『數術略』、『方技略』則屬於知識世界，向人們提供當時人的知識範圍和學術背景。」武秀城認為：「《漢志》『六略』之書，各有畛域，前三者為一般文史類文獻，後三者為專門技術類文獻。」前者從「道」、「器」，後者從「文史」、「技術」角度，談《漢書・藝文志》的區別。參戴建業：《文獻考辨與文學闡釋：戴建業自選集》（武漢：華中師範大學出版社，2012年），頁4。武秀成：〈《漢書・藝文志》總序獻疑〉，程章燦主編，《古典文獻研究》，第16輯（南京：鳳凰出版社，2013年），頁521。

義和史卜之職也」。今觀陰陽部次所敘列，本與數術中之天文五行不相入。是
則劉、班敘例之不明，不免後學之疑惑矣。蓋〈諸子略〉中陰陽家乃鄒衍談天、
鄒奭雕龍之類，空論其理，而不徵其數者也。〈數術略〉之天文曆譜諸家，乃
泰一、五殘、日月星氣，以及黃帝、顓頊日月宿曆之類，顯徵度數，而不衍空
文者也。……至於義和之官，則當特著於天文曆譜之下，而不可兼引於諸子陰
陽之敘也。（頁 1040-1041）

章氏認為〈諸子略・陰陽〉與〈數術略〉所收書籍並不相同，但劉歆、班固的序又把
此二類同歸於「義和之官」，導致「敘例不明」，使得「陰陽」與〈數術略〉的定義相
混。余嘉錫則認為：「陰陽家之與術數，《漢志》以為同出於義和之官。而數術獨為一
略者，固因一言其理，一明其數，亦由數術之書過多，猶之詩賦之於三百篇耳。」[17]
余氏認為〈數術略〉別出「陰陽」，從主觀論，是因為性質、層次不同，故「學」、「術」
分離（此說同章學誠）；從客觀論，則是因為數術中的技術書籍太多，故有必要將技
術性質較重的書籍另立一類。余氏又認為：

> 至謂陰陽家與天文五行不相入，則非是。考陰陽家有宋司星子韋、鄒衍二家之
> 書，《論衡・變虛篇》引子韋書錄序奏云：「子韋曰：『君出三善言，熒惑宜有
> 動。』於是候之，果退舍。」書錄序奏，即劉向《別錄》也。是陰陽家何嘗不
> 言天文？《七略》曰：「鄒子有終始五德，言土德從不勝，木德繼之，金德次
> 之，火德次之，水德次之。」是陰陽家何嘗不言五行？《漢志》陰陽二十一家
> 三百六十九篇，今已一篇不存，何所考而知其引義和為官守為敘次不精？（頁
> 152）

余嘉錫舉陰陽、天文、五行相通用之書例，認為〈諸子略・陰陽〉與〈數術略〉的書
籍是「相入」，內容有所相通，但《漢書・藝文志》所收書籍皆已亡佚，所以無法落
實章學誠有關「各書籍不相入，劉、班敘次不明」的說法，其說亦顯武斷。

　　章、余二氏皆對二略的性質問題提出看法，也試圖彌平爭議，但所說亦有不足。
章說問題有三：一是認為〈諸子略・陰陽〉小序言「曆象日月星辰」與〈數術略〉本
序言「皆明堂義和史卜之職」，兩者互相衝突。「陰陽」既然屬於曆象日月星辰，為何
〈數術略〉也是「明堂義和史卜」？所以「劉、班敘例不明」。但從「學」與「術」的
角度看，小序與本序並不衝突。「陰陽」是義和之官一類的理論著作，〈數術略〉則是
這些理論發展、應用的技術。在劉歆、班固的學術觀念中，〈諸子略・陰陽〉與〈數
術略〉代表了六藝傳統下的學與術，具備上下從屬關係，而依照「術」的性質，將〈數
術略〉分為六類，實呈現前後有序，一脈相承的書目分類。
　　二是〈諸子略・陰陽〉並非只收鄒衍、鄒奭的著作，以兩本書斷言「陰陽家」所

---

[17] 余嘉錫：《目錄學發微》（北京：中華書局，2014 年），頁 151。

有書籍的性質，過於武斷，故余嘉錫說：「夫不思多聞闕疑之義，而便辭巧說，毀所不見。」（頁152）即便這兩本書籍的內容為談天、雕龍一類理論性質的書籍，但亦與天文觀測有關，屬分析天體運行的學說，仍為「曆象日月星辰」之著作。

三是「羲和之官」與〈數術略〉的天文、曆譜有關，因為曆象日月星辰是天文、曆譜的基礎，藉由觀測天文星象的幫助，才可以進一步推衍祲祥災異，記錄世系譜牒，何況五行代表的五星，也與曆象日月星辰有關，故以此斷言「敘例不明」是有問題的。

余說之問題在於，《宋司星子韋》為〈諸子略‧陰陽〉所收書籍，但所引《論衡》文句，實近於馬王堆帛書《五星占》[18]。《五星占》是「以星象告知災異」，屬於〈數術略‧天文〉，使得〈諸子略‧陰陽〉與〈數術略〉兩類所收書籍有「相入」的現象。然《論衡》畢竟只是摘錄文句，無法就此斷定《宋司星子韋》一書是否皆為如此，而所引文句也可能是用以說明「陰陽」概念的例證，要就此斷言所收書籍是否相入，在現今書籍亡佚的情況下，恐怕極有難度。

章、余二家皆以「學」、「術」為《漢書‧藝文志》分類的核心思想，且根據相同的序文、書目進行論證，但得出的結論卻完全相反：章學誠認為〈諸子略‧陰陽〉與〈數術略〉的書籍「不相入」，余嘉錫則認為「相入」。至此，〈諸子略‧陰陽〉與〈數術略〉的性質似乎越辯越模糊，而問題也逐漸聚焦在與陰陽關係較為接近的「五行」。[19]戴建業即質問：

> 「諸子略」中「陰陽家」與「數術略」中「五行」之間相近而有別，在各類之間進行分合取捨是一件異乎尋常的學術難題，「五行」為什麼要別出「陰陽家」？「曆譜」何以不包括在「天文」內？[20]

戴氏並沒有提出解答，卻提供了一個思考的方向：「五行為什麼要別出陰陽家？」因為〈數術略‧五行〉中收錄了不少以「陰陽」為名的書籍，如《泰一陰陽》、《黃帝陰陽》、《黃帝諸子論陰陽》、《諸王子論陰陽》、《太元陰陽》、《三典陰陽談論》，加上前述的「相入與否」問題，使〈諸子略‧陰陽〉與〈數術略‧五行〉所收書籍的性質於焉混淆。足見傳統以理論、技術作為判斷的標準，並不能完全解決這個問題，[21]以至《漢書‧藝文志》的數術體系越顯模糊。在書籍亡佚的情況下，要落實《漢書‧藝文志》的分類確實有難度，而當時的各學科之間是否存在涇渭分明的界線，其間差異是

---

[18] 如《五星占》有「蝕熒惑，不出三年，國有內兵」、「有小星見太白之陰，諸侯有陰親者」等文句，皆是以星象示警，強調星象與國運、人君之相配合。參裘錫圭主編，湖南省博物館、復旦大學出土文獻與古文字研究中心編纂，《長沙馬王堆漢墓簡帛集成（肆）》，頁227、232。

[19] 〈數術略〉中的天文、曆譜、蓍龜、雜占、形法五類，由於性質用途明確，即便運用了陰陽理論，也較不易與之混淆。相對來說，「五行」由陰陽而來，是故兩者區別較為模糊，有必要加以釐清。本書針對的數術類出土文獻多為陰陽、五行的相關材料，故集中於討論〈諸子略‧陰陽〉與〈數術略‧五行〉的差異。

[20] 戴建業：《文獻考辨與文學闡釋：戴建業自選集》，頁3。

[21] 如章學誠、余嘉錫所論。即便同意《漢書‧藝文志》的分類是採學、術分流，但仍舊產生各略所收書籍相入與否之問題。

否如此清楚，仍是值得考慮的問題。客觀來說，各學科相互影響的情形不容忽視，當時興盛的「五行」學說，就雜揉經學（如《尚書・洪範》）、陰陽、天文的內容，只是取捨有別，聚焦不同。由此可合理推測劉向、劉歆、班固對當時學術的融合、混用並非沒有認知，只是序文應該要盡可能符合其目錄所收書籍的特色，追求最大共識。

李零以為：「陰陽家與下數術略的五行類有關，兩者以甚麼區別？關鍵在於陰陽是以人類書，多有題名作者，五行類沒有，只是技術書。」[22]其以為陰陽與五行的差異，在於書名有無作者，若有，則歸入〈諸子略・陰陽〉；若無，則歸入〈數術略・五行〉。前者所收書籍確實多以人為題名，但也有例外者，如《五曹官制》、《雜陰陽》即是以「內容」、「用途」為名，並非人名。[23]反之，「五行」所收書籍雖多以技術為名，但亦見以人名為題者，如《黃帝陰陽》、《黃帝諸子論陰陽》、《諸王子論陰陽》、《猛子闔昭》、《務成子災異應》等。所舉書籍也有以「陰陽」為名，卻歸為〈數術略・五行〉，可見「陰陽」與「五行」之性質，並不能以「是否以人名為題」作為依據，關鍵仍在書籍的「性質」，書名只能是一種簡略的判斷方式。至於以〈數術略・五行〉為「技術書」的說法，則仍無法脫出傳統以學、術作為分類的說法，與章、余二氏並無不同。

綜上所述，可知諸家對於〈諸子略・陰陽〉與〈數術略〉的觀點，仍擺脫不了「學」、「術」的影響，或以〈諸子略・陰陽〉為理論，以〈數術略〉為技術；或認為「敘例不明」、「數術之書過多」、「有無題名作者」等，故別為二類。〈諸子略・陰陽〉與〈數術略〉的關係十分密切，特別是「陰陽」與「五行」兩者，但因《漢書・藝文志》所收書籍大多亡佚，現今仍無法明確解讀序文。但即便序文不能完全切合書籍性質，也該盡可能地敘述概要，否則其功能便蕩然無存。實際上，單就序文的解釋、判讀，已能明確所收書籍的大致性質。

二、〈諸子略・陰陽〉與〈數術略・五行〉之差異

〈諸子略・陰陽〉與〈數術略・五行〉兩類看似模糊，實有明顯差別。〈諸子略・陰陽〉序云：

> 陰陽家者流，蓋出於羲和之官，敬順昊天，曆象日月星辰，敬授民時，此其所長也。及拘者為之，則牽於禁忌，泥於小數，舍人事而任鬼神。（頁 1734-1735）

---

[22] 李零：《蘭臺萬卷・讀〈漢書・藝文志〉》（北京：三聯書店，2011 年），頁 98。

[23] 《五曹官制》，顏《注》云：「漢制，似賈誼所條。」宋人王應麟從之，云：「《賈誼傳》：『誼以為宜當改正朔，易服色制度，定官名，興禮樂，迺草具其儀法，色尚黃，數用五，為官名，悉更奏之。』」章學誠云：「當入於官制，今附入陰陽家言，豈有當耶？大約此類皆因終始五德之義，故附於陰陽。」顏師古、王應麟皆以本書收錄賈誼所條列之官制。章學誠雖懷疑本書應改置於官禮之目錄，卻也提出「因終始五德而附於陰陽」之圓融說法。《衛侯官》可能也是此類書籍。參〔宋〕王應麟撰：《漢藝文志考證》，收於王承略、劉心明主編：《二十五史藝文經籍志考補萃編》，第一卷（北京：清華大學出版社，2014 年），頁 137。〔清〕章學誠，《文史通義校注》，頁 1043。《雜陰陽》，清・姚振宗云：「此如儒家之《儒家言》十八篇、道之《道家言》二篇相類，皆劉中壘裒錄無名氏之說類次於篇末者。」參〔清〕姚振宗撰：《漢書藝文志條理》，收於王承略、劉心明主編：《二十五史藝文經籍志考補萃編》，第三卷（北京：清華大學出版社，2011 年），頁 245。

前述學者把重點放在「羲和之官」，但因此語與〈數術略〉序所言「數術者，皆明堂羲和史卜之職也」相近，於是引起諸多爭議。學術發展由簡而繁，官制執事亦然，一人身兼數職，到多人共事一職，隨著學識技術、政治體系的演進而益趨複雜。各種技術雖然起始集於一官一職，但不代表記載這些技術的書籍，就該全歸為一類。如果沒有意識到官職發展的問題，無論序言如何解釋〈諸子略・陰陽〉、〈數術略・五行〉的內容，仍會認為這兩類該合為一類。

　　理解官職發展之基礎後，便當知〈諸子略・陰陽〉的重點其實是「曆象日月星辰」一句。此句本於《尚書・堯典》「曆象日月星辰」[24]，《史記・五帝本紀》則作「數法日月星辰」[25]，《索隱》曰：「則此言『數法』，是訓『曆象』二字，謂命羲和以曆數之法觀察日月星辰之早晚，以敬授人時也。」是句在《漢書・眭兩夏侯京翼李傳》有詳解：

> 書曰「曆象日月星辰」，此言仰視天文，俯察地理，觀日月消息，候星辰行伍，揆山川變動，參人民繇俗，以制法度，考禍福。（頁 3180）

〈諸子略・陰陽〉源於羲和之官，即天文星官，其功能在於記錄星辰運行，頒正曆法，授予民時。簡言之，此類書籍以推步星曆，頒行正朔，制定法律，考察禍福為主，具備強烈的政治意義。序文所言也可由「陰陽家」所收書目驗證。該略所收書目共二十一家，三百六十九篇，如下：

書名	篇數	書名	篇數
《宋司星子韋》	三篇	《鄒奭子》	十二篇
《公檮生終始》	十四篇	《閭丘子》	十三篇
《公孫發》	二十二篇	《馮促》	十三篇
《鄒子》	四十九篇	《將鉅子》	五篇
《鄒子終始》	五十六篇	《五曹官制》	五篇
《乘丘子》	五篇	《周伯》	十一篇
《杜文公》	五篇	《衛侯官》	十二篇
《黃帝泰素》	二十篇	《于長天下忠臣》	九篇
《南公》	三十一篇	《公孫渾邪》	十五篇
《容成子》	十四篇	《雜陰陽》	三十八篇
《張蒼》	十六篇		

---

[24] 〔清〕阮元以文選樓藏本校勘嘉慶二十年重刊宋本，《十三經注疏・尚書》（京都：中文出版社，1972年），頁 251。

[25] 〔西漢〕司馬遷撰，〔南朝宋〕裴駰集解，〔唐〕張守節正義，〔唐〕司馬貞索隱：《史記》（北京：中華書局，2009年），頁 17。

上述書目多假託古人，真偽難釐，更遑論說明內容，但透過少數書名，仍能窺探陰陽家的性質。如《宋司星子韋》一書，應與宋景公的史官「子韋」有關。《史記·宋世家》載：

> 三十七年，楚惠王滅陳。熒惑守心。心，宋之分野也。景公憂之。司星子韋曰：「可移於相。」景公曰：「相，吾之股肱。」曰：「可移於民。」景公曰：「君者待民。」曰：「可移於歲。」景公曰：「歲饑民困，吾誰為君！」子韋曰：「天高聽卑。君有君人之言三，熒惑宜有動。」於是候之，果徙三度。（頁1631）

此段文字敘述子韋替宋景公觀星，並說明災禍移轉。[26] 本書既然以子韋為名，當與其善於觀星有關。《史記·天官書》又載：「昔之傳天數者，高辛之前，重、黎；于唐、虞，羲、和……于宋，子韋。」（頁1343）太史公將子韋列於《天官書》，置於重黎羲和之後，蓋因子韋擅長於觀星頒曆，所述事蹟涉及天人感應、禍福轉移者，近於序文所言「考察禍福」。晉人王嘉《拾遺記》也有記載子韋觀星的事蹟，內容與《史記》差別不大，梁人蕭綺為《拾遺記》所作的《錄》：「宋子韋世司天部，妙觀星緯……《春秋》因生以賜姓，亦緣事以顯名，號司星氏。至六國之末，著陰陽之書。」[27] 「緣事以顯名」，子韋以「司星」為氏，透露其卓越的天文觀測能力，及世代觀星的職務。是知《宋司星子韋》大概就是觀測天文的書籍，所載內容可能也與人事禍福有關。

假託善於觀星者名的書籍，又如《容成子》一書，其以「容成子」為名，原因或即《呂氏春秋》：「容成作麻。」[28] 「麻」即「曆」，是知容成子也與「曆法有關」。《容成子》的內容可能是天文曆書。又如《張蒼》一書，可能也與「曆數」有關。《史記·張丞相列傳》載張蒼善曆數之事：

> 張蒼為計相時，緒正律曆。以高祖十月始至霸上，因故秦時本以十月為歲首，弗革。推五德之運，以為漢當水德之時，尚黑如故。吹律調樂，入之音聲，及以比定律令。若百工，天下作程品。至於為丞相，卒就之，故漢家言律曆者，本之張蒼。蒼本好書，無所不觀，無所不通，而尤善律曆。（頁2681）

張蒼修正漢曆，推步西漢的五德國運，《史記》更以張蒼為「漢代律曆之本」，認為其奠定了西漢初期的曆數學說，影響力極高。班固認同司馬遷之說，認為「漢興，北平侯張蒼首律曆事」（頁 955），《漢書·張蒼傳》也載「張蒼著書十八篇，言陰陽律曆事」。雖然此言十八篇與本書十六篇數目不同，但篇數十分接近，或許是分篇錯誤，

---

26 清人馬國翰《玉函山房輯佚書》所收《宋司星子韋書》輯自《淮南子·道應》、《新序·雜事》，內容與《史記·宋世家》所載相近，皆是子韋說解「熒惑守心」之事。參〔清〕馬國翰：《玉函山房輯佚書》，第五冊（臺北：文海出版社，1967年），頁 2825-2827。

27 〔晉〕王嘉撰，〔梁〕蕭綺錄，《拾遺記》（北京：中華書局，1988年），頁 86。

28 許維遹集釋：《呂氏春秋集釋》（北京：中華書局，2010年），頁 450。

導致篇數記錄不同;抑或是不同版本,前後收錄增補所致。清人姚振宗便認為:「其餘二篇疑在曆譜家《律曆數法》三卷中。」[29]雖書籍亡佚,無法斷其真偽,但班固、張蒼之時代相對較近,《漢書》所記應可信,《張蒼》十六篇可能就是本傳載張蒼所著十八篇「陰陽律曆事」之書,是張蒼觀測天文星象而著的書籍。

即此,從「序」及部分書名可知陰陽家其實就是指觀測天文的學者,其所建立的理論與方法,便是收於《諸子略・陰陽》的書籍。姚振宗亦認為「羲和之官」就是《諸子略・陰陽》的特點:

> 陰陽家之書,自《宋司星子韋》始傳黃帝五德終始之書,自《公檮生》始,以迄漢之《張蒼》,凡十家十一部,其學術大略相同,故彙次為一類;《鄒奭子》至《五曹官制》五家,其學又略相同,故又彙次為一類;《周伯》、《衛侯官》《天下忠臣》三家,大抵皆制度官品傳記之流,或皆屬於羲和之官,故又彙為一類;而入此篇《公孫》以下二家,皆雜論陰陽,又別為一類。(頁245)

《周伯》、《衛侯官》以官名為題,可能與《鄒奭子》至《五曹官制》等五家相同,皆為官制之書,殊難確定其分。姚氏將《諸子略・陰陽》之書籍分為四組,每組略有差異,卻以「羲和之官」——負責觀測天文的官職為四類共通的重點,可謂的論。〈諸子略・陰陽〉應以天文觀測、時令曆數的書籍為主,雖然內容無可避免會涉及天人感應、吉凶禍福,如前舉《宋司星子韋》及後文將提到的銀雀山漢簡《曹氏陰陽》,但仍以「曆象日月星辰」為主要目的。把握此點,可進一步判別〈諸子略・陰陽〉與〈數術略・五行〉的不同,其小序云:

> 五行者,五常之形氣也。書云「初一曰五行,次二曰羞用五事」,言進用五事以順五行也。貌、言、視、聽、思心失,而五行之序亂,五星之變作,皆出於律曆之數而分為一者也。其法亦起五德終始,推其極則無不至。而小數家因此以為吉凶,而行於世,濅以相亂。(頁1769)

五行序亂,五星變作,「皆出於律曆之數」,「其法亦起五德終始」,由此可知「五行」以「律曆」為本,原理與「陰陽」相同,故書籍內容或也相似。兩者的不同在於五行是「推其極則無不至」,由五行而五常(「仁、義、禮、智、信」),擴大至五事(「貌、言、視、聽、思」),甚至是萬事萬物,其相配規則是由《尚書・洪範》改良,故序引「書曰」云云;前述章學誠認為:「五行當附《尚書》為部次。」(頁995)即本於此。《漢書・律曆志》有五行相配五常的簡略規則:

> 協之五行,則角為木,五常為仁,五事為貌。商為金為義為言,徵為火為禮為

---

[29] 〔清〕姚振宗,《漢書藝文志條理》,收於王承略、劉心明主編:《二十五史藝文經籍志考補萃編》,第三卷(北京:清華大學出版社,2011年),頁241。

視，羽為水為智為聽，宮為土為信為思。（頁 998）

將五音、五常、五事相對應，再配合班固所言「五行序亂，五星變作」，便構成西漢「由天而人」的基本宇宙觀。可知〈數術略・五行〉所收書籍並非〈諸子略・陰陽〉中單純的曆象日月星辰（然其根本卻離不開陰陽觀念），故姚振宗才認為「陰陽家與五行家相表裏」（頁 246）。古人以「陰陽」觀測天文，窺探天道，而以「五行」將天道擴大為教化的手段，施政的方針，兩者相互幫襯，故容易混淆。

　　〈數術略・五行〉的書籍亡佚，但由序文可知其重點在於推廣陰陽理論至五常、五事。從所收書目，也可窺其性質梗概。「五行」共收三十一家，六百五十二卷，如下：

書名	卷數	書名	卷數
《泰一陰陽》	二十三卷	《黃鍾》	七卷
《黃帝陰陽》	二十五卷	《天一》	六卷
《黃帝諸子論陰陽》	二十五卷	《泰一》	二十（二）九卷
《諸王子論陰陽》	二十五卷	《刑德》	七卷
《太元陰陽》	二十六卷	《風鼓六甲》	二十四卷
《三典陰陽談論》	二十七卷	《風后孤虛》	二十卷
《神農大幽五行》	二十七卷	《六合隨典》	二十五卷
《四時五行經》	二十六卷	《轉位十二神》	二十五卷
《猛子閭昭》	二十五卷	《羨門式法》	二十卷
《陰陽五行時令》	十九卷	《羨門式》	二十卷
《堪輿金匱》	十四卷	《文解六甲》	十八卷
《務成子災異應》	十四卷	《文解二十八宿》	二十八卷
《十二典災異應》	十二卷	《五音奇胲用兵》	二十三卷
《鍾律災異》	二十六卷	《五音奇胲刑德》	二十一卷
《鍾律叢辰日苑》	二十三卷	《五音定名》	十五卷
《鍾律消息》	二十九卷		

上述書籍皆亡佚，僅存書名，姚振宗將其分為十組：

　　今約略釐析，大抵自《泰一陰陽》至《三典陰陽》六家為一段，《神農大幽五行》至《陰陽五行時令》四家為一段，《堪輿》一家自為一段，《務成子》至《鍾律災異》三家為一段，《鍾律叢辰》至《黃鍾》三家為一段，《天一》、《太一》二家為一段，《刑德》至《轉位十二神》五家為一段，《羨門式》二家為一段，《文解》二家為一段，《五音》三家為一段，凡十章段云。（頁 410）

李零則依序分為陰陽、五行、堪輿、災異、鍾律、式法、文解、五音等八組。[30]二家所分的書籍性質大抵相同，差別在書目歸屬。「五行」所收書目之性質與「陰陽」十分不同，《諸子略·陰陽》與曆數的關係十分密切，而《數術略·五行》與天文曆數較無關係。可知，「曆象日月星辰」當是「陰陽」與「五行」所收書目的判斷標準。

除了「進用五事以順五行」外，豐富的「災異」思想也是《數術略·五行》的特色之一，如《務成子災異應》、《十二典災異應》、《鍾律災異》三書即以災異為名；其它書籍的書名雖未出現「災異」二字，但內容應多少有所涉及。以「災異」為五行此類書籍的特色之一，原因在於班固《漢書·藝文志》不止是後世史志、書籍總目的重要參考對象，其〈五行志〉也成為後世史書〈五行志〉、〈靈徵志〉的濫觴。[31]獨特且篇幅繁複的〈五行志〉，雖有班固「推崇劉氏，匡正漢主」政治目的[32]，卻也承繼了前人有關五行災異的學說，反映西漢一代濃厚的災異思潮。[33]

班固折衷於董仲舒、劉向的災異學說，藉由創立〈五行志〉，為當時政權提供面對災異的歷史經驗，使得〈五行志〉帶有強烈政治意圖。〈數術略·五行〉序云：「小數家因此以為吉凶，而行於世，濅以相亂」，乍看之下，班固似乎是對「五行」抱持批評、負面的態度，實則不然。班固將「五行」的使用者預設為聖王明君，而非一般市井所見的數術之徒，認為這樣的學說、技術由聖人、賢人使用，對於國家人民更有效益。此種觀念也見於〈數術略·天文〉：

> 聖王所以參政也。《易》曰：「觀乎天文，以察時變。」然星事凶悍，非湛密者弗能由也。（頁1765）

---

[30] 參李零：《蘭臺萬卷·讀〈漢書·藝文志〉》，頁182-188。

[31] 如《後漢書·五行志》、《魏書·靈徵志》以及《魏書·天象志》等，具備「志」的正史中，僅《遼史》無〈五行志〉，足見班固創制的〈五行志〉已成為後世史書的規範，為官修史書的正式體例。

[32] 向燕南認為班固藉《漢書·五行志》的災異解說，或影射、抨擊外戚、宦官集團對劉氏政權的侵害，或以史事告誡、批評皇帝，或為鞏固王權而試圖提出具體政策，此皆是班固擁載漢家正朔的證據。游自勇則認為班固《漢書·五行志》的編纂，主要圍繞著《春秋》而開展，藉說解災異闡發孔子的「微言大義」，以警示君臣。而班固藉由不斷引述「佚名」的災異說解，費盡心思將災異與西漢末期的政治事件相互連繫，充分表現出其篤信以五行災異彰顯王事的意圖。蘇德昌則認為班固特立〈楚元王傳〉以記劉向、歆父子事蹟，多引劉向奏疏，贊同劉向、歆「漢承堯德」的說法，並載其父班彪《王命論》大力鼓吹「唐據火德，而漢紹之」，明確繼承劉向、歆、班彪以來尊劉擁漢的志業。故編纂〈五行志〉，就是為提供東漢政權理解、應對、消解災異的歷史經驗，並據此擬定施政方針。參向燕南：〈論匡正漢主是班固撰述《漢書·五行志》的政治目的〉，《河北師範大學學報（社會科學版）》，第23卷第1期，2000年，頁22-25。游自勇：〈論班固創立《漢書·五行志》的意圖〉，《中國史研究》，2007年第4期，頁33-43。蘇德昌：《〈漢書·五行志〉研究》（臺北：臺灣大學中國文學研究所博士論文，2011年），頁134-136。

[33] 在班固之前，「災異」的論述多歸附在經學之下，董仲舒《災異之記》、劉向《洪範五行傳論》、京房《易傳》各別針對《春秋》、《尚書》、《易經》所作的災異說解，故《漢書·五行志》多採用劉向《洪範五行傳論》，引述董仲舒《春秋》災異解說八十餘條、劉向的災異解說則多達一百四十四條、京房的災異解說七十六條。班固藉由〈五行志〉的創立，收集各種災異解說，並一一條列，詳加論斷補充，除了要求統治者以古鑑今，修德愛民，並提供帝王面對災異時應對進退的方案之外，也滿足當時崇尚災異的風氣，提供彌平災異，禳災祈福的補救措施。參黃啟書：〈《漢書·五行志》之創制及其相關問題〉，《臺大中文學報》，2013年，第40期，頁145-196。陳侃理：《儒學、數術與政治：災異的政治文化史》（北京：北京大學出版社，2015年），頁132-136。

將「天文」視為聖王明君的參政之法，則變相地限制使用者身分；「非湛密者弗能由」，則是對要求使用者必須具備專業能力，不可隨意濫用。一是反映班固認為天文一類的數術方式，必須由具有身分地位、專業性的人來使用；二則透露「天文」應該為上位者及政權所使用的義務。又如〈數術略・曆譜〉云：

> 此聖人知命之術也，非天下之至材，其孰與焉！道之亂也，患出於小人而強欲知天道者，壞大以為小，削遠以為近，是以道術破碎而難知也。（頁1767）

「曆譜」是聖人窺探命運的方法，使用者當為「天下之至材」；「患出於小人」，導致「道術破碎」，故使用者的專業程度也必須納入考量。班固對數術學的謹慎態度可見一斑。同理可證，班固對於「五行」的態度也是如此，否則怎會以龐大的篇幅編纂與五行災異有關的歷史事蹟？班固撰寫〈五行志〉，當然是不以自己為小人、小數家之流，而自視為能輔佐聖王，幫助統治者感應天道的專業者。游自勇認為：「班固區分出『聖王之道』和『小數』，與這個思想有關，但他和桓譚等人不同，天道難言，不等於不言，更不等於不可知，而是本著謹慎的態度，欲建立起天道至高無上的權威，以免腐儒濫說天意，使天人關係變得淺薄。」（頁42）

〈五行志〉與〈數術略・五行〉中的「五行」大抵是相同的觀念，只是前者收錄上古三代至秦漢以下的災異占驗和事應，後者則收錄了有關災異占驗和事應的書籍，兩者皆是利用五行相應五事的體系解說災異，只是〈五行志〉強調其與歷朝歷代甚至是西漢政局的聯繫，〈數術略・五行〉則是這些書籍的目錄。

相互對照〈五行志〉與〈數術略・五行〉兩種獨特的史書體例，可以明白「五行」於當時政治、學術的影響力之大，透過五行的闡釋，聯繫災異與政事，形成威懾君王（或者臣下）的力量。「五行」是以陰陽理論為基礎建立的學說，非單純之「技術」，有關堪輿、災異、鍾律、式法等書籍無一不是由此開展而來，甚至〈數術略〉中的「天文」、「曆譜」、「蓍龜」、「雜占」與「形法」也各自汲取發展陰陽理論，只是偏重不同，是知〈數術略・五行〉所收書籍就是以「五行」發揮陰陽家思想，著重在制定法度、說解災異，形成舉措標準，與〈諸子略・陰陽〉之宗旨不同。[34]

2018年1月20日，山東博物館舉辦「銀雀山漢簡再整理」項目討論會，王輝將《銀雀山漢墓竹簡〔貳〕》中「其他」部分第十篇「□忌」篇題中的不識字改隸為「央」，通讀為「殃」。[35]楊安認為：「『殃』即指災異，『忌』當指人君不當之作為，如『不時、

---

[34] 劉樂賢認為：「銀雀山1號漢墓所出數術文獻，即整理者稱為『陰陽時令占候之類』的十二種殘書，多數講陰陽時令和災異，與〈藝文志〉的五行關係密切。不過，這批文獻講『理』的色彩較濃，故多數簡書似以歸入陰陽家更為適宜。」此以「理」、「術」的特質作為陰陽與五行的判斷標準，實則數術類文獻因故有參考文獻特性，本就具有極高的理論性，當理論落實到現實面即為「術」，只是理論涉及的對象有別。若由此說則《五行志》《占夢書》一類文獻亦以史料為論，當可視為理論，歸入陰陽或雜占一類書籍。是知「理」與「術」只是理論與實際的差異，並無法真正區別數術文獻。參劉樂賢：《簡帛數術文獻探論（增訂版）》（北京：中國人民大學出版社，2012年），頁30。

[35] 該字作 ▓▓，王輝隸為「央」字，讀為「殃」。參王輝：〈銀雀山漢簡殘字的釋讀及其意義〉，《文史》，

不善』之類,『殃忌』很有可能就是這類災異文獻的篇題。」[36]銀雀山漢簡的《五令》、《不時之應》、《為政不善之應》與《人君不善之應》等篇的標題係原整理者及後續研究者根據簡文內容所予,並非簡文所自名,故王輝、楊安認為「央(殃)忌」可能屬於這類簡文的標題,完全可信。以「央(殃)忌」為題完全反應了本批簡文之作者(甚或西漢時人)對災異的重視態度與預防作為,與〈五行志〉與〈數術略‧五行〉記載以五行論斷、預測災異的性質相同。可見類似主題、性質的出土文獻,不能一概以「陰陽五行」稱之,特別是涉及災異、災殃的內容,應該由其運用的推論方式進行判斷:涉及時令者為「陰陽」,而涉及災異者則為「五行」。

第四節、《漢書‧藝文志》與數術類出土文獻分類

在了解《漢書‧藝文志》與出土文獻的不同,並梳理〈數術略〉性質爭議後,更能以明確的標準辨別數術類出土文獻的特色。根據前述討論,凡與「曆象日月星辰」有關者,便歸入〈諸子略‧陰陽〉,「以五行說解災異」者,便歸入〈數術略‧五行〉,「以天象等占候法說解災異」者,則可歸入〈數術略‧天文〉。必須注意的是,以五行搭配史事的災異學說,歷經董仲舒《災異之記》、劉向《洪範五行傳論》、京房《易傳》等,才蔚成體系,西漢初期的五行類出土文獻雖缺少「史事」一環,但內容若仍以五行說災異為主,也該歸為〈數術略‧五行〉。即此,可依以上兩點特徵,分類銀雀山漢簡文獻:[37]

篇名＼內容	陰陽	時令	五行	災異	忌宜	政令	天文星象	類別
《曹氏陰陽》	○	○			○			陰陽
《禁》		○	○	○		○		五行
《三十時》		○			○			陰陽
《迎四時》		○	○					陰陽
《四時令》		○				○		陰陽
《五令》			○	○		○		五行
《不時之應》		○		○				五行
《為政不善之應》				○		○		五行
《人君不善之應》			○	○				五行
《天地八風五行客主五音之居》		○			○		○	天文
《占書》				○		○	○	天文

2022 年第 2 輯,總 139 輯,頁 271。

[36] 參楊安:〈銀雀山漢簡《為政不善之應》〉,中國古文字研究會等編:《古文字研究》,第 32 輯(北京:中華書局,2018 年),頁 548-553。

[37] 詳細的簡文考證、內容說明請見後文,此處僅針對各篇簡文內容予以分類。

由表可知，銀雀山漢簡的數術類文獻，其陰陽、五行、天文的內容其實有重疊的現象，不如〈諸子略・陰陽〉或〈數術略・五行〉之區別明確，出土文獻並不一定同時具備五行或災異的論述，如《為政不善之應》僅以災異聯繫施政措施，但性質與《人君不善之應》相似，故仍可歸入〈數術略・五行〉。

透過分析、歸納數術類出土文獻，可知與《漢書・藝文志》序言相比，這些文獻並不只以陰陽或五行為一尊，而是兼容並蓄，所以內容較為鬆散、繁雜。除了陰陽五行概念兼具之外，簡文內容亦有前後不相連的現象，使得各類文獻同出一篇，如《天地八風五行客主五音之居》。造成此類現象的原因，其一在於西漢初期的五行學說仍以傳統「金木水火土」為主，並不要求與五事五理的相配，這與董仲舒、劉向、京房等人所持的學說不同，屬於早期的五行論述；其二在於各類數術之間的分界，其發展尚不如《漢書・藝文志》要來得嚴謹、有體系，仍是處於融貫的階段，於是陰陽理論可以闡述時令、五行、災異，也可運用於刑德、忌宜之上。

分類之後，也能發現不屬於此二類之文獻，如《占書》雖然有大量災異、政令記載，卻是以日月雲氣的占應為主，故在性質上較偏向〈數術略・天文〉中《漢日旁氣行占驗》、《漢日食月暈雜變行事占驗》一類；《天地八風五行客主五音之居》以陰陽刑德、五行相勝、八風五音等占驗兵事，或與〈數術略・五行〉所載《五音奇胲用兵》、《五音奇胲刑德》性質相近，然亦多涉及天文占候，故亦可歸入〈數術略・天文〉或者〈兵書略・陰陽〉，足見當時文獻之內容多樣，難以等同觀之，更遑論分類。

以《漢書・藝文志》分類數術類出土文獻，須瞭解班固繼承了《別錄》、《七略》從後設角度出發，對兩漢之際的數術文獻進行整理，也蘊含了強烈的政治理想以及欲藉數術佐聖王之治的企圖。這不僅是班固受劉向及其父班彪匡正漢統的理念所致，也受到當時空前興盛的五行災異學說影響。處在這種時空背景，班固所編纂的〈數術略〉，其思想、內容，甚至方法，必然與漢初的出土文獻不同，若無此認知，勉強以之分類，便是忽略了兩者的成書時間差距，無視數術思想演變的進程。而前人對《漢書・藝文志・數術略》的幾項爭議，也導致其作為分類標準的難以實施，即便本文已針對「陰陽」與「五行」進行論述，確認兩者各有特點，卻也發現以〈諸子略・陰陽〉、〈數術略・五行〉作為出土文獻分類的依據，終究只是便宜之說。雖然有文獻完全合乎「曆象日月星辰」、「以五行說解災異」的特點，但更多的是部分符合，如〈數術略・五行〉所謂「進用五事以順五行」，其「五事」便完全不見於銀雀山漢簡，卻屢見以五行說解災異的簡文。如果不認識到這點，就直接認定這些出土文獻完全符合《漢書・藝文志》的分類，無疑是無視出土文獻的特色。即此，雖然以《漢書・藝文志》作為銀雀山漢簡等數術類出土文獻的分類標準，但只能勉強認定這些出土文獻屬於〈諸子略・陰陽〉與〈數術略・五行〉的前身，與《漢書・藝文志》所載的數術類書籍，在理論、方法上仍有一段不可忽視的差距。

第三章、銀雀山漢簡陰陽類出土文獻考證

本章針對銀雀山漢簡陰陽類的數術文獻進行討論，共有《曹氏陰陽》、《三十時》、《迎四時》、《四時令》四篇。每節首先以「解題」說明該篇之主旨與前人研究，而後嘗試進行簡文分組，統計以往多被忽略的「符號」（篇章符號、句讀符號或重文符號等），通讀簡文後，說明該篇運用之數術理論。如有編聯問題者，則立「編聯」一項討論編聯的問題。其次則為「簡文語譯」，以編聯結果，完整列出該篇之文字，並加入符號，明確簡文內容，嘗試性地翻譯簡文內容，但由於銀雀山漢簡殘缺頗甚，部分缺少上下文的簡文，只能條列原文。復次則為「考釋」，針對簡文中隸定不夠準確或有疑義之詞語提出討論。

第一節、《曹氏陰陽》考證

一、解題與編聯

（一）解題

本篇共七十三枚簡，其中完簡十二枚（部分經綴合），其餘多殘損。本篇主旨為「陰陽理論」，篇名由原整理者依據銀雀山漢墓出土之篇題木牘「漕是陰陽」所訂。此篇不見於《漢書・藝文志・諸子略・陰陽》內的二十一種陰陽家書，也不見於《漢書・藝文志・數術略・五行》，應為數術類佚書。[1]本篇自名為「陰陽」，首先說明陰陽變化可以合日月星辰、四時萬物，後以相對應之事物說明，故應歸屬於〈諸子略・陰陽〉之下。

以往對《曹氏陰陽》的研究論著甚少，除原整理者外，連劭名曾依據原整理者的說法，對本篇簡序略為分組與歸納，但本篇的竹簡綴合、簡序排列、文字隸定皆有不少問題，連文並未討論，故其結論可待商榷；[2]楊安則針對《銀雀山漢墓竹簡〔貳〕》進行集釋整理的工作，本篇為成果之一，不過該書屬於集釋性質，多著力於收集資料，並未探究簡文意義。[3]蕭旭亦曾針對簡文的部分詞語進行考釋。[4]

---

[1] 參銀雀山漢墓竹簡整理小組編：《銀雀山漢墓竹簡〔貳〕》（北京：文物出版社，2010 年），頁 206。

[2] 參連劭名：〈銀雀山漢簡《曹氏陰陽》研究〉，《中原文物》，2007 年 2 期，頁 66-71。

[3] 參楊安：《〈銀雀山漢墓竹簡・佚書叢殘〉集釋》（長春：吉林大學古籍研究所碩士論文，何景成指導，2013 年），頁 230-245。

[4] 參蕭旭：《群書校補（續）——簡帛校補（第一冊）》（新北市：花木蘭出版社，2014 年），頁 151-155。

依據文義脈絡，可將簡文分為四個部分：一、「篇題」，提示本篇為陰陽家「曹氏」的陰陽文獻；二、「陰陽理論」，為說明陰陽來源、變化之理論，係古人探索天地宇宙生成的知識論，又可分為「理論之一」與「理論之二」，前者敘述陰陽與萬物的關係，後者則闡明陰陽與四時之聯繫；三、「理論應用」，以陰陽對應各種事物，又可分為「人事」、「蟲獸」、「植物」、「天地」；四、「殘簡」，收錄殘斷而無法歸類，或者綴合有誤無法通讀的簡文，共八枚。

另外，本篇書手共使用了四種符號，其一為重文符號「=」，如▉（簡 1674）、▉（簡 1679）。其二為篇章符號「・」，如▉▉（簡 1659）、▉（簡 1660）。其三與四皆為句讀符號「∟」與「▪」，兩種符號的使用並無限制，於文句停頓處皆可使用。但本篇 ∟ 符號也有草寫者，如▉（簡 1685），省垂直筆畫，仍當視為∟。

本篇講述陰陽的起源及其與萬物的關係，蘊含豐富的理論性質，屬於宇宙論的一種。簡文以陰陽為主體，將四時、萬物予以分類，形成有別於五行之體系，卻又認為「陰陽相輔」，陽中有陰，陰中有陽，至陽、至陰皆不能生物，其蘊含陽極生陰，陰極生陽等與《周易》類似，但更具變化性的觀念。簡文配合理將陰陽，將人事、蟲獸、植物、天地間的諸事物，劃分性質，甚至提出「四時官人」、「姓名觀勝」等論述。故在簡文的理論中四時與諸事物是建構在陰陽體系上的各項產物，陰陽為天地之大者，可達萬物，「博之可以為君」。

本篇與銀雀山漢簡中諸數術文獻性質不同，雖也以陰陽聯繫四時、事物，但其理論架構則不如其它以四時、五行作為主體要來得有變化性，其與月令系統的關係較少，應歸類於〈諸子略・陰陽〉，具有順時者可理序萬物，化生萬物的重要思想。

（二）編聯

《曹氏陰陽》的簡文大多殘缺，且形制上無法相連接，不過文義卻是互相連貫。本篇首先說明理論，可依性質分為「理論之一」與「理論之二」。「理論之一」為簡 1622、簡 1673 至簡 1677、簡 1681 至簡 1686、簡 1689 至簡 1690，主要說明天地四時與陰陽的生化與聖王施政的關係。簡 1673、1674：

> 也。昭冥者，陰陽之 初 也。燥濕者，寒暑之精者也。煙埃者，水火之先者也。時者，理=謝（序）=終=始=（理謝（序）終始，理謝（序）終始）【1673】而神=咳（該）=（神咳（該），神咳（該））而智灤（繁），智灤（繁）然後生具象焉，是以兩禾（和）女（如）化刑（形），刑（形）成女（如）離 ∟ ，陽明女（如）昭明。陽者，明聖之發華【1674】……

拙作《銀雀山漢簡、北大漢簡所見陰陽、五行類出土文獻研究》[5]原先依整理者，

---

5 見拙作《銀雀山漢簡、北大漢簡所見陰陽、五行類出土文獻研究》（台灣：成功大學中國文學

將 1673 置於 1674 簡之前，然 2018 年衛松濤公布「銀雀山漢簡保護、整理與研究項目」的階段成果中，展示此兩簡的紅外線掃瞄照片，發現兩簡背後的「刻痕」係從簡 1674 畫至簡 1673，由左上畫向右下。[6]如圖：

由此可調整原先的排序，以簡 1674 後接簡 1673，但仍屬於理論性質的文字。從「陰陽」之起源談到聖王如何「為君」（簡 1675+1676+1677），接著說明聖王如何以「四時輔政」（簡 1681+1682+1683），然後談到「四時失常」（簡 1684）、聖王施政於天下時的展現（簡 1685+1686）以及若不行於天下，陰陽不和時，會產生的災異（簡 1689+1690）。這段簡文所涉及之祥瑞、災異，是說明「陰陽之道，與聖王如何相輔相成」時所舉的例證，可見其偏重於敘述理論。

「理論之二」為簡 1638、簡 1623、簡 1624 至簡 1625、簡 1633、簡 1636、簡 1635、簡 1634、簡 1637、簡 1629、簡 1630，主要說明陰陽之間的生化關係，涉及純陰、純陽的變化，討論的層次明顯與前組不同。「理論之二」中，簡 1638：

　　……行陽之類也。【1638】

本簡是說明某些行為，屬於陽性，但簡文殘缺，未知其義。

　　……行陰事者也。・秋冬，陰也。春夏，陽也。夫陰之中有陽，陽之中亦有【1623】【陰】……

系博士論文，沈寶春先生指導，2017 年），頁 40。
6 參衛松濤：〈「銀雀山漢簡保護整理與研究項目」階段性成果簡述〉，《孫子研究》，2018 年第 3 期，頁 93。

簡文「行陰事者」意近於簡 1638「行陽之類」，故兩簡的位置應接近。而簡 1623
有一「‧」符號，應是用於分隔文義。

> 春之陰，正月三月。正月者刑……【1624】……□□為以不得已居之。‧
> 夏之陰，五月也。□……【1625】

原整理者將簡 1624、1625 分開，實則兩簡內容相近，皆講「月份之陰」，且簡 1624
皆書於簡之上半，故兩簡相連之可能性極大。而「月份之陰」表達的概念近於簡
1623「陽之中有陰」，故位置應接近。簡 1624、1625 可能是用以說明簡 1623 之
內容。

> ……陰生。‧‧屯（純）陰不生，屯（純）陽不長。其降難以外出及【1636】
> 陽者，陽之陽，不勝陰之陽也。【1635】

本簡講「純陽」、「純陰」的性質，後也提到「陰之陽」，所以與簡 1624、1625 的
內容有關，三簡的位置應該也接近，可能為同一部分。

> ……之中有陽也。且案理正靜，未可……【1634】
> 為不靜之事，若合陰陽，不可以……【1637】
> ……□方靜時而有動也。【1629】
> 陰何？以其得靜也。【1630】

以上四簡，由於殘缺過甚，但皆提及「陰陽」與「靜動」，故位置應當接近。簡
1634 提及「某之中有陽」，或與前述講「某之陽」、「某之陰」相近，而其行文轉
而說明「靜動」與「陰陽」之關係，應該是屬於另一部分的內容。

　　相較於「理論之一」提及四季春、夏、秋、冬與聖王施政的內容，「理論之
二」則是更具體說明各月份與陰陽之關係，並且加入「純陰」、「純陽」與「靜」、
「動」的概念，雖使整體理論更加複雜，但因區分各月之陰陽，使得「所副諸事」
更加豐富，方便開展後文。簡文在說明理論之後，便進入應用的階段，將前述「陰
陽理論」擴大至「具體事物」的相對應關係，羅列名物，加以說明。此部分可分
為五組：「人事之一」、「人事之二」、「蟲獸」、「植物」與「天地」。

　　「人事之一」為簡 1626、簡 1628、簡 1629、簡 1639、簡 1640 至簡 1641、
簡 1646、簡 1647、簡 1642、簡 1643、簡 1649、簡 1691。內容與前述的聖王施

政不同，而是針對「人」的行為、年紀與四季如何相配合提出說明。

> 秋月者，諸物盡反（返），以此徙，與物俱入靜，吉。若以春夏徙，厥陰
> 之陽散，有死之徒也。邞（窮）【1626】……
> ……諸末皆傷，可因而行有罪之罰。若少靜【1628】……
> 橈以刑，及十二月不盡十日，大神出嘗利以□出……【1629】

此三簡內容相近。簡 1626 與 1629 皆提到「出入」的選擇術；簡 1626 與 1628 則
提到「諸物」、「諸末」與「靜」；1629 與 1628，皆提及「刑」、「罰」，應與月份
有關。故雖未能排列此三簡之先後順序，但此三簡的位置應該相近。

> ・陰之屬，其最貴者，失恒利物同者[7]……【1639】
> ……人志失宜也，而物乃為不化。・長年者，陰之屬也，【1640】以其不
> 能動作也。兩禾（和）[8]俱□，□[9]事者其……【1641】
> □刑。・以四時官人，春宜少年，夏宜偖（耆）年，秋宜佫年，冬宜 老[10]
> 【年】[11]……【1646】
> ……□年[12]以秋冬入官，然而久者，必有病者也。夫病亦近於老矣。・陽
> 氣□……【1647】

簡 1639 有一「・」符號，用以分隔文義，應是此組首簡。簡 1639 與簡 1640 至
1641 皆述及「陰之屬」，故位置應相近。簡 1646 與 1647，則利用前文以「陰陽
歸類年齡」的結論，提出「四時官人」的理論，說明各年紀在四時入官的準則。

> ……□者，陰人也。賈人以詐取人，亦陰也。【1642】
> 若人好為匿事者皆 陰 ……【1643】
> ……・縣公，陽分也。然其事【1649】
> ……者，君官也。萬物□……【1691】

以上四簡則更進一步以「職業（賈人、縣公、君官）」與「習性」（好為匿事）區

---

[7] 原整理者讀為「陰之屬其最貴者失恒利物同者」，今讀為「陰之屬，其最貴者，失恒利物同者」。
[8] 原整理者隸為「人」，今改隸為「禾（和）」。
[9] 原整理者隸為「少」，今改為□。
[10] 「老」字為本文所補。
[11] 「年」字為本文所補。
[12] □為本文所補。

分陰陽，應該屬於補充性質。

「人事之二」為簡 1644 至簡 1645 與簡 1655 至 1656。與「人事之一」單純說明人之行為不同，此組簡文則涉及「名分」問題。

> ......此其柈（判）也。其事之也[13]，父教使，【1644】主靜，陰也。母動搖（搖），給使令事，陽也。兵勝......【1645】

簡文除「陰」、「陽」外，更牽涉「靜」、「動」之分別，與「人事之一」僅說明陰陽不同；而由本篇理論架構看，可知作者闡明理論的方式，多先述「陰陽」，再講「靜動」，如簡 1634、1637，故此二簡屬於「人事」部分中較為進階的內容。而簡文「此其柈也」，與簡 1651「凡此皆天地陰陽之大柈（判）也」、簡 1655「此其大柈（判）也」行文相似，應屬本篇作者用於說明理論之特定行文格式。且簡文「兵勝」由陰陽談到兵法，應可與簡 1655 至簡 1656 的內容相聯繫。

> ......□兵相當，問其將之名，名去（呿）者勝而唫者敗，何也？[14]夫去（呿）生而唫死，此其大柈（判）也。若事之陰陽【1655】不然。夫春夏者方啟，去（呿）者順陽勝，秋冬者閉臧（藏），唫者順陰勝，故以其時決成敗。‧六畜：牛羊，【1656】......

簡 1655、1656 認為「戰爭之勝敗」，決定在為將者姓名能否順應陰陽，涉及「兵陰陽」[15]之理論。

「蟲獸」為簡 1656 至簡 1657、簡 1658、簡 1659、簡 1660 至 1661、簡 1666，以陰陽區分各種蟲獸的性質。

> ......‧六畜：牛羊，【1656】陰也，馬犬彘雞，陽也。夫牛羊者貴【□□□】，犬馬彘貴前而膏。雞者屯（純）赤，故其同陽尤精【1657】......
> 非和也。‧六畜□......【1658】

---

13 「柈」字，原整理者認為：「疑當讀為『判』或『分』，訓為『別』。《鶡冠子‧道端》：『觀其大祥。』」（頁 207）此說可從。「柈」字當讀為「判」，二字皆从半得聲。又「此其柈也，其事之也」，今改讀為「此其柈也。其事之也」。

14 原整理者讀為「名去（呿）者勝而唫者敗何也？」今改讀為「名去（呿）者勝而唫者敗，何也？」。

15 《漢書‧藝文志‧兵書略》云：「陰陽者，順時而發，推刑德，隨斗擊，因五勝，假鬼神而為助者也。」其「順時而發」者，即簡文「以其時決成敗」，順應陰陽時節以起兵。參〔東漢〕班固撰，〔唐〕顏師古注：《漢書》（北京：中華書局，2007 年），頁 1760。

簡 1656、1657 皆講六畜，並以陰陽區分。

> ·介虫（蟲）最陰者，龜蛟鼈也。·鱗虫（蟲）最陰者，蠪（龍）蛇也。·
> 羸虫（蟲）最陰者，瑕（蝦）蟆也。[16]·諸蝥（螯）虫（蟲）皆陰分，刑
> 也。【1659】
> ·諸禽獸螫傷【人】者陰，刑也。戴角若穴臧（藏）皆陰，不傷害人，少
> 刑。·鳥之陰，鴻（鴻）鵠，若以時北南者，【1660】陰也，不害傷人……
> 【1661】
> ……□以物有蚤（爪）牙傷害人者觀之，不善亦不□[17]【1666】……

簡 1659 與簡 1660 至簡 1661 皆講「蟲獸」，並以傷害人與否，區分為「刑」與
「小刑」。簡 1666 將有爪牙可傷人之動物，也歸入陰，內容與簡 1660 相近，兩
簡位置應接近。

　　「植物」為簡 1662、簡 1663、簡 1664 至簡 1665，以陰陽區分各種植物的
性質。

> ·稷者，五陰之肥，而黍者，亦五陽之肥。[18]此辭兩陽……【1662】
> ·松柏竹箭椒，至陰。……【1663】
> ……軹（枳），諸刺傷害人者，亦陰而刑也[19]。·棘不可以蓋【1664】屋，
> 兌，為其有刑也。·凡刑者人之所惡也。□□【1665】……

簡 1662 並未說明「五陰」、「五陽」為何，或許是因簡文殘缺，所以相關內容亡
佚。但從黍、稷看，「五陰」、「五陽」應皆為農作物。然而簡 1663 與簡 1664 至
簡 1665 相同，亦以傷害人為根據，分類植物之陰陽，其標準可能與「黍」、「稷」
等五陰、五陽不同。

　　「天地」為簡 1650 至簡 1651、簡 1652、簡 1694、簡 1653、簡 1667、至簡
1669、簡 1670、簡 1671、簡 1672、簡 1654，以陰陽區分各種天象與地形。

16　原整理者讀為「介虫（蟲）最陰者龜蛟鼈也。·鱗虫（蟲）最陰者蠪（龍）蛇也。·羸虫（蟲）
　　最陰者瑕（蝦）蟆也」，今改讀為「介虫（蟲）最陰者，龜蛟鼈也。·鱗虫（蟲）最陰者，蠪
　　（龍）蛇也。·羸虫（蟲）最陰者，瑕（蝦）蟆也」。

17　原整理者讀為「□以物有蚤（爪）牙傷害人者觀之不善亦不□」，今改讀為「□以物有蚤（爪）
　　牙傷害人者觀之，不善亦不□」。

18　原整理者讀為「稷者五陰之肥而黍者亦五陽之肥」，今改讀為「稷者，五陰之肥，而黍者，亦
　　五陽之肥」。

19　原整理者讀為「諸刺傷害人者亦陰而刑也」，今改讀為「諸刺傷害人者，亦陰而刑也」。

……□月陰也。月陽也，星陰也。星陽也，窅瞑【1650】陰也。凡此皆天地陰陽之大柈（判）也。□……【1651】

……□其事之，不然[20]。天至陰……【1652】

……焉，至陽。【1694】……

……事陰陽，天无（無）為也，主靜，行陰事。地生物，有動，行陽事。【1653】

諸簡內容皆為「天象」，先談陰陽，再論動靜。簡1652與簡1694有「至陰」、「至陽」，應為對舉的關係，故位置應該相連接；而簡1653提到「天無為」、「地生物」，與後簡1667至簡1669列舉的地所生物有關，故位置應該接近。

可夫？‧地平者稊莠生之，其高者貳（樲）□生之，其高者楚棘生之，其高者松柏生之，其平以下【1667】者蒲葦生之，其下者□【□生之】，其下者□芙蕖（蕖）生之，其下者魚鱉生之，其下者□青垢【1668】生之，此地高下所……【1669】

……高陽而……【1670】

地埤（卑）陰，山陵亦以高為陽而……【1671】

以上諸簡以「地」為主，說明各種地形適宜的生長物，以「高下」做為陰陽之表現。簡1671則從「地」轉而說明「山陵」。

而簡1670與簡1671則談及「地形」。前述以「地行陽事，故為動」，此處則言「地埤陰」。兩者看似矛盾，其實不然。《曹氏陰陽》以為陰中有陽，陽中有陰，地雖然生物，屬陽；然其低下處，則屬陰。地之陰，與山之高相對。然簡1672又言「山陵亦主靜」，可知山也同具陰陽。

山陵亦主靜，若水……【1672】

此簡從「山陵」轉而說明「水」。

……風者皆陰……【1654】

此簡說明萬物雖然陰陽相混，但風皆為陰性，然本簡前後皆殘，未能分辨在此組中的位置。

　　……屬亦然。‧甲丙戊庚壬，陽也。乙丁己辛癸，陰也。【1631】寅卯巳午未戌，陽也。申酉亥【子丑辰，陰也。】……【1632】

簡 1631 至簡 1632 講述干支的陰陽區分，或可置於「天地」之後。

　　另外，原整理者所綴合的簡 1633 是有問題的，其圖版如下：

原整理者綴合左（b）、右（a）兩殘簡而成。細審圖版，原整理者隸定的「中」字，字形作 ▨，與本篇「中」字作 ▨ 完全不同；且其隸定的「有」字作 ▨，左半部明顯從「阜」，亦與本篇「有」字作 ▨ 不同，而其「陰」字作 ▨，並不從「阜」。由此可知原整理者對於此簡的綴合是有問題的，既然綴合有問題，故其所隸「□□陽中有陽，陰中有陰」也是錯誤的，a、b 不應綴合為一簡，應分為兩簡，再歸入「殘簡」。另外由剩餘的筆畫可知，a 簡可隸為「凡陽□□陽□□□□」。

　　部分簡文內容與本篇較無關係，則可歸入「殘簡」，如：

　　聽之則无（無）聲，雖然□謂□□……【1678】
　　……虛愛乎在中 ∟ 。愛者，精神之所御＝（御，御）己者，己以瞞作【1679】……
　　……□不就神明者，因智者也。令行者，因道者也。以因智（知）彼，以彼智（知）己，是謂不殆。暨察【1680】……

簡 1678、1679、1680 雖有殘缺，但由剩餘簡文可以看出其內容皆與「陰陽」無
關，如簡 1679 談「御己」，簡 1680 談「知彼」、「知己」，較近於修身養性之義，
所以置於此類。

> 人各有以生讙（歡）為主，故聖人之……【1687】
> ・凡裁（制）□物者讙誰於□□……【1688】

簡 1687 與簡 1688 皆有殘缺，然觀文意，應講聖人與制物者所當行之事，似與
《曹氏陰陽》之內容無關。而簡 1687 提到「生讙」，其內容或許與銀雀山漢簡《三
十時》簡 1851「為讙（歡）事不合，以驚不起，不可」有關，因兩者皆提到「讙」。

> ……血氣，故貴此若道也。【1692】

此簡談「血氣」與「道」，似與本篇的內容無關，故列於此類。

> ……刑官不吉。・女子名毋害，聞於鄉曲，必有所□【1693】……

此簡提到「吉凶」與「命名」，應該與選擇術有關，較看不出與本篇的關係，故
列於此類。

二、簡文語譯

（一）篇題

漕（曹）是（氏）陰陽[21]【1622】
語譯：曹氏陰陽。

（二）陰陽理論

1.理論之一

……而神=咳（該）＝（神咳（該），神咳（該））而智灤（繁）（一），智灤（繁）
然後生具象（二）焉，是以兩禾（和）女（如）化刑（形）（三），刑（形）成女（如）

21　原整理者認為：「第三輯所收篇題木牘殘片有〈漕氏〉一題，當是此篇篇名。」（頁 206）《銀
　　雀山漢墓竹簡》第三輯並未出版，無法複驗原整理者說法，本篇簡 1622 背後有「漕是陰陽」
　　四字，原整理者認為「漕」即曹姓之「曹」之借字。「是」、「氏」二字古通，標題簡的「是」
　　當讀為「氏」，故可讀為「曹氏陰陽」。

離[22] ㄴ ，陽明女（如）昭明（四）。陽者，明聖之發華[23]【1674】也。昭冥者，陰陽之初（五）[24]也。燥濕者，寒暑之精者也。煙埃者，水火之先者也。時者，理=謝（序）=終=始=（理謝（序）終始（六），理謝（序）終始）【1673】

語譯：……四時，萬物有始有終得以符合順序而後神妙完備，神妙完備而後智慧繁盛，智慧繁盛而後可生化具體有形的器具、事物。陰陽兩和而萬物可以化成形體，形體化成而後相互依附、附合，彰顯「陽」之後，則可以彰顯光明。「陽」，可以發明聖人的光華能力。光明與黑暗，是陰陽最初的狀態。乾燥與潮溼，是寒暑的精華。煙霧與塵埃，是水火的起源。……

不達於萬物之初者，不可與為治矣。此若言[25]尚（上）可合星辰日月，下可合陰陽四時，博之可【1675】以為君焉（七）。與行=（行行），故天下弗能御（禦）；與止=（止止），故天下弗能動（八）。道未嘗司，故天下弗能測▪。灋（法）未嘗用，【1676】故天下弗能量。道不可測，灋（法）不可量，□動而先人神弋（載）[26]者，萬物之所源也。存聖而无（無）刑（形）【1677】……

語譯：不能明達萬物起源的人，不可參與治化。這是說治化之道，上可配合星辰日月，下可配合陰陽四時，通博此道則可以成為君主。君主剛強健行，所以天下萬物不能禁止它；君主靜凝無為，所以天下萬物不能動搖它。道不曾專司，故天下無法測試。法不曾使用，故天下無法衡量。道不可測試，法不可衡量，□動而源於人神之始者，這就是萬物的起源。存有聖的精神卻無形體……

---

22 連劭名認為：「『形成女（如）離』，離爲剖判之義，最初的分離是由元氣中化生天地，道生一，一生二，清揚爲天，重濁爲地。」（頁70）本篇之宇宙論與傳世文獻所載不同，以「離」字為「分離」之義，亦看不出其原則是否依照「清」、「濁」而行，且簡文以「兩禾（和）」之後產生具象，此具象可是為陰陽相合之產物，應為無法分離之單一個體，可見連文的論述有待商榷。「離」字，可解釋為「附合」、「附著」，如《周易・說卦》：「離，麗也。」《漢書・揚雄傳》：「丁傅、董賢用事，諸附離之者，或起家至二千石。」（頁3565）顏師古注：「離，著也。」「離」字屬來母支部，「麗」字屬來母歌部，二字聲同韻異，但可通用，如《廣雅・釋詁二》：「離，待也。」王念孫《疏證》：「離讀為麗。宣十二年《左傳》注云：『麗，著也。』著亦止也。」又〈釋詁三〉：「藶，著也。」王念孫《疏證》：「《說文》：『藶，草木相附，麗土而生也。字通作麗，亦作離。』」簡文「刑（形）成如離」，指具象生成之後再相互附著、附合，因為具象既然由陰陽相合而生，必然帶有陰或陽之屬性，具象的附著、附合便具備陰陽相合之概念，故可不斷化生萬物。參〔清〕阮元以文選樓藏本校勘嘉慶二十年重刊宋本：《十三經注疏・周易》（京都：中文出版社，1972年），頁199。〔清〕王念孫撰：《廣雅疏證》（北京：中華書局，2004年），頁65、85。

23 原整理者認為：「一六七四號簡的原來次序也可能在一六七三號簡之前，『陽者，明聖之發華也』連爲一句讀。」（頁207）

24 「初」字為本文所補。

25 原整理者認為：「『此若』二字當連讀，『此若言』猶言『此言』。《管子》之〈山國軌〉、〈地數〉、〈輕重丁〉等篇屢言『此若言何謂也』，《禮記・曾子問》『子游之徒有庶子祭者，以此若義也』，『此若』之用法並與此同。（參看王引之《經傳釋詞》卷七）」（頁207）

26 「弋」字，即「載」字所从，故可讀為「載」。「載」字有開始、始源之義，《廣韻・代韻》：「載，始也。」《詩經・豳風・七月》：「七月鳴鵙，八月載績。」毛《傳》：「載績，絲事畢而麻事起矣。」孔《疏》：「八月之中，民始績麻。」參〔清〕阮元以文選樓藏本校勘嘉慶二十年重刊宋本：《十三經注疏・詩經》（京都：中文出版社，1972年），頁832。

......動天壞，正（政）出陰陽 ▪ ，權動諸侯 ▪ ，義動君子，利動小人。[27]【1681】夫物古（固）從其鄉（向），動其類矣。[28]是故使（事）而不使，則无（無）以為春，賞而不喜，則无（無）以為夏。禁而不止，【1682】則无（無）以為秋，威而不懼，則无（無）以為【冬，□□】事而不使 ∟ ，賞而不喜 ∟ ，禁而不止 ∟ ，威而不懼，亦何【1683】……

語譯：……動天壞，政出自陰陽，權力動搖諸侯，義理動搖君子，利益動搖小人。事物皆從其所趨向，動搖其同類。所以春季不可有事而不行動，夏季不可賞賜而不喜悅，秋季不可有所禁制卻不停止，冬季不可威懾而不使人畏懼。□□有事而不行動，賞賜而不喜悅，禁制而不停止，威懾而不使人畏懼……

......冬夏不足，則天无（無）以成其天焉 ∟ 。天者非昭＝猜＝（昭昭青青）謂[29]【1684】……

語譯：……冬夏二季不足，則天就無法成為天。天不是光明，而是……

・聖王行於天下，風雨不暴，雷霆不執（震）[30]，寒暑不代（忒）[31]，民不文飾，

---

[27] 此句義近《漢書・匈奴傳》：「（董仲舒）以為義動君子，利動貪人，如匈奴者，非可以仁義說也。獨可說以厚利，結之於天耳。」（頁3831）可參。

[28] 原整理者認為：「《淮南子・天文》『物類相動，本標相應』，《論衡・偶會》『同類通氣，性相感動』，意皆與此相近。」（頁208）連劭名認為：「《周易・繫辭》上云：『方以類聚，物以群分。』同類事物相互感應，《周易・乾・文言》云：『同聲相應，同氣相求，水流濕，火就燥，雲從龍，風從虎，聖人作而萬物睹，本乎天者親上，本乎地者親下，則各從其類也。』」（頁70）二說相同，皆可從。

[29] 原整理者認為：「『昭』『猜』二字均有重文號，此句也可能當讀爲『天者非昭猜，昭猜謂……』。」（頁208）鄔可晶認為「昭昭猜猜」可讀為「昭昭青青」，與《鶡冠子・度萬》：「所謂天者，非是蒼蒼之氣之謂天也」語義、文例皆相近。鄔說可從。「昭昭青青」可能指天之光明。參鄔可晶：〈銀雀山漢簡「陰陽時令、占候之類」叢札〉，清華大學出土文獻研究與保護中心編，李學勤主編：《出土文獻》，第七輯（上海：中西書局，2015年），頁216-218。

[30] 原整理者認為：「『執』，當讀爲『爇』。《衆經音義》引《廣雅》：『爇，燒也，然（燃）也。』」（頁208）蕭旭認為：「執，疑當讀為肆。《禮記・表記》：『安肆日偷。』鄭《注》：『肆，或為褻。』此其相通之證。《小爾雅》：『肆，疾也。』亦即暴、卒之義。」（頁155）鄔可晶認為戰國秦漢文字中「炅」與從「執」聲的「熱」字為一字異體，並引李春桃指出三體石經古文「震」字從戈從炅，而三體石經古文具有明顯的齊系文字特徵，故「執」可用為「震」，指「雷擊」。（頁218-219）銀雀山漢墓隸屬齊地，保留齊系文字之字形，亦屬正常，當從鄔說。

[31] 「寒暑不代（忒）」，原者理者未釋。「寒暑不忒」指寒暑的季節有序，類似文句又見《漢書・禮樂志》：「長麗前掞光燿明，寒暑不忒況皇章」，瓚曰：「忒，差也。寒暑不差，言陰陽和也，以此賜君，章賢德也。」顏師古《注》：「瓚說是也。」（頁1058）可看看。

白丹發 ∟ ，朱草生32，馮（鳳）鳥下，【1685】游龍見。凡美之類，從聖王起33……
【1686】

語譯：聖王治理天下，風雨不會暴起，雷霆不會震動，寒暑不會延遲，人民不崇
尚裝飾，白丹、朱草生長，鳳凰、鱗龍出現。美好的事物，皆因聖王之治而興起……

是故陰陽不禾（和），水靈作（九）▪ ，屈信（伸）34……【1689】……鼓（瞽）
瞢興（十），雷電動，霆音訖□（十一）∟ ，嗷35【1690】……

語譯：是以陰陽不和諧，則會迅速地導致水災，屈伸……盲人增加，雷電鼓動，
雷之餘聲停止，哭聲……

2.理論之二

……行陽之類也。【1638】

語譯：……施行陽類的事物。

……行陰事者也。·秋冬，陰也。春夏，陽也。夫陰之中有陽，陽之中亦有【1623】
【陰】……

語譯：……施行陰類的事物。秋冬季節，屬於陰。春夏季節，屬於陽。陰之中有
陽，陽之中也有陰……

---

32 「白丹發，朱草生」，原整理者引《鶡冠子·度萬》：「膏露降，白丹發，醴泉出，朱草生。」
（頁 208）楊安利補充：「《開元占經》多引『朱草』相關文獻：《孫氏瑞應圖》：『朱草者，草
之精也。聖人之德，無所不至則生。』《鶡冠子》：『惟聖人能正其音，調其聲，故德上及泰清，
下及泰寧，中及萬靈。朱草生』《淮南子》曰：『太清之世流黃出朱草生。』《鳳鳥》《開元占經》
引《地境》：『鳳凰，赤精。顓頊德。』又引《禮·斗威儀》：『君乘土德而王，其政太平。鳳凰
集於苑林。』從相關文獻看，朱草、鳳鳥、遊龍都是盛世的祥瑞之兆。」（頁 244）有關白丹
的文獻尚可見於《山海經·大荒西經》：「（王母之山）爰有甘華、甘柤、白柳、視肉、三騅、
璇瑰、瑤碧、白木、琅玕、白丹、青丹，多銀鐵。鸞鳳自歌，鳳鳥自舞，爰有百獸，相羣是處，
是謂沃之野。」《山海經》以白丹為仙境的產物，可知其為祥瑞之物。「朱草」則見《漢書·公
孫弘卜式兒寬傳》：「陰陽和，五穀登，六畜蕃，甘露降，風雨時，嘉禾興，朱草生，山不童，
澤不涸；麟鳳在郊藪。」（頁 2613-2614）類似的文字敘述則多見於傳世文獻。參袁珂校注：
《山海經》（臺北：里仁書局，2004 年），頁 397。

33 原整理者認為：「《管子·五行》『人與天調，然後天地之美生』，尹《注》：『美謂甘露醴泉之類
也。』」（頁 208）

34 「屈信（伸）」，原整理者未釋。簡文「屈信（伸）」應是「彎屈伸直」之義，如《淮南子·原
道》：「形體能抗，而百節可屈伸。」〈脩務〉：「使未嘗鼓瑟者，雖有離朱之明，攫掇之捷，猶
不能屈伸其指。」或直接用「屈信」，如《荀子·不苟》：「君子以義屈信變應故也。」《漢書·
賈誼傳》：「天下之勢方病大瘇。一脛之大幾如要，一指之大幾如股，平居不可屈信，一二指
搐，身慮亡聊。」（頁 2239）然簡文殘缺，無法得知簡文以屈伸所形容的事物。參劉文典撰，
馮逸、喬華點校：《淮南鴻烈集解》（北京：中華書局，1989 年），頁 40、647。〔清〕王先謙
撰，沈嘯寰、王星賢點校：《荀子集解》（北京：中華書局，1988 年），頁 42。

35 「嗷」字，指「哭聲」。《公羊傳·昭公二十五年》：「昭公於是嗷然而哭，諸大夫皆哭。」何《注》：
「嗷然，哭聲貌。」參〔清〕阮元以文選樓藏本校勘嘉慶二十年重刊宋本《十三經注疏·公
羊傳》（京都：中文出版社，1972 年），頁 5057。

春之陰，正月三月 ∟ 。正月者刑（十二）......【1624】......□ □攵[36]為以不得已居之。·夏之陰，五月也。□......【1625】

語譯：春季的陰，在正月、三月。正月為刑......不得已而居住。夏季的陰，在五月。

......陰生（十三）。·屯（純）陰不生▪，屯（純）陽不長。[37]其降難以外出及【1636】

語譯：......陰生。純粹的陰不能生出萬物，純粹的陽也不能長養萬物。其次則難以外出......

......陽者，陽之陽，不勝陰之陽也。【1635】

語譯：......陽者，陽之陽屬於純陽，無法勝過陰之陽。

......之中有陽也。且案理正靜（十四），未可......【1634】

語譯：......之中有陽。依據天理而行，則可以正定沉靜，不可......

為不靜之事，若合陰陽，不可以......【1637】

語譯：......是不靜的事物，若要配合陰陽，就不可以......

......□方靜時而有動也。【1629】

語譯：......□沉靜之時而有所動。

......陰何？以其得靜也。【1630】

語譯：......陰何？因其得靜的關係。

（三）理論應用

1.人事之一

秋月者，諸物盡反（返），陰。以此徙，與物俱入靜，吉。[38]若以春夏徙，厥陰之陽散，有死之徒也（十五）。郚（窮）【1626】......

語譯：秋季的月份，萬物皆返回，為陰。此時遷徙，與萬物皆進入沉靜的狀態，是吉利的。若在春夏二季遷徙，則陰之陽消散，產生死亡一類的結果。郚（窮）......

---

[36] 此字左半殘留「攵」旁，今補。

[37] 蕭旭認為「屯」又可讀如本字，「屯陰」、「屯陽」同於《淮南子·氾論》：「積陰則沉，積陽則飛」，可參。（頁151）

[38] 連劭名認為：「古禮有『秋暮夕月』，《大戴禮記·保傅》云：『三代之禮，天子春朝朝日，秋暮夕月，所以明有別也。』秋時陰盛陽衰，利入不利出，宜靜不宜動。」（頁69）此說有誤。簡文：「秋月者，諸物盡反（返），以此徙，與物俱入靜」，指在秋月的時候遷徙，符合諸物盡返的規律，所以是好的。相對於後文春夏時期遷徙，後果是「有死之徒」，簡文明顯提倡在秋月遷徙，與《大戴禮記》「利入不利出」的說法不同。

橈以刑（十六）▪，及十二月不盡十日 ┗ ，大神出嘗利以□出……【1627】
語譯：以刑罰屈撓，十二月開始不到十日，大神出嘗利以□出……

……諸末（物）³⁹皆傷，可因而行有罪之罰 ┗ 。若少靜【1628】……
語譯：……萬物皆傷，此時可施行有罪的刑罰。如果缺少沉靜……

·陰之屬，其最貴者，失恒利物同者……【1639】
語譯：陰之類，其最尊貴者，是失常利與物相同者……

……人志失宜也，而物乃為不化。·長年者，陰之屬也，【1640】以其不能動作
也。兩禾（和）（十七）俱□，□（十八）事者其……【1641】
語譯：……人的意志失去平和，則不能化育萬物。年長的人，屬陰之類，因為其
不能有所行動作為。陰陽兩和俱□，□事者其……

□刑。·以四時官人，春宜少年 ▪ ，夏宜偝（耆）年 ▪ ，秋宜佫（胡／俗（高））
年⁴⁰，冬宜 老 （十九）【年】……【1646】
語譯：□刑。以四季任命官職，春天季任命少年，夏季宜任命壯年，秋季宜任命
胡（高？）年，冬季宜任命老年……

……□年以秋冬入官，然而久者，必有病者也。夫病亦近於老矣。·陽氣□……
【1647】
語譯：……□年人在秋冬季擔任官職，時間一長，必有生病之人。而生病的人與
老人相似，陽氣皆□……

……□者，陰人也。賈人以詐取人，亦陰也。【1642】
語譯：……□者，屬於陰人。商人以詐取人，也是陰人。

若人好為匿事者皆 陰 （二十）……【1643】
語譯：……如果人喜好從事邪匿，都屬於陰人。

……·縣公，陽分也。然其事【1649】
語譯：……縣公，屬於陽類，而其事務……

---

39 「末」字，原整理者認為：「『末』疑是『物』之借字。『末』與『勿』聲古音相近。《禮記·文
王世子》『末有原』，鄭《注》：『末猶勿也。』」（頁206）可從。
40 「佫」字，原整理者認為：「疑當讀爲『胡』。《詩·載芟》『胡考之寧』，毛《傳》：『胡，壽也。』
《周書·謚法》『彌年壽考曰胡』。」（頁207）連劭名認為：「佫應讀爲老。」（頁69）簡文已
補「老」字，故當從原整理者說。

......者，君官（二十一）也。萬物□......【1691】

語譯：......者，為君王長官。萬物......

2.人事之二

......此其柈（判）也[41]。其事之也，父教使，【1644】主靜，陰也。母動榣（搖）[42]，給使令事，陽也。兵勝......【1645】

語譯：......這是它們的判別方式。其所從事務，父親教導使喚，但陽中有陰，故為靜態，屬陰；母親動搖，派遣從事，但陰中有陽，故為動態，屬陽。兵家爭勝......

...... 兩[43]兵相當[44]，問其將之名，名去（呿）者勝而唫者敗[45]，何也？夫去（呿）生而唫死，此其大柈（判）也。若事之陰陽【1655】不然。夫春夏者方啟 ▍，去（呿）者順陽勝 ▍，秋冬者閉臧（藏），唫者順陰勝，故以其時決成敗。・六畜：牛羊，【1656】......

語譯：......兩軍對陣，問其將領之名，名字屬於開口呼者則勝，合口呼者則敗。為什麼？這是因為開者生閉者死，這是它們的判別方式。但若以陰陽配合，就不是這樣。春夏季節屬剛開啟，所以名字開者順應陽氣而勝，秋冬季節屬剛閉藏，名字閉者順應陰氣而勝，所以要以季節決定其勝敗。六畜，牛羊......

3.蟲獸

......・六畜：牛羊，【1656】陰也，馬犬豲雞，陽也。夫牛羊者貴（銳）【後而脂】，犬馬豲貴（銳）前而膏[46]。雞者屯（純）赤，故其同陽尤精【1657】......

---

[41] 「柈」字，原整理者認為：「下文 1651 號簡云『凡此皆天地陰陽之大柈也』，又 1655 號簡云『此其大柈也』『柈』字疑當讀爲『判』或『分』，訓爲『別』。《鶡冠子・道端》『觀其大柈』。」（頁 206）蕭旭認為「柈」字前脫「大」字。（頁 152）原整理者說法可從。蕭說依文例補，但單言「柈」字亦可通。

[42] 連劭名認為：「『毋動搖』即『不動心』，見《孟子・公孫丑上》，指意志堅定，又稱爲『固』，雲夢秦簡〈爲吏之道〉云：『凡爲吏之道，必清潔正直，慎謹堅固，審悉毋私，微密纖察，安靜毋苛，審當賞罰。』」（頁 68-69）此說有誤。簡文以「父」、「母」對言，陰陽相對，連文讀「母」為「毋」並不合文意。但簡文「父陰母陽」的文句，與以往「父陽母陰」十分不同。

[43] 原整理者認為：「『兵』上一字殘泐，可能是『兩』字。」（頁 207）可從。後文有「相當」一詞。

[44] 「當」字，應解為對陣、對立，如《韓非子・初見秦》：「攻未嘗不取，所當未嘗不破。」參〔清〕王先慎撰，鍾哲點校：《韓非子集解》（北京：中華書局，2003 年），頁 4。

[45] 原整理者認為：「《呂氏春秋・重言》『君呿而不唫』，高《注》：『呿，開也。唫，閉也。』」（頁 207）此段簡文與戰爭軍事有關，為「兵陰陽」的內容。

[46] 原整理者認為：「《淮南子・地形》『無角者膏而無前，有角者脂而無後』，『無前』『無後』義不可通。《太平御覽》卷八九九引此作『無角者膏而兌（銳）前，有角者脂而兌（銳）後』又引《注》云『豕馬之屬前小，牛羊後小』，《淮南鴻烈集解》以爲『兌』字『始譌爲无，傳寫又爲無』，是也。簡文『貴』當讀爲『銳』。『貴』聲與『兌』聲古音相近，《說文》『旞』字或體作『旟』，從『遺』聲（『遺』字從『貴』得聲），而『旞』字或作『祝』是其證。據上引《淮南子》，簡文『夫牛羊者貴』下所缺當是『後而脂』三字。『馬』上一字右半殘泐，可能是從『犬』之字。」（頁 207）陳哲認為本篇「貴」字源於從「貴」（舌音）的「遺」字，可視為其異體，故適合讀為「銳」。參陳哲：《淮南子》與銀雀山漢簡合證二則〉，《語言研究集刊》，2021 年

語譯：……六畜：牛羊屬陰，馬狗豬雞，屬陽。牛羊的身體後半部小而油脂多，狗馬豬的身體前半部小而油脂多。雞屬於純赤，與陽相同又精貴……

非和也。・六畜□……【1658】
語譯：並不是和諧。六畜……

・介虫（蟲）最陰者，龜蛟鼈也。⁴⁷・鱗虫（蟲）最陰者■，蠬（龍）■、蛇也。・贏虫（蟲）最陰者，瑕（蝦）蟆也。・諸螫（螫）虫（蟲）皆陰分，刑也（二十二）。【1659】
語譯：有殼蟲類最陰者，為龜蛟鼈。鱗蟲類最陰者，為龍蛇。贏蟲類中最陰者，為蝦蟆。所有螫蟲皆屬陰，屬於刑。

・諸禽獸螫傷【人】者陰，刑也。戴角若⁴⁸穴臧（藏）皆陰，不傷害人，少刑。・鳥之陰， 鳿（鴻）鵠，若以時北南者，【1660】陰也，不害傷人，【少刑】⁴⁹……【1661】
語譯：所有能螫傷人的禽獸皆屬陰，屬刑。頭有角而穴居的皆屬陰，但不傷害人，屬小刑。鳥類之中，則以鴻鵠為陰，其因季節不同而南北往返，但不傷害人，屬小刑……

……□以物有蚤（爪）牙傷害人者，觀之，不善亦不□【1666】……
語譯：……禽獸有爪牙而傷害人，由此觀之，不善也不□……

4.植物

・稷者，五陰之肥⁵⁰，而黍者，亦五陽之肥。此辭兩陽……【1662】

第 2 期，總第二十八輯，頁 367-370。

47 「蛟」，可指「龍」，但後文已有「龍」，故蛟當指龜、鼈一類的水生動物。《呂氏春秋・季夏紀》：「令漁師伐蛟取鼉，升龜取黿。」（頁 130）高〔注〕：「蛟、鼉、龜、黿，皆魚屬。蛟有鱗甲，能害人。」以「蛟」為害人之物，與簡文以傷害人為刑、陰之物的觀點相同。《漢書・五行志》：「寒氣動，故有魚孽。雨以龜為孽，龜能陸處，非極陰也；魚去水而死，極陰之孽也。」（頁1421）以魚為至陰，論點與簡文不同，當屬不同系統之數術原理，可參看。

48 「若」字，原整理者未釋。「若」應為連接詞，訓為「而」字。如《周易・夬》：「君子夬夬獨行，遇雨若濡。」（頁 115）指「行走遇雨而沾溼」。《左傳・莊公二十二年》：「幸若獲宥，及於寬政，赦其不閑教訓，而免諸罪戾，弛於負擔，君之惠也。」指「有幸而獲赦免罪刑」。簡文：「戴角若穴臧（藏）」，指「有角而穴居的動物」。參〔清〕阮元以文選樓藏本校勘嘉慶二十年重刊宋本：《十三經注疏・左傳》（京都：中文出版社，1972 年），頁 3848。

49 「害傷」應作「傷害」。由簡 1661：「不傷害人」、簡 1666：「傷害人者」，兩處皆作「傷害」，可知「害傷」為書手誤抄的可能性極大。另外，就本篇原理而言，「鳿（鴻）鵠」雖屬陰，但不傷害人，後文可補「少刑」二字。

50 「肥」字，原整理者認為：「《廣雅・釋詁二》『肥，盛也』。《戰國策・秦策》『而肥仁義之誠』，《注》：『肥，猶厚也。』」（頁 207）連劭名認為：「肥，讀為配。」（頁 68）原整理者說法可從。

語譯：五陰中最肥者為稷，五陽中最肥者為黍。此辭兩陽……

‧松柏竹箭椒（二十三），至陰。……【1663】

語譯：松柏竹箭椒，為至陰的植物。

……軹（枳）[51] ▉，諸刺傷害人者，亦陰而刑也。‧棘不可以蓋【1664】屋，兇（凶），為其有刑也。‧凡刑者，人之所惡也。□□【1665】……

語譯：……枳樹。所有能以刺傷害人的植物，皆屬陰、刑之類。棘樹不可用以蓋屋，以之蓋屋則為凶，因棘樹屬刑類。刑類的事物，為人所厭惡……

5.天地

……日陽也，[52]月陰也。月陽也，星陰也。星陽也，窅暝[53]【1650】陰也。凡此皆天地陰陽之大柈（判）也。□……【1651】

語譯：……以日為陽，則月為陰。以月屬陽，則星為陰。以星為陽，則窅暝為陰。這些都是天地陰陽最主要的判別方式。……

……□其事之，不然。天至陰……【1652】

語譯：……其所從事，則不是這樣。天至陰……

……焉，至陽。【1694】……

……事陰陽，天无（無）為也，主靜，行陰事。地生物，有動 ∟ ，行陽事。【1653】

語譯：……事陰陽，天動而為靜，屬陰。地靜而為動，施行陽之事。

可夫？‧地平者稊莠[54]生之，其高者貳（樲）[55]□生之，其高者楚棘[56]生之，其高

---

51 原整理者認為：「當讀爲『枳』。《周禮‧夏官‧掌固》『掌脩城郭溝池樹渠之固』，鄭《注》『樹謂枳棘之屬，有刺者也。』」（頁207）連劭名：「《說文》云：『枳，木似桔。』《山海經‧西山經》云：『浮山多盼木枳葉而無傷。』郭《注》：『枳，刺針也。』」（頁68）連文可從。

52 據後文，「月陰也」之前可補「日陽也」三字，呈現出日、月、星相對的陰陽觀念。

53 原整理者認為：「窅暝，即窅冥，或作『杳冥』『窈冥』，昏暗之義。《史記‧項羽本紀》『於是大風從西北而起，折木發屋，揚沙石，窈冥晝晦，逢迎楚軍。』」（頁207）

54 原整理者認為：「稊，亦作『稊』《爾雅‧釋草》『稊莠』，郭《注》：『似稗，布地生，穢草。』《詩‧小雅‧大田》『不稂不莠』，毛《傳》：『莠似苗也。』」（頁207）由《爾雅》郭《注》「布地生」可知「稊」的生長環境接近地面，故布地而生。而「莠」字，長生於禾粟之下。《說文‧艸部》：「莠，禾粟下揚生莠也。」段《注》：「莠，今之狗尾草。」故「莠」與「稊」皆靠近地面而生。參〔清〕段玉裁：《說文解字注》（臺北：藝文印書館，2005年），頁23。

55 原整理者認為：「貳，當讀爲『樲』《爾雅‧釋木》『樲，酸棗。』」（頁207）

56 原整理者認為：「楚棘，即『荊棘』。《說文》『楚，叢木也，一名荊。』」（頁207）

者松柏生之，其平以下【1667】者蒲葦生之，其下者□【□生之】，其下者 邁（藕）
⁵⁷芺菓（蕖）生之，其下者魚鼈生之，其下者□青垢【1668】生之，此地高下所……
【1669】

語譯：可以嗎？地平處生長稀莠類的植物，更高處則生長橏樹，更高處則生長棘
樹，更高處生長松柏；平地以下生長蒲葦，更低處生長□□，更低處生長蓮藕芙
渠，更低處生長魚鼈，更低處生長青苔，這是地高低不同所……

……高陽而……【1670】

語譯：……高地屬陽而……

地 埤（卑）⁵⁸陰，山陵亦以高為陽而……【1671】

語譯：地勢低處屬陰，山陵也以高處為陽而……

山陵亦主靜，若水……【1672】

語譯：山陵也為靜，如水……

……風者皆陰（二十四）……【1654】

語譯：……風者皆為陰類……

……屬亦然。‧甲丙戊庚壬，陽也。乙丁己辛癸，陰也。【1631】寅卯巳午未戌，
陽也。申酉亥【子丑辰，陰也。】……【1632】

語譯：……之類也是如此。甲丙戊庚壬，屬陽。乙丁己辛癸，屬陰。寅卯巳午未
戌，屬陽。申酉亥子丑辰，屬陰。

（四）殘簡

……□凡（二十五） 陽□□ 陽□□□□【1633】……

語譯：（本簡殘缺過甚，無法得知語意，但應屬本篇陰陽理論之內容）

聽之則无（無）聲，雖然□⁵⁹謂□□……【1678】

---

⁵⁷ 此字原整理者未釋。王輝認為：「此字上從艸而殘去右半，左下為辵，右下為『禺』而殘去右
半；『辵』之末筆與『禺』下部之豎筆相接。隸定當作『邁』，讀為藕。藕，《說文‧艸部》作
『蕅』，《集韻‧厚韻》謂『或從耦，從偶』，此從『遇』，基本聲符均是『禺』。睡虎地秦簡《日
書甲》簡9貳『必耦寇盜』，『耦』即讀為『遇』，此是邁、藕相通較為直接的證據。」參王輝：
〈銀雀山漢簡殘字的釋讀及其意義〉，《文史》，2022年第2輯，總139輯，頁270-271。

⁵⁸ 原整理者認為：「『地』下一字僅存右側『卑』旁，今定為『埤』字。」（頁207）本字有所殘
損，應改為「 埤（卑）」。

⁵⁹ 原整理者認為：「『謂』上一字似『以』字。」（頁207）原圖作 ▨▨，實難辨認，待考。

語譯：聽之則無聲，……

……虛愛乎在中 ㄴ 。愛者，精神之所御＝（御，御）己者，己以瞞作【1679】……
語譯：……虛愛乎在中。愛，是精神所駕馭者，而駕馭自身者，己以瞞作……

……□不就神明者，因智者也。令行者，因道者也。以因智（知）彼，以彼智（知）己，是謂不殆。暨察【1680】……
語譯：……不就神明的人，由智。施令行動的人，由道。以此瞭解他人，以他人瞭解自己，則為不殆。暨察……

人各有以生讙（歡）（二十六）為主，故聖人之……【1687】
語譯：人皆以生命喜悅為目的，故聖人之……

· 凡裚（制）[60]□物者謹誰[61]於□□……【1688】

……血氣，故貴此若道[62]也。【1692】
語譯：……血氣，所以重視此道理。

……刑官不吉。·女子名，毋害聞於鄉曲，必有所□【1693】……
語譯：……刑官不是吉利的。女子名不為鄉里所知，必有所……

三、字詞考釋

（一）神咳（該）而智濼（繁）

　　「神咳（該）」、「智濼（繁）」二詞，原整理者無釋。連劭名認為：「《說文》云：『神，天神。引出萬物者也。』《論衡・論死》云：『陽氣異物而生故謂之神。』咳讀爲該，《管子・小問》云：『四言者該。』尹知章《注》：『該，備也。』」（頁70）「銀雀山整理、保護與研究項目」最近公布的階段性成果，展出了本簡的紅外線圖，如下：

---

[60] 「裚」字，原整理者認為：「『裚』當即『製』之異體，此處當讀爲『制』。」（頁208）可從。
[61] 「誰」字，連劭名認為：「誰讀爲推，《釋名・釋姿容》云：『誰，推也。有推擇言不能一也。』」（頁70）簡文殘缺，未知其是。
[62] 原整理者認為：「此若道，猶言『此道』。」（頁208）「此若道」與前文「此若言」之形式相近，可從。

原簡為編繩痕跡的雜質掩蓋，故「咳」字的偏旁未能完全顯示，故原整理者隸為「咳」字；紅外線圖中則清楚顯示此字左邊當為「日」旁，應改隸為「晐」。[63]

連氏以「神」為神明、神祇，可商。「神晐（該）」、「智瀿（繁）」與本篇宇宙論有關，說明時間生成具象之過程，屬於哲學範疇。「神」字並非具體的神祇，應理解為「神妙」，如《周易・繫辭上》：「生生之謂易，成象之謂乾，效法之為坤，極數知來之謂占，通變之謂事，陰陽不測之謂神。」（頁161）類似文例又見《黃帝內經・素問・天元紀大論》：「故物生謂之化，物極謂之變，陰陽不測謂之神，神用無方謂之聖。」[64]二則引文皆是用來形容陰陽變化之神奇、神妙，與簡文所述接近。〈繫辭上〉以「易」、「乾」、「坤」、「占」、「事」、「神」為宇宙論之不同階段的別稱，而「陰陽不測之謂神」則是陰陽變化最終的階段，故以「神妙」稱之；《天元紀大論》則在「陰陽不測」上增加「神用無方」，降低「陰陽不測」在宇宙論中的地位。簡文將「神」置於時間的功能「理謝（序）終始」之下，等同將「神」的地位降為次等（最高為「時」），所用的調整方式近於〈天元紀大論〉。

「晐」可假為「該」字，為「完備」之義。《廣韻・咍韻》：「該，備也。」枚乘〈七發〉：「滋味雜陳，肴糅錯該」，以「雜陳」、「錯該」對文，知「該」有「具備」之義。「神晐（該）」即「具備神妙」之義。

「智」字，應為「聰明」、「智慧」之義。「瀿」字，可假為「繁」，為「複雜」之義，如《荀子・王霸》：「目好色而文章致繁，婦女莫眾焉。」（頁217）《韓非子・心度》：「刑勝而民靜，賞繁而姦生。」（頁474）「智瀿（繁）」即「智慧複雜」之義。

簡文「神晐（該）而智瀿（繁）」是順時生物的過程之一，意指「具備神妙而後智慧發展複雜」，陰陽化生而有萬物之神妙，更可發展複雜的智慧，進而生成具象。

（二）具象

「具象」，原整理者無釋。連劭名認為：「具象如大象，《廣雅・釋詁二》：『具，備也。』《荀子・正名》云：『牲之具也。』楊《注》：『具，全也。』《老子・道經》第三十五章云：『執大象，天下往。』」（頁70）

「具象」為時間所生成，其所指當是具體的事物。「具」字，為「器具」、「器

---

63 參衛松濤：〈「銀雀山漢簡保護整理與研究項目」階段性成果簡述〉，《孫子研究》，2018年第3期，總第21期，頁93。

64 楊維傑編：《黃帝內經素問譯解》（臺北：台聯國風出版社，1984年），頁493。

械」之義，《字彙・八部》：「具，器具也。」《韓非子・定法》：「人不食，十日則死；大寒之隆，不衣亦死。謂之衣食孰急於人，則是不可一無也，皆養生之具也。」（頁 397）「象」字，指形象，為有形可見之物。《周易・繫辭上》：「在天成象，在地成形。」（頁 155）孔《疏》：「象謂懸象，日月星辰也。」《尚書・說命上》：「乃審厥象，俾以形旁求于天下。」（頁 369）孔《傳》：「審所夢之人，刻其形象。」象指形象，後指一切具體有形的事物。

「具象」一詞，推測應為器物、形象之義，但未見於傳世文獻。然文獻中有「器象」一詞，如荀勗〈奏條牒諸律問列和意狀〉：「工人造其形，律者定其聲，然後器象有制，音均和協。」[65]即以器象為器物。又如庾闡〈虞舜象贊序〉：「夫至道玄妙，非器象所載；靈化潛融，非軌跡所傳。」[66]庾闡文中的「器象」較傾向「圖像」、「畫像」之義，但圖畫也是器象之一，與簡文的解釋並不衝突，「具象」與「器象」可能為同義，皆指具體有形的器具、事物。

本篇認為「具象」是「聖人順時」所生成。聖人透過調理、賦予萬物終始順序，進而完備精神，發展為複雜的智慧，最終可生化具體有形的器具、事物。

（三）兩禾（和）女（如）化刑（形）

「兩禾（和）」，原整理者無釋，但認為：「以上三『女』字均當讀爲『如』而訓爲『而』。」（頁 207）連劭名則認為：「簡文云：兩禾（和）女（如）化刑（形），陰陽和而萬物生，《禮記・樂記》：『和故百物皆化。』鄭《注》：『化，生也。』」（頁 70）

原整理者對「女（如）」字的訓解與連說基本可從。「兩和」一詞，僅見於董仲舒《春秋繁露・循天之道》：「天有兩和，以成二中，歲立其中，用之無窮」、「兩和之處，二中之所來歸，而遂其為也。」[67]然此兩和為節氣，指「中春」、「中秋」之義，與簡文無關。

簡文並未說明「兩禾（和）」的意思，但簡 1689「是故陰陽不禾（和）水蟄作」，認為陰陽不和會產生災異一點來看，「陰陽相和」應是本篇所追求的目標之一。故簡文「兩禾（和）」之「兩」，即「陰」與「陽」，陰陽相合則萬物可以「化形」。「化形」一詞，亦不見於傳世文獻，應指「萬物成形」之義。描述陰陽相和而生成萬物的文句多見，如：

> 故陰陽四時，非生萬物也；雨露時降，非養草木也；神明接，陰陽和，而萬物生矣。（《淮南子・泰族》，頁 666）

> 德澤廣大，衍溢於四海，陰陽和調，萬物靡不得其理矣。（《春秋繁露・十指》，頁 147）

---

65 〔清〕嚴可均校輯：《全上古三代秦漢三國六朝文》（北京：中華書局，1991 年），頁 1636-1。
66 〔清〕嚴可均校輯：《全上古三代秦漢三國六朝文》，頁 2406-2。
67 蘇輿義證，鍾哲點校：《春秋繁露義證》（北京：中華書局，1992 年），頁 444。

> 陰陽和，五穀登，六畜蕃，甘露降，風雨時，嘉禾興，朱草生，山不童，澤不涸；麟鳳在郊藪，……，咸得其宜。（《漢書·公孫弘卜式兒寬傳》，頁2613-2614）

> 故天平地安，陰陽和調，物乃茂成；父慈母愛室家之中，子乃孝順。陰陽不和則萬物夭傷。（《漢書·武五子傳》，頁2744）

「萬物生」、「靡不得其理」、「咸得其宜」與「物乃茂成」皆為相同意思，指萬物得以生成，而萬物生成的前提便是「陰陽和」，故「兩禾（和）女（如）化刑（形）」，即指「陰陽兩和而萬物可以化成」。

（四）陽明女（如）昭明

連劭名認為：

> 「陽明」如日，為光明，《漢書·孔光傳》云：「臣聞日者，眾陽之宗，人君之表，至尊之象，君德衰微，侵蔽陽明，則日蝕之。」光明出現後，一切事物都顯現出來，此為「昭明」，自明之義，《周易·晉·象》：「君子以自昭明德。」（頁70）

連文將「陽明」、「昭明」視為兩種前後狀態，可從。然其所舉文例與簡文不同。《漢書·匡張孔馬傳》原文作：「君德衰微，陰道盛彊，侵蔽陽明，則日蝕應之。」（頁3359）「陰道盛彊，侵蔽陽明」，「陽明」可被侵蔽，當為名詞，指太陽或是光明，故知此處「陽明」為同義副詞。但簡文「陽明」應為S+V的結構，「陽」即陰陽之陽，「明」則為彰顯之義，如《後漢書·五行志》：「或以為鳳皇陽明之應，故非明主，則隱不見。」（頁3000）這是說時人以鳳凰為「陽」得以彰顯的符應。後文「昭明」的詞性亦為S+V，「昭」為「光明」、「日明」之義。《說文·日部》：「昭，日明也。」（頁306）《爾雅·釋詁下》：「昭，光也。」[68]《尚書·堯典》：「百姓昭明，協和萬邦。」（頁250）《詩經·大雅·既醉》：「君子萬年，介爾昭明。」（頁1154）鄭《箋》：「昭，光也。」《呂氏春秋·審分覽·任數》：「目之見也藉於昭，心之知也藉於理。」（頁444）高《注》：「昭，明也。」簡文「昭明」，同於上引《詩經》「介爾昭明」，指彰顯光明。

簡文「陽明女（如）昭明」，意指「彰顯『陽』之後，則可以彰顯光明」。後

---

[68] 〔清〕阮元以文選樓藏本校勘嘉慶二十年重刊宋本：《十三經注疏·爾雅》（京都：中文出版社，1972年），頁5592。

文「陽者，明聖之發華」即是在此語境下而言，接續說明「陽」的性質。兩個「陽」字用法相同，可知「陽明」確實為 S+V 的結構。

（五）陰陽之 初

「初」字，原整理者未釋。原圖作 ▨ 。此字殘損，僅存下部筆畫，頗疑此字為「初」字，殘筆為「衣」旁。本篇簡 1675 另有「初」字作 ▨ ，其筆畫與本字下部筆畫相近；而本字殘存之 ▨ ，可能是「刀」旁的上半筆畫。漢隸的「初」字，字形整體常往上下延伸，故「刀」與「衣」之間距較長。張家山漢簡的「初」字如下：

字形	▨	▨	▨
出處	《奏讞書》簡 117	《奏讞書》簡 177	《算數書》簡 132

《奏讞書》簡117與《算數書》簡132之字形，刀部與衣部之末筆，其距離較長。本篇簡文云：

> 昭冥者，陰陽之 初 也。燥濕者，寒暑之精者也。煙埃者，水火之先者也。
> （頁205）

簡文以「燥濕」為「寒暑」之精華，以「煙埃」為「水火」之起因，故隸此字為「初」，讀為「昭冥者，陰陽之初」，以「昭冥」為「陰陽」之最初原始狀態，相當合理。

（六）時者，理謝（序）終始

原整理者未釋。簡文云：

> 時者，理=謝（序）=終=始=（理謝（序）終始，理謝（序）終始）而神=晐（該）=（神晐（該），神晐（該））而智灤（繁），智灤（繁）然後生具象焉。（頁205）

簡文描述「時者（四時）」的功能，認為時間能理序終始，而後神該、智繁，最終生成具象。此種將時間提高到哲學層次的論述，又以時間為生成萬物的主體的宇宙論，在傳世文獻中極為少見。

古人思維中的「狹義時間」，指的是與空間合稱的線性時間，如光陰、歲月，

來源於「先天地生」的時間（「始源性時間」），如鍾振宇師認為：

> 上海博物館藏之「恆先」一文中，其標題「恆先」就包含一種始源地時間
> 性：「恆常地先」。「恆先」也就是「道」的名稱，也就是說，「道是恆常地
> 先於萬物」。在《老子》25 章中，道是「先天地生」生的，也就是先於天
> 地萬物而有的。道在時間上比其它萬物具有優先性，這是一種始源地「時
> 間化」。……這種始源地「恆先之域」、「恆域」可以與海德格之「時—空」
> 相比較：二者都是始源地時間化、空間化，都是物理時空之起源。[69]

此處無意討論「道」之時間性、空間性的哲學性問題。但就現今物理學而言，「時
間」是否存在宇宙出現之前，仍然眾說紛紜。但時間具備的各種特性：順序、連
續性、持續性、同時性、流動與方向，倒為人所公認。傳世文獻中偶爾可見古人
對時間特性的論述，如《論語・子罕》：

> 子在川上，曰：「逝者如斯夫！不舍晝夜。」[70]

孔子感嘆時間、時光如河水般流逝而不復返，這是對時間之流動、方向的觀察。
線性時間的流動與方向，產生不可逆性，故時光一去而不復返。而《莊子・則陽》：
「時有終始，世有變化。」[71]則是對時間之連續、持續的觀察，因為這個世界就
是由時間串起的一連串事件，我們所看見的任何事物變動，都是在時間中產生，
而這些改變是相對於時間而言的，所以少了時間，世界就會全然靜止。

　　這種針對狹義時間而發的理論，將時間提高至宇宙論的層次，罕見於傳世文
獻。對古人來說，更該關注的是廣義的時間，諸如四季、節氣、曆法等與生活息
息相關之時間概念。就本篇從陰陽出發，講述四時、十二月之忌宜的主旨而言，
簡文「時者」應該就是「四時者」（四時）、「順時者」（順應時節的人）的略稱，
屬於循環時間。

　　將四時稱為「時」，並無問題。《說文・日部》：「時，四時也。」（頁 305）可
見在古人的觀念中，「時」就是「四時」，文獻中也常見以「時」為「四時」之例，
如《尚書・堯典》：「乃命羲和，欽若昊天，厤象日月星辰，敬授人時。」（頁 251）
《論衡・調時》：「積日為月，積月為時，積時為歲。」[72]而「時者」也有可能是
能夠順應時節的人，如《管子・樞言》：

> 時者得天，義者得人，既時且義，故能得天與人。[73]

69 鍾振宇師：《道家與海德格》（臺北：文津出版社，2010 年），頁 133。
70 〔清〕阮元以文選樓藏本校勘嘉慶二十年重刊宋本：《十三經注疏・論語》（京都：中文出版社，
　　1972 年），頁 5408。
71 〔清〕郭慶藩輯，王孝魚整理：《莊子集釋》（臺北：華正書局，2004 年），頁 910。
72 黃暉校釋：《論衡校釋（附劉盼遂集解）》（北京：中華書局，1990 年），頁 983。
73 黎翔鳳撰，梁運華整理：《管子校注》（北京：中華書局，2004 年），頁 245。

「時者」能順應天時，所以能得到天的幫助。因為時間的不可逆性，故強調人要「適時」、「待時」，如《呂氏春秋·恃君覽·召類》：

> 譬之若寒暑之序，時至而事生之。聖人不能為時，而能以事適時。事適於時者其功大。（頁559）

聖人不能為時，只能「以事應時」。這裡的時間觀念，已然融和線性時間與季節、節氣的觀念，故用「寒暑之序」為喻，凸顯線性時間的特性。季節既然是時間的一部分，當然也具備時間的各種特性，故要「不失時」，如《淮南子·詮言》：

> 天道無親，唯德是與。有道者，不失時與人；無道者，失於時而取人。直己而待命，時之至不可迎而反也；要遮而求合，時之去不可追而援也。（頁486）

「時之至不可迎而反」、「時之去不可追而援」都是針對時間的不可逆而言，所以時間的到來與離去皆非人能掌控，有道者只能「不失時」，並不能「生時」。「時者」可能指「四時」，也可能指「順時者」，差別在前者以四時為主體，後者以人為主體。如何分別兩者，重點在簡文「生具象」一句。簡文認為「時者」能生，但傳世文獻通常不認為四時能生，如《淮南子·泰族》：

> 天設日月，列星辰，調陰陽，張四時，日以暴之，夜以息之，風以幹之，雨露以濡之。……故陰陽四時，非生萬物也；雨露時降，非養草木也。神明接，陰陽和，而萬物生矣。（頁663-666）

「陰陽四時，非生萬物也」，單純的陰陽、四時，不足以生育萬物，尚要「神明接」。何謂「神明接」？即〈泰族〉所言：「故大人者，與天地合德，日月合明，鬼神合靈，與四時合信。故聖人懷天氣，抱天心，執中含和，不下廟堂而衍四海，變習易俗，民化而遷善，若性諸己，能以神化也。」大人、聖人能合德於天地，允厥執中，所以能神化萬物。這種參贊天地陰陽的行為，才能「生萬物」，傳說中的黃帝正是以此種形象流傳廣布，如《淮南子·覽冥》：

> 昔者黃帝治天下，而力牧、太山稽輔之，以治日月之行律，治陰陽之氣，節四時之度，正律曆之數，別男女，異雌雄，明上下，等貴賤，使強不掩弱，眾不暴寡，人民保命而不夭，歲時熟而不凶。（頁205-206）

引文描述黃帝創建制度，人文化成的事蹟，但追根究柢仍以「治日月之行律，治陰陽之氣，節四時之度，正律曆之數」為要，而明辨曆數，敬授民時的目的仍在

「順時」，足見「順時」對古代社會的重要性。由此可知簡文「時者」之義較有可能是「順時者」，旨在說明順時者與化育天地萬物的過程、關係。

「理謝（序）終始」，原整理者未釋，但其假「謝」為「序」字，可能暗示簡文之意義。前文已談到「四時」之重要性，故要順四時以從事，時間具有順序性，季節亦然，透過時間順序，則可以明白事物終始。簡文的「理」字，當訓為「順」。《廣雅・釋詁一》：「理，順也。」（頁 10）《周禮・考工記・匠人》：「凡溝逆地阞謂之不行，水屬不理孫，謂之不行。」[74] 孫詒讓《正義》引王引之云：「理、孫，皆順也。」

「理序終始」就是「順序終始」的意思。簡文：「時者，順序終始」，就是指順應時節的人，可以明白萬物終始順序的道理，使萬物符合時序生長，即《周易・文言》：

> 夫大人者、與天地合其德，與日月合其明，與四時合其序，與鬼神合其吉凶。（頁 29）

時間並非人可操作，屬於「不可為」，所以此處的「合其序」只能是配合時間的順序。是知簡文的「順序終始」，就是聖人明白時間之不可逆，所以會透過曆法、法令制度等方式，使萬物終始可以符合應有之時序。順應時間，把握時間以調整萬物生育的概念完全體現於古代歲時節氣的習俗上，如《淮南子・本經》：

> 四時者，春生夏長，秋收冬藏，取予有節，出入有時，開闔張歙，不失其敘，喜怒剛柔，不離其理。（頁 259）

「秋收冬藏，取予有節，出入有時」，即月令制度的核心觀念。也唯有透過月令制度的實施，萬物的生長才能予以調節。

（七）博之可以為君焉

原整理者無釋。「博」字，應為淵博，學識豐富的意思。《玉篇・十部》：「博，通也。」《左傳・昭公元年》：「晉侯聞子產之言，曰：『博物君子也。』」（頁 4394）《荀子・修身》：「多聞曰博，少聞曰淺。」（頁 24）《論衡・別通》：「我不能博五經，又不能博眾事。」（頁 592-593）

簡文「博之可以為君焉」，指如果廣泛地知曉這些星辰日月、陰陽四時的知識，便可以成為君主。

---

[74] 〔清〕阮元以文選樓藏本校勘嘉慶二十年重刊宋本：《十三經注疏・周禮》（京都：中文出版社，1972 年），頁 2015。

（八）與行＝（行行），故天下弗能御（禦）；與止＝（止止），故天下弗能動

原整理者未釋。「與行＝」（與行行）、「與止＝」（與止止）皆指君主的行為，是作者用來說明「人」在理解「合星辰日月」，「合陰陽四時」之觀念後，可以為天下之君。「與」字，用為「其」之義[75]。王叔岷云：

> 《史記・平原君列傳》：「約與食客門下有勇力文武備具者二十人偕。」敦煌《春秋後語》、《御覽》七百四引《春秋後語》、《通鑑・漢紀五》「與」皆作「其」，「與」與「其」同義。《周禮・考工記・弓人》：「射利侯與弋。鄭注：「故書與作其。」即「與」「其」同義之證。《莊子・天地篇》：「上神乘光，與形滅亡。」「與」亦與「其」同義。（頁 7）

此處「與」當訓為「其」，用為代詞，指上文為「天下君」之人。

「行行」，為天下君之行為。若做到「行行」，則「天下弗能御（禦）」。「行行」表示「動」之概念，此處為「剛強」之義，如《論語・先進》：

> 閔子侍側，誾誾如也；子路，行行如也；冉有、子貢，侃侃如也。子樂。「若由也，不得其死然。」（頁 5425）

《疏》云：「行行，剛強之貌。」又如《漢書・公孫劉田王楊蔡陳鄭傳》：「陳治平之原，知者贊其慮，仁者明其施，勇者見其斷，辯者騁其辭，斷斷焉，行行焉，雖未詳備，斯可略觀矣。」（頁 2903）顏師古《注》云：「斷斷，辯爭之貌；行行，剛彊之貌也。」用法同《論語》。而「行行」除可指人之行為外，亦可指抽象事物，如《京氏易傳》：

> 陰陽相激，勝負有倚，反為不速，敬終有慶，陰陽漸消。陽道行行，反復其位，不妄於陰。[76]

---

[75] 或疑「與」字亦可作為「能」使用。王叔岷云：「《左傳・襄公二十九年》：『是盟也，其與幾何！』〈昭公元年〉：『主民翫歲而愒日，其與幾何！』（杜《注》：言不能久也。）又『叔向問鄭故焉。且問子皙，對曰：其與幾何！無禮而好陵人，怙富而悲其上，弗能久矣！』（『弗能久矣』，與『其與幾何』相應。）《國語・晉語一》：『雖為之摟，而猾以齒牙，口弗堪也。其與幾何！』〈晉語五〉：『子勇而不知禮，矜其伐而恥國君，其與幾何！』《吳語》：『民生於地上，寓也。其與幾何！』諸『與』字皆與『能』同義。」參王叔岷：《古籍虛字廣義》（北京：中華書局，2007 年），頁 5-6。「與」當為「能」義，然所舉諸例皆為「其與幾何」，可見「與」用作「能」義，多出現於此套語中。所以簡文「與行行」、「與止止」之「與」可否用作「能」，仍待更多材料證明。

[76] 《范氏二十一種奇書》，明嘉靖范欽校刊本，頁 6-2。

以「行行」形容陽道剛健，與本篇強調動、靜有時，陰陽調合的觀念相似。

「止止」，也是君主之行為。簡文認為若能做到「止止」，則「天下弗能動」。「止止」，表示「靜」之概念。先秦兩漢傳世文獻中「止止」一詞用例，僅見於《莊子・人間世》：

> 瞻彼闋者，虛室生白，吉祥止止。夫且不止，是之謂坐馳。（頁150）

《注》云：「夫吉祥之所集者，至虛至靜也。」《疏》云：「吉者，福善之事。祥者，嘉慶之徵。止者，凝靜之智。言吉祥善福，止在凝靜之心，亦能致吉祥之善應也。」可知《注》與《疏》皆將「止止」當作一字用。故俞樾云：

> 止止連文，於義無取。《淮南子・俶真篇》作「虛室生白，吉祥止也」，疑此文下止字亦也字之誤。唐盧重元注《列子・天瑞篇》曰：「虛室生白，吉祥止耳」，亦可證止止連文之誤。（頁151）

俞氏以《淮南子》、唐人《列子》注之引文說明《莊子》「止止」為錯誤寫法，但這並無根據。因為《淮南子》所引，或許是被作者修改為較為合理之文句，而唐人所注《列子》，其時代又更晚，亦可能出於此種考量，故一用「也」字，一用「耳」字。雖然文句較為合理，通順，並不表示《莊子》原文有誤。「止止」可能是用兩「止」字，強調「靜止」、「無為」之概念（如同「行行」強調動、作之概念）。《莊子》以「止止」為凝靜致福，本篇用意或許即此，但以「止止」為君王之行，故有「天下弗能動」之效果。兩者使用方法不同，但同樣強調「至靜」之妙用。

簡文「與行行，故天下弗能御（禦）；與止止，故天下弗能動」，意指「此人剛強健行，所以天下萬物不能禁止它；此人靜凝無為，所以天下萬物不能動搖它。」類似文句又見銀雀山漢簡《君臣問答・文王與太公》簡1355：「行止道者，天地弗能與也。行起道者，天地弗能廢也。」（頁174）以「起道」、「止道」說明君主所應有之德行，相當於簡文「行行」、「止止」。

另外，本簡「御」字，原整理者隸為「禦」（頁205），原圖作 ▢。此字當隸為「御」。銀雀山漢簡「御」字作 ▢（簡1679）。馬王堆帛書「御」字作：

字形	▢	▢	▢	▢	▢
出處	《戰國縱橫家書》73	《戰國縱橫家書》175	《合陰陽》3	《老子乙》55上	《稱》17上

其中間之「𠂤」形，往往寫為橫筆，導致筆畫相連不清，不過「御」與「禦」之差異，卻很明顯。馬王堆帛書另有「禦」字作：

字形					
出處	《五行》89	《五行》89	《經法》21上	《明君》13	《春秋事語》8

馬王堆帛書中「禦」字之「示」旁，往往與「缶」旁共筆，將「示」旁上之二橫畫，與「缶」旁下之二橫畫合併，如《五行》、《經法》、《春秋事語》之「禦」字。而《明君》之「禦」字，除共筆外，更省去一筆。雖有共筆之情況，然「示」旁下部則未見省略。

簡文██字，加深色調後則為██，可看出其「缶」旁最下應為一橫筆，而非「示」旁，與銀雀山、馬王堆諸「御」字相同。此字當隸為「御」字，用為「禦」。

（九）水壓作

「壓」字，原整理者認為：

> 當讀爲「瘶」。《廣雅・釋詁一》：「瘶，病也。」《素問・厥論》「陽氣衰於下則爲寒厥，陰氣衰於下則爲熱厥」，借「厥」爲「瘶」。《呂氏春秋・重己》「多陰則壓，多陽則痿」，借「壓」爲「瘶」，與簡文同。（頁208）

原整理者以「壓」為「瘶」，但所引《呂氏春秋》是以「瘶」為陰勝陽衰之病徵；《素問》雖然有寒厥、熱厥，但並非簡文所言「水厥」，可見原整理者的說法有待商榷。

「壓」即「蹶」字，表示急遽、迅速的樣子。《廣韻・月韻》：「蹶，速也。」《莊子・在宥》：「廣成子蹶然而起。」（頁391）陸德明《釋文》：「蹶，驚而起也。」《史記・酈生陸賈列傳》：「於是尉他迺蹶然起坐。」（頁2698）《索隱》：「《埤蒼》云：『蹶，起也。』」《禮記・曲禮上》：「衣毋撥，足毋蹶。」[77]鄭《注》：「蹶，行遽貌。」所引書證如陸德明、司馬貞皆將「蹶」訓作「起」，然其原文作「蹶然而起」，可知「蹶」並非「起」，而應如《禮記》鄭《注》所言之「急遽」，表示動作快速。「水壓作」指陰陽不和諧，「就會迅速地導致水災」。

（十）鼓（瞽）瞢興

「鼓（瞽）瞢」，原整理者認為：

> 瞢，從「目」，「蔑」省聲，字亦作「瞑」。簡文「鼓瞢」疑當讀爲「瞽眛」。

---

[77] 〔清〕阮元以文選樓藏本校勘嘉慶二十年重刊宋本：《十三經注疏・禮記》（京都：中文出版社，1972年），頁2680。

《說文·目部》：「眛，目不明也。」「瞽眛」猶言「瞽矇」。（頁208）

方勇認為：

> 簡文的「興」字與下文的「動」字義應近，即表動義，由《左傳·僖公三
> 十三年》「遽興姜戎」、《戰國策·燕策》「不敢興兵」、《孟子·梁惠王上》
> 「王興甲兵」、《史記·平原君虞卿列傳》「興師以與楚戰」諸例可證此意。
> 且下文「霆音」應是表示雷聲震動的意思，所以我們懷疑「鼓瞽」應是指
> 物，而非指盲人樂官。因「瞽」字所從聲旁「烖」上古音爲明母月部，其
> 可以讀爲上古音爲並母月部的「旆」字，二者聲母同爲重唇音，韻部相同，
> 通假無問題。且「烖」可通假爲「末」，如《論語·子罕》：「末由也已。」
> 《史記·孔子世家》末作烖。而「末」、「旆」讀音很近，如《儀禮·士喪
> 禮》：「幠末長終幅。」鄭《注》：「今文末爲旆也。」所以，「烖」、「末」、
> 「旆」三者音近可通。「旆」，《說文》：「繼旒之旗也，沛然而垂。」段《注》
> 認爲：「又旆爲旗幟之總名。如《左傳》狐毛設二旆而退之，晉七大旆之
> 左旃是也。」可見，如「旆」指旗之總名，則簡文「鼓瞽（旆）」可指鼓和
> 旗兩種物品，二者聯言，如《晉書·羊祜傳》：「今若引梁益之兵水陸俱下，
> 荊楚之眾進臨江陵，平南、豫州，直指夏口，徐、揚、青、兗並向秣陵，
> 鼓旆以疑之，多方以誤之。」且「旗」和「鼓」常聯言，如《左傳·成公
> 二年》：「師之耳目，在吾旗鼓，進退從之。」楊伯峻《注》：「《孫子·軍
> 爭篇》引《軍政》曰：『言不相問，故爲之金鼓；視不相見，故爲之旌旗。
> 夫金鼓、旌旗者，所以一人之耳目也。』」又《管子·輕重乙》：「鼓旗未
> 相望，眾少未相知，而萊人大遁。」《史記·封禪書》：「祠蚩尤，釁鼓旗。」
> 皆其例。[78]

方勇認為「瞽」可假為「旆」字，但無例證，所以提出兩字都可由「末」通假而
成，作為「瞽」假為「旆」字的間接證據，但將「鼓瞽（旆）」視為「軍隊」的
代稱，再由此引申出「戰爭」之義，則可能過於轉折，反不如原整理者之說法來
得直接。

簡文「鼓」字可讀為「瞽」，為盲人之義，《說文·目部》：「瞽，目但有朕也。」
（頁136）徐鍇《說文繫傳》：「說《尚書》者，言目漫若鼓皮也。朕但有黑子外
微有黑影而已。」朱駿聲《說文通訓定聲》：「謂目眠不開，惟有縫者。」[79]簡言
之，「瞽」就是指眼睛睜不開之人，故多為盲人之義。《尚書·堯典》：「瞽
子，父頑，母嚚。」[80]孔傳：「無目曰瞽。」而「瞽」字即如原整理者說，為「目不明」

---

[78] 方勇：〈讀秦漢簡札記二則〉，武漢簡帛網，http://www.bsm.org.cn/show_article.php?id=1572，
2011年10月28日。

[79] 〔清〕朱駿聲編著：《說文通訓定聲》（北京：中華書局，2011年），頁421。

[80] 〔清〕阮元以文選樓藏本校勘嘉慶二十年重刊宋本：《十三經注疏·尚書》（京都：中文出版社，
1972年），頁258。

之義。

　　「瞽」與「矇」分別指盲人以及視力較差之人，如《周禮・春官・瞽矇》之「瞽矇」（頁 1720），鄭玄《注》引鄭司農曰：「無目眹謂之瞽，有目眹而無見謂之矇。」眼睛張不開，而旁人看不見眼珠之人被稱為「無目眹」，此即瞽者；而眼睛張得開，旁人看得見眼珠，但視力不好看不見外物則被稱為「有目眹而無見」，此即「矇」者。

　　簡文「鼓（瞽）矇興」，指盲人或視力較差之人會增加。「瞽矇」之人屬殘疾人士，若此類人口數量增加，多半被視為異象，會帶來災異。

（十一）霆音訖□

　　原整理者隸為「霆音訖作」，未釋。「霆」字，《說文・雨部》：「霆，靁餘聲也鈴鈴，所以挺出萬物。从雨。廷聲。」（頁 577）《說文》認為「霆」為雷餘聲是正確的，但所言「挺出萬物」，或許是受「月令」思想所致，[81]故顯得穿鑿附會。或說「霆」為「疾雷」，表示急速的雷聲，如《爾雅・釋天》：「疾雷為霆霓。」（頁 5669）阮元《校勘記》：「霆下本無霓字。」《詩經・小雅・采芑》：「戎車嘽嘽，嘽嘽焞焞，如霆如雷。」（頁 912）此即以雷、霆表示車速極快。《漢書・楚元王傳》：「雨雪靁霆，失序相乘。」（頁 1937）顏師古《注》：「靁，古雷字也。霆，雷之急者也。」

　　或說「霆」為「大雷」，如《史記・樂書》：「天氣下降，陰陽相摩，天地相蕩，鼓之以靁霆。」（頁 1195）《正義》：「萬物雖以氣生，而物未發，故雷霆以鼓動之，如樂用鐘鼓以發節也。大雷曰霆。」不管是疾雷或大雷，皆表示「霆」是有別於一般常見的「雷」，屬於特殊的天象。所以古人對霆的產生有不同的看法，見《淮南子・天文》：

> 天之偏氣，怒者為風；地之含氣，和者為露。陰陽相薄，感而為雷，激而為霆，亂而為霧。陽氣勝則散而為雨露，陰氣盛則凝而為霜雪。（頁 81）

陰陽相感應故產生雷，更激烈者便是「霆」，故疾雷、大雷皆屬霆。相較《淮南子》以偏向數術的口吻解釋天象的產生，《史記・樂書》：「天地相蕩，鼓之以靁霆」（頁 1195），直接以「天地相盪」解釋雷霆，淡去了數術的影響。

　　「訖」字，為「停止」、「終止」之義。《說文・言部》：「訖，止也。」（頁 95）《禮記・祭統》：「防其邪物，訖其嗜欲耳。」（頁 3477）鄭《注》：「訖，猶止也。」《漢書・谷永杜鄴傳》：「災異訖息。」（頁 3453）顏師古《注》：「訖，止也。」

---

[81] 《呂氏春秋・仲春紀》：「是月也，日夜分。雷乃發聲，始電。蟄蟲咸動，開戶始出。先雷三日，奮鐸以令于兆民曰：『雷且發聲，有不戒其容止者，生子不備，必有凶災。』日夜分，則同度量，鈞衡石，角斗桶，正權概。」（頁 35）以雷聲可喚醒蟄伏的蟲獸，故此時節又名「驚蟄」。《禮記》所載同於《呂氏春秋》，可知此種思想流行於兩漢之間，許慎《說文解字》受此影響，亦情有可原。

「訖」字可用於停止聲音、話語，如《吳越春秋・闔閭內傳》：「言訖遂投身於江，未絕，從者出之。」[82]「言訖」指「說完話」。又如《漢書・趙尹韓張兩王傳》：「長安少年數人會窮里空舍謀共劫人，坐語未訖，廣漢使吏捕治具服。」（頁3202）「坐語未訖」，則指「話尚未說完」。或者用「訖」表示「音樂停止」，如《後漢書・禮儀志》：「先唱，五音並作，二十五闋，皆音以竿。訖。」（頁3126）故簡文以「訖」形容雷霆的聲響，亦屬合理。

「□」字，原整理者隸為「作」，頗可疑。原圖作 ▨ ，與銀雀山漢簡的「作」字比較：

字形	▨	▨	▨	▨	▨	▨
出處	《五名五共》簡1154	《曹氏陰陽》簡1641	《曹氏陰陽》簡1679	《曹氏陰陽》簡1689	《三十時》1730	《為政不善之應》簡1926

此字左旁所從確實與「作」字相同，然其右旁並不從「人」。雖可看出「亻」上的撇筆，然其豎筆的部分卻朝右彎曲，呈現 ▨ 的走向，與「作」字不同。先秦兩漢傳世文獻並無「訖作」或「作訖」一詞，故原整理者隸為「作」字，不從，今改隸為□。

原整理者讀「霆音訖□嗷」為一句，但□字下有一符號 ▨ ，並未隸出，此應為句讀符號 ∟ ，是以本句斷讀作：「霆音訖□ ∟ ，嗷」，可能指「陰陽不和，故不會產生霆（大雷、急雷）的聲響」。

（十二）正月者刑

原整理者無說。連劭名認為：「其說似以單月為陰，雙月為陽。」（頁67）楊安同意連文說法，並補充：「本篇關於十二地支分陰陽有『寅卯巳午未戌，陽也。申酉亥【子丑辰，陰也。】……』如果以十一月建子，那便應對了『單月為陰，雙月為陽』。」（頁234）

連、楊二說可從。簡文以陰為刑，陽為德，與馬王堆帛書、北大漢簡、《淮南子・天文》的刑德體系不同，後三者之「刑德」屬於刑德神煞之概念，如馬王堆帛書《刑德》甲、乙、丙篇有《太陰刑德大游圖》，記載太陰、刑、德神煞隨年干支在五方上移動的方位圖；[83]又有《刑德小游圖》，記載太陰、刑、德神煞隨日干支轉為於奇正十宮的方位圖。（頁33）然而這兩種刑、德運行的方式著重在年、日與方位的聯繫，與本篇所言不同。

簡文：「……春之陰，正月三月，正月者刑……」，是以「月分」區分刑、德，

---

[82] 周生春撰：《吳越春秋輯校匯考》（上海：上海古籍出版社，1997年），頁51。

[83] 裘錫圭主編，湖南省博物館、復旦大學出土文獻與古文字研究中心編纂：《長沙馬王堆漢墓簡帛集成（伍）》（北京：中華書局，2014年），頁32。

亦與《淮南子・天文》所載刑德不同：[84]

> 陰陽刑德有七舍。何謂七舍？室、堂、庭、門、巷、術、野。十二月德居室三十日，先日至十五日，後日至十五日，而徙所居各三十日。德在室則刑在野，德在堂則刑在術，德在庭則刑在巷，陰陽相德則刑德合門。八月、二月，陰陽氣均，日夜分平，故曰刑德合門。德南則生，刑南則殺，故曰二月會而萬物生，八月會而草木死。（頁98）

陶磊根據《京氏易傳》、錢塘《〈淮南子・天文〉補注》，認為《淮南子・天文》「刑德」的移動方式應是「互為順逆」。（頁62）可從。由《淮南子・天文》可知，「刑」、「德」分別各居野、室，而後居術、堂，再居巷、庭，最終於「門」相合，故稱之「刑德合門」。北大漢簡《節》亦涉及月份之「刑德」，且體系與《淮南子・天文》基本相同，今錄於下，以供參考：[85]

> ・凡陰陽行也，易易出易易入。日至卅六日春立，有（又）卅六日日夜分。二月之時，陰陽相遇門。【8】有（又）卅六日夏立，有（又）卅六日夏至。有（又）卅六日秋立，有（又）卅六日日夜分。八月之時，陰陽復遇【9】門。有（又）卅六日冬立，有（又）卅六日冬至。凡七處，陽為德，陰為刑。十一月陽在室，陰在野。【10】

簡文所載節氣名稱與一般所見不同，而與《淮南子》相同，皆以二月、八月為陰陽合門，並以陰、陽代指刑、德，有別於馬王堆帛書的刑德體系不同。而《曹氏陰陽》以刑德區別月分，只是陰陽一詞的換句話說，並不涉及刑德神煞的運行。

（十三）陰生

「陰」字，原整理者未隸，原圖作 ▨。字形漫漶不清，頗疑此字為「陰」字。本篇「陰」字作：

---

[84] 然《淮南子・天文》亦有類似馬王堆帛書《刑德》「刑德大游圖」、「刑德小遊圖」的文句，如：「日冬至則斗北中繩，陰氣極，陽氣萌，故曰冬至為德。日夏至則斗南中繩，陽氣極，陰氣萌，故曰夏至為刑。」（頁97）此即隨年干支移動的「刑德大游圖」。又如：「太陰所居，日德，辰為刑。德，綱日自倍因，柔日徙所不勝。刑，水辰之木，木辰之水，金、火立其處。……故神四十五日而一徙；以三應五，故八徙而歲終。」（頁120-121）此即隨日干支移動的「刑德小游圖」。認為《淮南子・天文》的刑德系統與馬王堆帛書《刑德》甲乙丙三本相比，其體系更近於《刑德》乙本，但《淮南子》與馬王堆帛書《刑德》的最大差異在於《淮南子》記載了「月刑德」，故偏向對自然界陰陽生長力量的描述，《刑德》則著重於數術占卜（尤其是兵陰陽）。參陶磊：《〈淮南子・天文〉研究——從數術史的角度》（北京：中國社會科學院歷史文獻所博士論文，李學勤、席宗澤指導，2002年），頁61-69。

[85] 簡文引自北京大學出土文獻研究所編：《北京大學藏西漢竹書（伍）》（上海：上海古籍出版社，20105年），頁40。

字形						
簡序	1622	1623	1624	1626	1630	1635

「陰」字之「阜」旁與簡文此字殘留之豎筆相同，且仔細觀察，此字右下之
▨，其末筆上鉤之部分，應是「虫」旁。透過加深字形顏色之對比，字形可呈
現如▨；而該字「阜」、「虫」二部件，則變得稍微清楚，如▨（「阜」）、▨（「虫」）。
簡文「陰生」之義，與後文「屯（純）陰不生，屯（純）陽不長」相參照，可知
「陰生」之陰，並非指純陰，所以可「生」。是知簡1643▨字，應隸為「陰」字。

（十四）案理正靜

連劭名認為：

> 案讀安，《禮記・大學》：「知止而後有定，定而後能靜，靜而後能安，安
> 而後能慮，慮而後能得。」理為天理，《呂氏春秋・離謂》：「理也者，是
> 非之宗也。」除去私心方能動靜合理，《莊子・天下》論慎到之說：「夫無
> 知之物，無建己之患，無用知之累，動靜不離於理，是以終身無譽，故曰：
> 至於若無知之物而已。」（頁68）

連文認為「理」為「天理」，可從。但以「案」為安定、安靜之義，則待商。所引
《禮記》「靜而後能安，安而後能慮」，清楚地說明「先靜才能安」，與簡文的順
序不同，簡文將「案理」置於「正靜」之前，表示先「案理」，才能「正靜」。
　　「案理」，即「按理」、「據理」之義。「案」字有按照，依據之義。《正字通・
木部》：「案，據也。通作按。」如《荀子・不苟》：「國亂而治之者，非案亂而治
之之謂也。」（頁44）楊《注》：「案，據也。」《韓非子・孤憤》：「人臣循令而從
事，案法而治官。」（頁78）
　　「正靜」即「定靜」，正者，定也，「定靜」即《禮記・大學》：「知止而後有
定，定而後能靜，靜而後能安，安而後能慮，慮而後能得。」指要保持沉靜之狀
態。「正靜」之功能，首在於與天地同化，如《管子・勢》：「正靜不爭，動作不
貳。素質不留，與地同極。」（頁885）與天地同極，則可以參贊天地化育萬物。
同篇又云：

> 故賢者安徐正靜，柔節先定。行於不敢，而立於不能，守弱節而堅處之。
> 故不犯天時，不亂民功，秉時養人。（頁888）

是知「正靜」的功能在於「秉時養人」。「正靜」者為何能不犯天時，不亂民功？

因其秉行中道，如《大戴禮記・文王官人》：「正靜以待命，不召不至，不問不言，言不過行，行不過道，曰沈靜者也。」[86]「行不過道」，是因為沉靜者「遵道而行」，故可秉時養人。上引《管子》提到「守弱節而堅處之」，即「正靜」的功能之一，因為「守柔」，則人之筋骨得以強韌，故能「堅處」。此種思想散見於《管子》各篇，如〈心術下〉：「人能正靜者，筋肕而骨強。能戴大圓者體乎大方。」（頁783）或如〈內業〉：「人能正靜，皮膚裕寬，耳目聰明，筋信而骨強，乃能戴大圜。」（頁939）皆以「正靜」為核心思想。

由於簡文殘缺，未能得知「案理正靜」之結果為何，但就銀雀山漢簡諸篇與《管子》的密切關係而言，本篇「案理正靜」或即鋪陳君主參贊天地、化育萬物的前言，指「依據天理而行，則可以正定沉靜」。

（十五）以春夏徙，厥陰之陽散，有死之徒也

原整理者未釋。簡文涉及「遷徙」之忌宜，但因簡文殘缺，未可知後續文字為何。唯其內容應可與睡虎地秦簡《日書甲・徙》及馬王堆帛書《陰陽五行甲・徙》互相參照。現錄部分《日書甲・徙》之內容，以供比較：[87]

> 正月、五月、九月：北徙大吉，東北小吉。若以是月也，東徙毃，東南剌離，南精，西南室毀；西困，西北辱。【59壹】

> 二月、六月、十月：東徙大吉，東南小吉。若以是月也，南徙毃，西南剌離，西精，西北毃，北困辱。【60壹】

> 三月、七月、十一月：南徙大吉，西南小吉。若以是月也，西徙毃，西北剌離，北精，東毀，東北困；東南辱。【61】

> □月、八月、十二月：西徙大吉，西北小吉。若以是月也，北徙毃，東北剌離，南精，東南毀，南困辱。【62】

此段簡文多有脫落與誤抄的問題，劉樂賢已據其原理進行修正，可參。[88]《陰陽五行甲・徙》所用的詞彙雖然不同，但其原理則相當一致，如：[89]

> 端月、五月、九月，歲在東：東徙死，西徙反，南徙寡殃，北徙吉，東南

---

[86] 〔清〕王聘珍撰，王文錦點校：《大戴禮記解詁》（北京：中華書局，1983年），頁195。

[87] 簡文引自參武漢大學簡帛研究中心、湖北省博物館、湖北省文物考古研究所編，陳偉主編：《秦簡牘合集（壹）》（武漢：武漢大學出版社，2014年），頁381。

[88] 劉樂賢：《睡虎地秦簡日書研究》（臺北：文津出版社，1994年），頁87-90。

[89] 簡文引自北京大學出土文獻研究所編：《長沙馬王堆漢墓簡帛集成（伍）》，頁69。

哩，西南鬬，西北辟道，東北小吉，其吉日卯未亥子辰申。

《陰陽五行甲・徙》加入「歲」的運行，則可以看成是睡虎地秦簡《日書甲・歲》與《日書甲・徙》的綜合。[90]而「吉日」的使用，則是其體系更進一步的發展。與此相較，本篇對「徙」之規範，頗顯粗疏。僅分為春夏、秋冬，未如上引諸簡文以十二月份、八方作為吉凶的分類；且由「厥陰之陽散」一句，可知簡文對「遷徙」忌宜的判斷，是根據陰陽消長而來，並非如《日書甲・徙》、《陰陽五行甲・徙》以「太歲」運行判斷吉凶，屬於兩種不同的體系。

前述論及《淮南子・天文》及本篇以「刑德」區別月份時，已提到此種刑德體系較強調陰陽消長的自然循環，而非數術占卜。簡文由陰陽之氣消長說明各季節之遷徙忌宜，亦可證明本篇較不受數術占卜之影響，而是以陰陽消長、調和作為論述的主旨。簡文「以春夏徙，厥陰之陽散，有死之徙也」，指「在春、夏二季遷徙之人，因為陰氣中的陽氣散失，會有人死亡。」

（十六）橈以刑

原整理者認為：「此簡也有可能與上簡緊接，『窮橈以刑』連作一句讀。」（頁206）由於簡文殘斷，原整理者所說難以確認，故仍讀為「橈以刑」。「橈」字，《說文・木部》：「橈，曲木。从木，堯聲。」（頁253）段《注》云：「引伸為凡曲之稱。」「橈」有「屈服」之義。《荀子・榮辱》：「重死持義而不橈，是士君子之勇也。」（頁58）楊《注》：「雖重愛其死而執節持義不橈曲以苟生也。」《漢書・楚元王傳》：「君子獨處守正，不橈眾枉。」（頁1953）顏師古《注》：「橈，屈也。不為眾曲而自屈也。」

「橈」字，亦有可能假為「撓」字使用。「撓」，《說文》：「撓，擾也。从手堯聲。一曰抹也。」（頁607）「撓」可通為「橈」字，亦作為「屈服」使用。《說文通訓定聲・小部》：「撓，叚借為橈。」（頁308）《國語・晉語二・反自稷桑》：「抑撓志以從君，為廢人以自利也。」（頁278）韋《注》：「撓，屈也。」

「刑」字有「懲治」、「刑罰」之義，如《論語・公冶長》：「邦無道，免於刑戮。」（頁5369）《論語・為政》：「道之以政，齊之以刑，民免而無恥。」（頁5344）皆是。簡文「橈以刑」，或指「使某人屈服而刑之」。

（十七）兩禾（和）

「禾」字，原整理者隸為「人」字。（頁204）此說可商。「禾」字原圖作 ，此字左半部殘缺，頗疑此字為「禾」字。

簡文「・長年者，陰之屬也，以其不能動作也。兩人俱□……」簡文雖殘而未能通讀，但從對簡文之理解，可知「兩人俱□」，是針對「長年者，陰之屬」

---

90 睡虎地秦簡《日書甲・歲》是一篇以太歲運行方位占卜各月份出行吉凶的文獻，如：「刑夷、八月、獻馬，歲在東方，以北大祥，東旦亡，南欲歿，西數反其鄉。【64壹】」

的解釋，並非針對「兩人」說明。《曹氏陰陽》強調「陰陽」對於各項事物狀態
之分判、歸屬，並認為：

> 而神＝咳（該）＝（神咳（該），神咳（該））而智灤（繁），智灤（繁）然
> 後生具象焉，是以兩禾（和）。

由陰陽至生具象的協調過程，是為「兩和」。是知《曹氏陰陽》之作者以兩和為
陰陽調和之狀態。如此則簡 1641 所謂「長年者，陰之屬」，屬於兩和「不和」之
狀態。由「兩和」描述「長年者」，較原整理者以「兩人」解釋為佳。

簡 1674「兩禾（和）」寫作 ▨ ，其禾字之右部，與簡 1641 原整理者所隸「人」
字殘餘部件相同。而從文義看，將簡 1641 ▨字改隸為禾（和），解釋亦較通順。

（十八）□

「□」字，原整理者隸為「少」字。（頁 204）此字原圖作 ▨ 。而銀雀山漢
簡中「少」字作：

字形	▨	▨	▨	▨	▨	▨
簡序	1015	1141 正	1144	1554	1581	1628

互比相較，可知簡文此字與諸「少」字不類，今改列為不識字。

（十九）老

「老」字，原整理者未隸，原圖作 ▨ 。字形甚殘，疑此字為「老」字。銀雀
山漢簡中「老」字作：

字形	▨	▨	▨	▨	▨	▨
簡序	780	906	997	1214	1648	1777

此字上部與諸「老」字上部相同，只是殘缺頗甚。[91]簡文以四時官人，認為「春宜
少年，夏宜偖（者）年，秋宜佫年，冬宜□」。以少、耆、佫相列，知冬天相對之
年紀，應較春、夏、秋三季更加年長。「耆」字，原整理者無說，連劭名認為；

---

[91] 鄔可晶認為：「此字似存『耂』頭，可能是『老』、『耄』等字。」（頁 219）

> 耆年，當指壯年。《廣雅・釋詁》一云：「耆，強也。」《左傳・昭公廿三年》云：「不儒不耆。」杜《注》：「耆，強也。」（頁 69）

連說可從。若依《禮記》之說法「六十曰耆」，則春、夏二季，便從少年直接而為六十，其中間距甚大，難以令人信服。清華簡《封許之命》簡 5「臧（壯）耆爾猷」，壯、耆並舉，故有學者訓「耆」為「強」。[92] 不過連氏以為「佫應讀為老」的說法，並無說明。原整理者認為：

> 佫，疑當讀為「胡」。《詩・載芟》「胡考之寧」，毛傳：「胡，壽也。」《周書・謚法》「彌年壽考曰胡」。（頁 207）

「胡」為魚部，「各」則為鐸部，二字陰入對轉，可以通假。原整理者對「佫」之說法較連說為好。然就所引《詩經》、《周書》之說法，亦難看出「胡年」對年齡之切確所指。《說文》「胡」字，段《注》云：「《謚法》『彌年壽考曰胡』、『保民耆艾曰胡』，皆謂壽命遐遠。」是知「胡」應指人之中老年齡，較「耆」為年長。鄔可晶認為「佫」可能為「咎」之異體，而「咎」可讀為「高」，咎年即高年。「高年」習見於傳世文獻。（頁 220-221）

　　簡文此字若為「老」，則後一字可補為「年」。如此則春、夏、秋、冬四季各配以「少、耆、胡（高？）、老」之年齡狀態，較符合本篇的數術理論。

（二十）若人好為匿事者皆 陰

　　「陰」字，原整理者未隸。此字原圖作▨▨。字形殘缺漫漶，但利用加深色調，可將字形呈現如圖▨，「今」旁的右撇筆則變得較為明顯▨，而「阜」旁亦稍微可見▨。

　　又「匿事」，連劭名認為：「指陰謀，《荀子・修身》云：『匿行曰詐。』」（頁 68）然前文已提及「賈人以詐取人，亦陰也」，故「匿事」不太可能與「詐」同意，但也應該與「詐取」相同，屬於損人之事。「匿事」因指陰邪、姦慝之事，《玉篇・匸部》：「匿，陰姦也。」《管子・七法》：「百匿傷上威。」（頁 110）王念孫《雜志》：「匿，與慝同。百匿，眾慝也。」《逸周書・五權》：「人庶則匱，匱乃匿。」[93] 俞樾《平議》：「匿當讀為慝。言人眾則必匱乏，匱乏則必為姦慝矣。」《潛夫論・班祿》：「是以官長正而百姓化，邪心黜而姦匿絕。」[94]

---

92 〈清華五《封許之命》初讀〉之跟帖 0 樓、2 樓，武漢簡帛網，http://www.bsm.org.cn/bbs/read. php?tid=3246，2015 年 4 月 9 日、10 日。

93 黃懷信：《逸周書校補注譯（修訂本）》（西安：三秦出版社，2006 年），頁 225。

94 彭鐸校正：《潛夫論箋校正》（北京：中華書局，1997 年），頁 172。

由文義看，以此字為「陰」，則簡文：「若人好為匿事者皆 陰 」，指「若人經常從事邪惡、姦慝的行為，則屬於『陰人』」，與本篇以詐取為陰人的概念十分相近。

（二十一）君官

「君官」，原整理者未釋。「君官」一詞見「……者，君官也。萬物……」，但簡文殘缺，未知其義。推測「君官」、「萬物」二詞前後相接，可能為陰陽理論。如《春秋繁露·五行相生》：

> 東方者木，農之本。司農尚仁。……南方者火也，本朝。司馬尚智。……君官者，司營也，司營者，土也，故曰火生土。中央者土，君官也。司營尚信。……西方者金，大理司徒也。……北方者水，執法司寇也。司寇尚禮。（頁364）

「君官」專司經營，與中央土相配。類似文句又如《淮南子·天文》：「何謂五官？東方為田，南方為司馬，西方為理，北方為司空，中央為都。」（頁111）高《注》云：「都為四方最也。」可知《淮南子》以中央為「土」，為「都」，認為中央之官職較四方為貴。這或許就是本篇「君官」、「萬物」同出一簡的關係，因為君官的職務較高（或者即代指君主），故可以掌管、治理萬物。但因簡文殘斷嚴重，此說法僅供參考。

（二十二）諸蟄（蟄）虫（蟲）皆陰分，刑也

原整理者未釋。連劭名認為：「『刑者』是罪犯。」此說可商。此處「刑」應為「傷害」之義。此處將「刑」字與各種禽獸蟲鳥相配，說明這些動植物與「陰」、「刑」之關係。故「刑」字，當然不是「刑罰」、「罪犯」之義。

文中強調動植物「螫」、「傷害」人，故為陰，為刑，可知「刑」字著重於「傷害」之義。如《國語·越語下·范蠡謂先為之征其事不成》：「天地未形，而先為之征，其事是以不成，雜受其刑。」（頁582）韋《注》云：「刑，害也。」《列子·楊朱》：「從性而游，不逆萬物所好；死後之名非所取也，故不為刑所及。」[95]殷敬順《釋文》云：「刑，害也。」

是知本篇認為「陰陽」反映在四季之中為「應做之事、行為（忌宜）」；反映在鳥獸蟲魚上時，則為「該動植物所呈現之習性，及其對人類之好壞」，如果是動植物屬陰，但不傷害人，則為「刑」，如簡文：「諸禽獸螫傷人者陰，刑也」、「諸刺傷害人者，亦陰而刑也。」；若屬陰，但傷害人，則為「少刑」，如：「戴角若穴臧（藏）皆陰，不傷害人，少刑」。簡文「諸蟄（蟄）虫（蟲）皆陰分，刑

---

[95] 楊伯峻撰：《列子集釋》（北京：中華書局，1985年），頁220。

也」，指「各種螫蟲皆屬於陰類，且因為這些蟲類會螫傷人，所以是『刑』」。

（二十三）松柏竹箭椒

原整理者認為：「《說文・竹部》：『箭，矢竹也。』《太平御覽》卷三四九引《字統》：『箭者竹之別。大身小葉曰竹，小身大葉曰箭。箭竹主為矢，因謂矢為箭。』《爾雅・釋地》：『東南之美者有會稽之竹箭焉。』」（頁207）簡文認為松、柏、竹、箭、椒五種植物屬於至陰之物，與一般傳世文獻認為松、柏為良材，具有吉祥的觀念有別，如清華簡《程寤》簡1：

> 隹王元祀貞（正）月既生魄，大（太）姒夢見商廷隹（惟）楝（棘），迺
> 小=（小子）發取周廷杍（梓）桓（樹）于氒（厥）閒（間），惷=（化為）
> 松柏棫柞。[96]

太姒夢見太子發取種在商廷中間的周廷「杍（梓）木」變化成「松柏棫柞」，而後文王為此事占卜，認為這是「吉夢」。沈寶春師認為：

> 以周革殷命如此重大的政權轉移和變革，必須有強大無法抗拒的「天命」
> 來寄託依傍，藉助於夢驗占祓的儀式過程來加予證成，以「太姒」夢的母
> 體孕育，樹立「杍（梓）木」的「太子發」為「天子」的必然性，加上「松
> 柏棫柞」四極的建構輔弼，「公白或乍」的國祚命脈也象徵性的於焉完成。
> [97]

以「松柏棫柞」暗喻著「公伯國祚」，透露出讖緯式的改朝換代企圖。足見松柏棫柞四木代表著周朝吉祥的象徵。又如《詩經・小雅・天保》：「如南山之壽，不騫不崩。如松柏之茂，無不爾或承。」（頁881）以松柏生長茂盛的特性，比喻子孫綿延。以生長特性，表現松柏之價值者尚有，《論語・子罕》：「子曰：『歲寒，然後知松柏之後彫也。』」（頁5409）描述松柏在寒冬中的生長情況，比喻君子堅忍不拔，即《禮記・禮器》：

> 其在人也，如竹箭之有筠也；如松柏之有心也。二者居天下之大端矣。故
> 貫四時而不改柯易葉。故君子有禮，則外諧而內無怨，故物無不懷仁，鬼
> 神饗德。（頁3095）

無獨有偶，簡文以為至陰的松、柏、竹、箭，在此皆成為仁人必備的德行。松柏

96　清華大學出土文獻研究與保護中心編，李學勤主編，《清華大學藏戰國竹簡（壹）》（上海：中西書局，2010年），頁136。

97　沈寶春師：〈論清華簡《程寤》篇太姒夢占五木的象徵意涵〉，《東海大學中文學報》，第23期，2011年，頁152。

高大而實幹，竹箭有節而勻稱，正符合君子「外諧而內無怨」的品質。[98]《白虎通‧喪服》解釋服喪所用之竹杖、桐杖時，亦以竹為陽：「竹何以為陽？竹斷而用之，質，故為陽；桐削而用之，加人功，文，故為陰也。」[99]儒家典籍中與君子相互輝映的松、柏、竹、箭之形象，在數術文獻裡，一變而成為至陰有刑的植物，原因或在「刺」。簡文在歸蟲獸、植物時，多以「螫傷人」與否，作為「刑」的判斷基準，如簡1660：「諸禽獸螫傷人者陰，刑也。戴角若穴臧（藏）皆陰，不傷害人，少刑。」螫傷人必然為「刑」，「刑」者必然為「陰」，故簡1659云：「諸蝥（螫）虫（蟲）皆陰分，刑也。」蟲獸如此，植物亦然，簡1664、1665：

> 諸刺傷害人者，亦陰而刑也。棘不可以蓋屋，兇（凶），為其有刑也。‧‧凡刑者，人之所惡也。

蟲獸能螫，正如植物有刺，所以必然屬陰且刑。簡文所述竹、箭，其葉片銳利可傷人；而松有針葉、鱗片形樹皮，柏則有刺，皆可傷人。第五種植物「椒」，即「花椒」，又名檓。《爾雅‧釋木》：「檓，大椒。」（頁5730）郭《注》：「今椒樹叢生實大者，名為檓。」《詩經‧唐風‧椒聊》：「椒聊之實，蕃衍盈升。」（頁769）陸璣《疏》：「椒樹似茱萸，有鍼刺，莖葉堅而滑澤。」椒「有鍼刺」，故可傷人。

簡文以松、柏、竹、箭、椒五種植物並列，且與傳世、出土文獻不同，認為此五種植物屬於「至陰」，其理由很可能是因為這幾種植物的葉片、鱗片、刺可傷害人，故屬於「刑」，而屬於刑者必然屬陰，故為至陰。故簡文「松柏竹箭椒，至陰」後當有「刑也」二字，標示這幾種植物能傷害人的性質。

（二十四）風者皆陰

「風者皆陰」，原整理者未釋，當指「風皆為陰」的意思。關於「風」的記載，《史記‧天官書》云：

> 漢魏鮮集臘明正月旦決八風。風從南方來，大旱；西南，小旱；西方，有兵；西北，戎菽為，小雨，趣兵；北方，為中歲；東北，為上歲；東方，大水；東南，民有疾疫，歲惡。（頁1340）

簡文以「風」為陰，將風當作不好之事物。而《史記》所載「風」雖有「旱」、「兵」、「大水」、「疾疫」一類凶事，卻也有「戎菽為」、「中歲」、「上歲」一類代表「豐收」之好事，[100]這是本篇所根據的數術原理與《史記》不同之故。

---

[98] 松柏、竹箭的形象，又可見《史記‧龜策列傳》：「竹外有節理，中直空虛；松柏為百木長，而守門閭。」所敘述的植物形象，與《禮記‧禮器》相近，可參看。參〔西漢〕司馬遷撰，〔南朝宋〕裴駰集解，〔唐〕張守節正義，〔唐〕司馬貞索隱：《史記》（北京：中華書局，2009年），頁3237。

[99] 〔清〕陳立撰，吳則虞點校：《白虎通疏證》（北京：中華書局，1994年），頁513。

[100] 「戎菽為」，《集解》引孟康曰：「戎菽，胡豆也。為，成也。」胡豆為大豆，「為」指收穫有

王充對風的看法則與本篇接近，如《論衡・變動》：

> 六情風家言，風至，為盜賊者感應之而起，非盜賊之人精氣感天，使風至
> 也。風至，怪（搖）不軌之心，而盜賊之操發矣。何以驗之？盜賊之人，
> 見物而取，睹敵而殺，皆在徙倚漏刻之間，未必宿日有其思也，而天風已
> 以貪狼陰賊之日至矣。（頁652）

王充認為「風」為盜賊操發，有不軌之心。而「盜賊」、「不軌」，與簡1643「若
人好為匿事者皆[陰]」之「匿事」義近。「匿事」屬陰，「盜賊」、「不軌」亦屬陰。
王充更說明四方風所作「陰事」為何：

> 風從南方來者旱，從北方來者湛，東方來者為疫，西方來者為兵。（頁653。）

「乾旱」、「水潦」、「疫病」、「兵戎」皆非好事。雖不知簡文「風者為陰」的原因
為何，或與《論衡》所指有關，惟本篇的成書時間與《論衡》之年代相隔甚遠，
難以斷定來源相同，由此亦可知漢代「以風為陰」的觀念，非本篇所獨有。
　　又「風者皆陰」所透露「以風為陰物、陰邪」的觀念，或許與清華簡《筮法・
祟》簡47：「勞祟：風、長殤。五，伏劍者。九，牡厲。四，縊者。一五，乃辜
者」有關，其「風」字，原整理者認為是「風伯」，不可信。[101]有學者則認為此
風是「自然災異」。然放馬灘秦簡《日書乙種・占病祟除》簡192：「八風，相茛
者」，陳偉認為：

> 相茛，疑即「方良」，如《周禮・夏官・方相氏》：「以戈擊四隅，毆方良」，
> 鄭《注》：「方良，罔兩也。」《文選・張衡〈東京賦〉》：「斬蜲蛇，腦方良。」
> 李善注：「方良，草澤之神也。」[102]

若由此說，則《日書乙種・占病祟除》之八風為山野精怪所引起。睡虎地秦簡《日
書甲種・詰咎》有「飄風」、「大飄風」、「寒風」，劉樂賢認為是鬼魅妖邪精怪之
物。[103]從清華簡《筮法》到放馬灘、睡虎地秦簡，再到本篇對於「風」的看法，
或可推測風之定義是由最初的自然災異，到揉合鬼魅，最後則被擴大解釋為為陰
邪之物。但放馬灘、睡虎地秦簡所彰顯的鬼怪觀念，本篇是從陰陽的角度闡述風
者皆陰的觀念。

成，故「戎菽為」指大豆一類的植物收成豐富一類。「上歲」，《集解》引韋昭曰：「歲大穰。」
可推知「中歲」應是僅次於上歲的收成敘述，亦屬不錯的結果。

101 李學勤主編：《清華大學藏戰國竹簡（肆）》（上海：中西書局，2013年），頁116。
102 武漢大學簡帛研究中心、甘肅簡牘博物館編，陳偉主編：《秦簡牘合集（肆）》（武漢：武漢大
學出版社，2014年），頁145。
103 劉樂賢：《睡虎地秦簡日書研究》，頁237-238。

（二十五）凡

「凡」字，原整理者未隸。「凡」字，原圖作 ▍。字形僅剩右半部，疑此字為「凡」字。銀雀山漢簡中「凡」字作：

字形						
簡序	1112	1198 正	1224	1537	1651	1686

諸「凡」字右筆細長，與簡文殘缺字形相同。故此字可隸為「凡」。

（二十六）生讙（歡）

簡文「人各有以生讙為主，故聖人之……」，應是說明「人有其自性」，故聖人應如何治理之法，但簡文殘缺，無法知道聖人應如何作為。「讙」字，《說文‧言部》：「譁也。從言，雚聲。」（頁99）「讙」字，可假為「歡」，為「喜悅」之義。《說文通訓定聲‧乾部》：「讙，叚借為歡。」（頁713）《禮記‧檀弓下》：「高宗三年不言，言乃讙。」（頁2823）鄭《注》：「讙，喜說也。」

「生讙（歡）」一詞，未見於傳世文獻，無法肯定其意義。然以「生命喜悅」解之，也能說得通。「人各有以生讙（歡）為主」，指人以生命喜悅為目的，如《列子‧楊朱》：「好逸惡勞，物之常性。故當生之所樂者，厚味、美服、好色、音聲而已耳。」（頁216）又如《荀子‧性惡》：「好利而欲得者，此人之情性也。」（頁545）「生之所樂」、「好利而欲得」，皆人之情性，可使人喜悅，若聖人由此掌握人性，便可順利治理眾人。

第二節、《三十時》考證

一、解題與編聯

（一）解題

本篇共一百五十四枚簡，其中完簡五枚（簡1725、1743、1793、1813、1823），其餘皆為殘簡，損壞情況嚴重。本篇主旨為「時節」、「忌宜」，屬於月令文獻與日書的結合，不過採用「六日為一節，二節為一時，三十時為一年」的節氣系統[104]，故原整理者依此定名為「三十時」。[105]本篇所載節氣名稱與傳統所用不同，

---

[104] 此種節氣系統以「六十節」為理想狀態，但簡文並不嚴格地區分每一時的上、下六日，如簡1793有「入之七日」一語，若簡文於每時皆書前、後六日，則不該出現「七日」此種橫跨兩節的時間狀態。「七日」一詞，是以十二日為一整體而言，可見至少該簡並無上、下六日的區別。

[105] 參銀雀山漢墓竹簡整理小組編：《銀雀山漢墓竹簡〔貳〕》，頁219。

卻與《管子‧幼官》所載四季行政的系統相符，[106]可能是齊國地區所用的宜忌書籍。本篇以「陰陽相生相勝」說明每一時之特性，若以《漢書‧藝文志》歸類，應置於《諸子略‧陰陽》之下。

除原整理者外，李零曾依據《管子‧幼官》重新排列本篇，可信度極高。[107]楊安則針對《銀雀山漢墓竹簡〔貳〕》進行集釋整理的工作，本篇為成果之一。該書屬於集釋性質，著力於收集資料，並未深究簡文意義、簡序排列、文字隸定諸問題。[108]蕭旭曾針對簡文的部分詞語進行考釋。[109]

簡文以「時」為經，以「宜忌」為緯，將一時的十二日分為「上六」、「下六」，繫以各種不同事項的忌宜，或與百姓日常生活相關，如為嗇夫、嫁女、取婦、埋葬、分異；或與兵事相關，如戰爭、用兵、圍城；或與國家建設有關，如築城、築宮室、瀆溝洫、發梁通水等，形式與戰國秦漢之際的日書頗為相近（如九店楚簡《叢辰》、《成日吉日》與睡虎地秦簡《日書甲》、《日書乙》）[110]，內容多可參照。

簡文脈絡可分為三個部分：一、「節氣理論」，說明本篇劃分節氣的理論依據，內容稍涉天體運行之規律；二、「三十時」，以冬至為始，逐一列出一年中各時的事項忌宜；三、「殘簡」，由於本篇殘簡甚多，無法與前述簡文繫聯者即歸類於此。

另外，本篇書手共使用三種符號，其一為重文符號「=」，如 ▨（簡 1735）、▨（簡 1741）。其二為篇章符號「‧」，如 ▨（簡 1731）、▨（簡 1734），多用於每一時的起始處，提示下文。其三為句讀符號「乚」，如 ▨（簡 1725）、▨（簡 1744）、▨（簡 1774），然於本篇出現頻率甚低。而本篇書手在書寫數字時，多合二字為一，如「六十」作 ▨（簡 1731），「九十」作 ▨（簡 1744），可能是省略了合文符號。而從用字習慣可以看出，本篇書手或不止一人，如「地」字分別寫作 ▨（簡 1727）、▨（簡 1771）、▨（簡 1778）與 ▨（簡 1732）、▨（簡 1743）、▨（簡 1764），前三字所從「它」旁，與後三字不同，其中間右邊寫作半圓。後三字則為一筆貫通，中間右邊為一撇筆，無弧度。又如「為」字分別寫作 ▨（簡 1728）、▨（簡 1773）與 ▨（簡 1732）、▨（簡 1738），後兩字是「爲」所從的「爪」形，為前兩字的省略，此種寫法多見於本篇。本篇篇幅極長，由不同書手合寫實屬正常，但從諸多漏字可見其書寫之草率。

本篇以「十月曆」（太陽曆）為根據，建立六十節、三十時的節氣系統，屬於「十月曆」的一種，與《夏小正》、《管子‧幼官》，[111]甚至是現今中國西南地

---

106 參黎翔鳳撰，梁運華整理：《管子校注》，頁 133-180。

107 參李零：〈讀銀雀山漢簡《三十時》〉，李零：《中國方術續考》，頁 301-317。

108 參楊安：《〈銀雀山漢墓竹簡‧佚書叢殘〉集釋》，頁 254-273。

109 參蕭旭：《群書校補（續）──簡帛校補（第一冊）》（新北市：花木蘭出版社，2014 年），頁 156-157。

110 參湖北省文物考古研究所、北京大學中文系編：《九店楚簡》（北京：中華書局，2000 年），頁 47-48、49-50。武漢大學簡帛研究中心、湖北省博物館、湖北省文物考古研究所編，陳偉主編：《秦簡牘合集（壹）》，頁 349-512、513-568。

111 有關《夏小正》、《管子‧幼官》與「十月曆」之關係，可參陳久金指出《夏小正》所載星象僅有十個月分，而所載物候也只能符合以十個月份為一年的曆法，而〈幼官〉的「三十時」亦正好與十月曆的推算相同，故《夏小正》、《管子‧幼官》都是屬於以太陽曆為基礎的十月

區彝族所用曆法相近。[112]簡文增加時令忌宜之條文,反倒兼具曆譜與日書的性質,只是與五行之概念有別,以陰陽為主體,利用四時節氣表達陰陽消長的觀念,透過上六、下六、入之某日、不盡某日的方式,淋漓盡致地開展一年三百六十日的忌宜事項,涵蓋平民貴族的日常生活。此類增加時令忌宜條文的做法使簡文兼具曆譜與日書的性質,雖與銀雀山漢簡(《迎四時》、《四時令》)相似,但所用節氣系統則以《管子·幼官》之節氣為基礎,擴增之月令文獻,呈現不同於傳世文獻之面貌。本篇雖不乏軍事戰爭,與《漢書·藝文志·兵書略·兵陰陽》有關,但因不以戰事為主,故不該歸於「兵陰陽」。

(二)編聯

本篇目前可見的編聯方式有二:其一為原整理者按照各時的先後次序排列(簡 1725 至簡 1752),其餘殘簡,則依照簡文內容相近度歸類。其二為李零根據《管子·幼官》所載四季節氣,逐一排列相應簡文,但所整理的簡文僅止於本篇的節氣部分,並未對殘簡進行討論。本文以李零的說法為主,配合《管子·幼官》及相關傳世文獻,重新編聯《三十時》。

本篇分為三部分:「節氣理論」、「三十時」與「殘簡」:第一部分「節氣理論」為簡 1725、1726,雖然殘損嚴重,但因字形明確,故可清楚明曉兩簡所述為天文學理論,與其它簡文截然不同。

第二部分「三十時」則以《管子·幼官》為準(以春季為始)編聯簡文相關節氣,且簡文雖殘,但依稀可見「八節」,故可以表格排列如下:

季節	八節	積時積日	簡文	備註
春	立春	4 時 48 日	【·四時】卅八日,作春始解。可使人旁國【1730】	
		5 時 60 日	·五時,夲(六十)日,少𧅄起,生氣【也】	
		6 時 72 日	【·六時,𣎵(七十)二日】	本文增補
		7 時 84 日	【·七時,𣎵(八十)】四日,華實,生氣也。以戰,客敗。可𣎵(為)百丈千丈,適人之地□【1732】	
	春分	8 時 96 日	【·八時,𣎵(九十)六日】……□日夜鈞。以戰,客勝。攻🔲,取之,必長有之。以遇旁國,相見【1755】……	積時積日為本文增補
		9 時 108 日	【·九時】百八日,□□,生氣也。以戰,客敗。不可【1733】	
		10 時 120 日	·十時,百廿日,中生=(生,生)氣也。以	

曆。參陳久金:《帛書及古典天文史料注析與研究》(臺北:萬卷樓股份有限公司,2001 年),頁 310-326。

[112] 陳久金透過《夏小正》、《管子·幼官》之研究,認為彝族曆法之前身即《夏小正》,亦屬十月曆的一種。參陳久金:《帛書及古典天文史料注析與研究》,頁 327-331。陳久金、盧央、劉堯漢:《彝族天文學史》(昆明:雲南人民出版社,1991 年),頁 151-175。陳久金、楊怡:《中國古代的天文與曆法》(臺北:臺灣商務印書館,1993 年),頁 138-140。

季節	八節	積時積日	簡文	備註
			戰，客敗。可以勿（為）百丈千丈。可以築宮室黸（墻）垣、門。可以勿（為）嗇【夫】【1734】	
		11時132日	【・十一時，百卅二】日，春沒。上六：刑。以戰，客勝。下六：生。以戰，客敗。不可以舉事＝（事，事）成而身廢。吏以免者不復置。春沒之時也，可嫁【1735】	
夏	立夏	12時144日	【・十】二時，百卌四日，始夏，生氣也。【1736】	
		13時156日	【・十三時，百】五十六日，漬，柔氣也。以戰，客敗【1737】	
		14時168日	【・十四時，百六十八日】	本文增補
		15時180日	【・十五時，百八十日】	本文增補
	夏至	1時12日	【・一時，十二日】……也。日夏至，地成。不可漬溝漆（洫）波（陂）池。不可以勿（為）百丈千丈城，必弗有也。不可築宮室，有憂。得【1738】	積時積日為本文增補
		2時24日	【・二時，】廿四日，乃生＝（生，生）氣也。以戰，客敗。得人之一里，賞（償）以十里。得人之將，賞（償）以長子。【1741】	
		3時36日	【・三時，】卅六日，夏沒。上六：生。下六：刑。可以勿（為）嗇夫【1742】	
秋	立秋	4時48日	【・四】時，卌八日，涼風，殺氣也。以戰，客勝。可始脩（修）田野溝。可始入人之地，不可亟＝刃＝（極刃，極刃）有央（殃），壹得而三其央（殃）。利奮甲於外。以嫁女【1743】	
		5時60日	【・五時，六十日】	本文增補
		6時72日	【・六時，七十二日】	本文增補
		7時84日	【・七時，八十四日】	本文增補
	秋分	8時96日	【・八】時，九十六日，霜氣也，殺氣也。以戰，客勝。攻城＝（城，城）不取，邑疫。可以回（圍）眾，絕道，過人要塞。可以勿（為）百丈千丈城，攻∟，適（敵）人之地【1744】	
		9時108日	【・九】時，百八日，秋亂，生氣也。【1745】	
		10時120日	【・十時】百廿日【1746】	
		11時132日	【・十一時，百卅二日】……秋沒。上六：生。以戰，客敗。可（為）嗇夫，嫁女，取婦，禱祠。下六：刑。以戰，客勝。不盡三日，始雨霜。可葬（葬）貍（埋），分【1747】	積時積日為本文增補
冬	立冬	12時144日	【・十二時，百卌四日】……寒，剛氣也。以戰客勝。用入人之地，勝。攻城＝（城，城）取。此冬首殺也。此吾審用重之時也。用重之道【1749】	積時積日為本文增補
		13時156日	【・十三】時，百五十六日，賊氣，殺氣【也】。以戰，客勝。可以回（圍）眾，絕道，過人要塞。燔適（敵）人，不報。此吾【1751】	

季節	八節	積時積日	簡文	備註
		14 時 168 日	・十四時，百卒（六十）八日，音，閉氣也。民人居【1752】	
		15 時 180 日	・十五時，百卒（八十）【日】【1753】	
	冬至	1 時 12 日	【・一時，十】二日，大寒始□。日冬至，麋解，巢生。天地重閉，地小乎，不可【1727】	
		2 時 24 日	【・二時，廿】四日，大寒之隆，剛氣也。不可爲【1728】	
		3 時 36 日	【・三時，卅六日】……冬沒氣，此欲【1729】……【不】可爲嗇夫，多罪，不可用。下六：生。可以嫁女，取婦，築室，當（嘗）蓄采（菜）， 剺（剩）麻，取橐（槀）【1821】	

相關簡文為本文編聯之成果，透露《三十時》之特色：一、簡文以日冬至所屬的十二日為第一時，由「冬至」開始，敘述「時」與「積日」，與《管子・幼官》所述的春夏秋冬順序不同。二、簡文雖將一時（十二日）分為上、下兩節（上六、下六），但並非所有簡文都會在「節氣」之後說明上、下六的忌宜事項，可能僅在季節之沒的節氣，說明上、下六日的性質，如：

> 【・十一時，百卅二】日，春沒。上六：刑。以戰，客勝。下六：生。以戰，客敗。不可以舉事＝（事，事）成而身廢。吏以免者不復置。春沒之時也，可嫁【1735】

> 【・三時，】卅六日，夏沒。上六：生。下六：刑。可㠯（為）嗇夫【1742】

> 【・十一時，百卅二日】……秋沒。上六：生。以戰，客敗。可㠯（為）嗇夫，嫁女，取婦，禱祠。下六：刑。以戰，客勝。不盡三日，始雨霜。可葬（葬）貍（埋），分【1747】

本文新增「秋沒」的積時積日。而從引文可看出春、夏、秋三沒的上、下六皆有說明性質（生、刑），與殘簡中所見的上、下六不同，如：

> ……□之。可以嫁女。不可取婦＝（婦，婦）蚤（早）操令。下六：可㠯（為）宮室，嫁女，取婦，禱祠，入六畜。入之三日，奏林鍾。天必【1786】

> ……□乚。下六：莞華乚。穜（種）稻乚。可嫁女，取婦。不盡【□日】【1796】

> ……其所得不如其所亡。下六：以從，母死子生。以嫁子，□母死之。不

可以出家=（家，家）雷╜ 。不可出【1832】

……卒歲必有死亡之憂。下六：不可【1858】

……下六：以遇二，葬（葬）貍（埋），分異，芨（祓）除。陰陽【1871】

簡文殘缺頗甚，但所見「下六」皆無生或刑字，與前引春、夏、秋三枚簡文不同，或許可推測以生、刑說明上、下六性質的簡文，只見於季節之沒段。若此說可信，則簡1281：「……【不】可爲嗇夫，多罪，不可用。下六：生。可以嫁女，取婦，築室，當（嘗）蓄采（菜），蘮（剝）麻，取稾（稿）。」可能即爲「冬沒」的殘簡。因本簡說明下六的性質爲「生」，與前三枚的簡文形式相同。而冬沒上六刑，下六生的性質，也符合本篇原理：夏秋爲上六生，下六刑；春冬爲上六刑，下六生。[113]因此，可將簡1821接於簡1729之後。

根據本篇客、主人的兵事規則推論[114]，簡1755：「……□日夜鈞。以戰，客勝。攻█，取之，必長有之。以遇旁國，相見【1755】……」，其「日夜鈞」表示所述時間爲春、秋分之一。又因爲是「客勝」，故應爲殺氣之時。然李零推算《三十時》中春分爲八時九十六日（缺簡），而秋分爲八時九十六日（簡1744）。簡1744已有「以戰，客勝」之句，與簡1755重複，故此簡應爲春分之事。春季有殺氣並不足怪，因爲陽中有陰，陰中有陽，故秋季也有生氣，如簡1745：「秋亂，生氣也」，只是春天多生氣，秋天多殺氣而已。

其餘殘簡因爲所述事項大多重複，故難以確切歸類於「三十時」中，但因部分內容可與傳世文獻的月令，如《呂氏春秋》、《淮南子》、《禮記》、《夏小正》、《四民月令》、《齊民要術》對照，對於判明殘簡所屬的季節甚有幫助。只是傳世文獻多採用十二月的系統，與本篇所用三十時系統不同，故在歸類上或有誤差，如以仲春爲例，其積日爲七十八日至一百一十四日，共三十七日，橫跨六時至九時，則簡1811：「……利以出貨。桃李華。食榆莢」，雖同與《呂氏春秋・仲春紀》：「始雨水。桃李華。」（頁33）卻將「桃李華」歸於仲春，《三十時》無仲春一條，但六、七、八、九時等四簡皆屬仲春，難以繫聯，故僅能將簡1811置於「春」一類。

即此，殘簡的內容又可再細分爲：春、夏、秋、冬以及其它。此處主要就傳世文獻及原整理者的說法討論簡文所述的季節，複雜的名物考釋則待後文。

春季收錄孟、仲、季春三月的宜忌事項，有：

……至，出蟄虫=（蟲，蟲）不能行，民多蟄病，輕【1802】【虫（蟲）】……

---

[113] 李零亦同此說，只是李零僅以「下六：生」作爲編聯根據，並不涉簡文說明生、刑之規律。
參李零：〈讀銀雀山漢簡《三十時》〉，李零：《中國方術續考》，頁312。

[114] 「客勝」之時爲殺氣，「客敗」之時則爲生氣，參後文論述。

《呂氏春秋·孟春紀》：「東風解凍。蟄蟲始振。」（頁 6）〈仲春紀〉：「雷乃發聲，始電。蟄蟲咸動。」（頁 35）知孟春、仲春二月為蟲類蟄伏過冬後，復甦的季節。由此也可知，若動物行為可能見於時間相近的節氣，難以涇渭分明地作出區別。又簡文：

> ……凍（凍）始澤（釋）。不可注。出入，留不行。【1804】……

> ……不可發令。輕虫（蟲）始出。不可𦥑（為）嗇夫□【1808】……

「凍始釋」，即前引「東風解凍」之義，此簡所述為孟春之事。而「輕蟲始出」與「蟄蟲始振」相似，都是描述蟲類復甦之義，只是輕蟲應是指體積較小的蟲。

除以蟲類為季節指標外，植物的收成與食用也是判斷季節的根據，如：

> ……利以出貨。桃李華。食榆莢。【1811】

原整理者認為：「《月令》：『仲春之月……桃始華。』，《呂氏春秋·仲春紀》作『桃李華』，《淮南子·時則》作『桃李始華』。」（頁 222）又認為：『《四民月令》「是月（指二月）也……榆莢成，及青收乾以為旨蓄。」（頁 222）仲春也是榆莢收成的日子，所以簡文云「食榆莢」。桃樹、李樹於仲春之時開花，但桃、李樹生葉則是在開花之後，故簡 1810 的順序有誤：

> ……□∟ 。不可築宮室，有憂。利瀆溝漆（溫）沒〈陂〉池。李木葉成。不可伐木。雖（鶴）鳴。木華□【1810】……

原整理者認為：「《月令》：『孟春之月……禁止伐木。』」（頁 222）可能認為本簡文時間屬孟春之月，桃、李先花後葉，故簡 1811：「桃李華」，指桃樹、李樹開花，本簡「李木葉成」，指李樹葉子長成，時間當晚於「桃李華」。又如：

> ……□葵芥之時也。吏以免者不復置。不可動＝衆＝（動衆，動衆），五穀半收。【1768】……

「葵」可能指「葵」或簡 1819 之「冬葵」，而葵則種於春季，如《四民月令·正月》：「可種瓜、瓠、芥、葵。」[115]冬葵種於夏季，如〈六月〉：「中伏後，可種冬葵。」（頁 51）而「芥」的種植時間則為春季，如前引文。又簡文「五穀半收」應是預言一年的收成結果，當在收成之前，故本簡所述時間不可能為秋、冬二季，當以春季最為可能。

簡文也有直接描述當季適宜之事：

---

[115] 石聲漢校注：《四民月令校注》（北京：中華書局，2013 年），頁 13。

......命日發臧（藏）。不可發令。靜衆，深垣薔（墻），歸老弱。用兵【1777】......

......命日發臧（藏）。地大虖（墟），天地【1778】......

原整理者認為：「《月令》『仲冬之月......命有司曰：「土事毋作，慎毋發蓋，毋發室屋，及起大衆，以固而閉。地氣沮泄，是謂發天地之房。」』『發天地之房』，《淮南子・時則》作『發天地之藏』。《時則》又言：『北方之極......其令曰......毋行水，毋發藏，毋釋罪』。」（頁221）其引文皆是說明在冬季「毋發藏」、「毋發天地之房」，因為冬季為天地閉藏之時。但簡文以「命日」說明各季節的性質，「藏」既為冬季的特質，則「發藏」應為春季。而以「音樂」判斷季節者為：

......□金。殺人不報。日夜分離之物也。簙（葬）狸（埋），分異，芰（祓）除。入之三日，奏大（太）【蔟】【1781】......

《呂氏春秋・孟春紀》：「律中太蔟。」（頁5）「太蔟」為孟春之樂，故此則應為春季之事。

......【不】盡三日，奏古（姑）洗。精列登堂[116]【1782】......

《呂氏春秋・季春紀》：「律中姑洗。」（頁55）「姑洗」為季春之樂，故此則應為春季之事。

夏季收錄孟、仲、季夏三月的宜忌事項，有：

......□取婦。不可引=上=（引上，引上），死亡。當殺蒼芙、薺、亭厤（歷）之時也。以𡰥（為）嗇夫，衆人增（憎）之。用兵，擊後〈以〉與反（返）入。【1769】......

原整理者認為：「《月令》『孟夏之月......靡草死』，鄭玄《注》：『舊說云：靡草，薺、亭歷之屬。』《淮南子・天文》『故五月爲小刑，薺、麥、亭歷枯，冬生草木必死。』亭歷，亦作『葶藶』。」（頁221）故知「當殺蒼芙、薺、亭厤（歷）之時」，應即孟夏四月。

......□⌞　。下六：莞華⌞　。種（種）稻⌞　。可嫁女，取婦。不盡【□日】【1796】......

---

[116] 原整理者認為：「《易緯通卦驗》：『白露，雲氣五色，蜻蚚上堂。』《玉燭寶典》卷八引此，『蜻蚚』作『精列』，與簡文同。蜻蚚即蟋蟀。」（頁221）

「莞」即為水蔥,生於池沼之中,夏季開花,故簡文「莞華」屬夏季之事。而「種稻」之時,則有春夏之分,如《四民月令・三月》:「可種秔稻。」(頁26)。〈五月〉:「可別稻及藍,盡夏至後二十日止。」(頁43)配合「莞華」,簡文「種稻」可能為夏季五月所種的稻米。

　　　　　……□鳥不執(鷙)∟。木董(槿)華∟　。雛雞鳴【1816】……

原整理者認為:「《月令》:『仲夏之月……鹿角解,蟬始鳴,半夏生,木董榮。』」(頁222)「木槿華」即「木槿榮」,屬夏季五月之事。

　　　　　……秋草產始。麥芃華。發令不行。【1813】

與種稻相同,「種麥」之時,有春秋之分。《呂氏春秋・仲春紀》:「(仲春)行冬令,則陽氣不勝,麥乃不熟,民多相掠。」(頁37)可知仲春已可種麥,所以會受當季不正確的政事影響,導致日後收成欠佳。此時開花之麥為春麥,即《四民月令・正月》:「可種春麥、螷豆,盡二月止。」(頁13)簡文「芃」,即「秦芃」,為可入藥之植物,六月開花。「麥芃華」,指春天所種之麥以及芃皆開花,可知述時間應為夏季。又「秋草產始」,可能為「秋草始產」之義,指六月接近秋天,秋草於此時開始生長。而所種麥既已華實,則可行嘗麥之事:

　　　　　……利爲事成勝此力也。可築宮室,當(嘗)麥□【1814】……

　　　　　……□當(嘗)□麥□【1815】……

原整理者認為:「《月令》:『孟夏之月……農乃登麥,天子乃以彘嘗麥。』」(頁222)是古代有夏季嘗麥之事。[117]簡文所嘗之麥,應即前述所種之春麥。夏季除種稻之外,尚可種植冬葵:

　　　　　……至。穜(種)薔冬葵。瓠以堅苞。【1819】

原整理者認為:「《四民月令》:『中伏後,可種冬葵。』」(頁222)「中伏」為夏六月之節氣,在此節氣之後可種植冬葵。「瓠以堅苞」應指瓠瓜生長完好、堅硬,而可採集之義,如《四民月令》:「大暑中伏後,可蓄瓠。」(頁52)「中伏」亦為夏六月之節氣。而以「音樂」判斷季節者為:

---

[117] 不過簡文言「可築宮室」,與傳世文獻不同。一般而言,夏季為農忙之時,故此時不宜聚眾建築宮室,以免妨礙農事;且仲夏為土行,於此時進行工程,則觸犯土禁,故月令大多於夏季禁止土功。若此,則簡文所載便為秋季之事,「嚐麥」指麥子收成後所形的嚐新之禮。

......【不】盡一日，奏中（仲）呂。大浩（鵠）至。天不陰雨，民多□【1783】......

《呂氏春秋・孟夏紀》：「律中仲呂。」（頁83）「仲呂」為孟夏之樂，故此則應為夏季之事。

......□□□冠帶劍。可以徙，嫁女，禱【1784】祠∟ 。入之三日，奏蕤賓。天不陰雨，不吉。利有入也。麥秋苗生。[118]【1785】

《呂氏春秋・仲夏紀》：「律中蕤賓。」（頁103）「蕤賓」為仲夏之樂，故此則應為夏季之事。

......□之。可以嫁女。不可取婦＝（婦，婦）蚤（早）操令[119]。下六：可㠯（為）宮室，嫁女，取婦，禱祠，入六畜。入之三日，奏林鐘。天必【1786】......

《呂氏春秋・季夏紀》：「律中林鐘。」（頁129）「林鐘」為季夏之樂，故此則應為夏季之事。

秋季收錄孟、仲、季秋三月的宜忌事項，有：

......□始□，韭以生【1805】......

「韭」，為菜名，春天種植，夏秋之間開花。「韭生」、「韭以生」指韭已生長，可生成之義，如《四民月令・七月》・：「是月也......藏韭菁。」（頁56）〈八月〉：「八月......收韭菁。」（頁61）知簡文「韭生」可能為秋天之事。又「蒼雁夕鳴，可以遠徙」，指秋季大雁南飛之行為，是以動物的習性作為節氣的說明，可參照《曹氏陰陽》簡1626：「秋月者，諸物盡返，陰，以此徙，與物俱入靜，吉。」（頁203）兩者蘊含的觀念極為類似，惟《曹氏陰陽》偏以「陰陽」立說，與《三十時》強調時令不同。又如：

......【日】侯（候）燕始下。可以鼓舞。天不陰雨【1797】......

「候燕始下」，即候燕南下過冬，為秋季之事。而「可以鼓舞」，即指可行鼓樂舞蹈之事。遷徙之事又如：

......□□□冠帶劍。可以徙，嫁女，禱【1784】祠∟ 。入之三日，奏蕤

---

[118] 原整理者認為：「1784號簡末一字爲『禱』，1785號簡首一字爲『祠』，二簡據文義繫聯。但1844號簡簡末一字亦爲『禱』，現在的繫聯方法不一定正確。」（頁221）由簡文「可以徙」，可推測簡應為秋季之事，能對應後文「麥秋苗生」的時間，故現行的編聯順序可從。

[119] 「蚤（早）操令」，指若在此節（六日）取婦，則婦女會有「蚤（早）操令」這一缺點。但確實的意思則未明。

賓。天不陰雨，不吉。利有入也。麥秋苗生。【1785】

本簡亦有「可以徙」的字句，然僅憑此點並不能確定為秋季之事，但透過「麥秋苗生」句，可確定簡文時間為秋季。「麥秋苗生」指種植秋麥，同《呂氏春秋・仲秋紀》：「乃勸種麥，無或失時。」（頁177）

利用動物習性判斷季節者又如：

……以入蟄虫（蟲）。天不西風，蟄虫（蟲）不入，民【1800】……

……天不西風，虫（蟲）不臧（藏），不吉【1801】……

此二簡皆提及蟄蟲求穴、入、藏之事，同於《呂氏春秋・季夏紀・音律》：「南呂之月，蟄蟲入穴。」（頁138）〈仲秋紀〉：「雷乃始收聲，蟄蟲俯戶。」（頁177）《季秋紀》：「蟄蟲咸俯在穴，皆墐其戶。」（頁198）「入穴」、「俯戶」皆指蟲類開始蟄伏冬眠，與簡文相近。值得注意的是，簡1800與1801皆從反面立說，如果「天不西風」，則蟄蟲不入、不藏。換言之，此時節的正常情況應是「天西風，蟄蟲入藏」，而西風正為秋季之氣象。由此可知，上述三簡應為秋天之事。與西風有關之簡文又如：

……【可為】嗇夫，冠帶劍，嫁女。不可取婦＝（婦，婦）【1792】不生，唯（雖）生无（無）子。入之七日，西風始下茊（葉）。艾（刈）德禾。不可入人民、六畜。【1793】

「西風始下葉」，指秋天西風起，則木葉零落。如《呂氏春秋・季秋紀》：「草木黃落，乃伐薪為炭。」（頁198）「刈德禾」，指可以收成此時盛長的禾穀。知此簡為秋季之事。又如：

……遠去家，不復家。兵以入人之地，必破敗。天西【風】【1799】……

「風」字為原整理者根據文意所補，可從。「天西風」則知為秋季之事。秋天除可收成韭、禾之外，還可收成麻、菽以嘗：

……【為】嗇夫，嫁女，取婦，當（嘗）麻叔（菽），畜【1820】……

「麻」為「大麻」、「火麻」，種於春天，收成於夏秋二季。《呂氏春秋・士容論・任地》：「樹麻與菽」（頁690。），程瑤田認為：「麻生於二三月，夏至後則刈牡麻也。」「菽」為豆類，原整理者認為：「《月令》：『仲秋之月……以犬嘗麻。』」（頁222）又如《詩經・豳風・七月》：「六月食鬱及薁，七月烹葵及菽。」（頁835）

可見菽收成於秋季，故可於此時所嘗。除一般農作物外，簡文也敘述了秋季農作物的收割方式：

> ……□立廷。不可嫁女，取婦，禱祠。可以徙。草秋生者皆殺其末，不【可】引＝【1822】上＝（引上，引上），死亡。閒氣，六日不可有𢍰（為）也。‧【1823】

「草秋生者皆殺其末」，指植物若在秋季生長，皆收割其末端。由「秋生」二字，可知本簡應為秋天之事。而以「音樂」判斷季節者為：

> ……鳴。可𢍰（為）美事。入之【＝】（之之）日，奏毋（無）射。大【1787】……

《呂氏春秋‧季秋紀》：「律中無射。」（頁 194）「無射」為季秋之樂，故此則應為秋季之事。

冬季收錄孟、仲、季冬三月的宜忌事項，有：

> ……□不可以先人。此天地重閉之【時也】【1758】……

> ……命曰始閉。【1776】

原整理者認為：「《月令》：『孟冬之月……命有司曰：「天氣上騰，地氣下降，天地不通，閉塞而成冬。」』冬至在仲冬，故言『天地重閉』。」「天地重閉」指天地重新閉合，收藏天地之氣的意思，屬於四季循環的過程。《呂氏春秋‧季夏紀‧音律》：「黃鐘之月，土事無作，慎無發蓋，以固天閉地，陽氣且泄。……應鐘之月，陰陽不通，閉而為冬，修別喪紀，審民所終。」（頁 136-138）黃鐘為孟冬，應鐘為仲冬，其重點皆在固天閉地，因而為冬。知簡文「天地重閉」當為冬季之事。又「始閉」亦為冬季之事，如《黃帝內經‧素問‧診要經終論》：「九月十月，陰氣始冰，地氣始閉，人氣在心。」[120]九、十月為秋冬之交，為天地之氣閉藏的最初階段，故以此為冬季。

> ……□萮（蕐），鳴草＝木＝（草木。草木）不鳴者，枝苦（枯）。萮（蕐）不盈者，死。漆成。雔（鵲）巢。可以冠。不可嫁女。出大貨，不入。居軍，靜衆深晶（曡）。【1803】……

原整理者認為：「《月令》：『季冬之月……鵲始巢。』《淮南子‧天文》：『日冬至……鵲始巢。』」（頁 221）以鵲鳥築巢為冬季之事。又「萮」字，可能為「蕐」，指草初生貌。「蕐不盈者」，指冬季之末已屬地氣發洩之時，正是植物始生之時，所

---

120 楊維傑編：《黃帝內經素問譯解》（臺北：台聯國風出版社，1984 年）頁 123。

以草木若不振動（鳴），表示枝即將枯萎，若根芽無法初生（萌），則植物就會死亡。

冬季所宜之事又如：

> ……□法令者有罪。可築武室，塞故缺，寇【1826】盜弗犯也。可鑄劍（戟）兵刃器，適（敵）人弗試也。可脩（修）外【□□】人弗入也。可脩（修）關閉，鑄銳（管）鑰（籥）。不可取婦＝（婦，婦）善【1827】

原整理者認為：「《月令》：『孟冬之月……壞城郭，戒門閭，脩鍵閉，慎管籥』。」（頁222）此可與「塞故缺」、「修關閉」、「鑄管鑰」相對應，故本簡所述極可能為冬季之事。而以「音樂」判斷季節者為：

> ……可禱祠。入之＝（之之）日，奏應鍾。天戴圍。天不陰雨，主人不吉。雛（鶡）鳴帛贊（智？）。民人入室，執（蟄）虫（蟲）求穴。可築。不可【1788】……

《呂氏春秋·孟冬紀》：「律中應鐘。」（頁216）「應鐘」為孟冬之樂，故此則應為冬季之事。而「民人入室，執（蟄）虫（蟲）求穴」，也與冬天寒冷，故人、獸少外出之習性有關。

> ……□韭生，蒼案（燕）夕鳴，可以遠徙。不盡三日，奏黃鐘。天立方。雛（鶡）鳴畢筆【1779】……

《呂氏春秋·仲冬紀》：「律中黃鐘。」（頁238）「黃鐘」為仲冬之樂，故此則應為冬季之事。

> ……必有廢〈法〉社禝（稷）。不盡二日，奏大呂【1780】……

《呂氏春秋·季冬紀》：「律中大呂。」（頁258）「大呂」為季冬之樂，故此則應為冬季之事。殘簡部分由於殘缺頗甚，故編聯困難，但部分內容可與傳世文獻參照，但仍難以明確所述時間。又殘簡數量眾多，為求閱讀方便，此處暫不列出。

二、簡文語譯

（一）節氣理論

・日冬至恒以子午 ∟ [121]，夏至恒以卯酉。[122]二繩四句（鉤），分此有道。[123]
【1725】……百午（八十）三日一至，三百圶（六十）六日再至（一）。十二日
一時，六日一節。【1726】

語譯：冬至日常為子日或午日，夏至日常為卯日或酉日。以東北、東南、西北、
西南四方分別此運行之道理。……一百八十三日為一冬至（夏至），三百六十六
日再一夏至（冬至）。十二日為一時，六日為一節。

（二）三十時

【・一時，十】[124]二日，大寒始□。日冬至，麋解，巢生。[125]天地（二）重閉，
地小乎（墟）[126]，不可【1727】……

語譯：第一時，至十二日，大寒開始□，為冬至，麋鹿解角，鵲鳥開始築巢。天
地重新閉合，地氣稍微洩漏，不可以……

---

[121] 本篇簡文的句讀符號，原整理者皆未標出。拙文核對原簡，標示句讀符號，以利後續研究。

[122] 原整理者認為：「《淮南子・天文》：『日冬至，子午；夏至，卯酉。冬至加三日，則夏至之日
也。歲遷六日，終而復始。』」（頁 219）這是說明一年的冬至常在子日或午日，夏至常在卯日
或酉日，從冬至到夏至則遷徙三日，從夏至到隔年冬至則遷徙三日，故每年的冬至或夏至會
遷徙六日。

[123] 原整理者認為：「《淮南子・天文》：『故曰：子午、卯酉爲二繩，丑寅、辰巳、未申、戌亥爲
四鉤。……日冬至則斗北中繩……日夏至則斗南中繩……』」（頁 219）李零認為：「『□□』、
『霜氣』以卯酉分（日月均、陰陽半），『夏至』、『冬至』以子午分（日最長或夜最長，陰起
或陽起）是爲『二繩』；『作春』與『冬沒』、『始下』與『春沒』、『作秋』與『夏沒』、『始寒』
與『秋沒』夾四隅，是謂『四鉤』。」（頁 315-326）《淮南子》所云「二繩四勾」是說明測量
經緯度的方法，以子午線為經線，卯酉線為赤道，如此則丑寅為東北方，辰巳為東南方，未
申為西南方，戌亥為西北方。可以此計算緯度高度和經度的大小。冬至之日，北斗七星的斗
柄便指向天球的北天極，夏至之日，北斗七星的斗柄則指向天球的南天極。而此十二方位即
代表一年的十二月分。

[124] 原整理者認為：「冬至如在冬季之中（即冬季之第四時），即應屬下半年之第十五時。如屬第
一時，『……二日』句可能爲此條第一句，原作『・□□一時十二日』（假定此簡『麋』字上
組痕爲第一道編繩痕跡）；如屬第十五時。此句當非首句，而爲『入之二日』或『不盡二日』
的殘文。」（頁 219）原整理者所慮不無道理，不過本篇以四時四十八日為春季之始，而春秋
有八時，夏冬有七時，依此後推則冬至當為一時十二日無誤。且簡文「不盡某日」、「入之某
日」後多接十二律，如簡 1779：「不盡三日，奏黃鐘」、簡 1780：「不禁二日，奏大呂」、簡
1785：「入之三日，奏蕤賓」，且簡 1739、1740：「日夏至……蟬鳴。日未至，蟬鳴，旱；日已
至，不鳴，水。入之一日，奏夷則」，便是在日夏至之後才敘述「入之某日」（此二簡中間雖
有殘斷，但據文意及簡文形制，原整理者編聯可信），可知以本簡所述冬至為一時十二日極為
合理。

[125] 原整理者認為：「《月令》：『仲冬之月……日短至，芸始生，荔挺出，蚯蚓結，麋角解。』《淮
南子・天文》：『日冬至……麋角解，鵲始巢。』簡文『麋解』即麋角解之義。」（頁 219）

[126] 原整理者認為：「《月令》：『仲冬之月……地始坼。』簡文『乎』當讀爲『墟』（一七七八號簡
作『虖』），《說文》：『墟，坼也。』」此說可從。「坼」字為裂開之義，《詩經・大雅・生民》：
「不坼不副，無菑無害。」（頁 1139）孔《疏》：「坼、堛，皆裂也。」本簡「地小乎（墟）」
呼應簡 1778：「地大虖（墟）」，是說明冬至過後，地氣稍微宣洩。

【・二時，廿】四日，大寒之隆，剛氣（三）也。不可爲（四）【1728】……
語譯：第二時，至二十四日，大寒正強，為剛氣，不可以……

【・三時，卅六日】……冬沒[127]【氣】，此欲【1729】……【不】可嗇夫，多罪，不可用。下六：生。可以嫁女，取婦，築室，當（嘗）蓄采（菜），薊（劋）麻，取稾（稿）（五）【1821】
語譯：第三時，至三十六日……為冬沒，這是……不可以當地方的小長官，多罪責，不獲用。後六日：生。可以嫁女、娶婦、建築房室，食用收成後儲蓄的疏菜，準備種麻，割取禾桿……

【・四時】卅八日，作春始解。可使人旁國（六）【1730】……
語譯：第四時，至四十八日，春季開始，陽氣開始解凍，可以使人輔佐治國……

・五時，卒（六十）[128]日，少夏起[129]，生氣【也】【1731】……
語譯：第五時，至六十日，稍微變化，為生氣……

【・六時，卒（七十）二日】[130]……
語譯：第六時，至七十二日……

【・七時，卒（八十）】四日，華實，生氣也。以戰，客敗（七）。可㠯（為）百丈千丈[131]，適人之地□【1732】……
語譯：第七時，至八十四日，開花結實，為生氣。興兵攻打他人則敗。可以築百丈千丈的城池，前往他人之地……

【・八時，卒（九十）六日】[132]……□日夜鈞。[133]以戰，客勝。攻███，取之，必長有之。以遇旁國，相見[134]【1755】……

---

127 原整理者認為：「《詩經・小雅・漸漸之石》毛《傳》：『沒，盡也。』冬沒猶言冬盡，下文『春沒』『夏沒』『秋沒』與此同例。」（頁220）「冬沒氣」應為「冬沒」，「氣」字為書手誤增。

128 本篇積時積日之數字皆無合文符號，但因書手在書寫數字時，仍將兩字上下緊密貼合，故本文皆以合文視之。

129 原整理者認為：「此字疑是『變』之簡體。」（頁220）此字字形雖無疑問，但釋讀不明，詞義也無法與傳世文獻對照，存疑待考。

130 為方便參照，故本文於殘缺處自行增補簡文所缺之積時積日，而本篇所載積時積日皆各自以另簡書寫，並不相接，故所補文字不影響簡序排列。

131 原整理者認為：「『百丈千丈』指城，看一七三八、一七四四號等簡。」（頁220）此說可從。本篇書手於各詞彙多有簡省現象，如「可以為」作「可為」、「以為」等。

132 此積時積日為本文所補。

133 原整理者認為：「春分及秋分之時，日夜等長。此處之『日夜鈞』所指爲春分抑秋分不能斷定。」（頁220。）據本篇「以戰，客敗」、「以戰，客勝」所歸納之規律，加上秋分所推斷的積時積日八時九十二日為簡1744，故將簡文置於此，為春分。

134 原整理者認為：「此殘簡由二段拚成，但斷處不十分密合，拚合可能有誤。」（頁220）所謂殘

語譯：第八時，至九十六日……日夜時間相等。興兵攻打他人則勝。攻打他人，若取得，則必長久占領。可以遇見輔佐治國之人，相見……

【‧九時】百八日，□□，生氣也。以戰，客敗。不可【1733】……
語譯：第九時，至一百零八日，□□，為生氣。興兵攻打他人則敗，不可以……

‧十時，百廿日，中生＝（生，生）氣也。以戰，客敗。可以臼（為）百丈千丈。可以築宮室牆（墻）垣、門。可以臼（為）嗇【夫】[135]【1734】……
語譯：第十時，至一百二十日，中生，為生氣。興兵攻打他人則敗。可以築百丈千丈的城池、宮室、城牆、門。可以為地方的小長官。

【‧十一時，百卅二】日，春沒。上六：刑。[136]以戰，客勝。下六：生。以戰，客敗。不可以舉事＝（事，事）成而身廢。吏以免者不復置。春沒之時也，可嫁【1735】【女】[137]……
語譯：第十一時，至一百三十二日，春沒。前六日：刑。興兵攻打他人則勝。後六日：生。興兵攻打他人則敗。不可以做大事，事情完成則身有危險。被免職的官吏不會再獲任用。春沒的時候可以嫁女……

【‧十】二時，百卌四日，始夏，生氣也。【1736】……
語譯：第十二時，至一百四十四日，夏季開始，為生氣。

【‧十三時，百】卒（五十）六日，漬，柔氣也。以戰，客敗【1737】……也。日夏至，地成。[138]不可漬溝漆（洫）波（陂）池。[139]不可以臼（為）百丈千丈城，必弗有

斷處為「攻軍」之下，但「軍」字作 ![字形] ，字形筆畫非常奇怪，綴合可能有誤，存疑待考。

[135] 原整理者認為：「『嗇夫』，本篇屢見，是古代對部分官長的通稱，縣、鄉之長以及很多地位較低的官府機構的負責人都可稱嗇夫。」（頁220）「嗇夫」即縣長、鄉長一類職位。《漢書‧百官公卿表上》：「十里一亭，亭有長。十亭一鄉，鄉有三老、有秩、嗇夫、游徼。三老掌教化。嗇夫職聽訟，收賦稅。游徼徼循禁賊盜。」（頁742）《漢書》所載，是理想中的職權分工，事實上三老、有秩、嗇夫、游徼之功能常常相混，故史傳中常見嗇夫以仁德教化、安撫百姓之事，如《漢書‧循吏列傳》：「（朱邑）少時為舒桐鄉嗇夫，廉平不苛，以愛利為行，未嘗笞辱人，存問耆老孤寡，遇之有恩，所部吏民愛敬焉。」（頁3635）《後漢書‧楊李翟應霍爰徐列傳》：「（爰延）以為鄉嗇夫，仁化大行，人但聞嗇夫，不知郡縣。」（頁1618）

[136] 原整理者認為：「『刑』與下文『下六：生』之『生』相對。『生』指生氣佔優勢，『刑』指殺氣占優勢。」（頁220）「刑」可能即《曹氏陰陽》中常見之「刑」，指陰，即「殺」，該篇以屬陰之物為刑，不傷人則為小刑，並認為：「刑，為人之所惡者」。

[137] 「女」字據此簡文意所補，「嫁女」多見於本篇。

[138] 原整理者認為：「《易緯通卦驗》：『夏日至，成地理。』」（頁220。）楊安補充：「《後漢書‧禮儀志》劉昭《注》引《樂葉圖徵》：『八能之士常以日冬至成天文，日夏至成地理。作陰樂以成天文，作陽樂以成地理。』」（頁264）兩說皆可從。「地理」即《禮記‧禮器》：「禮也者，合於天時，設於地財，順於鬼神，合於人心，理萬物者也。是故天時有生也，地理有宜也，人官有能也，物曲有利也。」（頁3095）「地理」就是「地生物之理」。春夏二季地生養萬物，到夏至之後，天地之氣逐漸收斂，農作種植亦邁向收成，故不宜再行耕作。成地理，就是夏至之時，已達成地生物之事。

[139] 原整理者認為：「『溝漆』當讀為『溝洫』，『漆』『洫』古音相近。」（頁220。）楊安認為：「本

也。不可築宮室，有憂。得【1738】【人之一里，賞（償）以十】里。得人之將，賞（償）以長子。[140]兵入人之地者，其將必有死亡之罪。殺人有報。[141]閩（蚊）䖟（虻）不食駒犢，螽䖝不𧉭（螫）[142]【1739】……蟬鳴。日未至，蟬鳴，旱；日已至，不鳴，水。[143]入之一日[144]，趣（奏）夷則[145]。天不陰雨【1740】……

語譯：第十三時，至一百五十六日，暢通，為柔順之氣。興兵攻打他人則敗……為夏至，地生養萬物之功已成。不可以通溝渠池塘。不可以築城，必不得守。不可以建築宮室，有憂患。得他人一里土地，則失去十里土地為賠償。得人之將領，則失去長子為賠償。率兵入他人之地，將領必有死亡的罪責。殺人，則有報應。蚊蟲不叮幼小的馬牛，蜂蠍不螫……蟬鳴。夏至未到而蟬鳴，有旱災。夏至已到而無蟬鳴，有水災。此時之第二日，演奏夷則。天不下陰雨……

【·十四時，百卒（六十）八日】[146]……

句中似可一斷，作『不可瀆溝洫、陂池。』《淮南子·脩務》有『夏瀆而冬陂』。『瀆』、『陂』具爲動詞，『瀆』有疏通意，……『陂』訓『蓄水』意，《國語·周語下》：『陂塘汙庳』韋昭《注》：『陂，畜水也。』」（頁264）陂為池塘湖泊之義。「陂池」一詞常見於傳世文獻，如《韓非子·亡徵》：「好宮室臺榭陂池，事車服器玩好。」（頁109）《呂氏春秋·仲春紀》：「無竭川澤，無漉陂池，無焚山林。」（頁36）《史記·司馬相如列傳》：「隤墻填塹，使山澤之民得至焉。實陂池而勿禁，虛宮觀而勿仞。」（頁3041）〈貨殖列傳〉：「大鼓鑄，規陂池，連車騎，游諸侯。」（頁3278）書證甚多，皆無作動詞用。故簡文溝洫與陂池應皆為水利設施，不需斷讀。

[140] 原整理者認為：「《尚書考靈曜》：『氣在季夏，其紀填星，是謂大靜。無（毋）立兵，立兵命曰犯命。奪人一畝，償以千里。殺人不當，償以長子。』（據《玉燭寶典》卷六引）用語與此相近。」（頁220）類似文句又見於馬王堆帛書《陰陽五行乙》：「此謂不明，四時以閉，君令不行，以此舉事，必敗毀亡，雖勝有殃，取人一畝，償以五里，殺人奴婢，償以嫡子。」參裘錫圭主編，湖南省博物館、復旦大學出土文獻與古文字研究中心編纂：《長沙馬王堆漢墓簡帛集成（伍）》，頁125。

[141] 「報」字，指報應，如《莊子·列禦寇》：「夫造物者之報人也，不報其人而報其人之天。」（頁1043）《淮南子·兵略》：「兵之所加者，必無道國也，故能戰勝而不報。」（頁519）「殺人有報」，指殺人將有報應。

[142] 原整理者認為：「《淮南子·天文》：『日夏至……䖟（蚊）䖕（虻）不食駒犢，鷙鳥不搏黃口。』簡文『閩』當讀爲『蚊』，二字古音相近。『䖝』上一字已殘，下半爲『虫』，上半右側爲『隹』，『隹』、『羍』形近，疑此字爲『螽』（蜂）之訛寫。」（頁220）楊安認為：「整理者因形近而讀『蜂』似可商榷。我們認爲，此字應從『隹』的聲讀爲『𧌫』，『隹』在章母微部，『𧌫』在曉母微部，兩字可通。《老子校釋·五十五章》：『毒虫不螫。』王弼《注》本作：『蜂蠆𧌫蛇不螫。』」（頁265）原整理者說法可從。此字作▨，而〈禁〉簡1704：「定夏大暑螽治」，「螽」作▨，兩字相近，可能訛誤。

[143] 原整理者認為：「《月令》：『仲夏之月……蟬始鳴。』《淮南子·天文》：『日夏至……蟬始鳴。』簡文『日未至』、『日已至』指夏至未到、夏至已到。簡文意謂：夏至之時應有蟬鳴的物候，如果夏至前蟬始鳴，或是夏至之後蟬仍不鳴，則將有災禍發生。《周書·時訓》：『夏至之日鹿角解，又五日蜩（《說文》：蜩，蟬也。）始鳴……鹿角不解，兵革不息。蜩不鳴，貴臣放逸。』」（頁220）

[144] 原整理者認為：「『入之一日』意謂進入此一『時』的第二日。進入此『時』的第一日稱爲『入之日』或『入之之日』，見下。」（頁220）

[145] 原整理者認為：「本篇有『奏黃鐘』、『奏大呂』等語（看一七七九號以下數簡），故知此處『趣』字當讀爲『奏』，二字古音相近。《月令》、《呂氏春秋·季夏紀·音律》、《淮南子·天文》等皆以十二律與四時相配，但其配置方法似皆與本篇不合。」（頁220）

[146] 此積時積日為本文所補。

語譯：第十四時，至一百六十八日……

【‧十五時，百午（八十）日】[147]……
語譯：第十五時，至一百八十日……

【‧一時，十二日】[148]……
語譯：第一時，至十二日（一百九十二日）……

【‧二時，】廿四日，乃生＝（生，生）氣也。以戰，客敗。得人之一里，賞（償）以十里。得人之 將 ，賞（償）以長 子 。[149]【1741】……
語譯：第二時，至二十四日（二百零四日），乃生，為生氣。興兵攻打他人則敗……得他人一里土地，則失去十里土地為賠償。得人之將領，則失去長子為賠償。

【‧三時，】卅六日，夏沒。上六：生。下六：刑。可 曰 （為）嗇夫【1742】……
語譯：第三時，至三十六日（二百一十六日），夏沒。前六日：生。後六日：刑。可以為地方的小長官。

【‧四】時，卅八日，涼風，殺氣也。[150]以戰，客勝。可始脩（修）田野溝。可始入人之地，不可亟＝刃＝（極刃，極刃）有央（殃）（八），壹得而三其央（殃）。利奮甲[151]於外。【可】[152]以嫁女【1743】……
語譯：第四時，至四十八日（二百二十八日），涼風，為殺氣。興兵攻打他人則勝。可以開始修築田野溝。可以開始率兵攻打他人，但不可以趕盡殺絕，趕盡殺絕則有災殃，雖然有功，但會有三倍的災殃。有利於振甲作戰。可以嫁女……

【‧五時，卒（六十）日】[153]……
語譯：第五時，至六十日（二百四十日）……

【‧六時，亖（七十）二日】[154]……
語譯：第六時，至七十二日（二百五十二日）……

---

147 此積時積日為本文所補。
148 此積時積日為本文所補。
149 簡文「將」、「子」兩字殘斷，故據此補 將 、 子 。
150 原整理者認為：「《月令》：『孟秋之月……涼風至。』」（頁220。）楊安認為：「『涼風』在古代八風系統中在西南坤位，主『殺氣』與『兵刑』。《禮記‧月令》：『涼風至。白露降。寒蟬鳴。鷹乃祭鳥。用始行戮。』」（頁266）涼風為殺氣，故後文為「以戰，客勝」。
151 「奮」字，為振作、奮發之義。《廣雅‧釋言》：「奮，振也。」（頁149）《詩經‧大雅‧常武》：「王奮厥武，如震如怒。」（頁1243）「奮厥武」即「奮武」，與「奮甲」相近，指興起兵事。「奮甲於外」，應指興兵攻打他人。
152 「可」字據此簡文意所補，「可以嫁女」多見於本篇。
153 此積時積日為本文所補。
154 此積時積日為本文所補。

【‧七時，卆（八十）四日】[155]……
語譯：第七時，至八十四日（二百六十四日）……

【‧八】時，卆（九十）六日，霜氣也，殺氣也。以戰，客勝。攻城=（城，城）不取，邑疫。可以回（圍）衆，絕道，遏人要塞。可以㠯（為）百丈千丈城，攻〈ㄥ〉[156]適（敵）人之地【1744】……
語譯：第八時，至九十六日（二百七十六日），霜氣，為殺氣。興兵攻打他人則勝。攻城則會失敗而無法取得，城邑會有瘟疫。可以包圍敵軍、斷絕道路、禁絕要塞。可以築百丈千丈的城池，攻打敵人的領土。

【‧九】時，百八日，秋亂，生氣也。【1745】……
語譯：第九時，至一百零八日（二百八十八日），秋氣變亂，為生氣。

【‧十時】百廿日【1746】……
語譯：第十時，至一百二十日（三百日）……

【‧十一時，百卅二日】[157]……秋沒。上六：生。以戰，客敗。可爲嗇夫，嫁女，取婦，禱祠。下六：刑。以戰，客勝。不盡三日（九），始雨霜。可莽（葬）貍（埋），分【1747】異（十）。可以攻。不可㠯（為）嗇夫，嫁女，取婦，禱祠。秋沒而不雨，草木贖（殰）。[158]【1748】
語譯：第十一時，至一百三十二日（三百一十二日）……秋沒。前六日：生。興兵攻打他人則敗。可以為地方的小長官，可以嫁女、娶婦、禱祠。後六日：刑。興兵攻打他人則勝。進入後六日不到三日，開始下霜。可以埋葬、分家。可以攻打他人。不可以為地方的小長官，不可以嫁女、娶婦、禱祠。秋天結束而不下雨，草木則會敗壞。

---

[155] 此積時積日為本文所補。

[156] 原整理者認為：「簡文『攻』字下原有句讀號。」（頁220）頗疑此句讀符號為訛寫，因簡1794：「可以用兵適人之地」，句意與「攻適人之地」相同，皆指可以興兵前往他人之地攻打。或疑「攻」字訛增，簡1732：「可以為百丈千丈，適人之地」，句式與本簡相近（若刪去攻字，則兩句完全相同）。在無明顯錯誤下，句讀符號訛誤的機會或許較高。

[157] 此積時積日為本文所補。

[158] 原整理者認為：「『贖』疑當讀爲『蘀』，二字古音相近。《詩經‧鄭風‧蘀兮》毛《傳》：『蘀，槁也。』又〈豳風‧七月〉毛《傳》：『蘀，落也。』一說『贖』當讀爲『殰』，敗也。」（頁220）楊安認為：「銀雀山漢簡本輯《四時令》篇有『毛蟲不贖（殰），繩（孕）婦不消汁，草木根本必美。』（簡1899）此句『贖』與簡文字形全同意義相近，應該就是一個字，亦應通『殰』，整理者謂『殰』訓『敗』，此不妥。《漢書‧匈奴傳上》：『匈奴孕重墮殰。』顏師古《注》：『殰，敗也。』但很明顯，此『敗』並非『枯敗』意，應是『胎敗』之義。《說文》：『殰，胎敗也。』疑此『殰』應有『不當落而落』之義。」（頁266）原整理者以「贖」爲「殰」之說可從。簡文「秋末而不雨，草木殰」，指秋末少雨，故草木枯黃落葉，屬自然現象，當非「不當落而落」的反常現象。

【‧十二時，百卌四日】¹⁵⁹……寒，剛氣也。以戰，客勝。用入人之地，勝。攻城＝（城，城）取。此冬首殺也。此吾審用重之時也。用重之道【1749】……始疏，用重不審，名曰先＝（先，先）道是以重先輕而後之＝¹⁶⁰（之之）時也。上【1750】……

語譯：第十二時，至一百四十四日（三百二十四日）……寒，為剛氣。興兵攻打他人則勝。用兵攻打他人之地則勝。攻城，則可以取城。這是冬季的首殺。是審察、使用重的時候，使用重的規則……開始疏緩，用重的道理而不審察，這是以先為主。先道是以重為先，以輕為後。上……

【‧十三】時，百臸（五十）六日，賊氣，殺氣【也】。以戰客勝。可以回（圍）眾，絕道，遏人要塞。燔適（敵）人，不報。此吾【1751】……

語譯：第十三時，至一百五十六日（三百三十六日），賊氣，為殺氣。興兵攻打他人則勝。可以包圍敵軍、斷絕道路、禁絕要塞、焚殺敵人，而不會有報應。此吾……

‧十四時，百臸（六十）八日，音（闇）¹⁶¹，閉氣也。民人居【1752】……

語譯：第十四時，至一百六十八日（三百四十八日），闇，為閉氣。人民居……

‧十五時，百卆（八十）【日】¹⁶²【1753】……

語譯：第十五時，至一百八十日（三百六十日）……

（三）殘簡

1.春

……□葵芥之時也。（十一）吏以免者不復置。不可動＝眾¹⁶³（動眾，動眾），五穀半收。【1768】……

語譯：此為種植葵菜、芥菜之時。被免職的官吏不會再獲任用。不可以勞動人民，勞動人民，則今年收成減半。

……命曰發臧（藏）。不可發令。靜眾，¹⁶⁴深垣牆（墻），歸老弱。用兵【1777】……

159 此積時積日為本文所補。
160 簡文「之」字後有重文符號，原整理者未標示，今改。
161 「闇」字為本文所釋，參後文論述。
162 原整理者認為：「此『十五時』屬上半年抑下半年不能定。」（頁220）此說可從，故簡文位置從原整理者，並於相對位置自行增補另一則十五時。
163 簡文「動眾」後有重文符號，原整理者未標示，今改。又「動眾」一詞，與前文所見「靜眾」相對，指勞動人民。
164 「靜」字，為使安靜、使寧靜之義。「靜眾」，指使百姓安靜、寧靜，即不要擾民，讓百姓於春季可以自行其農事，而非以興兵、起土功等非農耕之事要求百姓勞作，如此才符合春季應有之行為。

語譯：此時期為發藏。不可以發布命令。使人民安定、恬靜無為，加強城牆防備，使老弱有所歸屬。用兵⋯⋯

⋯⋯命曰發臧（藏）。地大虖（墟），[165]天地【1778】⋯⋯

語譯：此時期為發藏。地氣大量宣洩，天地⋯⋯

⋯⋯至，出蟄虫＝[166]（蟲，蟲）不能行，民多蟄病，輕【1802】【虫（蟲）】[167]⋯⋯

語譯：⋯⋯至，蟄伏的蟲類出現，若蟲不能行動，人民多有蟄居之病，行動能力低落，體積小的蟲⋯⋯

⋯⋯凍（凍）始澤（釋），不可注。出入，留不行。[168]【1804】⋯⋯

語譯：凍結的冰開始融解，不可以灌注水源。可以出入，不可停留。

⋯⋯不可發令。輕虫（蟲）始出。不可刁（為）嗇夫□【1808】⋯⋯

語譯：不可以發布命令。體積小的蟲類開始出現。不可以當地方的小長官。

⋯⋯利以出貨。桃李華。食榆莢（十二）。【1811】

語譯：⋯⋯利於出貨交易。桃樹、李樹開華。可以食用榆莢。

⋯⋯□∟ 。不可築宮室，有憂。利瀆溝漆（洫）沒〈陂〉池。李木葉成。不可伐木。[169]雛（鵪）鳴。木華□【1810】⋯⋯

語譯：⋯⋯不可以建築宮室，否則有憂患。利於瀆通溝渠池塘。李木葉子長成。不可以伐木。鵪鶉鳴叫。木開花⋯⋯

2.夏

⋯⋯□取婦。不可引＝上＝[170]（引上，引上）死亡。當殺蒼芺、薺、亭磿（歷）之時也。（十三）以刁（為）嗇夫，眾人增（憎）之。用兵，擊後〈以〉與反（返）

---

[165] 「墟」字有「裂開」之義。「地大墟」，指地氣大量宣洩。可參簡 1727「地小墟」。

[166] 簡文「虫」字後有重文符號，原整理者未標示，今改。

[167] 簡文認為蟄蟲的生長狀況，會反映在人的健康上，若春天蟄蟲活動機能下降，人也會得到相應的「蟄病」。「蟄病」可能是使人蟄居之病，讓人無活動能力。而據簡 1808：「輕蟲始出」，疑本簡「輕」字後可能為「蟲」，如此則皆以蟲為論述中心。「輕蟲」，指體積較小的蟲。

[168] 「出入，留不行」，亦是呼應前文「不可注」，因為不可聚集，故人有所出入，但不停留。

[169] 原整理者認為：「孟春之月⋯⋯禁止伐木。」（頁 222）

[170] 簡文「引上」後有重文符號，原整理者未標示，今改。「引」字有「爭奪」之義，如《管子・五輔》：「上下交引而不和同。」（頁 192）《韓非子・說難》：「深計而不疑，引爭而不罪。」（頁 92）「引上」，指「爭先而上」，如《韓非子・外儲說左上》：「李悝與秦人戰，謂左和曰：『速上，右和已上矣。』又馳而至右和曰：『左和已上矣。』左右和曰：『上矣。』於是皆爭上。」（頁 288）《後漢書・西羌傳》：「羌既轉盛，而二千石、令、長多內郡人，並無守戰意，皆爭上徙郡縣以避寇難。」（頁 2887）「不可引上」，應指「不可爭奪」。原因可能與夏季有關，《黃帝內經・素問・脈解》：「所謂強上引背者，陽氣大上而爭故強上也。」（頁 370）夏季陽氣喧騰而上，故人不可有爭奪之心，否則陽氣過盛，於人有害。

入。（十四）【1769】……

語譯：……娶婦。不可以爭奪，否則死亡。此為蒼芙（蒼朮）、薺、亭歷（狗薺）收成的時期。當地方的小長官，會受人憎恨。若用兵，攻擊後方與返入陣地的軍隊……

……【不】盡一日，奏中（仲）呂[171]。大浩（鵠）至。天不陰雨，民多□【1783】……

語譯：……不到一日，演奏仲呂。大鵠來到。天陰不下雨，人民多……

……□□□冠帶劍。可以徙，嫁女，禱【1784】祠 ∟ 。入之三日，奏蕤賓[172]。天不陰雨，不吉。利有入也。麥秋苗生。[173]【1785】

語譯：……戴冠配劍。可以遷徙、嫁女、禱祠。進入此時的第四日，彈奏蕤賓。天陰不下雨，不吉利。利於納財入貨。秋季所種之麥已生苗。

……□之。可以嫁女。不可取婦=（婦，婦）蚤（早）操令[174]。下六：可曰（為）宮室，嫁女，取婦，禱祠，入六畜。入之三日，奏林鐘[175]。天必【1786】……

語譯：……之。可以嫁女。不可以娶婦，所娶之婦早操令。後六日：可以建築宮室、嫁女、娶婦、禱祠、購入畜牲。此時節的第三日，演奏林鐘。天必……

……□ ∟ 。下六：莞華 ∟ 。穜（種）稻 ∟ 。（十五）可嫁女，取婦。不盡【□日】【1796】……

語譯：……後六日：莞草開花。種植稻米。可以嫁女、娶婦。不到某日……

……秋草產始。麥芃華。（十六）發令不行。【1813】

語譯：……秋天的草開始生長。麥與秦芃開花。發布命令會失敗。

……利爲事成勝此力也。可築宮室，當（嘗）麥□【1814】……

語譯：……利於做事，若成功則是仰仗此力。可以建築宮室，嘗此時期收成的麥……

……□當（嘗）□麥□【1815】……

語譯：……嘗此時期收成的麥……

---

171 《呂氏春秋·孟夏紀》：「律中仲呂。」（頁 83）「仲呂」為孟夏之樂，此則可能為夏季之事。

172 《呂氏春秋·仲夏紀》：「律中蕤賓。」（頁 103）「蕤賓」為仲夏之樂，此則可能為夏季之事。

173 原整理者認為：「1784 號簡末一字爲『禱』，1785 號簡首一字爲『祠』，二簡據文義繫聯。但一八四號簡簡末一字亦爲『禱』，現在的繫聯方法不一定正確。」（頁 221）由簡文「可以徙」，可推測簡文應為秋季之事，能對應後文「麥秋苗生」的時間，故現行的編聯順序可從。

174 「蚤（早）操令」，指若在此節（六日）取婦，則婦女會有「蚤（早）操令」這一缺點。但確實的意思則未明。

175 《呂氏春秋·季夏紀》：「律中林鐘。」（頁 129）「林鐘」為季夏之樂，故此則很可能為夏季之事。

......□¹⁷⁶鳥不執（鷙）¹⁷⁷∟　　。木菫（槿）華¹⁷⁸∟　　。雛雞鳴¹⁷⁹【1816】......

語譯：鳥類還成熟，故不凶猛。木槿開花。雛雉鳴叫......

......至。穜（種）薗冬葵。瓠以堅苞。（十七）【1819】

語譯：......至。種植冬葵。瓠瓜已經結實飽滿。

3.秋

......□始□，韭以生【1805】......

語譯：......開始，韭菜已經生長......

......□¹⁸⁰，侯（候）燕始下。¹⁸¹可以鼓舞。天不陰雨【1797】......

語譯：......候燕開始南下過冬。可以行鼓舞之事。天陰不下雨......

......鳴。可弖（為）美事。入之【＝】¹⁸²（之之）日，奏毋（無）射。大【1787】......

語譯：......鳴叫。可以做好事。此時節的第一日，演奏無射。......

......以入蟄虫（蟲）。天不西風，蟄虫（蟲）不入，民【1800】......

語譯：......蟄蟲已入居穴。若無西風，蟲類無法入穴蟄伏，民......

......天不西風，虫（蟲）不臧（藏），不吉【1801】......

語譯：若無西風，蟲類無法入穴蟄伏，不吉利......

---

176 原整理者認為：「此字疑是『遂』字。」（頁222）此字作 ，實難判斷為「遂」，故隸為□，存疑待考。

177 「鷙」字，指鳥類凶猛、凶狠。《說文‧鳥部》：「鷙，擊殺鳥也。从鳥。从執。」（頁156）《玉篇‧鳥部》：「鷙，猛鳥也。」《楚辭‧離騷》：「鷙鳥之不羣兮，自前世而固然。」王《注》：「鷙，執也。謂能執伏眾鳥，鷹、鵰之類也。」《史記‧越王勾踐世家》：「且鷙鳥之擊也，必匿其形。」（頁1743。）簡文「□鳥不鷙」，指某種鳥類不會變得凶猛，即尚未成熟之義，如《淮南子‧主術》：「鷹隼未摰，羅網不得張於谿谷。」（頁308）與《呂氏春秋‧六月紀》：「行冬令，則寒氣不時，鷹隼早鷙。」（頁133）意思正相反。簡文是陳述正常情況下，鳥類因尚未成熟，故不會變得凶猛；而〈六月紀〉則指若在六月施行冬季的政令，則鷹隼會提早成熟，變得凶猛。可見六月的鷹隼在正常情況下並不凶猛，還沒長成，與簡文所述類似。參〔宋〕洪興祖：《楚辭補注》（北京：中華書局，1983年3月），頁16。

178 原整理者認為：「《月令》：『仲夏之月......鹿角解，蟬始鳴，半夏生，木菫榮。』」（頁220。）

179 原整理者認為：「《爾雅‧釋鳥》：『雉之暮子爲鷚』，郭璞《注》：『晚生者。今呼少雞爲鷚』。《說文》作『雡』。」（頁222）

180 原整理者認為：「此字不清，似是『呂』字，疑爲『奏南呂』句之殘文。」（頁221）此字作：，簡1780：「奏大呂」，呂字作，兩字於下部口旁確實相似，但上半部則難以證明，故存疑待考。

181 原整理者認為：「《月令》：『仲春之月......玄鳥至』，鄭玄《注》：『玄鳥，燕也』。」（頁221）「下」字有離開、離去、往（尤其由西往東，由北往南）的意思，如《左傳‧襄公十六年》：「嬰守而下，會于溴梁。」（頁4258）杜《注》：「順河東行，故曰下。」簡文「侯（候）燕始下」即「玄鳥歸」，指候燕開始南返過冬之義，當為秋季。

182 簡文「之」與「日」間有部分留白，雖右部殘損，然可據簡1788：「入之＝日」補一重文符號。

……【爲】嗇夫，冠帶劍，嫁女。不可取婦=（婦，婦）【1792】不生，唯（雖）生无（無）子。入之七日，西風始下苣（葉）。艾（刈）德（得）禾。[183]不可入人民[184]、六畜。【1793】

語譯：……可以當地方的小長官、戴冠配劍、嫁女。不可以娶婦，因為所娶之婦可以生育，但不會有子。進入此時的第八日，西風開始吹拂，葉落，可以收割禾稻。不可以納奴隸、畜牲。

……遠去家，不復家。兵以入人之地[185]，必破敗。天西【風】【1799】……

語譯：……遠離家，無法歸家。用兵攻打他人之地，必定失敗。西風吹拂……

……【爲】嗇夫，嫁女（十八），取婦，當（嘗）麻叔（菽）（十九），菑【1820】……

語譯：……可以當地方的小長官、嫁女、娶婦，嘗此時期收成的麻與菽，種植

……□立廷。不可嫁女，取婦，禱祠。可以徙。草秋生者皆殺其末[186]，不【可】引=【1822】上=[187]（引上，引上），死亡。閒氣，六日不可有𠂤（為）也。‧[188]【1823】

語譯：……立廷。不可以嫁女、娶婦、禱祠。可以遷徙。秋天所生長的植物，皆收割其末端。不可以爭奪，否則死亡。間隙之氣，六天不可以做事。

4.冬

……□不可以先人。此天地重閉之【時也】【1758】……

語譯：……不可以先於他人。此天地重新閉合的時期……

……命曰始閉。【1776】

語譯：此時期為天地閉合之時……

---

[183] 「德」字可讀為「得」，兩字皆為端母職部，可以通假，如馬王堆帛書《六十四卦‧小畜》：「既雨既處，尚得載」，《周易》作「德」。又如上博簡《民之父母》簡 11 至 12：「屯得同明」，《禮記‧孔子閒居》作「純德」。「艾（刈）德（得）禾」，應指可以收成禾稻，

[184] 「入人民」，又見簡 1790。原整理者認為：「人民指奴隸。」（頁 221）簡文屢見「入人民」、「入六畜」，將人民與六畜並列，可見原整理者所說不誤。又如睡虎地秦簡《日書甲‧秦除》簡 14 貳：「可以入人」、簡 23 貳：「可以入人民、馬牛、禾粟」，也以「人」、「人民」為奴隸，且與牛馬糧食並舉。參武漢大學簡帛研究中心、湖北省博物館、湖北省文物考古研究所編，陳偉主編：《秦簡牘合集（壹）》，頁 361。

[185] 簡文「兵以入人之地」，可能作「以兵入人之地」。

[186] 原整理者認為：「《易緯通卦驗》：『寒露，霜小下，秋草死』，『秋草』與『草秋生者』疑非一事。」（頁 222）「草秋生者皆殺其末」，「殺」字於本篇有用為收成之義，此或指秋天所生之作物，先收割其末端，而保留莖桿，以待冬末春初之時整理農地所用，即簡 1821：「𠛱（剝）麻，取槀（稿）」所述。

[187] 簡文「引上」後有重文符號，原整理者未標示，今改。

[188] 此簡末端有一篇章符號，原整理者並未標示，本文增補之。

......可禱祠。入之＝[189]（之之）日，奏應鍾。天戴圜。天不陰雨，主人不吉。雊（鶉）鳴帛贄（智？）[190]。民人入室[191]，執（蟄）虫（蟲）求穴[192]。可築。不可【1788】......

語譯：......可以禱祠。進入此時之日，演奏應鍾。太陽已運動一周。天陰不下雨，對主人不吉利。雊（鶉）鳴帛贄（智？）。民人應進入房室，如同蟲類為了蟄伏開始尋找居穴。可以建築。不可以......

......□韭生，蒼案（燕）夕鳴，可以遠徙。（二十）不盡三日，奏黃鐘。天立方。雊（鶉）鳴畢筆[193]【1779】......

語譯：......韭菜已經生長，蒼燕於傍晚鳴叫，可以遷徙至遠方。不到三日，彈奏黃鐘。太陽的運動又重新開始。鶉鳴畢筆......

......必有廢〈法〉社褙（稷）[194]。不盡二日，奏大呂【1780】......

語譯：......必有廢棄社稷。不到二日，演奏大呂......

......□蓞（萃），鳴草＝木＝（草木。草木）不鳴者，枝苦（枯）。[195]蓞不盈者，死。漆成。雖（鵲）巢。[196]可以冠。不可嫁女。出大貨，不入。居軍，靜衆深畾（壘）。【1803】......

語譯：......草初生，草木發出聲響。若草木不發出聲響，表示枝幹即將枯萎。初生而不豐滿，表示植物即將死亡。漆樹長成。鵲鳥開始築巢。可以戴冠。不可以

---

189 簡文「之」字後有重文符號，原整理者未標示，今改。

190 原整理者認為：「『贄』疑是『智』（智）之偽寫，『帛贄』未詳。」（頁221）葉山認為：「似應與『織』相當。」葉山所說無據。若從原整理者釋為「智」字之偽寫，可能用訓作「知」，「鶉鳴帛知」即聽到鶉鳴就知道是白露（秋季）。但傳世文獻無徵，存之待考。參〔加拿大〕葉山著，劉樂賢譯：〈論銀雀山陰陽文獻的復原及其與道家黃老學派的關係〉，中國社會科學院簡帛研究中心編：《簡帛研究譯叢》，第二輯（湖南：湖南人民出版社，1998年），頁127。

191 原整理者認為：「《月令》：『季秋之月......乃命有司曰：「寒氣總至，民力不堪，其皆入室。」』」（頁221。）

192 原整理者認為：「《淮南子·天文》：『日冬至......萬物閉藏，蟄蟲首穴。』」（頁221）

193 「雊（鶉）鳴畢筆」可能與簡1788：「雊（鶉）鳴帛贄」相呼應，應該也是以動物的行為提示節氣將至，不過傳世文獻並無對應詞彙，待考。

194 「廢法社稷」不文，疑「法」字重出，廢、法二字古通。《管子·侈靡》：「利不可法，故民流；神不可法，故事之。」（頁725）郭沫若《集校》：「金文以『法』為『廢』字，此兩『法』字均當讀為廢。」銀雀山漢簡《起師》簡1171：「法邑移」，原整理者認為：「『法』疑當讀為『廢』二字古通。」（頁154）

195 「鳴」、「蓞」二字皆為草木生長之狀態，「鳴」為發出聲響之義，如《荀子·天論》：「星隊木鳴，國人皆恐。」（頁313）指草木發出聲響。但《荀子》以「木鳴」為異狀，簡文則以「木鳴」為判斷植物生長狀況之根據。又《漢書·五行志》：「厥風不搖木，旱無雲，傷禾」（頁1443）風不搖木，可能與簡文「木鳴」相同，皆指草木受風吹動發出聲響。「蓞」字從「萃」，可假為「萃」，有「草初生」之義。《廣雅·釋詁一》：「萃，出也。」王念孫《疏證》：「萃者，《廣韻》引《音譜》云：『萃，草子甲也。』《集韻》云：『草孚甲出也。』」（頁5）簡文「指草木若不振動（鳴），表示枝即將枯萎，若根芽無法初生（蓞），就表示這株植物即將死亡。」

196 原整理者認為：「《月令》：『季冬之月......鵲始巢。』《淮南子·天文》：『日冬至......鵲始巢。』」（頁221）

嫁女、出貴重物品。若出售貴重物品，不會有收入。若率軍，應使士兵恬靜無為，深化防備。

……□法令者有罪。可築武室，塞故缺，寇【1826】盜弗犯也。可鑄劍戟兵刃器，適（敵）人弗試也。可脩（修）外【□□】人弗入也。可脩（修）關閉，鑄銛（管）鑰（籥）。[197]不可取婦＝（婦，婦）善【1827】

語譯：……法令者有罪責。可以建築軍事設施，填補建築物已有的缺陷，盜賊不會來犯。可以鑄造兵刃，敵人不會來犯。可以修築外……人不會進入。可以修築關卡，鑄造關鑰。不可以娶婦，所娶之婦善於……

5.其它

……盛氣也。以戰，客敗。不可攻回（圍）。可ヲ（為）百丈千丈，冠帶劍，□【1754】……

語譯：……為盛氣。興兵攻打他人則敗。不可以攻打、包圍。可以築城、配冠帶劍……

……□[198]氣也。此吾審用重之時也。是以用重兵先輕後[199]，壹得而三其功。可攻回（圍）軍＝（軍，軍）取；不取，邑疫。可【1756】……

語譯：……為某氣。此為審察用重的時候。所以用兵先重後輕，一戰而得三倍功績。可以攻打、包圍敵軍，取得勝利。若無勝利，則城邑將有瘟疫，可……

……輕之時也。先小者有央（殃）。不可【以先人】[200]【1757】……

語譯：……這是……輕的時期。先為小者有災殃，不可以先於他人……

……不可以立。此朝開莫（暮）閉之時也。[201]始【1759】……

語譯：……不可以立。此為早上開啟晚上閉合的時期。始……

……此陽虫（蟲）賸〈勝〉陰虫（蟲）之時也[202]。是以近者疏，遠者親。此其虛

---

[197] 原整理者認為：「《月令》：『孟冬之月……壞城郭，戒門閭，脩鍵閉，慎管籥』。」（頁222）

[198] 原整理者認為：「『氣』上一殘字可能為『殺』字。」（頁220）該字作 ▓，筆畫難以辨識，故不從原整理者所說，改隸為□字。

[199] 原整理者認為：「此句『重』字疑本當在『兵』字下，誤倒在上。一說此句『後』字下脫『重』字。」（頁221）簡1750：「先道是以重先輕而後之＝（之之）時」與本簡所述相同，皆以重為先，以輕為後。用兵之輕重，當指戰爭時須注意的本末細節。簡文的用意在提醒為軍者先重後輕，才能一得而三其功，以收事半功倍之效。

[200] 簡1758：「不可以先人」，或與本簡「先小者有央（殃）」意思相近，故據此補為「不可【以先人】」。

[201] 「朝開莫（暮）閉」，應指陰陽之氣流動的狀況。可參照九店楚簡《占出入盜疾》簡220：「【朝】閤夕啟。」（頁52）睡虎地秦簡《日書乙·十二支占》簡157：「朝啟夕閉。」（頁549）

[202] 原整理者認為：「『賸』疑當讀為『乘』，二字古音相近。《淮南子·天文》：『冬日至則陽乘陰』。《周書·時訓》：『水泉不動，陰不承陽』，『承』似亦『乘』之借字。簡文『賸』讀『勝』亦通。」（頁221）原整理者提出兩種說法，然「賸」、「勝」二字僅右下所從偏旁不同，亦有可能因書手訛寫所致。是「賸」字可讀為「乘」，為勝過之義，也有可能直接讀作「勝」。而既

中實外之時。遺官者【1760】……

語譯：……這是陽蟲勝過陰蟲的時期。所以親近者會疏遠，疏遠者會親近。這是內在空虛，外在堅實的時期。遺官者……

……英華。祠者毋以牝。以此引上。[203]所去者送之，所適者迎之。此陰陽相求之時也。約大【1761】……

語譯：……英開花。不要以雌性畜牲祭禱。可以爭奪。送往迎來。這是陰陽互相追求的時期。約大……（此則應為春季之事）

……□散。此陰陽述之時也[204]。不可嫁女，取婦。不可【1762】……

語譯：……散。這是陰陽互相通達的時期。不可以嫁女、娶婦。不可以……

……□之時也。陰陽爭風[205]。不可興衆，不可爲百丈千丈城，大將有央（殃）。下六：【1763】……

語譯：……的時期。陰陽相爭。不可以聚集群眾，不可以築百丈千丈的城池，否則大將有災殃。後六日……（此則應為夏季之事）

……天地不相愛之時也。可以取【1764】【婦】[206]……

語譯：……這是天地不相親愛的時期。可以取婦……

……勝。以入人之地，勝；不亟去，後者且及[207]。吏以辟（避）舍[208]，不復。當斷上生下之時也。不可嫁女【1765】……

語譯：……勝利。用兵攻打他人之地，可勝。但不盡快離去，會被人追趕上。為官者離開居所，則無法復職。這是斷上生下的時期。不可以嫁女……

然「膡」與「勝」音近可通，偏旁寫法亦大抵相同，故為訛寫的可能性極高。

203 原整理者認為：「《月令》：『孟春之月……天地和同，草木萌動……犧牲毋用牝。』」（頁221）

204 原整理者認為：「『述』疑當讀爲『遂』，二字古通。《易緯乾鑿度》謂正月之時『天地交而萬物通』。『遂』字古訓『通』，訓『達』。『陰陽遂』似與『天地交而萬物通』義近。」（頁221）

205 原整理者認為：「《月令》『仲夏之月……日長至，陰陽爭。』」（頁221）「爭風」一詞，先秦兩漢典籍未見，始見於梁‧蕭子顯〈春別〉：「爭風競日常聞響」，然此「爭風」為名詞，簡文則作動詞使用。頗疑「爭風」指陰陽二氣相互競爭之義。又《淮南子‧時則》：「（仲冬之月）是月也，日短至，陰陽爭」（頁182），亦以冬至為陰陽相爭之日，故本簡所指時節可能為夏至、冬至，並非原整理者所說之夏至。參逯欽立輯校：《先秦漢魏晉南北朝詩》（北京：中華書局，1983年），頁1820。

206 「取」字後可能為「婦」字。「取婦」多見於本篇。

207 「亟」，為疾、趕快之義。《爾雅‧釋詁下》：「亟，疾也。」（頁5593）邢《疏》：「皆為急疾也。」《詩經‧豳風‧七月》：「急其乘屋，其始播百穀。」（頁835）鄭《箋》：「亟，急。」《戰國策‧齊策三》：「可以今楚王亟入下東國。」高《注》：「亟，速也。」簡文「不亟去，後者且及」，指戰勝敵人後，若不盡快離去，恐為敵人所追及。參諸祖耿編撰：《戰國策集注匯考》（南京：鳳凰出版社，2008年），頁556。

208 「辟（避）舍」，即離開居所，如《韓非子‧外儲說右上》：「於是太子乃還走，避舍露宿三日，北面再拜請死罪。」（頁325）或如《呂氏春秋‧季冬紀‧介立》：「文公聞之曰：『譆！此必介子推也。』避舍變服，令士庶人曰：『有能得介子推者，爵上卿，田百萬。』」（頁264）

……莠之時也。兵入人之地，戰，勝，大將傷〈傷〉壽德[209]。【1766】……

語譯：……莠（雜草）的時期。興兵攻打他人之地，可以戰勝，但大將損失壽命、德性。

……貸〈貸〉藩草之時也[210]，出者毌【1767】……

語譯：……這是出借糧草的時期，出借的人不要……

……時也。不可引（為）百丈千丈、宮室。不可用入人之地，必破敗，大將有央（殃）。天始需黽（黽）[211]【1771】……

語譯：……時期。不可以築百丈千丈的城池、宮室。不可以興兵攻打他人之地，必失敗，大將有災殃。天始需黽……

……時也。以戰，客敗。用入人之地，至秋三月必破，上長[212]有央（殃），不死必亡。以【1772】……

語譯：……時期。興兵攻打他人則敗。用兵攻打他人之地，到秋季三月必定攻破，上位者長輩有災殃，不死必亡。以……

……之時也。爲者必有死亡之罪。□[213]【1773】……

語譯：……時期。做某事者必有死亡的罪責……

……此時是 ∟ ，戰而勝者少□【1774】……

語譯：……此時是，戰爭而勝利的人稀少……

……□[214]无（無）人焉，不可引上，命曰不復。此【1775】……

語譯：……無人，不可以爭奪，稱作「不復」，這是………

……者不臍[215]。不可入井㢝。虖（呼）而不得吸。不盡□[216]日，昔＝（鵲鵲）[217]

---

[209] 「傷」字作 ，與 （簡1837）頗為接近，可能為書手訛寫。簡文「大將傷〈傷〉壽德」，指戰事雖然得勝，但領軍之大將則會損失壽命、德性。

[210] 「貸」字作 ，原整理者隸為「貸」。「貸」指給予、施予。《說文‧貝部》：「貸，施也。」（頁282）段《注》：「謂我施人曰貸。」如《左傳‧文公十六年》：「宋公子鮑禮於國人，宋饑，竭其粟而貸之。」（頁4033）簡文「貸〈貸〉藩草之時也」，可能指此時是給予他人藩草的時候。後文「出者」，可能就是指貸藩草之人。

[211] 原整理者認為：「『黽』疑即『黽』（蛙）字，此處用爲何義不詳。」（頁221）

[212] 「上長」，指上位者及長輩。

[213] 原整理者認為：「此殘簡由二段拚成，但斷處不十分密合，拚合可能有誤。」（頁221）

[214] 簡文殘字作 ，其下從月，或為「有」字。

[215] 「臍」字，因簡文殘缺，且本篇沒有其它對照字，故未知其義。

[216] 原整理者認為：「此殘文當是『七』或『一』字。」（頁221）

[217] 簡文「昔」字後有重文符號，原整理者未標示，今改。「昔」應假為「鵲」字，「昔＝（鵲鵲）始鳴」，指鵲鳥開始鳴叫。但如此讀法，則鵲字重出，故此處重文符號可能為書手訛增。

始鳴。【1789】

語譯：……的人不屑。不可以進入深井或地窖，會窒息。不到某日，鵲鳥開始鳴叫……（此則應為春季之事）

……【以】戰，客勝。殺人不報。可弓（為）嗇夫，嫁女。不可取婦＝（婦，婦）蚤（早）操令。不可冠帶劍，入人民。不可出貨。入之三日，精列【1790】【登堂】²¹⁸……

語譯：……興兵攻打他人則勝，殺人不會有報應。可以當地方的小官長、嫁女。不可以娶婦，所娶之婦「早」操令。不可以戴冠配劍，購入奴隸。不可以出貨。此時節的第四日，蟋蟀進入廳堂……

……□禱祠。入之三日，霜雺（露）下。不下，□²¹⁹【1791】……

語譯：……禱祠。此時節的第四日，下霜露。不下……（此則應為秋季之事）

……【入】之六日，雨霜。可以用兵適（敵）人之地【1794】……

語譯：……此時節的第七日，下霜，可以用兵攻打敵人之地……（此則應為秋季之事）

□二□□凡□□□英。不盡二日，地力盡，下枯。葬（葬）【1795】【貍（埋）】²²⁰……

語譯：……不到二日，地生養萬物的能力已竭盡，枯萎。埋葬……

……□天不陰雨，民【1798】……

……□弓（為）道粱（梁）。黔首出室，蟄虫（蟲）【1806】……

語譯：……建築道路橋梁。百姓離開房室，蟄伏的蟲……（此則應為春季之事）

……華。蛇出【1807】……

……貍（埋）白骨²²¹□ ∟ 。農夫出。²²²可為²²³【1809】……

語譯：……埋白骨，農夫出。可以……（此則應為春季之事）

---

²¹⁸ 據簡 1782：「精列登堂」，此處或可補「登堂」二字。

²¹⁹ 原整理者認為：「《周書・時訓》：『立秋之日涼風至，又五日白露降……白露不降，民多邪病。』」（頁 221）

²²⁰ 原整理者認為：「此殘簡簡首為一重文號，所重之字已不可知。」（頁 221）原整理者說可從，但原整理者未標示重文符號，今改。又簡文後有「葬（葬）」字，或可據本篇補為「葬（葬）貍（埋）」。

²²¹ 《呂氏春秋・孟春紀》：「掩骼霾髊」（頁 11）高注：「掩霾者，覆藏之也，順木德而尚仁恩也。」簡文雖有殘損，然「埋白骨」同於「掩骼霾髊」，故此則很可能為春季之事。

²²² 原整理者認為：「《月令》：『孟春之月……王命布農事……掩骼埋胔。』」（頁 222）

²²³ 簡「可」字下有一橫筆作 ，筆畫雖殘，疑為本文常見的「為」字省略寫法。

......□□榆莢。吏以免者不復置，小陰雨【1812】......

語譯：......榆莢。被免職的官吏無法再獲任用，稍有陰雨......

......□桎梏。[224]青草戴露【1817】......

語譯：......桎梏。青草有露......（此則應為春季之事）

......勝此力也。不可攻回（圍）。叔（菽）華[225]。可㠯（為）嗇夫。【吏】[226]以免者□□【1818】......

語譯：......勝此力也。不可以攻打包圍的敵軍。菽開花。可以當地方的小官長，被免職的官吏......（此則應為秋季之事）

......內生而外潰，若葉生復根□[227]【1824】......

語譯：......內在生長外在敗壞，而葉片生長，根部復活......

......之徒以薙牙。可以㠯（為）門，入益。絕氣中絕，帛洛（白露）、霜氣[228]【1825】

語譯：......之徒以薙牙。可以築門，利於納財。絕氣、中絕、白露、霜氣等節氣

......可發梁（梁）通水，不可雍（壅）名川[229]【1828】......

語譯：......可以築橋、疏通水流，不可以壅塞山川......

......不可殺畜生。可以先人[230]【1829】......

語譯：......不可以殺畜牲，可以先於他人......

......□□可以遇旁國[231]，不辱。可【1830】......

---

[224] 原整理者認為：「《月令》：『仲春之月......命有司省囹圄，去桎梏』，『孟秋之月......命有司脩法制，繕囹圄，具桎梏。』」（頁222）仲春、孟秋皆有類似文字，然後文「青草戴露」，似與秋季草枯葉黃的形象不符，頗疑此簡所述時間為春季。

[225] 古代菽的種類極多，雖可知種於春夏，收成於秋季，而其開花季節，可能為春、夏二季之一。

[226] 「吏以免者」又見簡1735、1768、1812，此簡「吏」字可能為書手漏抄。

[227] 原整理者認為：「此字已殘，據下文文義似當是『內』字。」（頁222）此說可從。根下有殘筆，當隸為□。簡文「內生而外潰」，當指某物內生外敗，如同植物。

[228] 原整理者認為：「『絕氣中絕』之義不詳。《管子·幼官》：『夏行春政，風；行冬政，落，重則雨雹；行秋政，水。十二，小郢，至德。十二，絕氣下，下爵賞。十二，中郢，賜與。十二，中絕，收聚。十二，大暑至，盡善。十二，中暑。十二，小暑終。』其所言『絕氣』、『中絕』，不知是否與此有關。」（頁222）又認為：「『帛洛』之義不詳，或疑當讀為『白露』。」（頁222）李零即認為此簡「絕氣」、「中絕」、「帛洛（白露）」、「霜氣」即節氣名稱。可從。但簡文節氣包括夏、秋二季，未能明確此簡所述時間。參李零：〈讀銀雀山漢簡《三十時》〉，李零：《中國方術續考》，頁309-311。

[229] 原整理者認為：「《月令》：『季春之月......修利隄防，道達溝瀆，開通道路。』」（頁222）

[230] 「人」字，據簡1758：「不可以先人」所補。

[231] 原整理者認為：「據文義，『旁』下一字當是『國』。」（頁222）此說可從。簡1730、1755、

語譯：……可以遇見輔佐治國的人，不會受辱。可以……

……【爲嗇】夫，嫁女，取婦，使人旁國【1831】……
語譯：……當地方的小官長、嫁女、娶婦、使人輔佐治國……

……其所得不如其所亡。下六：以徙，母死子生。以嫁子，□母死之。不可以出家〈＝〉霝∟。[232]不可出【1832】……
語譯：……其所獲得的，不如其所失去的。後六日：遷徙的話，母親死亡孩子存活。若嫁出孩子，□母死之。不可以離開家霝。不可離開……

……母死子沽[233]。不可……【1833】
語譯：……母親死亡，孩子孤苦。不可以……

……□者死。可以遠徙，巷人稱【1834】……
語譯：……的人會死亡。可以遷徙至遠方，鄰居……

……可迎時徙。以戰【1835】……
語譯：可以配合時節遷徙。興兵攻打他人……

……可以徙。徙陰之所生□【1836】……
語譯：……可以遷徙。徙陰之所生……

……【不可】[234]以嫁女，取婦，冠帶劍，入六畜。可以徙。臼（為）宮室，蓋室屋，環臼（為）之，无（無）傷也。卒歲【必有死亡之憂】[235]【1837】……
語譯：……嫁女、娶婦、戴冠配劍、購入六畜。可以遷徙。建築宮室，快速完成，不會有損傷。一年內有死亡的憂患……

……□必三遷，至春二月喜。可冠帶劍，嫁女，取婦，禱祠【1838】……
語譯：……必有三次遷徙，到春季二月有喜事。可以戴冠配劍、嫁女、娶婦、禱

1831 皆有「旁國」一詞。

[232] 簡文「家」字後有重文符號，然讀為「不可以出家，家霝」頗不成文，疑此處重文符號為誤衍。

[233] 沈祖春認為：「『沽』字當爲『活』。」楊安認為：「沈說與文意通順，但釋『活』之誤依然證據不足。《禮記‧檀弓上》：『杜橋之母之喪。宮中無相。以爲沽也。』孔《疏》：『沽，麤略也。』簡文不知是否和此有關。」（頁 272）簡 1832 有「母死子生」，若為同義，用詞應該相同，故此處當從楊安所說。「沽」即苦，為粗劣、簡略之義。《說文通訓定聲‧豫部》：「沽，叚借為苦。」（頁 418）參沈祖春：〈《銀雀山漢墓竹簡〔貳〕》校補〉，張德芳主編：《甘肅省第二屆簡牘學國際研討會論文集》（上海：上海古籍出版社，2011 年）頁 461-465。又見沈祖春：〈《銀雀山漢墓竹簡〔貳〕》校讀札記〉，《中國文字研究》，第 24 輯（上海：上海書店出版社，2016 年），頁 88。

[234] 後文有「可以徙」，故前述所列事項為「不可行」的可能性極大，今補【不可】二字。

[235] 「卒歲【必有死亡之憂】」據簡 1858：「卒歲必有死亡之憂」所補。

祠……

……爲嗇夫，嫁女，取婦，入人民、六畜。不可動[眾]，曷（暍）暑復[236]【1839】……

語譯：……當地方的小官長、嫁女、娶婦、購入奴隸、六畜。不可以勞動人民，炎熱的夏季……

……嫁女，取婦，立（爲）嗇夫，冠帶劍，入奴婢、六畜、賤【1840】……

語譯：……嫁女、娶婦、當地方的小官長、戴冠配劍、購入奴婢、六畜、賤……

……[可][237]塞禱，入貨。不可入守【1841】……

語譯：……可以祭禱還願，納財。不可以入守城池……

……利責久責（債）。不可爲□【1842】……

語譯：……利責久債。不可以……

……爲土功百丈千丈□【1843】……

語譯：……做土木工程、築百丈千丈的城池……

……【爲嗇】夫，多罪。[238]可築室，嫁女，取婦，禱【1844】【祠】……

語譯：……不可以當地方的小官長，會有罪責。可以築室、嫁女、娶婦、禱祠……

……可以爲宮室。可以（爲）嗇夫【1845】……

語譯：……可以建築宮室。可以當地方的小官長……

……可以（爲）嗇夫操令者，不可（爲）小嗇夫□【1846】……

語譯：……可以當地方小官長中發號司令者，不可以當地方小官長中的下屬……

……□重□不可（爲）【1847】……

……□之。可瀆溝漆（洫）。用兵，擊反（返）入與右與後。【1848】

語譯：……之。可以疏通溝渠。用兵攻擊返回陣地與右方、後方的敵軍。

---

[236] 原整理者認為：「疑此簡簡尾可能與上一八一九號簡簡首之文字相接，『曷（暍）暑後至』當爲一句讀。」（頁222）簡文「動」字後寫作■，與簡1768：「不可動=眾=」之「眾」作■，頗為類似，疑本句可補為「不可動[眾]」。「暑」後「復」字作■，原整理者以為「後」字，誤。「暍」字，《說文·日部》：「暍，傷暑也。」（頁309）為中暑之義，故又有炎熱之義，如《廣雅·釋詁三》：「暍，煗也。」（頁82）《集韻·曷韻》：「暍，熱也。」「曷（暍）暑」即非常炎熱的夏天。簡文「不可動[眾]，曷（暍）暑復」，可能指這時期不可勞動人民，否則炎熱的天氣又會再次來臨。

[237] 「可」字作■，與本篇「可」字末筆相同，疑隸為「可」。

[238] 由簡文「有罪」，可得缺簡處應為「不可為嗇夫」之義。

......□可㠯（為）小，不可㠯（為）大。用兵，擊前與左與始出。【1849】

語譯：......可以為小，不可以為大。用兵攻擊前方、左方與剛出陣地的敵軍。

......叢。可㠯（為）美事【1850】......

......爲驩（歡）事不合。以驚不起。不可【1851】......

語譯：......爲驩（歡）事不合。以驚不起。不可以......

......發令不行。²³⁹不可□【1852】......

......□不成。【1853】......

......□□成。立者不出三年必有死【1854】......

語譯：......達成。施行此事者不出三年必有死......

......【死】亡之罪，蘄²⁴⁰【1855】......

語譯：......死亡的罪責，祈......

......【不可為百】丈千丈=（丈，丈）已成，爲憂。²⁴¹立者不出三【1856】【年必有死】²⁴²......

語譯：不可以築百丈千丈的城池，若築城池，有憂患，施行此事者不出三年必有死......

......室，瀆溝。立者必有死【1857】......

語譯：......不可以建築、疏通溝渠。行此事者必有死......

......卒歲必有死亡之憂。下六：不可【1858】......

語譯：......一年內有死亡的憂患。後六日：不可以......

---

²³⁹ 此段文字與簡1813相近，可在「令」字前補「發」字。

²⁴⁰ 原整理者認為：「此殘簡可能爲上簡斷片，文字相連。」（頁222）「亡」字之前可補「死」字，「死亡之罪」，見簡1733、1859。「蘄」字本為植物名，《說文·艸部》：「蘄，草也。」（頁28）段《注》：「《釋草》蘄字四見，不識許所指何物也。」《說文通訓定聲》：「此字本訓當為香草。」（頁796）「蘄」亦有祈求之義，段《注》：「蘄，古鐘鼎款識多借為祈字。」《莊子·養生主》：「澤雉十步一啄，百步一飲，不蘄畜于樊中。」（頁126）《呂氏春秋·孟秋紀·振亂》：「所以蘄有道行有義者，為其賞也。」（頁164）高《注》：「蘄，讀曰祈。」簡文「蘄」字不知何義。

²⁴¹ 原整理者認為：「此句『千丈』之『丈』下有重文號，句不可通，疑『丈』字下脫一『城』字，本應讀爲：【不可爲百】丈千丈城，城已成，爲憂。」（頁223）原整理者未標示重文符號，今改。本篇「百丈千丈城」常省為「百丈千丈」，如簡1732、1734、1754、1771，可知省略「城」字為本篇書手之習慣，簡文「丈已成」，當是省略之故；而「丈」字下之重文符號可能為誤衍。

²⁴² 「立者不出三【年必有死】」據簡1854：「立者不出三年必有死」所補。

......死亡之罪□【1859】......

......取婦。外內有憂。不可出貨【1860】......
語譯：......娶婦。內外都有憂患。不可以出貨......

......適（敵）人之地，有憂。以□²⁴³【1861】......
語譯：......敵人的地方，有憂患。以......

......可𢀜（為）之宮中，有憂。可而禱祠。²⁴⁴【1862】
語譯：......可以進入宮廷，但有憂患。可以禱祠......

......可築垣牆（牆）、宮室。不可爲嗇夫，嫁女，取婦。以居官，不久，必有天央（殃）。以此亡遺，必再其所【1863】......
語譯：......可以建築城牆、宮室。不可以當地方的小長官、嫁女、娶婦。若以此時居官任職，不久，天必降災殃。以此亡遺，必再其所......

......【不】²⁴⁵可用=²⁴⁶（用。用）出其地者有央（殃）。【1864】
語譯：......不可以用兵。用兵離開該地方者有災殃......

......□成功=（功，功）若成，必十其央（殃）【1865】......
語譯：......成功，若成功，會得到十倍的災殃......

......勝而十其央（殃）【1866】......
語譯：......會勝利成功，但會得到十倍的災殃......

......□暴風發屋折木。不卒歲，兵起【1867】......
語譯：......暴風來臨，破壞房舍，吹折樹木，不到一年，兵爭起......

......得人之地一里，賞（償）以十【里】。得人民虜，賞（償）以長子。以亡者益祿。【1868】
語譯：......得他人一里土地，則失去十里土地為賠償。俘虜他人之奴隸，則失去長子為賠償。以死去的人增加福祿......

---

²⁴³ 「以」後一字作 ，殘字應為「糸」字，如「絕」字作 （簡1752）。
²⁴⁴ 原整理者認為：「『可而』猶言『可以』，古書屢見。」（頁223）
²⁴⁵ 「可」字據此簡文意所補。
²⁴⁶ 簡文「用」字後有重文符號，原整理者未標示，今改。

……錐（鵲）居巢，雞居蕷，君子登臺，賤人[247]【1869】……

語譯：……鵲鳥居於巢，雞居於蕷，君子可以登臺，賤人……

……□旱暑而昌。君子心勞，賤【1870】【人】……

語譯：……炎熱、乾旱而昌盛。君子勞心，賤人……

……下六：以遇二，葬（葬）貍（埋），分異，芨（祓）除。陰陽【1871】……

語譯：……後六日：以遇二。埋葬、分家、祓除。陰陽……

……□（葬）貍（埋），分異【1872】……

……不報。【可】[248]以冠【帶劍】[249]【1873】……

……人[250]六畜【1874】……

……【可】[251]以嫁女。不可取婦，□（為）令。不可冠帶劍，禱【祠】[252]【1875】……

語譯：……可以嫁女。不可以娶婦、發布命令。不可以戴冠帶劍、禱祠……

……矣。不可為□。可以【1876】……

……□陰殺【1877】……

……□不可□【1878】……

……□不可【1879】……

三、字詞考釋

（一）百卒（八十）三日一至，三百□（六十）六日再至

　　原整理者認為：「『六』上一字已磨滅，當是『十』字。」（頁 219）可從，但並未進一步補充簡文，十分可惜。簡文此處是根據「二繩四勾，分此有道」，說明冬至與夏至的間隔，認為某日之後會有一個冬至（或夏至），經過某日會再有一個夏至（或冬至）。此種說法同於《淮南子·天文》：

---

247 葉山認為：「蕷字意義不明。可能與草名的『蕷』為一字，也可能就是蕷字。據《說文》，蕷同薞，一種用於染色的紫草。」（頁 125）方勇認為：「疑其讀為『菆』。『蕷』，《集韻》：『薞蕪別名，本作須。《爾雅·釋艸》：『須，薞蕪。』『須』上古音為心母侯部，『菆』上古音為清母侯部，二者同為齒音，韻部相同，通假應無問題。揚雄《太玄經》：『鳥托巢于菆，人寄命于公。』司馬光《集注》：『菆，古『叢』字。」蕭旭認為：「『蕷』非雞之所處，疑『蕷』當讀為樹」。（頁 157）參方勇：〈漢簡零拾兩則〉，武漢簡帛網，http://www.bsm.org.cn/show_article.php?id=1607，2011 年 12 月 23 日。此簡提及「君子」、賤人」，未見本篇，也與本篇內容不符。本簡應指君子、賤人各歸其位之義。

248 「可」字據此簡文所補，「以冠帶劍」不見於本篇，而「可以冠帶劍」多見於本篇。

249 「帶劍」二字據此簡文意所補，「冠帶劍」多見於本篇。

250 「六畜」前一字作□，疑為「入」字。「入六畜」多見於本篇。

251 「可」字據此簡文所補，後文言不可，故此處可能為「可」字。「可以嫁女」多見於本篇。

252 「祠」字據此簡文意所補，「禱祠」多見於本篇。

日冬至，子午；夏至，卯酉。冬至加三日，則夏至之日也。歲遷六日，終
而復始。（頁105）

此處認為一年的冬至常在子日或午日，夏至常在卯日或酉日，從冬至到夏至則遷
徙三日，從夏至到隔年冬至則遷徙三日，故每年的冬至或夏至會遷徙六日。以此
推算若今年冬至為「子日」，則今年夏至為一百八十日加三日的「卯日」，明年冬
至為三百六十日加六日的「午日」。以地支記日，每十二日為一輪，每十五輪則
為一百八十日，是為半年，此即《管子·幼官》與本篇使用的系統（春八時與夏
七時，共十五時；秋八時與冬七時，共十五時），則每一百八十三日為夏至（或
冬至），每三百六十六天為一年。類似文句又可見馬王堆帛書《陰陽五行乙》：「日
冬、夏至各百半〈八十一八十〉日三而復至日。」（頁127）帛書亦認為每隔一百
八十三日，就會「復至日」，出現冬至或夏至。

據此，則簡文殘缺處應可據傳世文獻補為：「百干（八十）三日￣至，三百
空（六十）六日再至」。但殘簡其實也已透露端倪。由於原整理者已辨識出「十
三」二字，但隸後文為「三百三□六日」則非常不順。一若簡文是「三□六日」，
□除為「十」字之外，似乎沒有其它文字適合寫於此處，但簡文言「再至」，可
知後一數字應為前一數字的倍數，若後一數字為三百三十六，則前一數字當為一
百六十八，即與殘簡的「十三」不合，故原整理者所補明顯有誤。簡文「三百□
六日」作（即下圖紅框線處）：

由於本篇書手在抄寫數字時，皆有將十位數字合文抄寫的習慣，如：

字形					
隸定	卒	䇓	卒	䇓	卒
簡序	1731	1737	1744	1751	1752

可知簡文「六日」上方應也是合文數字。而簡文殘筆作 ，實與上引簡 1731 與簡 1752「卒」的右半部相同（尤其簡 1752 左半部，亦稍微殘泐，與簡文類似），故可隸為三百卒（六十）六日。而三百六十六日即一年之日數，除以二即一百八十三日，正與前文尾數十三日相同，故可將此日數補為「百卒（八十）三日」。而「□至」由於筆跡磨損，只能從後文「再至」，補為「一至」。

簡文：「百卒（八十）三日一至，三百圂（六十）六日再至」，指從冬至（或夏至）開始，一百八十三日後為夏至（或冬至），經過三百六十六日會再為冬至（或夏至）。

（二）地

本篇「地」字有兩種寫法，兩者基本相同，皆从土从它，差別在「它」旁之寫法，其一為：

字形					
簡序	1727	1765	1771	1778	1778

此種寫法的「它」旁，其中間右部筆畫為一半圓。第二種寫法為：

字形					
簡序	1732	1743	1764	1766	1795

此種的「它」旁的中間右部筆畫為撇筆，無弧度，與前一種寫法十分不同。另有兩字因筆畫過於模糊，而無法判別筆跡走勢，如 （簡 1749）與 （簡 1758），後者之「地」字，「它」旁的中間右部筆畫依稀可見一圓弧，可能為第一種寫法。即此，或可推測本篇簡文應由兩位以上的書手抄寫，字形寫法才會如此不同。銀雀山漢簡諸篇章中，「地」字確實也可分為此兩種寫法，比重懸殊，以第一種它字圓弧的寫法占多數：

字形					
出處	《兵之恒失》簡 1022	《五議》簡 1034	《觀庫》簡 1084	《地典》簡 1105 背	《地典》簡 1109

字形				
出處	《地典》簡 1112	《地典》簡 1118	《地典》簡 1119	《地典》簡 1125	《地典》簡 1135
字形				
出處	《客主人分》簡 1142	《客主人分》簡 1145	《客主人分》簡 1146	《奇正》簡 1177	《患之》簡 1273
字形				
出處	《患之》簡 1276	《患之》簡 1278	《亡地》簡 1285	《君臣問答》簡 1354	《十陣》簡 1547
字形				
出處	《富國》簡 1599	《富國》簡 1606	《曹氏陰陽》簡 1653	《禁》簡 1723	《天地八風》簡 1947
字形				
出處	《天地八風》簡 1950	《天地八風》簡 1951	《天地八風》簡 1952	《天地八風》簡 1954	《天地八風》簡 1962
字形				
出處	《天地八風》簡 2034	《天地八風》簡 2038	《占書》簡 2081	《占書》簡 2082	《占書》簡 2085

而第二種它字撇筆的寫法則為少數：

字形				
出處	《兵之恒失》簡 1020	《務過》簡 1080	《患之》簡 1275	《君臣問答》簡 1355	《曹氏陰陽》簡 1667
字形				
出處	《曹氏陰陽》簡 1671	《四時令》簡 1899	《人君不善之應》簡 1939		

但因為銀雀山漢簡的保存情況不佳，亦有無法辨認的「地」字：

字形					
出處	《地典》 簡1108	《地典》 簡1138	《亡地》 簡1286	《亡地》 簡1287	《禁》 簡1701
字形					
出處	《天地八風》 簡1945	《天地八風》 簡1955	《天地八風》 簡1956	《天地八風》 簡1957	《天地八風》 簡1959
字形					
出處	《占書》 簡2076				

由表格可知《兵之恒失》、《患之》、《君臣問答》、《曹氏陰陽》因為混雜了不同寫法的「地」字，其書手可能不止一人。《地典》之寫法，除去模糊不清的例字，顯得相當統一，顯見該篇為一人書寫之可能性較大。此外，兩種不同寫法的「地」字，見於同篇，但不見於同簡；至於為數不多的第二種寫法，則多見於本篇。是知，銀雀山漢簡雖多為斷簡殘篇，但或可用地字之寫法區別書手。

（三）剛氣

本篇在積時積日之後，先說明節氣，接著補充「氣」的性質。就現存的簡文而言，本篇共有「剛氣」（簡1728）、「冬沒氣」（簡1729）、「生氣」（簡1731、1732、1733、1734、1736、1741、1745）、「柔氣」（簡1737）、「殺氣」（簡1743、1744、1751）與「閉氣」（簡1752），共六種氣，以下試析。

簡文所見之「氣」，即為「風」。如《周禮・春官・保章氏》「以十有二風」（頁1769），賈公彥《疏》：「風即氣也。」宋玉〈風賦〉：「夫風者，天地之氣。」[253]《漢書・律曆志》：「天有六氣。」（頁981）顏師古《注》引張晏曰：「六氣，陰、陽、風、雨、晦、明也。」故以風為氣，或以氣為風，皆可。

本篇「剛氣」、「生氣」、「柔氣」，正好可與《天地八風五行客主五音之居》所見的八風相參照。《天地八風》簡1965：「凡哲、哲周、剛、大剛、凶風皆利為客，生、渜、弱風皆利為主人。」（頁232）原整理者認為：「《天地八風》之八風可與《五行大義》、《乙巳占》所載風名對應。」（頁233-234）《天地八風》以方位判別風的性質，故云：

風從剛風來，疾而【1975】……

---

253 〔梁〕蕭統編，〔唐〕李善注：《文選》（上海：上海古籍出版社，1989年），頁582。

【風】從生風來，疾而暴【1976】……

【風】從溧風來，疾而暴。擊之，破軍擒將。【1977】

剛、生、溧，不僅為風名，更為方位名。故該篇有圖揭示方位、月分、風名的關係，其以方位為風名，然後將各月分平均分配到四奇位（大剛風為北，弱風為南，則折風為東北，剛風為東南，凶風為西南，溧風為西北），如此則一個月可能有三種風，如正月有生風、凶風、弱風，二月有弱風、剛風、晢周風，依此類推。《天地八風》的內容以兵事勝負為主，《三十時》則以時間忌宜為主，兩者重點不同，故於應用上不一定會相同，但核心概念則不變。如《三十時》簡 1732、1733、1734、1741 的時節皆為生氣，簡 1737 為柔氣，此五簡的兵事內容皆為「以戰，客敗」，與《天地八風》的生、溧、弱三風利為主人概念相同。足見本篇與《天地八風》不僅是風名相同，運用的觀念亦相同。惟《三十時》聚焦於節氣，故與陰陽生長的關係更為密切，而其用「氣」於戰爭推衍上則更為多變，如「以戰，客敗」與「以戰，客勝」，前者出現在「生」，後者出現在「刑」，而生、刑為一時（十二日）的上（前）、下（後）六日的性質，可知雖然一時只會有一種氣（風），但於戰爭卻有兩種截然不同的結果。但生氣、柔氣之時，戰爭結果必為「以戰，客敗」，是因為該時不區分上、下六日。

「剛氣」，見於二時廿四日（十二月中），節氣為冬至之後的「大寒之隆」。對應於《天地八風》則為生風、凶風。「剛氣」見於冬季，應為北風，屬剛強凜冽之氣。「生氣」，見於五時六十日（正月末二月初）、七時八十四日（二月初中）、九時百八日（二月末三月初）、十時百廿日（三月初中），節氣為少夏起、華實、中生，為春季。對應於《天地八風》則為弱風、剛風；為剛風、晢周風；晢周風、析風；析風、大剛風。「生氣」亦可見於十二時百卅四日（四月初）、二時廿四日（六月初中），節氣為始夏、乃生，為夏季。對應於《天地八風》則為溧風、生風、剛風、晢周風。「生氣」又見九時百八日（九月末十月初），節氣為秋亂，為秋季。對應於《天地八風》則為弱風、剛風。即此，可從《三十時》現存簡文得知「生氣」涵蓋《天地八風》的弱風、剛風、晢周風、析風、大剛風。《三十時》可能不是以方位作為氣（風）的來源根據，而是對節氣的內容、性質的總結。華實、中生、乃生，可能都是指適宜生長，特別是「華實」。而「少夏起」，原整理者以為是變字異體。（頁 220）詞意不明。「秋亂」，可能指「秋治」。「亂」字，《說文・乙部》：「亂，不治也。」（頁 747）楊樹達認為：「余謂字當從爪從又，爪又皆謂手也。亂從爪、從又者，人以一手持絲，又一手持互以收之，絲易亂，以互收之，則有條不紊，故字訓治訓理也。」[254]簡文可能以此時期適於治理，故有生長之義。而「生氣」見於春、夏、秋三季，其中又以春季最為常見，應為幫助生長之氣。而秋季之生氣，出現在秋末，與一般春生夏長的觀念不同。

---

254 楊樹達：《積微居小學述林》（上海：上海古籍出版社，2007 年），頁 139。

「柔氣」見於十三時百五十六日（四月中），節氣為「瀆」，為夏季。對應於《天地八風》則為溓風、生風。「柔」「溓」二字皆从「柔」，當可相通。「柔氣」應為柔和溫順之氣，應與「生氣」同為適合生長之氣。「瀆」，應同於簡1738：「不可瀆溝洫陂池」，用作「通順」、「通暢」之義。此時期天氣順暢，故為「瀆」，為柔順之氣。

「殺氣」見於四時卅八日（七月初中）、八時九十六日（七月中末）、十三時百五十六日（十月中末），節氣為涼風、霜氣、賊氣。前二者為秋季，後為冬季。對應於《天地八風》則為析風、大剛風；大剛風、溓風；暫風、暫周風。「涼風」，即《呂氏春秋‧孟秋紀》：「涼風至。白露降。寒蟬鳴。鷹乃祭鳥。始用刑戮。」（頁155）涼風為西南風，揭示肅殺之天氣到來，故為殺氣。「霜氣」為秋天降霜之義，不利於萬物生長，故簡文以之為殺氣。「賊氣」指冬天不利生長之氣，「賊」字本有「殺」意，如《尚書‧舜典》：「眚災肆赦，怙終賊刑。」（頁270）孔《傳》：「賊，殺也。」《國語‧晉語五‧靈公使鉏麑殺趙宣子》：「公患之，使鉏麑賊之。」（頁380）韋《注》：「賊，殺也。」故賊氣即殺氣。

「閉氣」見於十四時百六十八日（十月末十一月初），節氣為音，為冬季。對應於《天地八風》則為暫周風、析風。案理，此對應結果與九時百八日（二月末三月初）相同，皆為暫周風、析風，但一為閉氣，一為生氣，性質完全不同。再次印證《天地八風》的八風原理，不能完整套用至《三十時》。而節氣為「音」，則難明其意。然「閉氣」之義，應是簡文認為此時天氣閉藏，萬物修養之時，故言「閉」。則或可推測「音」當為「闇」之假借。「闇」字，《說文‧門部》：「闇，閉門也。从門。音聲。」（頁596）是「闇」字从音得聲，故可與「音」通假。而《說文》以「闇」為閉門，其意則與此處「閉氣」相同。闇有蒙蔽、遮蔽之義，如《荀子‧不苟》：「不下比以闇上，不上同以疾下。」（頁50）王先謙《集解》：「闇上，掩上之明也。」以音假為闇字，正與此時天地閉合的情況相同。

「冬沒氣」見於三時卅六日，然簡1735：「春沒」、簡1742：「夏沒」與簡1748：「秋沒」，在「沒」字後皆無「氣」字，文句形式與本簡不同，不過本篇書手在抄錄文字時，多有簡省之習慣，故「春沒」、「夏沒」與「秋沒」很可能都省略了「氣」，完整寫法當如本簡「冬沒氣」。

由上述說明，可知《三十時》使用《天地八風》部分的八風名與原理，但又有新增，並不完全吻合。本篇應用了生、溓、弱三風客敗利主人的兵陰陽觀念，但各月分的氣則以當時期的性質為主，故生氣多見於春夏，殺氣見於秋冬。對「氣」的定名，亦不完全套用《天地八風》，故以「閉氣」表示冬季天地閉合。

（四）為

本篇「為」字有兩種寫法，其一是「為」：

字形					
簡序	1728	1763	1773	1814	1842
字形					
簡序	1843	1851	1856	1863	1877

此種字形常見於秦漢簡中，銀雀山漢簡的「爲」字也多採此種寫法。但本篇另有一特殊的寫法：

字形					
簡序	1732	1734	1734	1738	1742
字形					
簡序	1744	1747	1748	1754	1769
字形					
簡序	1771	1786	1787	1790	1806
字形					
簡序	1808	1818	1821	1823	1825
字形					
簡序	1837	1837	1840	1845	1846
字形					
簡序	1846	1847	1849	1849	1850

此種字形多見於本篇，而於簡文的位置與「爲」相同，故原整理者隸作「爲」，可從。此字從「爲」省，將前述「爲」字右半部的字形省略，僅留「爪」旁與「丿」（象鼻）之部分，十分特殊。銀雀山漢簡其餘篇章並無此種字形，字僅見於本篇，或可改隸為「爫」字。[255]

　　此兩種寫法並未同見於一簡，可見《三十時》的書手當有兩人以上。然與前述「地」字比較，可見簡1732、簡1771之「地」字寫法不同，但兩簡所見「爫」

---

[255] 此種「爲」字寫法又見於清華簡《祝辭》、睡虎地秦簡《日書甲》、嶽麓秦簡《占夢書》，似乎是秦楚兩地共有的省略寫法。

字皆有所省略，其原因可能有二：一是兩不同地字的書手，皆將「爲」寫作「爪」形，而「爲」字為另一書手所寫，如此則本篇書手有三人以上。二是本篇書手有二人，一人寫「爲」，一人寫「爪」，而後者在寫「地」字時較草率，故呈現兩種不同筆勢。即便從本篇字「地」、「爲」二字可以看出書手確實不同，但本篇殘損嚴重，故雖是就殘簡而言，證據仍不充足，有待更進一步研究。

（五）當（嘗）蓄采（菜），薊（剽）麻，取稾（稿）

原整理者認為：「『薊』疑當讀為『漂』。」（頁 222）此為殘簡，因文句形式與春夏秋三沒相同，故繫於冬沒之時（簡 1729）。此事宜見於三時卅六日（十二月末），節氣為冬沒，為冬季。

「蓄菜」，指收成後積蓄的蔬菜糧食。《呂氏春秋．仲秋紀》：「是月也，可以築城郭，建都邑，穿竇窌，修囷倉。乃命有司，趣民收斂，務蓄菜，多積聚。乃勸種麥，無或失時，行罪無疑。」（頁 177）人民於秋天蓄菜、積聚，以備寒冬之需求，可知「嘗蓄菜」必為冬季之事。因為冬天無法種植收成，故特別強調蓄菜的重要。

「薊麻」，原整理者讀為「漂麻」，意義不明。「薊」字从刀，又與「取」相對，應為動作。「薊」字从艸从剽，應可假為「剽」。「剽」有分割、削除之義。《廣雅．釋詁三》：「剽，削也。」（頁 84）《史記．西南夷列傳》：「西夷后揃，剽分二方，卒為七郡。」（頁 2998）《新書．益壤》：「剽去不義諸侯，空其國。」[256]「剽麻」，指割麻、削麻，即種植麻前的準備工作，如《四民月令．正月》：

> 可種春麥、豍豆，盡二月止。可種瓠瓜、芥、葵、䪥、大、小蔥、蓼、蘇、牧宿子及雜蒜、芋。可別䪥、芥。糞田疇。（頁 13）

上述農作物為正月可種植。「糞田疇」，《注》云：「疇，麻田也。」「糞」有掃除、清掃，如《說文．華部》：「糞，棄除也。」（頁 160）段《注》云：「古謂除穢曰糞，今人直謂穢曰糞，此古義今義之別也。」《左傳．昭公三年》：「小人糞除先人之敝廬。」（頁 4411）或作施肥之義，如《廣雅．釋詁四》：「糞，饒也。」（頁 130）王念孫《疏證》：「糞之言肥饒也。」《周禮．地官．草人》：凡糞種，騂剛用牛，赤緹用羊。」（頁 1608）孫詒讓《正義》：「江永云：『凡糞種，讀糞其地以種禾也。』」《齊民要術．耕田》：「《氾勝之書》曰：『凡耕之本，在於趣時，和土，務糞澤，早鋤早穫。』」[257]掃除與施肥都是種植農作物時的重要工作，則糞麻田，應是利用尚未種植麻的時期，先施肥保持地力的行為。

「麻」，又名大麻、火麻，其莖部韌皮纖維長而堅韌，可供紡織。《說文．麻部》：「麻，枲也。」（頁 339）段《注》云：「麻與枲互訓，皆兼苴麻、牡麻言之。」苴麻為麻的雌株，牡麻為雄株。而苴麻與牡麻的種植時間在春夏之間，《四民月

256 閻振益、鍾夏校注：《新書》（北京：中華書局，2000 年），頁 57。
257 石聲漢校釋：《齊民要術今釋》（北京：中華書局，2009 年），頁 14。

令‧二月》：「可種植禾、大豆、苴麻、胡麻。」（頁 20）《三月》：「可種秔稻及植禾、苴麻、胡豆、胡麻。」（頁 27）〈五月〉：「先後日至各五日，可種禾及牡麻。」（頁 41）簡文將嘗蓄菜，剝麻，取稾寫於一簡，可知三事必然為同一時期的事宜。既然春、夏二季才適合種麻，則簡文的「剝麻」便有可能為種植麻前，割除上季所種之麻，整理田地，準備來年種植的工作。

「稾」，即「稿」字，指穀類的莖桿。《說文‧禾部》：「稾，稈也。」（頁 329）稿為麥、稻收割後殘留於田中的莖桿，為牲畜的糧食。《史記‧蕭相國世家》：「願令民得入田，毋收稾為禽獸食。」（頁 2018）《索隱》：「苗子還種田人，留稾入官。」此句亦見《漢書‧蕭何曹參傳》顏師古《注》：「言恣人田之，不收其稾稅也。」（頁 2011。）可知「入官」即納「稿稅」。

「稿稅」又可稱「芻稿」。「芻」字，《說文‧艸部》「芻，刈草也。象包束草之形。」（頁 44）與「稿」字相同，也可指穀類植物的莖桿，如《禮記‧祭統》：「及迎牲，君執紖，卿大夫從士執芻。」（頁 3478）鄭《注》：「芻為藁也，殺牲時用薦之。」「芻」就是草，是給牲畜吃的食物，《玉篇‧艸部》：「芻，茭草。」《國語‧周語中‧定王使單襄公聘於宋》：「膳宰致饗，廩人獻餼，司馬陳芻。」（頁 68）「芻」與「稿」不同，但因功能相近，所以並稱。古代人民需要繳納芻稿予朝廷，供國家飼養的牲畜使用，如《淮南子‧氾論》：「秦之時，高為台榭，大為苑囿，遠為馳道，鑄金人，發適戍，入芻稿，頭會箕賦，輸於少府。」（頁 437）認為秦朝要求人民繳納的芻、稿過多，是秦朝滅亡的原因之一，而《史記‧秦始皇本紀》載：

> （秦二世）復作阿房宮。外撫四夷，如始皇計。盡徵其材士五萬人為屯衛咸陽，令教射狗馬禽獸。當食者多，度不足，下調郡縣轉輸菽粟芻稿，皆令自齎糧食，咸陽三百里內不得食其穀。用法益刻深。（頁 269）

這是讓人民繳納糧食芻、稿以供國家使用，收成所產不准自行食用。既然芻、稿為禾稻收成之後剩餘的產物，則取稿納稅之時間當在秋冬之際。《東觀漢記‧世祖光武皇帝》載：

> 季父故舂陵侯詣大司馬府，訟地皇元年十二月壬寅前租二萬六千斛、芻稿錢若干萬。[258]

由引文可知繳納糧食、芻、稿的時間為地皇元年十二月，為冬季。又《後漢書‧光武帝紀下》載詔書曰：

> 九月戊辰，地震裂。制詔曰：「日者地震，南陽尤甚。夫地者，任物至重，靜而不動者也。而今震裂，咎在君上。鬼神不順無德，災殃將及吏人，朕甚懼焉。其令南陽勿輸今年田租芻稿。（頁 74）

---

[258] 吳樹平校注：《東觀漢記校注》（河南：中洲出版社，1987 年），頁 2。

光武帝頒布詔書，免去遭受地震的南陽今年的田租（芻、稿）。而詔書頒布於九月，故田租芻稿當然不可能在九月繳納。免去租稅芻稿的詔書尚有許多，或如〈孝和孝殤帝紀〉：

> 十二月壬辰，詔：「今年郡國秋稼為旱蝗所傷，其什四以上勿收田租、芻稿；有不滿者，以實除之。」（頁174）

因蝗災導致收成欠佳，故和帝於永元四年十二月頒詔免去今年應繳的租稅。又永元十四年，因秋雨過甚，故冬十月甲申頒詔：「兗、豫、荊州今年水雨淫過，多傷農功。其令被害什四以上皆半入田租、芻稿；其不滿者，以實除之。」（頁190）由是可知漢代以冬季為繳納芻稿之時的可能性極大。故「取稿」，可能就是取麥禾收成過後剩餘的莖稈以供賦稅。「當（嘗）蓄采（菜），薊（劓）麻，取稾（稿）」，指在冬沒之時，可以食用積蓄的糧食蔬菜，準備植麻，並割取莖稈。

（六）旁國

「旁國」除本簡：「可使人旁國」外，又見簡1755「以遇旁國，相見」、簡1830：「可以遇旁國，不辱」與簡1831：「（可以）使人旁國」。「旁國」即為「輔國」。「旁」字有輔佐、輔助之義，《楚辭·九章·惜誦》：「吾使萬神占之兮，曰有志極而無旁。」（頁124）王《注》：「旁，輔也……但有勞極心至，終無輔佐。」「旁國」即輔佐國家之義。然傳世文獻中，「旁國」皆為「旁邊國家」之義。[259]無輔佐國家之書證，不過文獻中有「輔國」一詞，意為「輔佐國家」[260]，但例較少，《漢書》、《後漢書》多用作爵位官名。故此處仍以「旁」為輔佐之義。「旁國」一詞見於簡文，或指「可使人旁國」、「可以遇旁國」，前者為動詞，指「輔佐國家」，後者為名詞，代指輔佐國家者。

（七）以戰，客敗

本篇多見「以戰，客敗」與「以戰，客勝」的字句，原整理者皆斷讀為「以戰客敗」、「以戰客勝」。原整理者的讀法應該為「以戰，客敗」、「以戰，客勝」，因為「以戰」是事件，「客敗」、「客勝」則是結果，連讀容易造成語意上的模糊，故皆在「以戰」後斷讀。

「以戰，客敗（勝）」是以時令推斷兵事之勝負，就此而言，這部分屬於《漢

---

[259] 如《史記·周本紀》：「豳人舉國扶老攜弱，盡復歸古公於岐下。及他旁國聞古公仁，亦多歸之。」（頁114）〈西南夷列傳〉：「且蘭君恐遠行，旁國虜其老弱，乃與其眾反，殺使者及犍為太守。」（頁2996）〈大宛列傳〉：「臨媯水，有市，民商賈用車及船，行旁國或數千里。」（頁3162）皆以「旁國」為「鄰國」之義。

[260] 如《史記·春申君列傳》：「魏有信陵君，方爭下士，招致賓客，以相傾奪，輔國持權。」（頁2395）《論衡·書解》：「韓非著治術，身下秦獄。身且不全，安能輔國？」參黃暉校釋：《論衡校釋（附劉盼遂集解）》（北京：中華書局，1990年），頁1155。

書‧藝文志‧兵書略‧兵陰陽》的內容。但就本篇而言，推斷兵事，只是諸多時令忌宜之一，與其它事項並無高低之分，仍受時令之統攝，則由此而言，仍該歸屬於〈諸子略‧陰陽〉。

客敗、客勝之「客」，如銀雀山漢簡《十問》簡 1556 正：「兵問曰：交而合舍，糧食均足，人兵敵衡，客主兩懼。」（頁 193）原整理者認為：「客指進攻的一方，主指被攻的一方。《國語‧越語下》：『宜為人客』，韋《注》：『先動為客。』又《禮記‧月令》：『兵戎不起，不可從我始』，鄭《注》：『為客不利，主人則可。』孔《疏》：『起兵伐人者謂之客。』」此說可從。起兵伐人者，作客他人土地，故為「客」；被伐者，他人入我土地，故為「主」。本篇以時令推論主、客之勝負，就現存簡文看，實存在兩項規律：

其一、凡於生氣、柔氣之時作戰，則利主人，不利客人，故簡 1732（生氣）、簡 1733（生氣）、簡 1734（生氣）、簡 1737（柔氣）、簡 1741（生氣），皆為「以戰，客敗」；若於殺氣之時作戰，則利客人，不利主人，故簡 1743（殺氣）、簡 1744（殺氣）、簡 1751（殺氣），皆為「以戰，客勝」。若此規則可信，則其餘殘簡，若為「生氣」，則其結果必為「以戰，客敗」，如簡 1731、1736、1745；換言之，若結果為「以戰，客敗」，則其氣的性質可能與生氣相似，如簡 1754：「盛氣也。以戰，客敗。」盛氣，應指可以幫助生長之氣。若結果為「以戰，客勝」則其氣的性質可能與殺氣相似，如簡 1755：「日夜鈞。以戰，客勝。」日夜鈞應為春、秋分之一，但簡 1744：「八時九十六日，霜氣也，殺氣也」，其積時積日為秋分，則簡 1755 極可能為春分的殘簡。

其二、凡所處之「節」為生者，則利主人，不利客人，故簡 1735（下六：生）、簡 1747（上六：生），皆為「以戰，客敗」；而「節」為刑者，則利客人，不利主人，如簡 1735（上六：刑）、簡 1747（下六：刑），皆為「以戰，客勝」。

簡文在客敗、客勝後，常有文字說明接續的行動，如簡 1741：「以戰，客敗。得人之一里，償以十里。得人之將，償以長子。」指此時期起兵攻伐他人，當會戰敗。若得到他人一里的土地，之後會失去十里作為報應。得到他人之將領，之後會失去長子作為報應。又如簡 1743：「以戰，客勝。可始修田野溝。可始入人之地，不可亟=刃=（極刃，極刃）有殃。」指此時期起兵攻伐他人，則會成功。雖然可以入侵他人之地，但不可趕盡殺絕，否則會有禍害降臨。又如簡 1744：「以戰，客勝。攻城=（城，城）不取，邑疫。可以圍眾，絕道，遏人要塞。」指此時期起兵攻伐他人，則會成功。若攻打他人城池，成功後若不占領，則國邑將發生瘟疫。又因此時期可以攻打他人，故簡文後言「圍眾」、「絕道」、「遏人要塞」等主動進攻的事項。「以戰，客敗」、「以戰，客勝」與簡文揭示的各項忌宜事項有關，並非毫無瓜葛。

簡文「以戰，客敗」，指若在此時期起兵攻伐他人（為客），則會戰敗。相對而言，「以戰，客勝」，指在此時期起兵攻伐他人（為客），則會戰勝。

（八）不可亟=刃=（極刃，極刃）有央（殃）

葉山認為：「吳九龍釋文確作『亟刃』，但 0924 號的釋文卻有『不亟去』。可

能抄寫有誤，『刃』是『去』之訛。裘錫圭有另一種解釋，即『刃』應是『牣』的假借字。」（頁 124）

簡 0924 即簡 1765：「……勝。以入人之地，勝；不亟去，後者且及。吏以辟（避）舍，不復。當斷上生下之時也。不可嫁女……」，「去」字作▉，而本簡「刃」字作▉，明顯為刃字，與去字不同，應非訛誤。又簡 1827：「可鑄劍戟兵刃器」，刃字作▉，與本簡字形稍微不同，可參看。又葉山所引裘錫圭說不知出處為何，故仍從原整理者說。但簡文「亟刃」後有重文符號，原整理者未標示，今改。

「亟」字又見簡 1765「不亟去」，用為副詞，為急速、盡快之義，而此處「亟」字若解釋為急速，則「亟刃」一詞便難以解釋。簡文「亟」字或可讀為「極」，為窮盡、極盡之義，如《周易‧繫辭上》：「極數知來之謂占。」（頁 161）指窮盡筮數以知曉未來之事，可稱為「占」或如《楚辭‧天問》：「冥昭瞢闇，誰能極之？」（頁 86）洪興祖《補注》云：「此言幽冥之理，瞢闇難知，誰能窮極其本原乎？」「刃」字，為殺害之義。《韓非子‧姦劫弑臣》：「公請自刃於廟。」（頁 107）《史記‧廉頗藺相如列傳》：「左右欲刃相如。」（頁 2442）「亟刃」，為屢次殺人、多次殺人的意思。「不可亟＝刃＝（極刃，極刃）有央（殃）」，指雖可攻打他人之地，但不宜趕盡殺絕，若趕盡殺絕，則會有禍害降臨。

（九）不盡三日

「不盡某日」為本篇描述時間之套語，又有「不盡一日」（簡 1783）、「不盡二日」（簡 1780、簡 1798），是與「入之某日」相對的詞語。

「盡」字為介詞，指到某一時間點，如《史記‧酷吏列傳》：

> （王溫舒）素居廣平時，皆知河內豪姦之家，及往，九月而至。令郡具私馬五十匹，為驛自河內至長安，部吏如居廣平時方略，捕郡中豪猾，郡中豪猾相連坐千餘家。上書請，大者至族，小者乃死，家盡沒入償臧。奏行不過二三日，得可事。論報，至流血十餘里。河內皆怪其奏，以為神速。盡十二月，郡中毋聲，毋敢夜行，野無犬吠之盜。（頁 3148）

王溫舒九月赴任，隨即緝捕郡中豪強，加以連坐處分，充公家產，手段雷厲風行，到了十二月，河內郡中無人敢抱怨，也無人敢於夜間行動，更無宵小強盜。引文「盡十二月」字，為「至十二月」之義。又如《四民月令‧正月》：「是月，盡二月，可以剝樹枝。」（頁 15）指正月到二月之間，可以修剪樹木。〈二月〉：「自是月盡三月，可掩樹枝，可種地黃。」（頁 22）指二月至三月之間，可以壓低樹枝，可以種植地黃。

「入之某日」，指進入這個「節」（六日）或「時」（十二日）的第「某加一」日，如「入之之日」為進入此節（時）的第一日，「入之一日」則為進入此節（時）的第二日。「不盡某日」，指不到這個節（時）的某日，如「不盡一日」，指進入節（時）的某日不到一日，「不盡三日」，指進入節（時）的某日不到三日。

（十）分異

「分異」除本簡外，又見於簡 1781、1871 與簡 1872，多與葬埋、祓除書於一簡，應為家庭事宜。

「分異」，即「分家」之義。如《史記・商君列傳》：「民有二男以上不分異者，倍其賦。」（頁 2230）《正義》：「民有二男不別為活者，一人出兩課。」商鞅立法強迫秦人分異，既增加稅賦，又改善風俗。又如《後漢書・循吏列傳》：「禮有分異之義，家有別居之道。」（頁 2471）《注》：

> 《儀禮》曰：「父子一體也，夫婦一體也，昆弟一體也。故父子手足也，夫婦判合也，昆弟四體也。昆弟之義無分焉，而有分者，則避子之私也。子不私其父，則不成為子。故有東宮，有西宮，有南宮，有北宮。異居而同財，有餘則歸之宗，不足則資之宗」也。

所引見於《儀禮・喪服》，言兄弟分家為避私嫌，以表示公平。史傳中不乏分異家產的事蹟，如《漢書・地理志》：「潁川好爭訟分異，黃、韓化以篤厚。」（頁 1654）指潁川地區常發生因為分家爭訟的事件。又如《後漢書・獨行列傳》：「繆肜字豫公，汝南召陵人也。少孤，兄弟四人，皆同財業。及各娶妻，諸婦遂求分異，又數有鬩爭之言。」（頁 2685-2686）亦為分家之事而有所鬥爭。「分異」，指在某些日子裡，適宜行分家之事。不過現行的農民曆並無「分異」一詞，可能合併於其它的事項之內。

（十一）□葵芥之時也

「葵」，指「葵」或「冬葵」，前文已論述紫莖為葵，白莖為冬葵，兩者種植時間不同，葵種於春季，如《四民月令・正月》：「可種瓜、瓠、芥、葵……」（頁13）冬葵則種於夏季，如〈六月〉：「中伏後，可種冬葵……」（頁 51）葵收成於夏初，《齊民要術・種葵》：「五月初，更種之。」（頁 214）《注》：「春者季老，秋葉未生，故種此相接。」可知葵種於春季，夏季已老，可以收成、更種。

「芥」，即「芥菜」，種於春季，四月開花，色黃。莖葉可食用，種子如粟粒，味辛辣。《四民月令・正月》即以「葵」、「芥」為同時種植的作物。「芥」收成於夏季，如《四民月令・四月》：「（四月立夏後）可收蕪菁及芥、亭歷、冬葵、莨蓿子。」（頁 33）《齊民要術・種蜀芥芸薹芥子》：「種芥子及蜀芥、芸薹取子者，皆二三月好雨澤時種。」（頁 251）

簡文葵、芥並舉，可能為同時栽種，或同時收成。葵、芥皆種於春季，但葵收成於夏季中（五月），芥則收成於夏季初（四月），時間稍微不同，故簡文可能指種植葵、芥之時。又簡文後有「不可動=眾=（動眾，動眾），五穀半收」一句，可能是預測一年的收成狀況，故應為春季之事，且「不可動眾」可與簡 1777：「命曰發臧（藏）。不可發令。靜眾」相對，同指春季之事。

（十二）榆莢

「榆莢」，為榆樹的果實。榆樹於三四月開花，花色近綠、紫。果實扁圓類似豆莢，含澱粉，故可蒸食。其木材堅硬，故可用於建築。樹皮柔韌，可取代麻。而果實、樹皮、葉皆可入藥。故《四民月令·二月》：「是月也，榆莢成。及青收，乾以為旨蓄；色變白，將落，可收為齍齝。」（頁 21）《注》：「司部收青夾，小蒸，曝之；至冬至，以釀酒。」指果實青色時，可收成，稍微蒸過後曝曬，則冬至可以釀酒。果實變白後掉落，此時收成可以釀醬。

（十三）當殺蒼芺、薺、亭麿（歷）之時也

原整理者認為：「〈月令〉『孟夏之月……靡草死』，鄭玄《注》：『舊說云：「靡草，薺、亭歷之屬。」』《淮南子·天文》：『故五月為小刑，薺、麥、亭歷枯，冬生草木必死。』亭歷，亦作『葶藶』。」（頁 221）

《呂氏春秋·士容論·任地》：「孟夏之昔，殺三葉而穫大麥。」（頁 689）高《注》：「三葉，薺、亭歷、菥蓂也。是月之季枯死，大麥熟而可穫。」指在孟夏四月之末，可以先收成薺、亭歷、菥蓂三種植物，之後可收成大麥。其中「薺」、「亭歷」正可與簡文對應。

「薺」為甘菜，花小，色白，全草可入藥，嫩葉可食用。《呂氏春秋·任地》：「日至，苦菜死而資生。」孫詒讓認為：

> 日至亦為冬日至也。資與薺字通。……荼即苦菜，夏生而冬死。資為甘菜，夏死而冬生。二者正相反，故《呂》兼舉之。

此正如《淮南子·墜形》：「禾春生秋死，菽夏生冬死，麥秋生夏死，薺冬生中夏死。」（頁 146）「薺」收成於夏季，故常與麥並稱為「薺」，如《淮南子·脩務》：「薺麥夏死。」（頁 640）《白虎通德論·五行》：「難者，任也。言陽氣尚有，任生薺麥也。」（頁 186）《八風》：「昌盍風至生薺麥。」（頁 343）或如《呂氏春秋》，以味道不同而與荼並稱，如《詩經·邶風·谷風》：「誰謂荼苦，其甘如薺。」（頁 640）《楚辭·九章·悲回風》：「故荼薺不同畝兮，蘭茞幽而獨芳。」（頁 156）「亭歷」為可入藥的雜草，《爾雅·釋草》：「蕇，亭歷。」（頁 5709）郭《注》：「實葉皆似芥。一名狗薺」。《四民月令·四月》：「四月立夏後……可收蕪菁及芥、葶藶、冬葵子。」（頁 33）

簡文「蒼芺」，可能為「薊」一類的植物。《說文·艸部》：「薊，芺也。」（頁 27）《爾雅·釋草》有「鉤芺」（頁 5709），郭《注》：「大如拇指，中空，莖頭有臺，似薊，初生可食。」邢《疏》：「釋曰：薊類也。一名鉤，一名芺。」。可知「芺」與「薊」的關係較近。「薊」為菊科植物，夏季初期開花，花色紫紅，全草可入藥。《漢語大字典》「薊」字條言：「古稱薊的植物還包括白术、蒼术。」《爾雅·釋草》：「术，山薊。」（頁 5706）邢《疏》：「生平地者即名薊，生山中

者一名术。」薊、术之別在於生長地點不同，芙可稱薊，亦可稱术，故簡文「蒼芙」當即「蒼术」，其收成時間亦在夏初之後。簡文「當殺蒼芙、薺、亭曆（歷）之時也」，指孟夏之後正是收成蒼芙（蒼术）、薺、亭歷（狗薺）的時間。

（十四）用兵，擊後〈以〉與反（返）入

類似簡文又見：

用兵，擊反（返）入與右與後。【1848】

用兵，擊前與左與始出。【1849】

此三簡皆是說明起兵攻打的對象，簡 1848 指用兵攻擊返入、右方、後方的軍隊。「返入」，應指返回營地、駐城的敵軍。簡 1849 指用兵攻擊前方、左方與剛出陣的軍隊。「始出」，應指剛離開營地、駐城的敵軍。然本簡「後以與反（返）入」則較難理解，「以」字雖可作為連接詞，但字意與「與」重複，故極不通順。此「以」字很有可能是書手訛增的字，如此「擊後與反（返）入」與二簡形式相同，文從字順。

簡文「用兵，擊後〈以〉與反（返）入」，指用兵攻擊後方與返回營地、駐城的敵軍。

（十五）莞華。穋（種）稻

「莞」，《說文・艸部》：「莞，艸也，可㠯作席。」（頁 28）《爾雅・釋草》：「莞，苻蘺；其上蒚。」（頁 5710）郭《注》：「今西方人呼蒲為莞蒲……今江東謂之苻蘺，西方亦名蒲，中莖為蒚，用之為席。」這是說蒲、苻蘺為同一種植物，其莖稱為蒚，可用於編織蓆子。「莞」即水蔥，長於池沼，二三月種植，夏季開花，色褐，主要功能為編織物。[261]

「稻」，即稻米，根據地區的不同，每年種植次數亦不同，華北地區一年種植一次，長江地區一年則可種植兩次。《四民月令・三月》：「時雨降，可種秔稻。」（頁 26）《齊民要術・水稻》：「三月種者為上時，四月上旬為中時，中旬為下時。」（頁 159）簡文於莞蒲開花之時種稻，應為夏季。

（十六）麥芒華

「麥」，種類甚多，古人所種主要為大、小麥，一年主要種植於春、秋兩季。春麥如《四民月令・正月》：「可種春麥、螕豆，盡二月止。」（頁 13）《呂氏春秋・二月紀》：「仲春行秋令，則其國大水，寒氣總至，寇戎來征。行冬令，則陽氣不勝，麥乃不熟，民多相掠。」（頁 37）指仲春時，人君若施行冬季的政令，

---

[261] 包山楚簡所記載的陪葬物中便有「莞席」。

會影響到陽氣發展，使此時所種之麥無法成熟。春麥於孟夏四月收成，故《呂氏春秋・四月紀》：「農乃升麥。天子乃以彘嘗麥，先薦寢廟。」（頁87）高《注》：「升，獻。」農民收割春麥獻於天子，天子則行嘗麥禮，因此後文簡 1814、簡 1815：「當（嘗）麥」，皆為夏季之事。秋麥如《四民月令・八月》：「凡種大小麥，得白露節，可種薄田；秋分，種中田；後十日，種美田。」（頁62）《呂氏春秋・八月紀》：「乃勸種麥，無或失時，行罪無疑。」（頁177）春麥收割之後，還可栽種秋麥。《齊民要術》更載「冬麥」之栽種方法[262]，但冬麥成長時間為一年，當非本簡所栽種之麥。由此尚不能判斷簡文之「麥」為春麥或秋麥，然「芃」，即「秦芃」，根黃色，六月開花，色紫，為藥草，可治風濕。簡文之麥既然與芃同時開花，當為春麥，時間應為夏季。

（十七）穜（種）蓄冬葵。瓠以堅苞。

　　原整理者認為：「《四民月令》：『中伏後可種冬葵。』」（頁222）然《四民月令・六月》實作：

　　　　是月六日可種葵。中伏後，可種冬葵……大暑中伏後，可蓄瓠，藏瓜，收芥子，盡七月。（頁51-52）

六月可種之葵即冬葵。「冬葵」可於春、秋兩季種植，喜陰涼，不耐高溫，夏秋之間開花，花小，色白，可食用、入藥。古人所種之「葵」有紫莖、白莖之分，其中紫莖種於春季，白莖種於秋季，故冬葵可能指白莖之葵，《齊民要術・種葵》則稱「六月一日，種白莖秋葵」（頁214），《注》云：「白莖者宜乾；紫莖者，乾即黑而澀。」故春季種紫莖，秋季種白莖。可知簡文雖種冬葵，但時節應屬夏秋之間。

　　「瓠」即瓠瓜、葫蘆，春季種植，如《四民月令・正月》：「可種瓜、瓠、芥、葵、蔥、大、小蔥、蓼、蘇、牧宿子及雜蒜、芋。」（頁13）夏季開花結果，如上引「可蓄瓠，藏瓜」。

　　「以」字，為時間副詞，作「已經」、「已然」之用，如《漢書・趙尹韓張兩王傳》：「今兩侯以出，人情不相遠，以臣心度之，大司馬及其枝屬必有畏懼之心。」（頁3218）「堅苞」即「瓜果結實飽滿」，如《詩經・大雅・生民》：「實發實秀，實堅實好。」（頁1143）孔《疏》：「其粒皆堅。」《呂氏春秋・離俗覽・貴信》：「秋之德雨，雨不信，其穀不堅，穀不堅則五種不成。」（頁536）高《注》：「堅，好。」簡文「穜（種）蓄冬葵。瓠以堅苞」，指夏季近秋季之時，可以種植冬葵，瓠瓜結實飽滿可以收成。

---

[262] 參石聲漢校釋：《齊民要術今釋》，頁147-148。

（十八）嫁女

此二字原整理者隸為婦女。（頁 216）原整理者所隸，是句為「【為】嗇夫，婦女，取婦」，其中「為婦女」一詞不見於本篇。而簡文殘圖作 ，字形右半部雖殘損，但與簡 1803 相同，故應改隸為「【為】嗇夫，嫁女，取婦」。

（十九）當（嘗）麻叔（菽）

原整理者認為：「《月令》：『仲秋之月……以犬嘗麻。』簡文『麻』下『叔』（菽）字可能應屬此句讀。」（頁 222）

此說可從。前文已論述「麻」種植於春夏，收成於秋季，故簡文「嘗麻」當為秋季之事。「菽」，為豆類總稱，《說文通訓定聲・孚部》：「未，古謂之未，漢謂之豆，今字作菽。菽者，眾豆之總名。」（頁 288）甚是。東漢崔寔所著《四民月令》即以豆稱菽。而菽多種於春季，如《四民月令》：

（正月）可種春麥、蜿豆，盡二月止。（頁 13）

（二月）可種植禾、大豆。（頁 20）

（四月）蠶入簇，時雨降，可種黍、禾，謂之上時，及大、小豆、胡麻。（頁 32）

菽種於春，當於秋季收成，如《詩經・豳風・七月》：「六月食鬱及薁、七月亨葵及菽。」（頁 835）七月烹菽，則菽當於六、七月（秋季）收成。簡文「當（嘗）麻叔（菽）」，指在秋季以當季所產的麻與菽為食。

（二十）韭生，蒼案（燕）夕鳴，可以遠徙。

原整理者認為：「《夏小正》：『正月……囿有見韭。』」（頁 222）

「韭」又見簡 1805：「韭以生。」「韭」，即韭菜，於春季種植，如上引《夏小正》。於夏秋之間開花，色白；嫩葉和花可食用，種子可入藥。《四民月令》記載「韭」的種植與收成：

（正月）上辛，掃除韭畦中枯葉。（頁 15）

（七月）藏韭菁。（頁 56）

「韭」一種即永生，故以「韭（久）」為名。《齊民要術・種韭》：「二月、七月種……若旱種者，但無畦與水耳，杷糞悉同。一種永生。」（頁 246-247）韭可種於春、秋二季，無須改種，種植一次，即可永久收成。故《注》云：「諺曰：『韭者，懶

人菜』，以其不須歲種也。」簡文「韭生」、「韭以生」，可能都指秋季之事。「韭以生」，即「韭已經生長」。

　　原整理者讀「案」為「雁」字。「案」字為影母元部，「雁」字為疑母元部，聲為牙音與喉音，韻為疊韻，應可通假。不過「蒼雁」一詞未見於傳世文獻，故此處仍有通讀為其他字之可能性。「案」從「安」聲，可通假為「燕」，因為燕、晏二字可通，而「晏」亦從「安」聲，如《左傳・昭公二十五年》：「明日晏飲酒樂。」（頁4573）《漢書・五行志》引作「燕」（頁1449）。其他從「晏」之字亦可讀為「燕」或從「燕」之字，如《詩經・邶風・新臺》：「燕婉之求。」（頁656）「燕」字，《說文》「㬉」字條引作「㬉」（頁134）；《史記・封禪書》：「曣㬉，有黃雲蓋焉。」（頁465）「曣㬉」，《漢書・郊祀志》作「晏溫」（頁1225）。

　　「蒼案（雁）夕鳴，可以遠徙」，指秋季燕鳥鳴叫，則人可以遠遊遷徙。類似的遷徙文句，又如《曹氏陰陽》簡1626：「秋月者，諸物盡返，陰，以此徙，與物俱入靜，吉。」（頁203）秋天農忙停止，稍得閒暇，才能前往較遠的地方。[263]簡文「韭生，蒼案（燕）夕鳴，可以遠徙」，指此時節（秋季）韭菜生長，蒼燕鳴叫，可以遷徙至遠處。

第三節、《迎四時》考證

一、解題與編聯

（一）解題

　　本篇共八簡，皆為殘簡，主旨為迎四時的禮儀，篇名為原整理者據內容而定，本篇內容與《尚書大傳》、《管子・幼官》相近，但較為簡略，缺少介於夏、秋二季之間的「土王之日」。[264]簡文依序說明春、夏、秋、冬四季時，天子應行之禮，包括行禮的地點、建築規格、車馬具尺寸、樂曲與種類舞曲，最後補充四季安養百姓的禮儀。

　　本篇幾乎可與《尚書大傳》對照，相關研究甚少。除原整理者外，陳侃理曾比較本篇與《皇覽》的字句，認為本篇與《皇覽》所收逸禮，屬於同一篇章的不同版本，並據此重新編聯簡文。[265]楊安針對《銀雀山漢墓竹簡〔貳〕》進行集釋

---

[263] 房繼榮《敦煌本鳥鳴占文獻研究》一書，將敦煌寫本中的「鳥鳴占」文獻聯繫至甲骨卜辭、傳世文獻中與鳥有關的占卜紀錄，特別是《逸周書・時訓》中與鳥類有關的月令條文，如「又五日，鴻鴈來」、「又五日，倉庚鳴」、「又五日，戴勝降于桑」、「鳴鳩不拂其羽」，認為這種物候經驗的總結，是鳥鳴占的源頭之一。參房繼榮：《敦煌本鳥鳴占文獻研究》（蘭州：甘肅人民出版社，2016年），頁86-90。簡文「蒼案（燕）夕鳴，可以遠徙」與月令條文之關係較為密切，比較看不出有占卜之行為，不過房氏將類似文獻視為漢、唐敦煌鳥鳴占文獻之起源，頗為可信。

[264] 參銀雀山漢墓竹簡整理小組編：《銀雀山漢墓竹簡〔貳〕》，頁223。又劉嬌曾據原整理者說法，製表整理本篇與《尚書大傳・五行》、《管子・幼官》相關文句。參劉嬌：《言公與剿說——從出土簡帛古籍看西漢以前古籍中相同或類似內容重複出現現象》（北京：線裝書局，2012年），頁365。

[265] 參陳侃理：〈從陰陽書到明堂禮——讀銀雀山漢簡《迎四時》〉，《中華文史論叢》，2010年第1

整理的工作，本篇為成果之一。[266]蕭旭曾針對簡文的部分詞語進行考釋。[267]

簡文分為兩個部分：一「迎四時之禮」，為本篇的主要內容，建構四時送往迎來的禮節規範；二、「四時安養之禮」，應為補充四時安養百姓之禮節。而本篇書手僅使用句讀符號「乚」，如█（簡1881）與█（簡1882）。

本篇講述「迎四時之禮」與「四時安養百姓之禮」，原整理者歸類於「陰陽時令、占候之類」，以數術文獻視之。然《漢書‧藝文志》將「明堂陰陽」類的書籍收於〈六藝略‧禮〉，將此類文獻的地位從陰陽家提高到儒家，連帶影響後世類書對於此類文獻的分類，如《皇覽》將與簡文內容類似的篇章收於「逸禮」，而《皇覽》亡佚後，《太平御覽》將此佚文收於《禮儀部‧迎氣》，《問經堂叢書》則收於《皇覽‧逸禮》，成為漢代所施行的政策之一。[268]簡文從統治者的角度出發，詳述四時所行的禮儀，規範建築、衣飾、車馬、舞樂的制度與種類，並略及安養政策，故陰陽四時的觀念較為濃厚，[269]五行概念則隱藏於四時及配色之中，且缺少「五行之土」的配日，與《尚書大傳‧五行》不同，反而近似《太平御覽》所收《皇覽》佚文，故就「五行觀念」存在與否，可分為兩個版本：一為四時配五行的《尚書大傳》系統；二為四時的《迎四時》與《皇覽》佚文系統。兩文本出於一源，差別在於「五行」的搭配，以及後續的演繹。[270]簡文內容雖見於《尚書大傳》，但《大傳》徹底說明一年十二月之明堂禮儀，與《迎四時》與《皇覽》佚文僅述「四時」不同。[271]

期，頁363-380。陳侃理：〈銀雀山漢簡《迎四時》補說〉，武漢簡帛網，http://www.bsm.org.cn/show_article.php?id=1304，2010年9月20日。

[266] 參楊安：《〈銀雀山漢墓竹簡‧佚書叢殘〉集釋》，頁273-278。

[267] 參蕭旭：《群書校補（續）——簡帛校補（第一冊）》（新北市：花木蘭出版社，2014年），頁158。

[268] 如懸泉漢簡《四時月令詔條》記載西漢平帝元始五年（西元3年）五月，以太皇太后名義頒布「四時禁忌及注意事項」的詔書，該詔書寫於牆上，故又稱「扁書」、「壁書」。內容雖可與《呂氏春秋》、《禮記‧月令》、《四民月令》相對照，但簡化不少，為「以月令為政策」的實例。參黃人二：《敦煌懸泉置〈四時月令詔條〉整理與研究》（武漢：武漢大學出版社，2010年），頁1-28。

[269] 劉愛敏認為：「《迎四時》屬陰陽家『敬授民時』的活動，是通過樂舞的形式向民眾教化『順應四時』的思想，由天子親自施行，對推行四時曆、促進曆法領域的大一統具有重要作用。」實則，將「敬授民時」與「樂舞」相結合，對於數術儀式的禮儀化、儒家化起了重要的作用。傳世禮書的明堂、月令皆與此有關，將民俗活動上升到天子王禮，使百官依照四時曆法指導農時，農民則依此生產、生活，便可達到古代社會與天地自然和諧共生的境界。參劉愛敏：〈銀雀山漢簡《迎四時》與周秦之際的曆法整合〉，《孔子研究》，2018年第6期，頁72-79。

[270] 陳侃理認為《尚書大傳》輯本除與本篇相近的文字外，皆不見他書徵引，故認為《大傳》文字雜揉，且贊同陳壽祺對本段文字是否屬於《大傳》提出之疑點，故以《皇覽》作為本篇的比較對象。參陳侃理：〈從陰陽書到明堂禮——讀銀雀山漢簡《迎四時》〉，《中華文史論叢》，2010年第1期，頁364。《大傳》是否雜揉的問題，其實與本篇的關係較少。就成書年代看，可確認《皇覽》佚文與本篇屬同一系統，《大傳》則不是，但兩版本的優劣則無法比較。即使《大傳》雜揉其它文本的內容，其真偽亦難以判斷，故只能說簡文所用的四時系統，可能近於《皇覽》佚文，而與兼用五行的《大傳》稍有不同。

[271] 《大傳》或受《呂氏春秋》、《淮南子‧時則》、《禮記‧月令》影響，故行文接近三書。如《尚書大傳‧五行》：「孟春之月，御青陽左个，禱用社，索於艮隅，厥休時雨，朔令曰：『挺羣，禁開閉闔、通窮室、達障塞、待優遊。其禁毋伐林木。』」近於《呂氏春秋‧孟春紀》：「孟春之月……其祀戶……天子居青陽左個……禁止伐木……」（頁5-11），然各月所行、所禁之事，並不完全與三書相同，如「索祀於艮隅」，即化用《周易》之概念，可見《尚書大傳‧五行》

（二）編聯

本篇簡數較少，又多為殘簡，但因內容與《尚書大傳》相似，故在編聯上較無疑慮。而陳侃理根據《皇覽》佚文，重新提出兩種編聯方式（如下圖）：

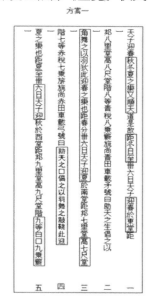

陳侃理認為：「方案一，按照整理者的意見，將簡 1882 置於迎夏。每簡容 29 至 34 字，共 10 支簡。從圖版看，簡 1886 字距明顯較其它各簡為疏。但據此方案，簡 1882 卻僅比簡 1886 多一字，而比字距疏密相當的簡 1881 少三字。這是本方案的缺點。方案二，將簡 1882 置於迎冬。每簡 33 至 40 字，共 9 支簡。從圖版看，簡 1886 比其它各簡均略寬，因此本方案推測該簡照片比例與其它各簡不一致，也並非復原完整的簡。但這只是推測，無法證實，並且本方案每簡容字數相差較大，也是明顯的缺點。」[272]

陳氏提出的兩編聯版本在簡制上皆有無法彌合之缺點，方案一認為「迎春於東堂」後有一「距」字，方案二則無。同一枚簡，其形制未曾改變，也皆為句末，卻因編聯不同，而自行增減字數，可商。簡文「堂」字作▊，其後沒有任何殘筆，可知方案一在「堂」字後增「距」字的編聯方式有誤。另外，陳氏已知本篇與《皇覽》佚文並不完全相同，「天之□倡之以羽舞之以鼓□此迎」一句，《皇覽》佚文夏季為「倡之以徵，舞之以鼓鞉」，冬季為「倡之以羽，舞之以籥」，而簡文混雜佚文夏、冬二季之內容，故陳氏方案一以其為夏季簡文，方案二則以其為冬季簡文，然方案二簡七、八字數明顯多過其餘簡，可知此種編聯方式亦有問題。不論方案一或二，皆是據《皇覽》佚文而作的復原圖，然簡文殘缺頗甚，現存內容只是「近於」《皇覽》佚文，不表示「完全符合」，若提出「簡文是《尚書大傳》之

融合了諸家學說。

[272] 參陳侃理：〈銀雀山漢簡《迎四時》補說〉，武漢簡帛網，2010 年 9 月 20 日。

系統，但正好缺少『五行之土』的說法，按照《尚書大傳》之方式編聯簡文也無不可。

就殘簡論，現今的編聯方式（與方案一相近），實已符合《尚書大傳》與《皇覽》佚文，故不須另闢它說，徒增疑慮。原整理者據《尚書大傳》將本文補充如下：

> 故距冬日至【卅】六日，天子迎春於東堂……【堂高八尺，堂階八等，青□八乘……昌（唱）之以】角，舞之以羽狄（翟），此迎春之樂也。距春分卅六日，天子迎夏【於南堂……（據原簡空缺地位推算，此處似僅缺二至三字）堂】高七尺，堂【階七等，赤□七乘】……□之□，昌（唱）之以羽，舞之以鼓桃（鼗），此迎【夏之樂也。距夏日至卅六日】天子迎【秋於西堂……堂高九尺，堂階】九等，白□九乘，蘄（旂）……【昌（唱）之以商，舞之以干戚，此迎秋之樂也。距秋分卅六日，天子迎冬於北堂……堂高六尺，堂】階六等，黑□六乘，蘄（旂）□□……【昌（唱)之以徵，舞之以干戈，此迎冬之樂也】。（頁 226）

至於簡 1885、1886，則因語義不同，當各自獨立。

二、簡文語譯

……故距冬日至【卅】[273]六日，天子迎春（一）於東堂，【1880】……【昌（唱）之以】[274]角，舞之以羽狄（翟）[275]，此迎春之樂也。距春分卅六日，天子迎夏……高七尺 ∟，堂【1881】…‥天之□ ∟，昌（唱）之以羽，舞之以鼓（非／兆？）（二），此迎【1882】……天子迎……九等，白褖（稅？）[276]九乘，蘄（旂）

---

273 「卅」字，據本篇文意所補，簡文「迎四時」之禮，皆從二分二至後四十六日開始，故迎春禮當於冬至後四十六日。蕭旭認為「冬日至」當改為「冬至日」。（頁 158）

274 此據原整理者所引《尚書大傳》，補為【昌（唱）之以】角，可與簡文「昌（唱）之以羽」對應。

275 原整理者認為：「簡文『狄』字當讀為『翟』，二字古通。《詩經・邶風・簡兮》言舞人『右手秉翟』，毛《傳》：『翟，翟羽也。』《說文》：『翟，山雉尾長者。』《大傳》此句作『舞之以羽』，與下文『舞之以鼓鼗』、『舞之以干戚』等句不稱，『羽』下應據簡文補『翟』字。」（頁 223）

276 原整理者認為：「此字亦見下簡，左半從『象』，右半殘去。《大傳》與此相當之字為『稅』。『稅』字古與『褖』通。《禮記・玉藻》『士褖衣』，鄭《注》：『褖或作稅。』又《周禮・天官・內司服》『褖衣』鄭《注》：『《雜記》曰：夫人復稅衣揄狄。又《喪大記》曰：士妻以褖衣。言褖者甚眾，字或作稅。』疑簡文此字亦當讀為『褖』，『白褖』、『黑褖』，與《幼官》之『服白色』、『服黑色』同意。或以為『白稅』、『黑稅』等當指車飾，故言『白稅九乘』、『黑稅六乘』……待考。」（頁 224）陳侃理認為：「校《皇覽》引，□處殘字當是『稅』。『稅』用作『繐』，《左傳》襄公二十七年『如稅服終身』杜預《注》『稅即繐也』，這裏應該是指駕馬身上掛的穗子。」（頁 368）此字作 ▨，字殘漫漶，實難辨認，簡 1884 對應之字作 ▨，應為「象」字，原整理者說可從，陳氏所隸有誤。楚地出土文獻中的遣策，皆以「乘」作為陪葬車輛的量詞，本篇以「乘」為服飾（褖）或車馬飾品（稅）的量詞，非常特殊，包山簡 267：「一乘軒」、望山簡 5：「田車一乘」、新蔡葛陵簡 434：「歸絜車二乘」等皆以「乘」為車馬之量詞。參蕭聖中：《曾侯乙墓竹簡釋文補正暨車馬制度研究》（北京：科學出版社，2011 年），頁 175-185。

【1883】......□六等[277]，黑褖（税？）六乘，斳（旂）□□【1884】......此【迎】冬之樂也【（三十時）簡1770】[278]......

語譯： 冬至後四十六日，天子於東堂行迎春之禮......唱角音，持羽翟跳舞，這是迎接春季的舞樂。春分後四十六日，天子於南堂行迎夏之禮......高七尺，堂......天之......唱羽音，持鼓□跳舞，這是迎接夏季的舞樂。夏至後四十六日，天子於西堂行迎秋之禮......九等，白□九乘，旂......秋分後四十六日，天子於北堂行迎冬之禮......□六等，黑□六乘，斳（旂）......這是迎接冬季的舞樂。

......秋[279]冬夏之樂必□□【1885】......

語譯： ......秋冬夏的禮樂必......

......春養八稺（稚）於東堂，夏養七孺婦於南堂，秋養九老於西堂，冬養六受（叟）（三）於北堂，養【1886】......

語譯： ......春季於東堂安養幼童，夏季於南堂安養孺婦，秋季於西堂安養老者，冬季於北堂安養叟，養......

三、字詞考釋

（一）天子迎春

　　原整理者隸為「迎」字。（頁223）陳侃理認為：「整理者認爲屬迎春禮，也有問題。因爲簡1880c（2973）『春』上有『迎』字，顯然無法與簡1880b上下連綴，惟其實際位置現已無法確知。」楊安認為：

> 陳氏認爲1880b、c兩段無法綴合，其實不然。1880c段第一字從中間看有比較明顯的層次感，也就是說1880c段第一字右側部分是1880b段末字左側一部分的下層。這樣，我們試著去掉1880c段右側作「▆」很明顯是「辶」旁，我們再將其與1880b段末子拼合作：「▆」，對比簡1881「迎」字「▆」其顯然是「迎」之左半，因1880b段從整體上看，右側殘缺了一條簡，其所缺的「卩」旁正書於其上。綜上，整理者所綴所釋不誤。（頁275）

---

[277] 原整理者認為：「字殘存左半『阜』旁，據《大傳》可能爲『階』字。」（頁224）

[278] 王輝將原整理者所隸的「時」字（▆）改隸為『樂』字，並認為：「『之』前一字作𠂔，右旁殘去，結合文義，即『冬』字。」參王輝：〈銀雀山漢簡殘字的釋讀及其意義〉，《文史》，2022年第2輯，總139輯，頁269。考慮到文句形式，王輝將《三十時》簡1770改置於《迎四時》簡1880後，可從。

[279] 原整理者認為：「『冬』上一字僅存左半『禾』旁，疑是『秋』字。此句原文疑作『春秋冬夏之樂必......』。又『必』下一字殘存右半『頁』旁，疑是『順』字。」（頁224）陳侃理認為：「四時以春秋冬夏爲序，見《禮記・孔子閒居》『天有四時，春秋冬夏』，《大戴禮記・主言》『其於信也如四時春秋冬夏』，《尚書大傳》『周公兼思三王之道以施於春秋冬夏』，亦多見於《墨子》、《管子》、《呂氏春秋》等古書，當爲漢人所習用。這裏與《皇覽》小異，是傳寫所致。」（頁367）

陳侃理說可從。楊安所綴合之字，明顯與簡 1881「迎」字不同，若依此說法將簡
1880b 與簡 1880c 左右合併，則簡文作：

簡 1880b+1880c	簡 1881

圖表中 1880b 為右半部簡，1880c 為左半部簡。比較兩簡「天子迎」三字，可知
以楊安之綴合方式，其簡文十分偏離中軸，「天子」及其以上之字皆往右偏移，
以此綴合得出的「迎」字，可商。

　　簡 1880b 字作 ，與簡 1881「迎」字 相比，可以看出所謂的「辶」旁有
些許不同，似乎有一豎筆。而簡 1880「春」上之字 ，即簡 1881 迎字所從，為
「辶」旁無疑。觀察「迎」字構形，是將「卬」字的左旁「匚」縮小，置於「辶」
旁之上，與「卩」同為左右構形，故「匚」旁只佔「迎」字形左半之半，故若將
簡 1880b 與簡 1880c 綴合為一簡，則「匚」不得大於「辶」旁，但簡 1880b 之最
末字明顯大於簡 1880c 之首字，故難以綴合為「迎」字。簡文殘字確實為「迎」，
但並非如楊安所言「殘去左邊」，而是右邊從卩處殘缺（此由簡 1880b 知字體多缺
右半部可知）。

（二）舞之以鼓（非／兆？）

　　原整理者認為：「簡文『鼓』下一字，右半從『兆』，左半部絕大部分缺去，
似是『桃』字，在此當讀為『鼗』。《大傳》謂迎夏之樂『倡之以徵，舞之以鼓鼗』，
但〈幼官〉則謂君主當於夏季『聽羽聲』，尹《注》：『羽，北方聲也。火王之時，
不聽徵而聽羽者，所以抑盛陽。』簡文謂迎夏之樂『昌之以羽』，與〈幼官〉合。」
（頁 224）陳侃理認為：「簡文『舞之以鼓非』，《太平御覽》引《皇覽》作『舞之

以籥』,《續漢志》註引作『舞之以干戈』,這是簡文與傳世本最大的差異。案《皇覽》引禮書云,迎夏之月『倡之以徵,舞之鼓鞉』,《釋文》中簡文『鼓非』恐當作『鼓兆』,『兆』通『鞉』。」(頁368)

簡文此字作█,字形與「非」字十分相似,銀雀山漢簡「非」字作:

字形				
出處	《聽有五患》簡1508	《曹氏陰陽》簡1658	《曹氏陰陽》簡1684	《禁》簡1715

「兆」字則作:

字形						
出處	郭店簡《老子甲》簡25	包山喪葬簡265	睡虎地秦簡《日書乙》簡157	睡虎地秦簡《日書乙》簡159	睡虎地秦簡《日書乙》簡169	銀雀山漢簡《尉繚子》簡471

上舉「兆」字,無論是楚文字或秦漢文字,所從「兆」字,皆與《說文》古文𤕰相同。「兆」字,《說文·卜部》:「𤓯,灼龜坼也。從卜𤕰。象形。𤕰,古文𤓯省。」(頁128)許慎以為「兆」本象卜兆,故古文字「兆」字皆從卜。實際上「𤕰」字即象龜卜之形,中間的「卜」,即龜甲之「千里路」,左右筆畫則為卜畫(兆幹+兆枝),包山簡「兆」字,只是將右半部的筆畫方向朝中間(千里路)部位書寫,與其它例字並無不同。故由字形看,此字中間並無象「千里路」之筆畫,故為「非」字,《說文·非部》:「非,韋也。從飛下翅。取其相背也。」(頁588)《說文新證》:「字形實從二人相背形,因而有違義。」[280]「非」有違背之義,字形採兩人對稱相背,可知「相背」為此字構形之特點。而「兆」字象龜甲卜兆之形,故字形中間象「千里路」的部件,可作為與「非」字之別嫌。

此字隸為「兆」,可疑,然「鼓兆」又可與《尚書大傳》「舞之以鼓鼗」相對應,似無更好的釋讀方式,或者此字可能為書手誤書,將「兆」字寫為「非」字。

(三)稺(稚)

簡文「稺(稚)」、「嬬婦」、「老」與「受(叟)」為天子四時安養的對象。「稺」,即「稚」,《說文·禾部》:「幼禾也。從禾。屖聲。」(頁324)段《注》:「引申為凡幼之偁,今字作稚。」《說文》無「稚」字,「稚」指孩童、幼兒,《孟子·梁惠

---

[280] 季旭昇師:《說文新證》(福州:福建人民出版社,2010年),頁859。

王上》：「又稱貸而益之，使老稚轉乎溝壑。」[281]與簡文「老」、「稚」並稱。

「嬬婦」，指柔弱的婦女。「嬬」，《說文・女部》：「嬬，弱也。」（頁630）段《注》：「嬬之言濡也。濡，柔也。」相對於「稚」與「嬬婦」明確指以幼童、婦女為安養對象，「老」與「叟」的意思則有些混淆。「老」，《說文・老部》：「老，考也。七十曰老。」（頁402）《楚辭・離騷》：「老冉冉其將至兮，恐脩名之不立。」（頁12）王《注》：「七十曰老。」《說文》與王逸皆以「七十歲」為老，此為是漢人觀念，同於簡文。「叟」，《說文・又部》：「叟，老也。」（頁116）《釋名・釋親屬》：「叟，老者稱也。」[282]可見「老」、「叟」二字皆指老人，意近，簡文以秋、冬二季安養老、叟，或認為「叟」的地位、年齡高於「老」，故需特別照顧。

第四節、《四時令》考證

一、解題與編聯

（一）解題

本篇共十四簡，多為殘簡。本篇主旨為四時所發布之政策，篇名為原整理者據內容而定，[283]簡文內容與《管子・五行》相近，但略有不同：〈五行〉採「五行」區別一年，每行有七十二日，故以甲子、丙子、戊子、庚子、壬子作為發令之日，周而復始；[284]本篇則採用四時系統，以四季之朔日作為發令的日子，每月的間隔有大小月之別，較為彈性。簡文依序說明每一季節應當發布之政策，與銀雀山漢簡《禁》、《三十時》所載類似。

本篇可與《管子・五行》對照。除原整理者外，僅楊安針對《銀雀山漢墓竹簡〔貳〕》進行集釋整理的工作，本篇為成果之一，但內容多為原整理者之說解。[285]蕭旭曾針對簡文的部分詞語進行考釋。[286]

---

[281] 〔清〕阮元以文選樓藏本校勘嘉慶二十年重刊宋本：《十三經注疏・孟子》（京都：中文出版社，1972年），頁5789。

[282] 〔東漢〕劉熙：《釋名》（北京：中華書局，2016年），頁43。

[283] 參銀雀山漢墓竹簡整理小組編：《銀雀山漢墓竹簡〔貳〕》，頁224。翟玉忠認為：「《四時令》的篇題爲整理者所加，顯得很不恰當。因爲本篇只是《管子・五行》的另一個版本，其文字相近，當爲『五行令』才對。……顯而易見，簡文與《管子・五行》最大的不同就是在時間的記錄上，它以今天仍流行的四時系統替代了陰陽五行曆的五時系統，顯得十分混亂。」參翟玉忠：〈銀雀山漢簡與河圖洛書五行四時曆〉，http://bbs.lzszg.com/thread-907872-1-1.html，2015年1月19日。既然已認識到本篇與《管子・五行》因所採用的系統不同，且內容雖多可參照，但定名為「五行令」便顯得文不符題。故以原整理者定名為是。

[284] 《管子・五行》黎翔鳳「冬至不一定為甲子日，必睹甲子日才算木行御，東方為甲乙也。」（頁869）此說可從。《淮南子・天文》：「甲乙寅卯，木也；丙丁巳午，火也；戊己四季，土也；庚辛申酉，金也；壬癸亥子，水也。」（頁124）是天干之數正好對應五行，故《管子・五行》以甲、丙、戊、庚，若簡文在四時中插入「土行」之時間，便得要求戊子日剛好為朔日，然朔日每二十九或三十日出現一次，與七十二日的五行配日無法協調，故戊子日不可能剛好為朔日，五行也無法完全配合本篇的四時。又〈天文〉「戊己四季，土也」，其四季當指「丑」、「辰」、「未」、「戌」四個地支。

[285] 參楊安：《〈銀雀山漢墓竹簡・佚書叢殘〉集釋》，頁278-281。

[286] 參蕭旭：《群書校補（續）──簡帛校補（第一冊）》（新北市：花木蘭出版社，2014年），頁

本篇書手僅使用句讀符號「　ㄴ　」，如▉（簡1892）與▉（簡1900）。

簡文從統治者的角度出發，以四季為經，政令為緯，說明天子於四季應發布之命令，性質與《迎四時》相近，兩者互為表裏，但皆以天文曆法為根本，以協調自然為目的，惟《迎四時》屬於迎氣之禮，著重於禮儀節文之層面，《四時令》則聚焦於政策命令，與懸泉漢簡《四時月令詔條》相關，可互相參照。[287]

（二）編聯

由於本篇可與《管子·五行》參照，故簡文雖然殘斷，但編聯並無太大問題，只是簡1894、1895的詮釋，涉及本篇紀時採用四時或五行系統，故有必要釐清。關於此二簡之性質，原整理者認為：

> 〈五行〉中與以上一段相近之文字為：「……大揚惠言，寬刑死，緩罪人，出國司徒令，命順民之功力以養五穀，君子之靜居，而農夫修其功力極，然則天為粵宛，草木養長，五穀蕃實秀大……」。〈五行〉篇分一年為五個「七十二日」此段文字屬於「土行御」之第三個「七十二日」。由於竹簡殘缺，簡文是否在夏秋之間分出代表土德的一段時間與四時並列，已不可知，簡文此數句也可能就屬於「四月朔日……」一段。（頁225）

簡文作「……□□□緩刑□，免罪人，為……□□，草木養長，五穀蕃（繁）實而英大矣」，提到「緩刑」、「赦免」、「養長」，與土德生物的形象相近，故原整理者所慮有理。

簡1894、1895當屬夏季，原因有三：第一、本篇於每季首月之朔日發布政令，與《管子·五行》的發令時間不合。若認為簡文為「土行之令」，便得在夏、秋之間安排「土行御」的時間，但其它四季的時間仍無法與〈五行〉相對應，如表：

季節	春			夏			秋			冬		
五行		木			火			土		金		水

簡1894、1895若為土行之令，則本篇夏季之令不該發布於四月之朔，應提前至三月中旬，而秋季之令則要延至八月之朔，而冬季之令亦要延後。本篇既以朔日發令，則四季之間不太可能再安插「土行之日」，除非本篇以不同形式之文句說明土行發令之時，不然簡1894、1895的內容仍應歸於夏季之令。

第二、本篇內容雖與〈五行〉相同，但部分簡文仍無法完整對應〈五行〉所

159-160。

[287] 但《四時令》《四時月令詔條》的差異在於，本篇政令並非只針對黎民百姓而發，不少簡文仍與官員職務有關，如「總版」、「列爵」、「繕甲厲兵」等，與《四時月令詔條》多為農事規範不同。或可以本篇為綱，以《四時月令詔條》為目，兩者互相參看則可勾勒出漢代明堂月令實施的真實樣貌。

載發令時間，如簡 1897：「斬伐勿禁，弋射田邋（獵）勿禦」意思相近，為秋季之令，對應於〈五行〉：「發攔瀆盜賊，數剝竹箭，伐檀柘，令民出獵禽獸，不釋巨少而殺之」，為冬季之令。簡 1898：「擅（繕）甲厲兵，合什爲伍，脩封四彊（疆）□」，為冬季之令，對應於〈五行〉：「衍組甲厲兵，合什為伍以修於四境之內」，為秋季之令。

第三、銀雀山漢簡中不乏以「四時」為紀時系統的篇章，如《禁》、《三十時》、《迎四時》，《禁》與《三十時》皆是以四時作為禁令、宜忌的根據，《迎四時》雖因殘簡而有類似於本篇的問題，但與之對應的《皇覽》佚文則僅敘四時之禮，可看出銀雀山漢簡諸數術文獻所蘊含的五行思想較為淡薄。後文的《不時之應》，雖然歸屬於「五行」，然仍是以四時為紀時系統，只是強調「災異」，故置於五行。

由紀時系統不同於政令條文，可知簡 1894、1895 應屬「夏季之令」，也顯示《四時令》雖可與《管子‧五行》參照，卻不能直接認為本篇即〈五行〉。

二、簡文語譯

......與天調，然后天地之報有[288]【1887】......
語譯：......人與天調和，然後天地給予的報酬有......

......【正月朔日，天子】出令[289]，命東輔入御，令【1888】曰：總版（別）ㄴ，列爵 ㄴ，選賢不宵（肖）ㄴ，受（授）士[290]【1889】......禁斬伐，所以養【1890】...…□□□蟄虫（蟲）卬剝（一）ㄴ。春辟（避）審，物【1891】生葭[291]ㄴ。不列捐雛鷇，不列元嬰兒[292]【1892】......【四月朔日，天子出令，命南輔入御，令曰：】......馳車馬，所以發大氣也。然【則天無】疾風，草木偃卬，□氣□，民不疾，榮華[293]【1893】……□□□緩刑□，免罪人，為【1894】......□□，

---

[288] 原整理者認為：「〈五行〉中與簡文此句相近之文字爲：『人與天調，然後天地之美生。』」（頁225）

[289] 原整理者認為：「下文言『七月朔日，天子出令，命西輔入御』，『十月朔日，天子出令，命北輔入御』，此句首六字據之補。」（頁225）

[290] 原整理者認為：「〈五行〉中與以上一段相近之文字爲：『日至，睹甲子木行御，天子出令，命左右士師內御，總別列爵，論賢不肖士吏，賦秘賜賞於四境之內，發故粟以田數。』此數句緊接於『天地之美生』句後，故簡文『與天調，然后天地之報有......』（此下僅缺二、三字即足句）與【正月朔日天子】出令，命東輔入御』亦當緊接，疑一八八七號簡與一八八八號簡爲同一簡之上下兩截。〈五行〉之『內御』當從簡文讀爲『入御』即入侍之義。尹《注》以『內御』爲『內侍之官』是錯誤的。」（頁225）簡文「版」字對應於《管子‧五行》則為「別」字，「版」字屬幫母元部，「別」字屬幫母月部，兩字聲母相同，韻為對轉，可通假，故簡文「版」字應讀為「別」。

[291] 原整理者認為：「〈五行〉作『春辟勿時，苗足本』。簡文『辟』當讀爲『避』。春避審，蓋謂春季所應避免之行事，如斬伐樹木等，皆嚴格加以禁止。葭，疑當讀爲『葭』。司馬相如〈上林賦〉『實葉葭茂』，《文選》《注》引司馬彪曰：『葭，大也。』」（頁225）

[292] 原整理者認為：「〈五行〉作『不瘒雛鷇，不夭麗麋，毋傳速，亡（毋）傷繈葆，時則不凋』。『列』、『瘒』古音相近，但簡文『列捐』疑當讀爲『裂捐』，《說文》『捐，折也』；『列元』疑當讀爲『裂刓』。《廣雅‧釋詁一》：『刓，斷也。』」（頁225）蕭旭以為：「『元』爲『夭』形誤，亦折也。」（頁159）原整理者說可從。

[293] 原整理者認為：「〈五行〉中與以上一段相近之文字爲：『......君子修游馳以發地氣......然則天

草木【1895】養長，五穀繁（繁）實而英大矣 ∟ 。七月朔日，天子出令，命西輔入御，令曰：趣賦斂，興力事，審關市，【1896】斬伐勿禁，弋射田邀（獵）勿禦（二），然則天爲之□寒下霜，草木收斂，五穀成孰（熟）而實堅矣。²⁹⁴十月朔日，【1897】天子出令，命北輔入御，令曰：擅（繕）甲厲兵，合什爲伍，脩封四彊（疆）□²⁹⁵【1898】……【所以】責天地之閉臧（藏）也。審關籥（鑰），計百官之事，決疑獄，殺當死（三）。然則天爲下寒合冰，毛虫（蟲）不贖（殰），【1899】繩（孕）婦不消汁（棄） ∟ ，草木根本必美矣 ∟ 。²⁹⁶□【1900】……

語譯：【正月初一，天子】發布命令，命令東輔入侍，要東輔發布命令：總合、區別各等爵位，選賢舉能，分別人才優劣，授予官職爵位……禁止斬殺、砍伐，因為要養……冬季伏蟄的蟲類活動飛揚。審慎地避開、遵守春季禁令，植物才能生長俊美。不傷害雛鳥，不傷害嬰兒等春天初生的事物……【四月初一，天子發布命令，命令南輔入侍，要南輔發布命令：】……夏季可以馳遊車馬，幫助地氣散發。天氣和煦不會有強烈狂風，草木自然生長，□氣□，人民不會生病，花朵盛開……可以放寬刑罰，赦免罪人，為……草木可以安養生長，種植的糧食作物結實飽滿。七月初一，天子發布命令，命令西輔入侍，要西輔發布命令：催促收取賦稅，興建宮室房舍軍事建築，審查關市，不需禁止斬殺，不需禁止射擊田獵一類的活動，此時天氣變冷降霜，草木枯萎收斂，糧食作物成熟可以收成。十月初一，天子發布命令，命令北輔入侍，要北輔發布命令：修繕盔甲訓練兵士，編合隊伍，穩固國土邊疆……求取天地閉藏其氣。關市封閉，審查鎖鑰，統計百官

無疾風，草木發奮，鬱氣息，民不疾而榮華蕃。』」（頁 225。）「卬」字本有「仰」義，不需破讀。

²⁹⁴ 原整理者認為：「〈五行〉篇『金行御』一段內有『然則涼風至，白露下』，『然則晝炙陽，夕下露，地兢壞，五穀鄰熟，草木茂實』等語，與簡文意近。」（頁 225）

²⁹⁵ 原整理者認為：「〈五行〉中與以上一段相近之文字爲：『天子出令，命左右司馬衍組甲厲兵，合計爲伍，以修於四境之內……』，但其文不屬於與簡文『十月朔日……』相當之『水行御』一段，而屬於與簡文『七月朔日……』相當之『金行御』一段。〈五行〉之『衍組甲厲兵』與簡文之『擅甲厲兵』相當。『亶』、『善』音極近，『擅』當讀爲『繕』，『衍』應是『擅』、『繕』之音近誤字（『饍』字異體作『𥙆』可證『亶』、『衍』音亦相近）。『衍』下『組』字似不應有，疑後人因不明『衍甲』之義而臆加此字。（頁 225）沈祖春認為：「據字形及文意當隸爲『什』字，即此處當作『合什爲伍』。」《馬王堆漢墓帛書（壹）·經法·君正》16 下：『號令者，連爲什伍。』『連』爲『聯合』之義，『爲』與『合』義近，『連爲什伍』即『合什爲伍』。」參沈祖春：〈《銀雀山漢墓竹簡〔貳〕》校補〉，頁 461-465。又見沈祖春：〈《銀雀山漢墓竹簡〔貳〕》校讀札記〉，《中國文字研究》，第 24 輯（上海：上海書店出版社，2016 年），頁 85。原整理者對簡文『擅甲』與『管子·五行』「衍組甲」的說法可從，然所隸「計」字有誤，當從沈祖春說，改「計」為「什」字。此字作 ▨，左半明顯從「人」，也與同篇簡 1899：「計」字（▨）不同，今改。

²⁹⁶ 原整理者認為：「〈五行〉中與以上一段相近之文字爲：『……令民出獵禽獸，不釋巨少而殺之，所以貴天地之所閉藏也。然則羽卵者不段，毛胎者不贖，𦜖婦不銷棄，草木根本美。』簡文『審關籥……』句爲〈五行〉所無。」（頁 226。）楊安認為：「整理小組『消汁』不破讀，《管子·五行》中作『銷棄』，張佩綸云：『「銷」當作「消」，《史記·曆書》：「坤者陰死爲消」，《素問·脈要精微論》：「不足爲消」，《釋名》：「消，削也。」又：「消，弱也，」「消」爲不足月而生之類，「棄」則墜地不舉之類。』『汁』古音在禪母緝部，可以與『朿』一類的字通假，郭錫良指出：『朿聲字原在葉部，有些字後來轉入月部。』『棄』在溪母質部，可以與月部從『朿』之字通假，所以我們想『汁』『棄』很可能存在通假關係。」（頁 281-282）

事宜，判決有疑慮的訴訟，處刑獲死罪的人犯。此時天氣寒冷降冰，毛蟲不會敗壞，孕婦不會流產，草木雖然枯萎但其潛藏的根本必然是健康美好的。

三、字詞考釋

（一）蟄虫（蟲）印剽

　　原整理者認為：「〈五行〉中與以上一段相近之文字爲：『出國衡，順山林，禁民斬木，所以愛草木也。然則冰解而凍釋，草木區萌，贖蟄蟲卵菱。』『卵』當是『印』之形誤，『印』疑當讀爲『仰』。」（頁 225）

　　「印」字本就有「仰」，《說文・印部》：「印，望也。欲有所庶及也。」（頁389）徐灝《注箋》：「印，古仰字。」段《注》：「非印與仰義別。仰訓舉，印訓望，今則仰行而印廢。且多改印為仰矣。」《說文・人部》：「仰，舉也。」（頁377）段《注》：「與印同音義近。古印、仰多互用。」古籍中不乏「印」作「仰」之例，如《說文》「印」字引《詩經・小雅・車舝》曰：「高山印止」，今作「高山仰止」（頁1035）。《荀子・議兵》：「上足印，則下可用也；上不印，則下不可用也。」（頁270）楊《注》：「印，古仰字。」可見簡文「印」字，不必破讀為「仰」。[297]

　　「剽」字，本義為刺傷，《說文・刀部》：「剽，砭刺也。」（頁183）此處應為行動敏捷、輕巧之義。《廣韻・笑韻》：「剽，輕也。」《正字通・刀部》：「剽，輕疾也。」如《周禮・考工記・弓人》：「凡相筋，欲小簡而長，大結而澤。小簡而長，大結而澤，則其為獸必剽。」（頁2020）鄭《注》：「剽，疾也。」指以輕巧迅捷的動物的筋作為弓弦，則弓也能如該動物般輕巧疾速。

　　簡文「蟄虫（蟲）印剽」一詞，不見於傳世文獻，與《管子・五行》：「贖蟄蟲卵菱」（頁869）也有所不同。「贖蟄蟲卵菱」，《注》：「贖，猶去也。卵，鷇。菱，芡也。皆早春而生也。」故知「贖蟄蟲卵菱」是指不要傷害這些早春初生的動植物。「卵」字，或作「卵」，字形雖然不同，但各家皆從早春初生之物解釋，不出上引《注》說，但〈五行〉本文作：「然則冰解而凍釋，草木區萌，贖蟄蟲卵菱」，「冰解而凍釋，草木區萌」是描述春季萬物始動的情境，忽然轉入「贖蟄蟲卵菱」，指去除（破壞）早春初生之物，文意不通。「贖蟄蟲卵菱」前應還有否定詞，指春天不要傷害這些生物之義，但不見於該篇。若綜合〈五行〉與簡文，則此句應作：「冰解而凍釋，草木區萌，蟄蟲印剽」，同指春天萬物活動，而「草木區萌」形容植物萌芽初長，「蟄蟲印剽」形容動物甦醒飛揚，十分對應。

　　簡文「蟄虫（蟲）印剽」，指春季已到，秋冬之季蟄伏的蟲類皆甦醒而疾速地飛揚。簡1893：「草木偃印」亦不需讀作「草木偃仰」，直接作「印」字即可。

---

[297] 「印」字除仰望、向上之義外，也有茂盛之義，如《詩經・大雅・卷阿》：「顒顒卬卬，如圭如璋，令聞令望。」（頁1178）毛《傳》：「卬卬，盛貌。」本篇用來形容動物，《詩經》則以之形容人。

（二）弋射田邋（獵）勿禦

原整理者認為：「〈五行〉篇『睹庚子金行御』（指秋季）一段內，無與『趣賦斂，興力事』等語相類之文字。」（頁 225）簡文「趣賦斂，興力事」雖不見於《管子・五行》，但「斬伐勿禁，弋射田邋（獵）勿禦」一句，則可對應〈五行〉：「發攔瀆盜賊，數剝竹箭，伐檀柘，令民出獵禽獸，不釋巨少而殺之」，只是〈五行〉為冬季之令，與本篇為秋季之令不同。

「禦」字，為禁止、防止之義。《爾雅・釋言》：「禦，禁也。」（頁 5611）《廣雅・釋詁三》：「禦，止也。」（頁 93）《周禮・秋官・司寤氏》：「禦晨行者，禁宵行者、夜遊者。」（頁 1911）鄭《注》：「禦，亦禁也。」《曹氏陰陽》簡 1676：「與行＝（行行），故天下弗能御（禦）」（頁 205）「御」字亦讀為「禦」，為禁止之義。簡文「弋射田邋（獵）勿禦」，指秋季時不要禁止射擊田獵一類的活動。

（三）殺當死

「殺」字，原整理者未隸出，此字作。字形左半殘缺，然右半從「殳」明顯可見，可能為「殺」字。銀雀山漢簡「殺」字作：

字形					
出處	《十問》簡 1560	《禁》簡 1698	《三十時》簡 1744	《三十時》簡 1749	《五令》簡 1908

所舉「殺」字寫法大同小異，除《禁》簡 1698 的「殺」字外，其餘四字之「殳」旁皆已類化為「攴」，而《三十時》兩字例則與秦文字相似，如（睡虎地秦簡《日書甲》簡 40），後三字從朮，當是後出的訛誤寫法。

簡文以「決疑獄」與「殺當死」相對，皆為冬季之令，同《呂氏春秋・孟秋紀》：「決獄訟，必正平；戮有罪，嚴斷刑。」（頁 156）決疑獄即決獄訟，殺當死即戮有罪，文從字順。但《呂氏春秋》以之為秋季政令，《管子・五行》則無此段文字，皆與本篇不同。又《淮南子・時則訓》：「（北方之極）其令曰：……刑，殺當罪……（頁 186）即以「殺當罪」為冬季所發之令，字例用法及發令季節正與簡文所補相同。

第四章、銀雀山漢簡五行類出土文獻考證

　　本章針對銀雀山漢簡五行類的數術文獻進行討論，共有《禁》、《五令》、《不時之應》、《為政不善之應》、《人君不善之應》五篇。每節首先以「解題」說明該篇之主旨與前人研究，而後進行簡文分組，統計以往多被忽略的「符號」（篇章符號、句讀符號、重文符號），以便通讀簡文，最後則說明該篇運用之數術理論。其次則為「簡文語譯」，以編聯結果，完整列出該篇之文字，並加入符號，明確簡文內容，並嘗試性地翻譯簡文內容，但由於銀雀山漢簡殘缺頗甚，部分缺少上下文的簡文，只能條列原文。復次則為「字詞考釋」，針對簡文中隸定不夠準確，或有疑義之詞語提出說明。若該篇簡文若有出土或傳世文獻可供參照，則於「語譯」之後另闢項目說明。

第一節、《禁》考證

一、解題

　　本篇共二十九枚簡，其中完簡十五枚（部分經過綴合），其餘為殘簡。主要論四時與節氣之禁令，內容與《管子・四時》、〈五行〉、〈七臣七主〉與〈輕重己〉諸篇相近。而簡 1710 以下一段論天、土、聖人，雖未涉及四時禁令，但其書體、行款均與簡 1697 至簡 1709 號相同，當可視為同篇內容。[1]

　　以往對銀雀山漢簡《禁》的研究，多未涉及簡文的分類，除原整理者外，楊安則針對《銀雀山漢墓竹簡〔貳〕》進行集釋整理的工作。[2]蕭旭曾針對簡文的部分詞語進行考釋。[3]

　　簡文脈絡可分為四個部分：一、「篇題」，提示本篇講述「禁忌」；二、「四時陰陽之禁」，為本篇之正文，針對四時陰陽等時期提出該遵守的禁忌，並納入「五行」作為實施禁忌的根據；三、「三才之道」，此段涉及風、雷、雨等自然現象與禁忌的關係，並認為「大道」以天、地、人的形式出現，故有天五刑、地五美、人五德，提倡師法自然之最高原則；四、「殘簡」，收錄無法歸類的簡文。

　　另外，本篇「殞」字皆寫作「殱」，此二字雖僅一筆之別，但與銀雀山漢墓竹簡其它篇的書手不同，或可作為識別書手的證據之一。又本篇書手共使用了三種符號，其一為重文符，如 ▆（簡 1698），▆（簡 1699）。其二、三皆為句讀符號 ∟ 與 ▪，兩種符號之使用並無區別，於文句停頓處皆可使用。

　　本篇講述了四時與節氣，惟節氣名稱與傳世文獻略有不同，如「霜降」稱「下

---

[1] 參銀雀山漢墓竹簡整理小組編：《銀雀山漢墓竹簡〔貳〕》（北京：文物出版社，2010 年），頁 210。

[2] 參楊安：《《銀雀山漢墓竹簡・佚書叢殘》集釋》（長春：吉林大學古籍研究所碩士論文，何景成指導，2013 年），頁 246-254。

[3] 參蕭旭：《群書校補（續）——簡帛校補（第一冊）》（新北市：花木蘭出版社，2014 年），頁 155-156。

霜」、「大寒」稱「水冰」，也與銀雀山漢簡《三十時》不同（其稱「霜氣」、「大寒」），可見當時對於節氣的名稱仍未統一規範。而本篇中的「土」有兩種概念，一為五行之「土」，二為天地之「地」。銀雀山漢簡中僅本篇「以土為地」，十分獨特，而本篇亦數術類文獻中非常少見的「海」之禁忌，此或因齊魯地處濱海，故保留相關數術文化；又銀雀山漢簡出於山東臨沂，屬齊魯故地，所用的齊魯方言，或亦與此有關。

本篇以四時節氣的禁忌為主旨，其月令系統看似以四時為主，五行為輔，但將祥瑞、災異的論述聯繫至上位者施政一點，則毫無疑問屬於「五行」的數術系統。簡文又提出「天五刑」、「土五美」、「人五德」，企圖涵括天、地、人之道理，將政令與天地完全配合，強調聖王要明道，方可治而不亂。換言之，《禁》其實是以「時節禁忌」為主，「災異」為輔的方式指導上位者的施政，與銀雀山漢簡《五令》、《不時之應》、《為政不善之應》、《人君不善之應》相同，皆強調時節、政令與災異的聯繫，尤其著重於災異之發生。此種以「災異」威嚇上位者，指導政令的方式，與《漢書・藝文志・數術略・五行》所言相同：

> 五行者，五常之形氣也。《書》云：「初一曰五行，次二曰羞用五事。」言進用五事以順五行也。貌、言、視、聽、思心失，而五行之序亂，五星之變作，皆出於律曆之數而分為一者也。其法亦起五德終始，推其極則無不至。[4]

以貌、言、視、聽、思五事強調上位者的行為與政令會導致「五行序亂」、「五星變作」等災異，正與簡文要求上位者師法天、地、人，謹守各時節的禁忌，以免導致災異產生的道理相近。本篇雖然以禁忌、災異為主，卻也蘊含強烈的生態保育觀念，強調在不同的時節讓生物休養生息。

二、簡文語譯

（一）篇題

禁[5]【1696】

語譯：禁忌。

（二）四時陰陽之禁

春毋伐木（一），華筊（筴）（二）生 ∟ 。夏毋犯火[6]，精薪（三）絳（豐）。秋

---

[4] 〔東漢〕班固撰，〔唐〕顏師古注：《漢書》（北京：中華書局，2007年），頁1769。

[5] 原整理者認為：「此篇題見於第三輯所收木牘殘片。」（頁210）《銀雀山漢墓竹簡》第三輯並未出版，無法複驗原整理者說法，但本篇簡文多次提及「禁」，且講述季節、節氣之禁忌，故原整理者說法可從。

[6] 「犯火」指勿觸犯火禁。火禁當與古人用火之習慣有關，如《後漢書・禮儀志》：「日夏至，禁舉大火，止炭鼓鑄，消石冶皆絕止。」即禁止在夏至時期使用大火。又如北大漢簡《節》簡14：

毋犯金，當（黃）銀昭[7]∟。冬毋犯水，甘泉出。陽毋犯【1697】鳥，馮（鳳）皇出∟。陰毋犯戰（獸），麟生=（牲生）（四）出∟。雨毋犯虫（蟲），游龍見∟。是故方長不折[8]■，啟蟄不殺∟，不搴[9]榮華，【1698】……不殺，不盡羣∟，諸侯出邋（獵）不合圍∟，夫=（大夫）不射瞉■，士庶人不麛不卵（五）【1699】

語譯：春季不要伐木，則可生長出繁盛的竹筍。夏季不要犯火的禁忌，精潔柴薪的產量便會增加。秋季不要犯金的禁忌，則黃銅便會十分光亮。冬季不要犯水的禁忌，便會出現甘泉。陽氣的時期，不要犯鳥類，則會出現鳳凰。陰氣的時期，不要犯禽獸，則會出現麒麟。雨季不要犯蟲類，則會出現龍。因此不要折斷正在生長的草木，不要殺害剛復甦活動的蟲獸，不要拔取生長的花朵……不要殺害□□，諸侯田獵之時，不要合圍捕殺獸群，士大夫不要射殺出生的小鳥，士庶人不要殺害出生的小鹿及尚未孵化的鳥蛋。

……□斷獄，所以順天也。不從[10]天之道，相[11]【1700】地之宜，五穀不番（蕃），

「七月毋舉火。」參〔南朝宋〕范曄撰，〔唐〕李賢等注：《後漢書》（北京：中華書局，1973 年），頁 3122。北京大學出土文獻研究所編：《北京大學藏西漢竹書（伍）》（上海：上海古籍出版社，2014 年），頁 40。

7 「當」字，原整理者讀為「璗」。《說文・玉部》：「璗，金之美者，與玉同光。」《爾雅・釋器》：「黃金謂之璗」。（頁 210）原整理者所釋，可備一說。「當」為端母陽部，「璗」為透母陽部，聲母旁轉，韻部相同，可以通假。《爾雅》：「黃金謂之璗……白金謂之銀」，故「璗」、「銀」可比觀。「璗銀昭」，應指黃金、白金會發光、發亮。不過若以簡文「華」、「精」、「當」、「甘」為相同詞性，則「當」應為通假字。「當」字或可讀為「黃」，「當」字為端母陽部，「黃」字為匣母陽部，兩字疊韻。戰國晉幣有「黃釿」，學者或讀為「衡釿」、「當釿」。又如王莽建國所鑄布錢，面文「大布黃千」，「黃千」即「當千」。「黃銀」指一種黃色的金屬，即黃銅，如任昉〈齊明帝諡議〉：「黃銀紫玉之瑞。幽符遠萃。」「當（黃）銀昭」指黃銅會發光、發亮。參王輝編著：《古文字通假字典》（北京：中華書局，2008 年），頁 408。〔清〕嚴可均校輯：《全上古三代秦漢三國六朝文》（北京：中華書局，1991 年），頁 3199-2。

8 「方長不折」，即《呂氏春秋・季夏記・音律》：「仲呂之月，無聚大眾，巡勸農事，草木方長，無攜民心。」指不要折斷正在生長的草木，因為夏季是萬物生長的季節，不要破壞自然的規律。此種保育概念同見於《大戴禮記・衛將君文子》：「開蟄不殺則天道也，方長不折則恕也，恕則仁也。」此是用「仁恕」的觀念配合「天道」，透過儒家理論深化此保育觀念。參許維遹集釋，梁運華整理：《呂氏春秋》（北京：中華書局，2010 年），頁 137。〔清〕王聘珍撰，王文錦點校：《大戴禮記》（北京：中華書局，1983 年），頁 112。

9 「搴」字，原整理者認為即「攓」字。《說文・手部》：「攓，拔取也。」亦作「搴」、「攐」。簡文義同《管子・四時》：「無殺麑夭，毋搴華芋絕」。（頁 210）

10 原整理者隸為「效」。（頁 210）王輝認為：「此字左旁爲『彳』且筆劃裂開，非『效』，當是『從』字之殘。《太平御覽》引《司馬法》：『先王之治，從天之道，設地之宜。』」參王輝：〈銀雀山漢簡殘字的釋讀及其意義〉，《文史》，2022 年第 2 輯，總 139 輯，頁 269。由重新拍攝的銀雀山漢簡可見此字殘餘偏旁作，確實與「效」字不類。王說可從。

11 原整理者認為：「似是失字。」（頁 210）。王輝認為：「『地』上之字作，右旁殘去，剩『木』旁……或是『相』字。《史記》：『相地之宜，宜穀者稼穡焉。』簡文『從天之道，相地之宜』，義順。」參王輝：〈銀雀山漢簡殘字的釋讀及其意義〉，《文史》，2022 年第 2 輯，總 139 輯，頁 269。

六畜不遂[12]，草木檮枝（枯）（六），萬物果蓏[13]不成，此天道不順也。故守國無禁，【1701】必傷於民乚　。土無禁則年不長■　（七），木無禁則百體（體）短乚（八），火無禁則勿（物）不緈（豐），金無禁則箭〈筋〉（九）□□[14]【1702】……

語譯：□□之時，可以斷獄決訟，所以順應天道。不服從天道，考慮地之適宜，則五穀無法繁殖，六畜無法生育，草木斷裂枯萎無法生長，萬物瓜果無法熟成，這是因為天道運行不順暢的緣故。所以守衛、經營國家若無禁忌，必然傷害人民產力。如果土行沒有禁忌，則豐收的時間不長；木行沒有禁忌，則草木的形體便無法生長健全；火行沒有禁忌，則物產不會豐盛；金行沒有禁忌，則萬物之力便……

……【毋以聚】[15]衆舉斧柯伐木。若以舉斧【1703】柯伐木，其鄉曲瘥〈瘁〉乚（十）。定夏大暑，肈治（始）（十一），毋以聚衆鼓盧（爐）樂（爍）金。若以聚衆鼓盧（爐）樂（爍）金，遺火亥【1704】國乚　（十二），臺廟（十三）將有焚者，君大者（堵）亥（垓）焉（十四）。定秋下霜，毋以聚衆鑿山出金石。若以聚衆鑿山出金【1705】石，賢人死，朾士亡[16]。定冬水冰，血氣菫凝（凝）（十五），毋以聚衆夬（決）□（漏）□澤通水[17]，若以聚衆夬（決）□【洰澤通】【1706】水，其鄉曲瘥〈瘁〉。定夏大暑，肈治，毋以聚衆鑿土。若以聚衆鑿土，是謂攻氣[18]，國大瘥〈瘁〉乚　。定冬水冰，【1707】血氣菫凝（凝），毋以聚衆鑿土。

---

[12] 「遂」字，育也。「遂」字邪母物部，「育」字喻母覺部，二字聲母可通，喻母三等在上古陰歸入匣母，而匣、邪二母通轉；韻部則依龍宇純、李家浩說，以覺部、物部字可以通假，而遂、育二字通假又如《禮記‧樂記》：「氣衰則生物不遂」，《史記‧樂書》「不遂」作「不育」；《淮南子‧兵略》：「天化育而無形象」，《文子》「化育」作「化遂」。顏世鉉認為「遂」和「育」都可以表示生長養育的意義，兩者也有語音關係，所以，在生長養育這個意義上，二者很可能是同源關係。參龍宇純先生：〈上古音芻議〉，《中上古漢語音韻論文集》（臺北：五四書店，2002 年），頁430-441。李家浩：〈楚簡所記楚人祖先「鬵（鬻）熊」與「穴熊」為一人說——兼說上古幽部與微、文二部音轉〉，《安徽大學漢語言文字研究叢書‧李家浩卷》（合肥：安徽大學出版社，2013年），頁 213。顏世鉉：〈秦簡牘詞語釋讀二則〉，《第五屆古文字與古代史國際學術研討會會議論文集》（臺北：中央研究院歷史語言研究所，2016 年 1 月 25-27 日），頁 345-362。

[13] 「果蓏」，文獻多見，如，《周易‧說卦》：「艮為山，為徑路，為小石，為門闕，為果蓏」，王弼《注》：「木實為果，草實為蓏。」李零認為：「木果，如桃李之類，長在樹上；果蓏，則主要指葫蘆科的各種瓜，長在地上。」參李零：《死生有命　富貴在天：〈周易〉的自然哲學》（北京：三聯書店，2013 年），頁 396。

[14] 簡文僅言土、木、火、金，疑其下尚有「水無禁則□□□」之文字，而「則箭〈筋〉」下依例可能缺二字。

[15] 「毋以」字，據簡文相同句式所補。「聚」字，原圖作▨，簡文殘缺，只剩斜筆最末端可見，據簡文相同句式所補。

[16] 「朾」字，原圖作▨，原整理者認為：「左側從木，右側因竹簡折損殘去。」（頁 210）楊安補作朾。（頁 252）此字應為形容詞，用以修飾後文「士」字。

[17] □【洰澤通】，原整理者據簡文殘筆所補，認為：「□，疑當讀為『漏』。《淮南子‧本經》『竭澤而漁』，高誘《注》：『竭澤，漏池也。』簡文『□』下一字左從『水』，右側殘去，疑是『池』字或『波』（陂）字。《月令》『仲春之月，毋漉陂池』，『漉』亦竭也，與簡文意近。」（頁 210）「□」字，簡 1718 有「不□澤」，以「□」為動詞，本簡「□」字用法亦同，故原整理者說可從。缺字原圖作▨，從水，可依原整理者說補為洰。

[18] 「攻」字，為開採、開鑿之義，如《漢書‧貢禹傳》：「攻山取銅鐵，一歲功十萬人已上。」（頁 3075）簡文「攻氣」應指開鑿天地之氣的意思，因為夏天屬於萬物生長的季節，此時聚眾鑿

若以聚眾鑿土，是謂攻臧（藏），國大旀〈瘁〉∟。涅（污）池清水害大海（十六）■，是謂陰【1708】……⌈陽＝（陽，陽）⌋（十七）□□天人□□■。夫□及鑿土□□□□□□君將失□喪名■。華文繁（繁）章害五色（十八），君【1709】……

語譯：（當春天「清明」之時），不要聚集群眾以斧柯伐木，如果聚集群眾以斧柯伐木，則鄉里中將有人死亡。夏天「大暑」之時，蜂蜂蟻等蟲類茂盛生長，不要聚集群眾冶煉金屬，如果聚集群眾冶煉金屬，發生火災，更改國號，則王宮內的亭臺樓閣將會有火光之災，君主也將大肆興建牆垣與邊堤。秋天「下霜」之時，不要聚集群眾開鑿山脈挖掘金屬，如果聚集群眾開鑿山脈挖掘金屬，將有賢者名士死亡。冬天「水冰」之時，血氣流動緩慢、停滯，不要聚集群眾開通沼澤一類水源地，如果聚集群眾開通沼澤一類水源地，則鄉里中將有人死亡。

當夏天「大暑」之時，蜂蜂蟻等蟲類茂盛生長，不要聚集群眾開鑿土地，如果聚集群眾開鑿土地，便是開鑿破壞孕育萬物的天地之氣，國人將大量死亡。當冬天「水冰」之時，血氣流動緩慢、停滯，不要聚集群眾開鑿土地，如果聚集群眾開鑿土地，便是開鑿收藏的天地之氣，國人將大量死亡。汙染及清潔的水會損害大海，這是陰……鑿土之類的行為，國君將喪失名聲。華麗多樣的文章會損害五色，國君……

（三）三才之道

……失□見，大懼■。故風者，動[19]草木者也。大風【至】【1710】……毋伐■。雷者，動禽歎（獸）者也。大雷至則□□□殺。雨者，動龍魚者也。大雨至則海善（膳）[20]不【1711】減。財者，動人民者也。大委（十九）至則養參（三）族。不然，見大害矣。故萬物之動也，日師之也[21]，【1712】謀聰明；星辰，謀𥄂衡[22]；風，

土，將對育生萬物的地氣造成破壞；下文「攻藏」，則是開鑿收藏的地氣，因為冬季屬於萬物收藏的季節，亦不可聚眾鑿土，同於《管子・七臣七主》：「冬政不禁，則地氣不藏。」參黎翔鳳撰，梁運華整理：《管子校注》（北京：中華書局，2004 年），頁 995。

19. 「動」字，為「活動」之義，如《爾雅・釋詁下》：「動，作也。」《呂氏春秋・開春論》：「開春始雷，則蟄蟲動矣。」（頁 581）簡文敘述風、雷、雨對草木、禽獸、魚蟲及人民的影響，應理解為「使生長」的意思，如此則文意更為通順。參〔清〕阮元以文選樓藏本校勘嘉慶二十年重刊宋本：《十三經注疏・爾雅》（京都：中文出版社，1972 年），頁 5597。

20. 「善」字，原整理者通假為「膳」。（頁 209）此說可從。「膳」，指牲肉。《廣雅・釋器》：「膳，肉也。」如《周禮・天官・膳夫》：「膳夫掌王之食飲膳羞，以養王及后世子。」鄭《注》云：「膳，牲肉也。」簡文「海膳」，應就是指海中生物的肉。而「海膳不減」，可能指海生動物豐盛，簡文認為大雨可以生養海中生物，所以海產就會豐盛而無減。參〔清〕王念孫撰：《廣雅疏證》（北京：中華書局，2004 年），頁 245。〔清〕阮元以文選樓藏本校勘嘉慶二十年重刊宋本：《十三經注疏・周禮》（京都：中文出版社，1972 年），頁 1419。

21. 「日師之」，應為常常、頻繁學習之義。

22. 「𥄂」字，原整理者認為：「疑即『榘』字，因『規榘』之『規』從『見』，類推之而增『見』旁。『榘』謂規榘，『衡』謂權衡。」（頁 201）可從。

謀動靜，謀精²³∟。夫大道上文²⁴天，爲天五刑²⁵∟；下以□土，爲土五【1713】
美²⁶∟；中以□人，爲人五德²⁷∟。夫上文天，英而爲日月∟，榮成列星，
散而爲八精∟。（二十）天善圈²⁸【1714】其末，故生而不死。土善生其本，故
廣而不夾（狹），厚而不非（菲）。雖（唯）聖人明王亦善治其【1715】衷，故治
而不亂，安而不危，鮮²⁹而不辱。故生而無死者，天也。長而無息者，土也。【1716】
治而無亂者，聖人也。【1717】

語譯：……十分恐懼。所以「風」可以生養草木，大風至……不要砍伐（草木）。
雷可以生養禽獸，大雷至，不要殺害（禽獸）。雨可以生養魚龍，大雨至，則海
中生物不會減少。財帛可以生養人民，豐年至則倉廩儲存豐富，可以養育三族。

---

²³「精」字，即「精潔」之義，用法同簡 1697「精柴」之「精」。又原整理者認為：「此句疑有
脫誤。」（頁 210）可從。因「謀聰明」、「謀精」缺少師法的對象（如星辰、風），故可能為書
手漏抄。

²⁴蕭旭認為「文」字前當補「以」字。（頁 156）然簡文後亦有「上文天」，此處不必以缺字看待。
「文」字，應作動詞用，指「刻畫」、「顯示」，如《說文·文部》：「文，錯畫也。象交文。」
段《注》：「錯當作遣。遣畫者，逪道之畫也。」王筠《說文解字句讀》：「錯者，交錯也。錯而
畫之，乃成文也。」「文」字指交錯的筆畫，如《莊子·逍遙遊》：「越人斷髮文身。」簡文「大
道上文天，為天五刑」，指大道顯示、刻畫於天，於是有天的五行。後文「下以□土，爲土五
美；中以□人，爲人五德」應為類似意義，分別指大道反映、顯示在上（天）、中（人）、下（土
（地））三方面。參〔清〕段玉裁：《說文解字注》（臺北：藝文印書館，2005 年），頁 429。〔
清〕王筠撰：《說文解字句讀》（北京：中華書局，2011 年），頁 337。〔清〕郭慶藩輯，王孝魚
整理：《莊子集釋》（臺北：華正書局，2004 年），頁 31。

²⁵「五刑」，指五種刑罰方式，即《國語·魯語上》臧文仲所言：「大刑用甲兵，其次用斧鉞，中
刑用刀鋸，其次用鑽笮，薄刑用鞭扑，以威民也。故大者陳之原野，小者致之市朝，五刑三次，
是無隱也。」「五刑」即「甲兵」、「斧鉞」、「刀鋸」、「鑽笮」、「鞭扑」等以五種不同工具實施
的刑罰。又《周禮·秋官·司寇》：「以五刑糾萬民：一曰野刑，上功糾力；二曰軍刑，上命糾
守；三曰鄉刑，上德糾孝；四曰官刑，上能糾職；五曰國邢，上愿糾恭。」此處「五刑」則為
對五種不同等級之人施行的伐則，與臧文仲所言五刑不同。參徐元誥：《國語集解（修訂本）》
（北京：中華書局，2015 年），頁 152。〔清〕阮元以文選樓藏本校勘嘉慶二十年重刊宋本：
《十三經注疏·周禮》，頁 1878。

²⁶「美」字，指「品德」，如《論語·堯曰》：「子張曰：『何謂五美？』子曰：『君子惠而不費，
勞而不怨，欲而不貪，泰而不驕，威而不猛。』」邢昺《疏》：「當尊崇五種美事，屏除四種惡
事，則可也。」不過孔子以「五美」為人之品德，較不適合用於形容土地，簡文「五美」可能
即《太玄·玄瑩》：「鑿井澹水，鑽火熯木，流金陶土，以和五美；五美之資，以資百體，玄術
瑩之。」《太玄》雖未解釋「五美」，但以鑿井澹水，鑽火熯木，流金陶土配合五美，可能與土
地之關係較為密切。簡文「土有五美」，指大道透過土而顯示出的五種美德。〔清〕阮元以文選
樓藏本校勘嘉慶二十年重刊宋本：《十三經注疏·論語》（京都：中文出版社，1972 年），頁
5507。〔東漢〕揚雄撰，〔宋〕司馬光集注：《太玄集注》（北京：中華書局，1998 年），頁 188。

²⁷傳世文獻之「五德」大多用為五行之代稱，如「五德終使」，並非為德興，簡文「五德」可能
即《說文·玉部》：「玉：石之美。有五德：潤澤以溫，仁之方也；䚡理自外，可以知中，義之
方也；其聲舒揚，專以遠聞，智之方也；不橈而折，勇之方也；銳廉而不技，絜之方也。」（頁
10）即仁、義、智、勇、絜等五種品德。

²⁸「圈」字，原整理者認為：「疑當讀爲『豢』。《左傳·哀公十一年》『是豢吳也夫』，杜《注》：
『豢，養也。』」（頁 211）「圈」字本有豢養之義，如《漢書·張釋之傳》：「從行，上登虎圈。」
（頁 2307）顏師古《注》：「養獸之所。」

²⁹「鮮」字，為「美善」、「美好」之義，如《詩經·小雅·北山》：「嘉我未老，鮮我方將。」鄭
《箋》云：「嘉、鮮，皆善也。」簡文「鮮而不辱」，形容聖人之行為美好而不會受辱。〔清〕
阮元以文選樓藏本校勘嘉慶二十年重刊宋本：《十三經注疏·詩經》（京都：中文出版社，1972
年），頁 994。

若非如此，便有巨大的災害。所以生養萬物的方法，需要常常學習，向□□學習聰明，向星辰學習權衡，向風學習動靜之變，向□□學習精潔。

至高無上的道理是以天為效法對象，所以有天的五種「刑罰」；以地為效法對象，所以有地的五種「美德」；以人為效法對象，所以有五種「德行」。天的精華形成日月，擴展為星辰，散為八種精華（日月星辰風雨雷電）。天善於養其末枝，所以能生養而不死亡；土地善於生其根本，所以能廣袤而不狹隘，厚實而不淺薄；而聖人明王也善於治理其衷心，所以能治人而無動亂，安養而無危難，美善而不受辱。是故能生生不息而不死亡的是天，能悄然無聲地生養萬物的地，能治理百姓而無動亂的是聖人。

（四）殘簡

……不□澤，不用數古（罟）³⁰【1718】……

語譯：……不要□沼澤，不要用細密的魚網……

……數古（罟）罔（網）。若此則萬勿（物）皆□□□矣。春時陽【1719】……

語譯：……（不要用）細密的魚網。如此則萬物皆……春天陽氣的時期……

……若此則禽獸（獸）安其上矣。【1720】……

語譯：……如此則禽獸可以安心生養。…………

□若此則民安其上矣。□【1721】……

語譯：……如此則人民可以安心生養。……

□□贏（贏）虫（蟲）蟄，故鳥且殺（鎩）³¹羽，毛者不濆（潰）（二十一）【1722】……

語譯：□□贏蟲蟄伏，鳥類於此時換毛，胎生動物不愧夭折潰亡……

……□是故天無高 ∟ ，地無□【1723】……

……□□□□□也。□風時至將有□【也。□風】時至將有生也。寒風時至聚（二十二）【1724】……

語譯：……□風時將有……□風時將能生養萬物。寒風時聚集……

---

³⁰ 「數罟」，原整理者認為：「比照下一簡，『數』下一字當是『古』字，讀為『罟』。《孟子·梁惠王上》「數罟不入洿池」，趙《注》：『數罟，密網也。密細之網，所以捕小魚鱉者也，故禁之不得用。』」（頁211）可從。

³¹ 「殺」字，原整理者認為：「當讀為『鎩』。《淮南子·覽冥》『飛鳥鎩翼，走獸廢蹴。』」（頁211）可從。不過配合後文「毛者不濆（潰）」，此處「鎩羽」應指鳥類換毛，為正面用法。

三、字詞考釋

（一）春毋伐木

　　「春毋伐木」與後文「夏毋犯火」、「犯金」、「犯水」、「犯鳥」、「犯獸」、「犯蟲」對舉，皆強調在各季節或者氣候中，不要侵害對應的事物。但相對於「犯某」一詞的使用，此處「伐木」似乎顯得較為奇怪，為何不用「犯木」一詞？可能是相對於實際的「伐木行為」而言，犯所指涉的行為屬於抽象的事物。犯為侵犯、侵犯、觸犯之義，《說文・犬部》：「犯，侵也。」（頁 479）《論語・泰伯》：「犯而不校」（頁 5399），何晏《集解》：「言侵犯不報。」《國語・周語下》：「水火之所犯，猶不可救，何況天乎？」[32]「侵犯」的對象當然可以是人或者具體事物，但因為「火」、「金」、「水」、「鳥」、「獸」、「蟲」所指涉的事物多而繁複，如「火」為鼓爐鑠金，「金」為鑿山出金石，「水」為決口□澤通水，無法如「伐木」一詞，以一「伐」字便完整述說舉斧柯伐木之義，所以用「犯」字表示侵害各季節所對應的行為。

（二）華筎（䇣）生

　　華字，應訓作「花」。《說文・華部》：「華，榮也。」（頁 277）如《詩經・周南，桃夭》：「桃之夭夭，灼灼其華。」（頁 587）若「華」作為形容詞，為華麗、華美之義，可用來形容可食用性的䇣，與後文「精」、「當」、「甘」詞性相同，皆用來修飾名詞「薪」、「銀」、「泉」。「筎」字，原整理者認為：

> 讀爲「䇣」。《說文・竹部》：「䇣，竹萌也。」《爾雅・釋草》「䇣，箭萌」，郭《注》：「萌，筍屬也。」（頁 210）

沈祖春認為：

> 「䇣」謂「竹筍」，「筎」之義亦爲「竹筍」，《玉篇・竹部》：「筎，生筍。」《集韻・止韻》：「筎，筍也。」《類篇・竹部》：「筎，筍䇣也。」（「笋」爲「筍」之異體，《集韻・準韻》：「筍，或作笋。」）雖然「䇣」、「筎」上古音近，皆在「之」部，但兩字義同，實無將「筎」輾轉讀爲「䇣」之必要，直以本字釋讀即可，故整理小組之註釋欠妥。[33]

原整理者說可從。「筎」、「䇣」除古音接近外，以字甲骨文寫作𠃛，金文寫𠃊（《者㼈方尊》），與「台」字相似，如𠙴（《毛公鼎》）、𠙴（《王孫遺者鐘》），故金文中有

32　徐元誥：《國語集解（修訂本）》，頁 130。

33　沈祖春：〈《銀雀山漢墓竹簡〔貳〕》校補〉，張德芳主編：《甘肅省第二屆簡牘學國際研討會論文集》（上海：上海古籍出版社，2011 年），頁 461-465。又見沈祖春：〈《銀雀山漢墓竹簡〔貳〕》校讀札記〉，《中國文字研究》，第 24 輯（上海：上海書店出版社，2016 年），頁 87。

讀台為以者，如《陳侯午敦》、《趙孟介壺》、《陳喜壺》等等，足證台、以二字可互通。又沈文所引《玉篇》、《類篇》、《集韻》之時代較晚，倒不如原整理者徵引的《說文》、《爾雅》貼近簡文時代。簡文「華瑩生」指能長出繁華、茂盛的竹瑩。

（三）精薪

精薪一詞，葉山認為：

> 「精薪」的意義不明。王充《論衡・四諱》解釋俗以正月、五月子不祥，不當舉的原因時說：「夫正月歲始，五月盛陽，子以此月生，精熾熱烈」將要成為柴薪的植物似乎擁有完美的陽精，因為它隨後可以燃燒。[34]

此說可商。《論衡》所述盛陽之精為五月獨有，但簡文「精薪豐」，是「夏毋犯火」的結果，夏季並非只有五月，與《論衡》所述語境不同。且「豐」字應為豐產、豐富之義，指精薪的產量變高，與燃燒無關，故釋「精」為陽精不妥。

精有純潔、純淨之義。如《國語・周語上》：「祓除其心，精也。」（頁 32）韋昭《注》：「精，潔也。」更有以「精」形容材料者，如《後漢書・張衡傳》：「復造候風地動儀。以精銅鑄成。」（頁 1909）「精銅」指純淨的銅，則「精薪」也可指「潔淨的薪」，薪柴的潔淨，即同於現今所用柴炭的好壞之分，品質好的柴炭含水量少，在燃燒時較不起煙，品質較差的則含水量多，較不容易完全燃燒，故容易生煙。簡文「夏毋犯火，精薪豐」，指若不觸犯夏天的火禁，則能產出較多純淨的柴薪。

（四）生＝（牲生）

原整理者讀為生生，簡文作「陰無犯獸，麟生生出」，無釋。

簡文第一個「生」字通「牲」。如《論語・鄉黨》：「君賜生，必畜之。」（頁 5418）陸德明《釋文》：「魯讀生為牲。」「讀生為牲」是魯地的方言，而銀雀山漢簡出土於山東臨沂，地處齊魯一帶，所以簡文保留此種讀音亦屬合理。然「牲」為何種動物，歷來說法甚多，《論語》的生，應指祭祀用的牛，如《說文・牛部》：「牲，牛完全也。」（頁 52）牲又可泛指祭祀、食用的家畜，如《說文》牛字段《注》：「牲，引伸為凡畜之稱。」傳世文獻中有三牲（《詩經》）、五牲（《左傳》）、六牲（《周禮》），其中三牲（馬牛羊）、六牲（馬牛羊犬豕雞）皆為家畜，唯五牲較為特殊。《左傳・昭公二十五年》：「是故為禮以奉之，為六畜、五牲、三犧，以奉五味。」[35]杜預《注》：「（五牲）麋、鹿、麕、狼、兔。」可知牲亦可指野生動物。「麟牲」即指麟獸一類的野生動物。至於第二個「生」字，則讀如本字，

---

[34] 〔加拿大〕葉山著，劉樂賢譯：〈論銀雀山陰陽文獻的復原及其與道家黃老學派的關係〉，中國社會科學院簡帛研究中心編：《簡帛研究譯叢》，第二輯（湖南，湖南人民出版社，1998 年），頁 82-128。

[35] 〔清〕阮元以文選樓藏本校勘嘉慶二十年重刊宋本：《十三經注疏・左傳》（京都：中文出版社，1972 年），頁 4575。

連下字「出」合為出生之義。

簡文「陰毋犯獸（獸），麟牲生出」，指若不觸犯陰時的獸禁，則麟獸一類的野生動物便會出生。與前後文「陽毋犯鳥，鳳皇出」、「雨毋犯蟲，游龍見」相似，皆屬吉兆。

（五）不麝不卵

類似的文句又如《禮記・曲禮下》：「國君春田不圍澤，大夫不掩羣，士不取麛卵。」[36]《詩經・小雅・魚麗》：「魚麗于罶鱨鯊，君子有酒旨且多」（頁 89），毛《傳》：「是以天子不合圍，諸侯不掩羣，大夫不麛不卵，士不隱塞，庶人不數罟。」《淮南子・主術》「故先王之法，畋不掩羣，不取麛夭」[37]，高誘《注》：「掩猶盡也。」

陳劍認為類似文意又如睡虎地秦簡《秦律十八種・田律》簡 4「不夏月，毋敢……取生荔、麝（卵）㲉」、張家山漢簡《二年律令・田律》簡 249：「禁諸民吏徒隸，春夏毋敢……取產聽（麝）卵□（㲉）」。[38]楊安則以敦煌懸泉月令詔條「毋麝」、「毋卵」為例，認為麝、麝音近，即同本簡「不麝不卵」。（頁 251）

又，《禮記》、《淮南子》的文句作「不取麛卵」、「不取麛夭」，皆有「不取」一詞；而睡虎地、張家山作「毋敢取」，懸泉漢簡則作「毋」，惟毛《傳》作「不麝不卵」，同於簡文，呈現特殊的用詞習慣；《禮記》、《淮南子》、睡虎地、張家山作「取」字，懸泉漢簡、本簡及毛《傳》皆無動詞，而是以禁止副詞（毋、不）[39]代替。而本簡與毛《傳》用法相同，可能並非偶然。毛《傳》傳自魯國詩經學派，而銀雀山漢簡出土於山東臨沂，地處齊魯一帶，可能帶有齊魯的用字特色。

（六）檮枎（枯）

原整理者讀為「凋枯」，認為：「『壽』聲與『周』聲古音相近。《詩・小雅・吉日》『既伯既禱』，《說文》所引『禱』作『禂』可證。枎，疑當讀為『枯』。『夫』聲與『古』聲古音亦相近。」（頁 210）蕭旭認為：「檮，疑當讀為倒。《廣韻》『檮』、『倒』同音都皓切，《集韻》『擣』、『捯』同字，是其比也。枎，疑當讀為伏、仆、踣、匐，並一音之轉也。《集韻》：『匐，或作扶。』」（頁 156）

蕭說從音韻切入，「倒伏」應指樹木斷裂，撲倒在地。不過「檮」字，《說文・木部》：「檮，斷木也。」（頁 271）段《注》云：「謂斷木之榦，楬頭可憎者。」檮為斷木，與草木不長的意思接近，故無須改讀為「凋」，或讀為「倒」。簡文「檮枎（枯）」，指草木斷裂枯萎不生長的意思。

---

[36] 〔清〕阮元以文選樓藏本校勘嘉慶二十年重刊宋本：《十三經注疏・禮記》（京都：中文出版社，1972 年），頁 2723。

[37] 劉文典撰，馮逸、喬華點校：《淮南鴻烈集解》（北京：中華書局，2013 年），頁 308。

[38] 陳劍：〈北大竹書《周訓》「非爵勿駘」小考〉，復旦網，http://www.gwz.fudan.edu.cn/Web/Show/1857，2012 年 4 月 29 日。

[39] 參楊樹達：《詞詮》（北京：中華書局，2006 年），頁 11、頁 360。

（七）土無禁則年不長

「年」字，《說文·禾部》：「年，穀孰也。从禾。千聲。《春秋傳》曰大有年。」（頁 329）「年」指五穀成熟，《尚書·多士》：「爾厥有幹，有年於茲洛。」[40]孔《傳》：「有豐年於此洛邑。」（頁 469）《史記·天官書》「有年」[41]，《正義》：「有年，謂豐熟也。」「土無禁則年不長」，指「土行」若無禁忌，則五穀不會生長。

（八）百膿（體）短

原整理者認為：

> 百體，身體的各部分，猶言「百節」。《莊子·則陽》：「今指馬之百體而不得馬，而馬係於前者，立其百體而谓之馬也。」（頁 210）

原整理者以為百體為「身體的各部分」，這是以人為舉例對象，然而簡文「木無禁則百膿（體）短」，則是針對「木」（草木）而言，故「體」應為草木形體之義。如《詩經·大雅·行葦》：「方苞方體，維葉泥泥」（頁 1150），鄭《箋》：「體，成形也。」馬瑞辰《通釋》更云：

> 體，當讀如「無以下體」之體，謂成莖也。葦之有莖，正如人之有體，體、形通訓，故箋以為成形耳。」[42]

草木之體，即為根、莖、葉等部位。簡文「木無禁則百膿（體）短」，指「木行」若無禁忌，則草木的形體便會生長不佳；若草木百體不短，即生長狀況不錯，便如《管子·五行》：「羽卵者不段，毛胎者不贕，膲婦不銷棄，草木根本美」（頁 875-876），以「根本美」形容草木良好的生長狀況。

（九）箭〈筋〉

簡文「箭」字形作 。原整理者隸為「筋」，但本字右旁與銀雀山漢簡所見「力」旁不同：

字形	![力]	![力]	![力]	![力]
簡序	簡 31	簡 164	簡 166	簡 701

---

[40] 〔清〕阮元以文選樓藏本校勘嘉慶二十年重刊宋本：《十三經注疏·尚書》（京都：中文出版社，1972 年），頁 469。

[41] 〔西漢〕司馬遷撰，〔南朝宋〕裴駰集解，〔唐〕張守節正義，〔唐〕司馬貞索隱：《史記》（北京：中華書局，2009 年），頁 1325。

[42] 〔清〕馬瑞辰撰，陳金生點校：《毛詩傳箋通釋》（北京：中華書局，1989 年），頁 889。

本字所从偏旁與「刀」相同，如銀雀山漢簡中从刀諸字：

字形	利	利	則	則
隸定	利	利	則	則
簡序	簡6	簡85	簡29	簡107

嚴格說來，此字應隸定為「箾」，為「筋」之訛字。簡文殘缺，故無法確知「筋」字之義，只能知道簡文以「金」與「筋」相應。《說文‧竹部》：「筋，肉之力也。从肉力。从竹。竹，物之多筋者。」（頁180）可知《說文》以筋為力量之義，故从肉、力。

「筋」字，指力量，也與萬物的生長有關，《太平御覽》引《說文》作「筋，體之力也，可以相連屬作用也。」所以筋決定了物體的連屬。王筠《說文解字句讀》云：「體有十二屬，皆有筋連屬之。筋力者，百事所由興，故作用出焉。」（頁149）既然簡文多次出現「年」（豐年）、「百體」（形體）、「物」（物產）諸類強調物產、物體豐榮的詞彙，那麼物體內在的「筋力」可能也是關心的對象之一，但簡文殘缺，無法得知修飾「筋」的語詞為何。

簡文以「金」與「筋」相應，與先秦兩漢的醫學文獻中，「筋」（筋骨、筋脈）一般從屬於「木行」的說法不同，如《黃帝內經》[43]便多次提及「筋」與「木行」、「春季」的對應關係：

> 東方青色，入通於肝，開竅於目，藏精於肝，其病發驚駭，其味酸，其類草木，其畜雞，其穀麥，其應四時，上為歲星，是以春氣在頭也，其音角，其數八，是以知病之在筋也，其臭臊。（《金匱真言論》，頁38）

> 東方生風，風生木，木生酸，酸生肝，肝生筋，筋生心，肝主目。（《陰陽應象大論》，頁49）

> 五藏所主：心主脈，肺主皮，肝主筋，脾主肉，腎主骨，是謂五主。（《宣明五氣》，頁210）

在《黃帝內經》的醫學理論中，「筋」是與「木行」、「春季」、「肝臟」等相應，故《經脈》：「肝者，筋之合也。」也以「肝臟」對應「筋」。故簡文以「金行」對應「筋」，與兩漢醫書系統不同，其原因或許在於簡文的「筋」並非醫書所用的「筋脈」、「筋骨」之筋，而就是《說文》所指「肉之力」，所以「金行」若無禁忌，則萬物之「筋」（力量）便會有所虧損。

---

[43] 參楊維傑編：《黃帝內經素問譯解》（臺北：台聯國風出版社，1984年）

（十）其鄉曲殓〈殍〉

「殓」字作█。字形从歹从衣，為殍之訛寫。古文字的「卒」字皆从「衣」字加一橫筆，如█（望山簡2）、█（信陽簡2）、█（仰天湖簡25）等，秦漢簡中的「卒」字亦沿襲此種寫法，如銀雀山漢簡《為政不善之應》的字便作殍，从歹从卒，如█（簡1923）、█（簡1925）、█（簡1926）。从歹从衣的訛寫皆見於本篇，如此字與█（簡1707）、█（簡1708）。正字與訛字分見於兩篇簡文，互不混淆，這或許是書手書寫習慣不同所致，可知銀雀山漢簡《禁》與《為政不善之應》應屬不同書手的作品。

「殓」〈殍〉字，原整理者認為：

> 疑當讀為「領」（亦作「瘁」）。《爾雅・釋詁》「領，病也」，《漢書・王莽傳》「邦國珍領。」（頁210）

楊安認為：

> 「殍」多見本輯《為政不善之應》，詞例統一，作「六則兵作，七則君殍。」詞義應與本簡同。「殍」典籍多作「瘁」，《爾雅・釋詁》：「瘁，死也。」郝懿行《義疏》：「瘁者，殍之假借也。」「殍」訓死亦通順。（頁252）

此說可從。本篇與《為政不善之應》的「殍」字應皆用為「死」，只是對象不同，本篇指「鄉曲（鄉里之民）」（簡1704、簡1707）與「國民」（簡1708），《為政不善之應》則指「國君」。

（十一）定夏大暑，釐治（始）

「定」字，葉山認為：

> 「定」都出現於季節名之前。裘錫圭教授告訴我，「定」是「鼎」的假借字，而「鼎」又是「當」的假借。《漢書・賈誼傳》：「天子春秋鼎盛。」應劭注「鼎」為「方」。（頁122）

葉山之說，實即後來原整理者說：

> 「定」，疑當訓為「當」。「定」與「丁」音近。《爾雅・釋詁》：「丁，當也。」定夏、定冬（見下1706號簡）猶言「當夏」「當冬」。《管子・問》「工尹伐材用，毋於三時，羣材乃殖，而造器定冬完良，備用必足……。」（頁210）

這是把「定」字解釋為「正當」、「正值」的意思。「定夏大暑」便是「正當夏季

大暑」之義。但陳劍認為：

> 體會文意，「定冬」、「定夏」似應更近於「隆冬」、「盛夏」之類義，「定」
> 字訓爲「當」，仍感不切。按一日中之時段名有「定昏」或「定昏時」。《淮
> 南子・天文》：「（日）至于虞淵，是謂黃昏；至于蒙谷，是謂定昏。」……
> 此類用法之「定」字，皆應即後世「亭／停午」之「亭／停」字的前身。
> 「亭／停」、「定」音義皆近，自不待贅言……季節、時段皆爲連續發展的
> 過程；至某一季節、某一時段的頂點並持續，即「停定」於此最高點；也
> 可以說，發展至此，該季節或時段始得「定」。「定冬」等語，當時人們是
> 不妨可以「正冬」、「當冬」義來理解它的；但就推究語源而言，仍應以最
> 早的書寫形式「定」字爲正，以「定止」、「停定」義來理解。[44]

陳劍認為簡文「定夏」、「定秋」與「定冬」的「定」字是用以描述季節發展到最
高點的最穩定狀態。可從。

關於大暑、下霜、水冰三個節氣，李零認為：「從所當節氣看，相當季春、
季夏、季秋、季冬。」[45]可知李零以此三節氣屬於季節之末，但並未指明是指何
種節氣。考《逸周書・周月解》所載節氣：

> 春三月中氣，驚蟄、春分、清明；夏三月中氣，小滿、夏至、大暑；秋三
> 月中氣，處暑、秋分、霜降；冬三月中氣，小雪、冬至、大寒。[46]

引文完整說明四季的中氣，故若以「定夏」為夏季發展到最高峰，最穩定之義，
便不該有大暑、霜降、大寒，因為此三節氣是步向衰減的節氣，代表已至季節之
末。文中提到「大暑」、「霜降」與「大寒」，正巧可與簡文「大暑」、「下霜」、「水
冰」對應，只是季冬中氣之名稱稍微不同。《春秋繁露・五行五事》云：

> 夏失政，則冬不凍冰，五穀不藏，大寒不解。[47]

換言之，若夏季不失政，冬季便會有「凍冰」、「五穀藏」與「大寒解」等正常現
象。大寒為一年之中最冷的時節，值此節氣，水凍成冰，而後解凍實屬正常；但
若失政就有水不凍，或者無法解凍等反常現象。引文的「凍冰」與「解」正是大
寒的節氣現象，故簡文的「水冰」當然可作為「大寒」的別稱。簡文「定」字仍
以葉山、原整理者之說為是，用作「當」、「值」之義。而由簡文三中氣之名稱，

---

[44] 陳劍：〈關於《昭王與龔之脽》的「定冬」〉，復旦網，http://www.gwz.fudan.edu.cn/Web/Show/1712，
2011 年 11 月 18 日。

[45] 李零：〈讀銀雀山漢簡《三十時》〉，李零：《中國方術續考》（北京：中華書局，2010 年），頁
302。

[46] 黃懷信：《逸周書校補注釋（修訂本）》（西安：三秦出版社，2006 年），頁 250。

[47] 蘇輿義證，鍾哲點校：《春秋繁露義證》（北京：中華書局，1992 年），頁 393。

也可以推測簡文已殘缺的春季節氣，可能類似於「清明」。

「治」字，原整理者無說。頗疑「治」字應通假為「始」字。治、始二字皆從「台」為聲，故可相通。文獻中雖無治、始互通之例，卻有兩字通為同字之例，如馬王堆帛書《老子》甲本「上善治水」，乙本作「如水」，通行本作「若水」，故「治」應讀為「似」；而甲本「淵呵始萬物之宗」，今本則作「似」。既然「治」、「始」都可以通作「似」，則二字的讀音應當接近，可以通假。

「始」有「生」意，《釋名・釋言語》：「始，息也，言滋息也。」[48]《禮記・檀弓下》：「喪禮哀戚之至也，節哀順變也，君子念始之者也。」（頁2813）鄭《注》云：「始，猶生也。念父母生己，不欲傷其性。」「蜇治（始）」一詞應指「蜂螝蛇虺」一類的生物大量生長出現。傳世文獻多以季夏為萬物生長茂盛的時期，如《管子・度地》：「當夏三月，天地氣壯，大暑至，萬物榮華，利以疾薅，殺草蟊。」因為生長榮華，故草蟊可殺。[49]《春秋繁露・五行五事》亦云：「夏至之後，大暑隆，萬物茂育懷任。」（頁393）也是以夏至之後的大暑為萬物茂盛生長之時期，故簡文以「大暑」、「蜇治（始）」並舉。

此句應斷讀為「定夏大暑，蜇治（始）」，句式與後文「定冬水冰，血氣菫凝（凝）」相同，皆在節氣後說明此時生物之生長情況，指當季夏大暑之時，蜂螝等蟲類開始出現。

（十二）遺火亥（改）國

「遺火」一詞又見《後漢書・逸民列傳》：「（梁鴻）曾誤遺火延及它舍，鴻乃尋訪燒者，問所去失，悉以豕償之。」（頁276）「誤遺火」，為無意間造成火災，遺火即「發生火災」。

「亥國」，傳世文獻未見。「亥」疑讀為「改」。亥屬匣母之部，改屬見母之部，聲母同屬牙音旁轉，韻部相同，可以通假。如郭店簡《老子甲》簡21：「蜀（獨）立而不亥」，亥字，王弼本作「改」。「改國」為改國號之義，如《後漢書・孝明八王傳》：「以河閒孝王子得嗣靖王後。以樂成比廢絕，故改國曰安平。」（頁1674）《漢書・章帝八王傳》：「永元七年，改國名樂安。」（頁1797）

簡文「遺火亥（改）國」應與前句「聚眾鼓盧（爐）樂（爍）金」相同，皆屬於「禁忌」，為定夏大暑不可實行之事，並非產生的災異，如後文「臺廟將有焚者」，便是以「將」字預言尚未發生之事。

（十三）臺廟

「臺廟」一詞僅見於《說苑・建本》：「千金之裘，非一狐之皮；臺廟之榱，

---

48 〔東漢〕劉熙：《釋名》（北京：中華書局，2016年），頁53。

49 「蟊」字，《說文・虫部》：「蟊，蚰蟊也。」（頁678）段《注》云：「司馬相如〈大人賦〉『騁赤螭青虯之蚰蟊蜿蜒』謂宛轉之兒也。按《篇》、《韻》皆曰龍兒，依賦文為訓耳，非許有『龍兒』二字也。」是知段《注》認為「蚰蟊蜿蜒」是形容彎曲延伸的形體，《玉篇》、《集韻》所言之龍形，只是司馬相如作品中的用法，並非文字本意。由《管子》引文可知草蟊應為蟲類，因其形類似毛蟲、線蟲，可蠕動彎曲，故可用為蚰蟊蜿蜒。

非一木之枝；先王之法，非一士之智也。」[50]指宮廷建築的橫樑，並非單一木頭即可勝任。而類似文句又見《史記·劉敬叔孫通列傳》：「千金之裘，非一狐之腋也；臺榭之榱，非一木之枝也；三代之際，非一士之智也。」（頁2726）是知「臺廟」與「臺榭」相同，而「臺榭」用例多見，如《墨子·辭過》：「暴奪民衣食之財，以為宮室臺榭曲直之望。」[51]《管子·八觀》：「課凶饑，計師役，觀臺榭，量國費，而實虛之國可知也。」（頁260）皆為王宮內亭台樓閣一類建築物的泛稱。銀雀山漢簡《人君不善之應》簡1933：「人君好水居濫（漸）臺」，其「濫（漸）臺」應與本簡「臺廟」相近。

（十四）君大者（堵）亥（垓）

「君大者亥」，原整理者無說，但隸「者」字為「堵」，有誤。

「者」字作 ，不從土，當改隸為「者」。然「者亥」一詞未見於傳世文獻。「者亥」前接「君大」，可能是君王的負面行為，然不成詞。者疑讀為堵。「堵」字，《說文·土部》：「堵，垣也。」（頁691）本意為牆垣，後引伸出圍堵、堵塞的意思。然而秦漢之間的傳世文獻，多用「堵」為牆垣，而非用作動詞，如《管子·君臣》：「雖有明君，百步之外，聽而不聞，閒之堵牆，窺而不見也。」（頁517）《淮南子·原道》：「隱于榛薄之中，環堵之室。」（頁31）《史記·高祖本紀》：「諸吏人皆案堵如故」，《集解》：「應劭曰：『堵，牆堵也。』」（頁364）皆以堵為牆。簡文當改隸為「者」，讀為「堵」，可能用作名詞。

「亥」疑讀為「垓」，垓字從亥得聲，可以通假。垓字，《說文·土部》：「垓，兼垓八極地也。《國語》曰：『天子尻垓之田。』」（頁689）段《注》云：「兼備八極之地謂之垓。」故「垓」為幅員廣大之地域。而「垓」字也可作堤防、邊堤使用，即常見的「垓下」。《史記·高祖本紀》：「高祖與諸侯兵共擊楚軍，與項羽決勝垓下。」（頁378）《索隱》：「張揖《三蒼》注云：『垓，堤名，在沛郡。』」《正義》：「按：垓下是高岡絕巖，今猶高三四丈，其聚邑及堤在垓之側」。垓為高處，故可為提防，而其聚邑地在垓之下，故名「垓下」。「堵垓」一詞未見於傳世文獻，可能為牆垣、邊堤等建築工程的合稱。如此則簡文應以「大」為動詞，大有擴大、大肆興建的意思，如《荀子·成相》：「卑其志意，大其園囿高其臺。」[52]以高、大互文，皆為擴大興建。《史記·范睢蔡澤列傳》：「披其枝者傷其心，大其都者危其國，尊其臣者卑其主」（頁2411）也是以大為擴大之用。

簡文「君大堵垓焉」應與前句「臺廟將有焚者」合觀，指若不遵守定夏大暑的禁忌，則除了臺廟將有火光之災外，君主也將大肆興建牆垣與邊堤，而堵垓可能暗示建築工程與戰爭，不利於國家發展。類似概念亦可見《管子·五行》：「睹戊子，土行御，天子修宮室，築臺榭，君危，外築城郭，臣死。」（頁874）〈五行〉將一年各配以木、火、土、金、水，每行共七十二日，與本篇的分法不同。

---

[50] 向宗魯校證：《說苑校證》（北京：中華書局，1987年），頁65。
[51] 〔清〕孫詒讓撰，孫啟治點校：《墨子閒詁》（北京：中華書局，2001年），頁31。
[52] 〔清〕王先謙撰，沈嘯寰、王星賢點校：《荀子集解》（北京：中華書局，1988年），頁458。

然本篇將五行配以四季，中央土剛好處於夏、秋之間，故將其所禁置於如夏季亦屬合理。引文提到在土行之時，修宮室，築臺榭、城郭都屬不好的行為，而簡文「臺廟有焚」、「君大堵垓」，正是土行之忌諱，故簡文以之為壞事。

（十五）血氣堇凝（凝）

「堇」字，葉山認為：「似即『墐』的省寫。」（頁122）原整理者無說。蕭旭讀「堇」為「艱」，「艱凝」猶言「凝固」、「凝結」。（頁156）

葉山所指「墐」字，其實就是「堇」字。《集韻·諄韻》：「堇，黏土也。或從土。」故依原整理者隸為「堇」即可。

「凝」字作█。字雖殘缺，然此字又見簡1708，作█，故原整理者隸為「凝」，疑是「凝」字之異體。（頁210）而將「冫」寫作「氵」的寫法，又見銀雀山漢簡《三十時》簡1804：「凍（凍）始澤〈釋〉」，字作█，從水從東，亦為異體字。

兩漢醫書多以類似詞彙形容氣血不通順，如《黃帝內經·素問·八正神明論》：「天寒日陰，則人血凝泣，而衛氣沈。」（頁221）《舉痛論》：「血氣稽留不得行。」（頁303）〈離合真邪〉：「夫邪之入於脈也，寒則血凝泣。」（頁229）〈調經論〉：「寒氣積於胸中而不寫，不寫則溫氣去，寒獨留，則血凝泣，凝則脈不通。」（頁465）《至真要大論》：「寒厥入胃，則內生心痛，陰中乃瘍，隱曲不利，互引陰股，筋肉拘苛，血脈凝泣，絡滿色變」（頁641）《黃帝內經·靈樞·賊風》：「其開而遇風寒，則血氣凝結，與故邪相襲，則為寒痺。」[53]故「堇凝」一詞，應是形容血氣行進緩慢、滯留不前。《說文·堇部》：「堇，黏土也。從黃省從土。」（頁700）段《注》云：「從黃者，黃土多黏也。會意。」是知《說文》認為黃土具黏性，故以「堇」字表示。「堇」字之本義為黏土，後引申出塗抹、沾黏之義，如《詩經·豳風·七月》：「穹窒熏鼠，塞向墐戶。」（頁834）《注》云：「墐，塗也。庶人蓽戶。」《箋》云：「為此四者以備寒。」引文以「塞」、「墐」互文，與簡文「凝」字相同，皆指凝窒不通。

「堇」字又有固藏之義，如《史記·扁鵲倉公列傳》云：

> 《脈法》曰：「年二十脈氣當趨，年三十當疾步，年四十當安坐，年五十當安臥，年六十已上氣當大堇。」（頁2814-2815）

「大堇」，《集解》引徐廣曰：「堇謂深藏之。一作『瑾』。」「堇」字可能為「堇」之訛變。此段引文是太倉公淳于意以《脈法》說明各年齡層者如何以相應的活動配合血脈氣息，可與《黃帝內經·靈樞·天年》相參照：

> 黃帝曰：「其氣之盛衰，以至其死，可得聞乎？」歧伯曰：「人生十歲，五臟始定，血氣已通，其氣在下，故好走；二十歲，血氣始盛肌肉方長，故好趨；三十歲，五臟大定，肌肉堅固，血脈盛滿，故好步；四十歲，五臟

---

53 楊維傑編：《黃帝內經素問譯解》（臺北：台聯國風出版社，1984年），頁410。

> 六府十二經脈，皆大盛以平定，腠理始疏，榮貨頹落，髮頗斑白，平盛不搖，故好坐；五十歲，肝氣始衰，肝葉始薄，膽汁始減，目始不明；六十歲，心氣始衰，若憂悲，血氣懈惰，故好臥；七十歲，脾氣虛，皮膚枯；八十歲，肺氣衰，魄離，故言善誤；九十歲，腎氣焦，四臟經脈空虛；百歲，五臟皆虛，神氣皆去，形骸獨居而終矣。」（頁 397）

二十歲好趨，三十歲好步，四十歲好坐，五十歲以上血氣懈惰，故好臥。《天年》所述內容大致與《史記》相同，只是更完整地說明血氣流動與行為舉止的關係。《史記》引《脈法》認為六十歲以上「氣當大董（大堇）」，要藏氣、固氣，可能是因為步入中老年，血氣漸虛，所以要穩固血氣。

本篇認為「定冬」時血氣堇凝，與造成上述引文血氣凝結的時期、環境相同，如「天寒日陰」、「寒厥入胃」、「寒」、「遇風寒」、「寒氣積」等情形，多為人體易受寒氣所侵襲的時候；而簡文「定冬」正是一年之中最為寒冷的時期。由此可見兩漢醫書與五行類數術文獻存在非常緊密的關係，《禁》所使用的節氣觀念未必如《黃帝內經》發展周延，但已有基本的理論概念。簡文「血氣堇凝（凝）」，指定冬時，血氣的流動緩慢、凝滯、深藏。

（十六）洿（污）池清水害大海

簡文「洿池」與「清水」相對，而這兩種水質都對大海無益。「害」字，《說文·宀部》：「害，傷也。」（頁 345）「害」即傷害、損害之義，如《詩經·大雅·蕩》：「枝葉未有害，本實先撥。」（頁 1194）鄭《箋》云：「枝葉未有折傷。」

由於簡文殘缺，故未能得知洿池與清水為何皆對大海有害，且也無法得知「害大海」造成的災異為何。簡文或許是將洿池與清水皆視作人為產物，而人為產物無論好壞對於自然生態都是干擾，所以即便是清水，對於大海也是有害而無益。後文「華文繁章害五色」可能同此。

（十七）陽=（陽，陽）

「陽」字及其後重文符號原整理者未隸定。「陽」字作 ▮。字形左半殘缺，僅存右半「昜」旁可以辨認。考慮到前簡提到「是謂陰」，則此字應可隸為「陽」。本篇其餘「陽」字作▮（簡 1697）、▮（簡 1719），寫法皆與本字相同；而簡 1719 的「陽」字亦僅存右半「昜」旁，與本字相同。

本字雖可隸為「陽」，但不排除簡 1708 與簡 1709 中有缺簡的可能，因「洿（污）池清水害大海」與後文「華文縣（繁）章害五色」皆屬不好的現象，故連讀兩簡為「是謂陰陽」，並不合文意。又「陽」字下方有一符號作：

54

此符號雖與下方捺筆接近，筆畫布局與「天」字相似，但查本篇諸「天」字作：

字形				
簡序	簡 1700	簡 1709	簡 1713	簡 1714

明顯可見其上部兩橫畫之間皆有距離，並不如此符號來得接近，故不該隸為「天」

字。然此形與簡 1698 的重文符相同 ，故可視為重文符。

（十八）華文繁（繁）章害五色

　　「文」字有文彩、花紋之義，「章」字亦同。《玉篇·音部》：「章，彩也。」《尚書·皋陶謨》：「天命有德，五服五章哉。」（頁 292）孔《傳》云：「尊卑彩章各異。」以「章」作為身分尊卑的象徵。又如《詩經·小雅·六月》：「織文鳥章，白旆央央。」（頁 909）鄭《箋》云：「鳥章，鳥隼之文章。」以「章」為花紋。所以簡文「華文」、「繁章」同指華麗繁複的花紋與色彩，而人為產物對於「五色」是有害而無益。

　　「五色」即青、黑、赤、白、黃五種顏色，對應於四方、中央，是古代祭祀系統下的產物。五色與祭祀最早見於殷商甲骨卜辭，但體系尚未完備，[55]而後由周人所繼承，並連結五色與方位，如《逸周書·作雒》云：「封人社壝諸侯受命于周，乃建大社于國中，其壝東青土，南赤土，西白土，北驪土，中央釁以黃土。」（頁 237）將「社」的四方、中央與五色相配合，則方位、五色、祭祀的聯繫更

---

54 此處擷取上半部簡文，以求明確符號比例。

55 汪濤認為：「顏色是一種象徵，在商代祭祀中以象徵的方式起作用，其意義也只能在這個象徵語境中才能揭示出來。」參〔英〕汪濤著，郅曉娜譯：《顏色與祭祀——中國古代文化中顏色意義探幽》（上海：上海古籍出版社，2013 年），頁 196。汪濤說法可從。顏色的象徵意義確實要回歸當下的祭祀語境中才能得其真意，後出的傳世文獻雖然沿襲五色，但各朝各代對於五色應用與象徵意義的認知並不相同，甚至體系規模也不同。關於甲骨卜辭中的五色應用，則可參汪濤《顏色與祭祀——中國古代文化中顏色意義探幽》一書第四章「商代顏色象徵體系與『五行說』的發展」（頁 191-208）是書對甲骨卜辭提到的牲畜顏色與祭祀有相當完整的說明。

為緊密。到了《尚書・洪範》，五色便內化於五行之中，體系變得更為周密：

> 初一曰五行，次二曰敬用五事，次三曰農用八政，次四曰協用五紀……一、
> 五行：一曰水，二曰火，三曰木，四曰金，五曰土。水曰潤下，火曰炎上，
> 木曰曲直，金曰從革，土爰稼穡。潤下作鹹，炎上作苦，曲直作酸，從革
> 作辛，稼穡作甘。二、五事：一曰貌，二曰言，三曰視，四曰聽，五曰思。
> 貌曰恭，言曰從，視曰明，聽曰聰，思曰睿。恭作肅，從作乂，明作哲，
> 聰作謀，睿作聖。三、八政：一曰食，二曰貨，三曰祀，四曰司空，五曰
> 司徒，六曰司寇，七曰賓，八曰師。四、五紀：一曰歲，二曰月，三曰日，
> 四曰星辰，五曰歷數。（頁 398-401）

雖未明言五色，卻可知五行的水火木金土，其實就代表了方位與顏色。在此體系
中，五行、五色、五味、五事、五紀相互對應，形成古人對天地萬物的知識論，
這是甲骨卜辭與西周文獻所未見。在此脈絡下，簡文的「五色」正是代表著天地
的秩序與規律，是自然的表現，所以華文繁章等人為產物之使用，便會干擾與破
壞五色。五色的和諧便代表秩序的維持，如《史記・樂書》云：

> 是故清明象天，廣大象地，終始象四時，周旋象風雨；五色成文而不亂，
> 八風從律而不姦，百度得數而有常；小大相成，終始相生，倡和清濁，代
> 相為經。（頁 1211）

五色成文而不亂，所以百度得數而有常，萬物呈現和諧的狀態。又如《大戴禮記・
曾子天圓》云：

> 聖人立五禮以為民望，制五衰以別親疏；和五聲以導民氣，合五味之調以察
> 民情；正五色之位，成五穀之名，序五牲之先後貴賤。（頁 101）

此處進一步演繹五色的內容，使五色成為聖人明王之政，從而彰顯尊卑貴賤之位。
五色逐漸從自然的規則，成為人間的政治制度；相對於此，簡文仍保留五色的數
術思想。

（十九）大委

「委」，即「委積」，指倉廩積存的物資。《集韻・真韻》：「委，委積，牢米
薪蒭之總名。」如《周禮・天官・宰夫》：「掌其牢禮、委積、膳獻、飲食賓賜之
殽牽，與其陳數。」（頁 1410）鄭《注》云：「委積，謂牢米薪蒭給賓客道用也。」
可知「委積」是儲存於倉廩以供賓客使用的薪柴、糧食或是蒭草。然《孫子・軍
爭》：「是故軍無輜重則亡，無糧食則亡，無委積則亡。」[56]杜佑《注》云：「委積，

---

[56] 楊丙安校理：《十一家注孫子校理》（北京：中華書局，1999 年），頁 140。

芻草之屬。」知《孫子》以「委積」為戰時供馬匹使用的糧草。

簡文「大委至」，指倉廩儲存豐富，但倉廩的儲存並不會「至」，頗疑「大委」應可借指豐年，因為豐年至，所以倉廩儲存豐富，故可養育族人。

（二十）夫上文天，英而為日月，榮成列星，散而為八精

原整理者以為「月」字下有重文符，故讀為：「夫上文天英而爲日月，月榮成列星。」（頁 209）此說可商。「月」字下符號作：

此符號的左邊明顯有一短豎筆，與本篇所見重文符號不同，如 ▬（簡 1698），反而與本篇句讀符號相同，如 ▬（簡 1698）、▬（簡 1698）、▬（簡 1702）等等，當改。

鄔可晶依原整理者讀法，但在「夫上文天後」點斷，認為簡文指大道上文天，天英而為日月，月榮而成列星。[57]根據前述所校出的句讀符號可知「榮成列星」之前無「月」字，所以簡文所謂「日月」、「列星」、「八精」，都是由承「上文天」而來，故其主體皆指「天」，同於《淮南子‧本經》：「天之精，日夜星辰雷電風雨。」（頁 260）。其中日月星辰雷電風雨正好為「八」，可能即簡文之「八精」。

（二十一）澮（潰）

此字原圖作 ▇。字形左半殘損，僅右半「會」旁可見，可以確知是從「會」之字，故原整理者隸為「澮」字，可從。

「澮」字，《說文‧水部》：「澮水。出河東彘靃山。西南入汾。从水。會聲。」（頁 531）知「澮」為水名，故其義項多與水有關，如溝渠、水名、水流匯集，與簡文所謂「毛者」（動物）相去甚遠。可知「澮」字應作為假借字使用。

簡文「鳥且殺（鎩）羽，毛者不澮（潰）」一句，在《管子》、《淮南子》中有相似句型：

> 羽卵者不段，毛胎者不瀆，膍婦不銷棄，草木根本美。（《管子‧五行》，頁 875-876）

> 獸胎不贕，鳥卵不毈。（《淮南子‧原道》，頁 3）

「羽卵者不段」，即鳥卵孵不出之義。《淮南子》所引文「段」又作「毈」。「毛胎

---

57 鄔可晶：〈銀雀山漢簡「陰陽時令、占候之類」叢札〉，清華大學出土文獻研究與保護中心編，李學勤主編：《出土文獻》，第七輯（上海：中西書局，2015 年），頁 221-222。

者不牘」，即胎生動物之胎兒未生而死亡之義。「牘」字，《說文・歺部》：「殰，胎敗也。从歺。賣聲。」（頁163）段《注》云：「〈樂記〉：『胎生者不殰。』注曰：『內敗曰殰。』《管子》：『羽卵者不段，毛胎者不牘。』房曰：『牘謂胎潰敗也。』」

「牘」、「犢」二字即「殰」，表「胎兒未生而死」之義。「殰」字為定母屋部，與匣母月部的「澮」字聲韻皆遠，難以通假。「澮」字雖無法通假為「牘」、「犢」、「殰」三字，但由引文可知此四字應用作「胎敗」之義，故「澮」所假借之字應往此方向思考。段注以「潰敗」解釋《管子》「毛胎者不牘」一句，可知「牘」、「犢」、「殰」三字與「潰敗」當有關係。「潰」字有腐爛、受傷之義，如《周禮・天官・瘍醫》：「掌腫瘍、潰瘍、金瘍、折瘍之祝藥。」（頁1437）賈公彥《疏》：「潰瘍，癰而含膿血以潰破者。」「癰而含膿血」指皮膚底下的組織發炎，「潰傷」就是身體內的傷口潰敗，所以「潰」當然可指未生之胎兒死亡。「潰」字為匣母物部，與「澮」字聲母相同，韻為旁轉，也同為去聲字，故「澮」可假借為「潰」，指未出生之胎兒死亡。

（二十二）聚

簡文此字殘缺，原整理者未隸。此字作▉。殘存筆畫與本篇諸「聚」字相同：

字形	▉	▉	▉	▉
簡序	簡1704	簡1704	簡1705	簡1705
字形	▉	▉	▉	▉
簡序	簡1706	簡1706	簡1707	簡1707

可以看出本字左半殘存的「耳」旁與「人」旁皆與「聚」字相同，故當隸為「聚」。但簡文殘缺，故未能知曉其後文意。

第二節、《五令》考證

一、解題

本篇共十三簡，除簡1913外，皆為完簡。本篇主旨為各時節應發布之命令，分為德令、義令、惠令、威令、罰令，故原整理者據此擬訂篇名。[58]簡文內容與陰陽無關，但蘊含強烈的五行意義，李零認為：「德、義、惠、威、罰『五令』與鱗（當木行）、羽（當火行）、臝（當土行）、毛（當金行）、介（當水行）『五蟲』相配，講五行生剋和陰陽德刑，並補缺簡文字。」[59]其說有誤，簡文以「德、義、

---

[58] 參銀雀山漢墓竹簡整理小組編：《銀雀山漢墓竹簡〔貳〕》，頁226。

[59] 參李零：〈讀銀雀山漢簡《三十時》〉，李零：《中國方術續考》，頁302-303。

惠、威、罰」配「羽、毛、蠃、介、鱗」五蟲，與《呂氏春秋・十二紀》、《淮南子・時則》的配伍方式不同，反倒與《管子・幼官》一致。故簡文雖無木、火、土、金、水之五行文字，但以五令區分一年的形式，唯有五行可以配合，且五蟲與五行的關係密切，可知本文當屬「五行」類的數術文獻。

以往對《五令》的研究論著甚少，除原整理者外，李零曾依據五行相生、相勝的原理，歸納本篇性質（頁 302-303）。楊安則針對《銀雀山漢墓竹簡〔貳〕》進行集釋整理的工作。[60]蕭旭曾針對簡文的部分詞語進行考釋。[61]

簡文可分為兩個部分：一、「五令」，說明五令的具體內容，應發布的命令事項；二、「蟲災生、克」，說明失令之時，會產生何種蟲災，又應用何種命令補救。又本篇書手共使用三種符號，其一為篇章符號「・」，如 ▉（簡 1901）、▉（簡 1907），用於每令的起始處，提示下文。其二為重文符號「＝」，如 ▉（簡 1906）、▉（簡 1906）。其三為句讀符號「ㄴ」，如 ▉（簡 1910）、▉（簡 1913）、▉（簡 1913），然於本篇出現頻率甚低，僅用於簡 1910 至 1913 講述五令生剋的部分。

本篇認為上位者的政令，應該要配合時節，故內容雖然沒有說明各種政令實施的時間，但由所頒布的事項，可知德、義、威、罰各自對應於春、夏、秋、冬四季，惠令則介於夏、秋之間。若上位者發布的政令，不合於該時節，則會導致相應的「蟲災」—羽、毛、蠃（裸）、介、鱗，此時便需要以適合的政令抑制、克制蟲災。《五令》其實是以「政令」為主，「災異」為輔的方式指導上位者的施政，時節及五行概念則隱於其中。簡文「以助長遂」、「以固守」、「以助損氣」其實與「以助臧（藏）地氣」相同，都是藉由不同時節的政令，以幫助地氣變化，顯見天人之間的聯繫，除了被動地接受災異外，還可以透過政令來強化地氣。銀雀山漢簡其餘數術文獻在論述陰陽、四時、五行與為政發令的關係，多以後果不佳，或是災異說明行為不當，本篇則更進一步提出了補救措施，強化天人之間的關係：因為災異雖是受上位者行為而產生，卻也可由上位者的行為而獲得補救。

二、簡文語譯

（一）五令

・德令者，求諸孤幼不能自衣食者，稟（廩）氣（餼）（一）之，以助生[62]。毋雍（壅）塞川澤。雍（壅）塞川澤，發令者有【1901】咎，民多腸（腸／瘍）疾[63]。【1902】

---

[60] 參楊安：《〈銀雀山漢墓竹簡・佚書叢殘〉集釋》，頁 282-289。

[61] 參蕭旭：《群書校補（續）——簡帛校補（第一冊）》（新北市：花木蘭出版社，2014 年），頁 160。

[62] 簡文「以助生」、「以助長遂」、「以助損氣」當與簡 1908：「以助臧（藏）地氣」相同，皆是以政策幫助天地之氣育萬物的概念。蕭旭認為「以助生」後脫「氣」字，當與「以助損氣」並舉。（頁 160）然「以助長遂」後亦無氣字，此處未必漏書「氣」字。

[63] 「腸」字，原整理者認為：「腸，疑當讀為『瘍』。《說文》『瘍，頭創也』，《釋名・釋疾病》『頭有創曰瘍』。《周禮・天官・醫師》『疕瘍者造焉』，鄭《注》：『身傷曰瘍。』」（頁 227）楊安從原整理者說，並引《素問》認為「瘍疾」是本於肝而發於頭的疾病。（頁 285）蕭旭認為「腸」與後文「單」指腸與膽，皆為疾病部位。（頁 160）楊安引用五行理論，認為「德令」屬木行，為肝、頭之疾病，故讀為「瘍」，但「腸」字也有可能讀如本字，就是指腸胃的疾病。

語譯：德令，發布命令徵集孤獨幼弱不能自給自足衣食的人，賜予、贈送糧食，幫助這些人維持生活。不要堵塞河川湖泊。如果堵塞河川湖泊，發布命令者便有災禍，人民容易有頭部（或是腸胃）的疾病。

．義令者，求孝弟（悌）爲□[64]鄉里者，賞之，以助長遂。毋□兵令，禁□水代〈伐〉木者[65]。□【1903】之，則五穀有菑（災），民多單（癉）疾[66]。【1904】

語譯：義令，發布命令徵集友愛幼小，孝順長上□於鄉里的人，給予獎賞，幫助地氣成長。不要發布兵令，禁止□水伐木。如果做了這些事項，則五穀有災而歉收，人民容易有熱病。

．惠令者，求行年八十者，脩（修）其牀席，問其飲食，以固守。[67]【1905】

語譯：惠令，發布命令徵集年紀八十以上的長者，修整他們的床席，慰問飲食，以穩固地氣。

．威令者，求不孝弟（悌）、凌暴勞（傲）悍而罰之，以助損氣，使穀毋復。[68]毋發＝贛＝賜＝（發贛賜。發贛賜），[69]大【1906】風至，蚤（旱）殺（二），馬牛

---

64 原整理者認為：「此字不清，疑是『善』字。」（頁 227）

65 原整理者認為：「『毋』下似是『發』字。『禁』下一字從『弓』从『殸』疑是『彀』字異體。」（頁 227）

66 「單」字，原整理者認為：「《素問・瘧論》『名曰癉瘧』，《注》：『熱也。』《漢書・藝文志》有《五藏六府癉十二病方》，《注》：『黃病。』《說文》『疸，黃病也』，是『癉』『疸』同字。」（頁 227）楊安從原整理者說，並引《素問》認為夏季「病在心」、「病在臟」正與簡文「癉瘧」相合。（頁 285-286）楊說可從。

67 原整理者認為：「《淮南子・時則》『季夏之月……行惠令，弔死問疾，存視長老，行稃鬻，厚席蓐，以送萬物歸也』，與簡文意近。」（頁 227）

68 原整理者認為：「《淮南子・時則》『孟秋之月……朝於總章左个，以出秋令。求不孝不悌、戮暴傲悍而罰之，以助損氣』，與簡文合。『使穀毋復』，謂使五穀不復生。《月令》：『仲秋……行夏令，則其國乃旱，蟄蟲不藏，五穀復生。』」（頁 227）方勇認為：「『凌暴勞（傲）悍』應是指傲慢兇狠、兇暴欺壓別人的行爲，其和具有『不孝悌』行爲的人，都是被統治階級刑罰的對象。」參方勇：〈讀秦漢簡札記二則〉，武漢簡帛網，http://www.bsm.org.cn/show_article.php?id=1572，2011 年 10 月 28 日。

69 原整理者認為：「《說文・員部》：『贛，賜也。』」（頁 227）楊安認為：「『發贛賜』疑讀爲『廢貢賜』。『贛』『貢』通用，《論衡・詰術》：『其立字也，展名取同義名，賜字子貢……』《校釋》：『《史記弟子傳》：「衛端木賜字子貢。」「貢」當作「贛」。說文云：「贛，賜也。」「貢」爲假字。論語石經，凡「子貢」皆作「子贛」。五經文字曰：「貢，貢獻。贛，賜也。經典亦通用之。」』」（頁 286）楊安以貢爲贛之假借字的說法可從，但將『發贛賜』讀『廢贛賜』的說法則有誤。銀雀山漢簡《四時令》以春季爲賞賜之時節，如簡 1899、1890：「（正月朔日）總版（別），列爵，選賢不宵（肖），受（授）士【1889】……禁斬伐」；而以秋、冬季爲刑罰之時節，如簡 1897：「（七月朔日）斬伐勿禁」，簡 1899：「（十月朔日）決疑獄，殺當死」。傳世文獻亦多以春、夏二季爲行賞之季節，如《管子・五行》：「（睹甲子木行御）總別列爵，論實不肖士吏，賦秘賜賞於四境之內」（頁 869）、「（睹丙子火行御）發臧任君賜賞」（頁 872）。又如《淮南子・時則》：「（孟春之月）布德施惠，行慶賞，省徭賦」（頁 160-161），以行賞賜爲春令，並認爲秋季是不能行春令的，「（孟秋）行春令，則其國乃旱，陽氣複還，五穀無實」（頁 175）、「仲秋行春令，則秋雨不降，草木生榮，國有大恐。」（頁 177）「（季秋）行春令，則暖風來至，民氣解惰，師旅並興。」（頁 179）行賞，即發臧。《管子・七臣七主》：「秋毋赦過釋罪緩刑。冬無賦爵賞祿。」（頁 995）亦於冬季禁賞賜。又如楊安讀爲「毋廢贛賜」，以秋季爲行賞之時，

遲（遲／夷）（三）。【1907】

語譯：威令，發布命令徵集不友愛、孝順、暴戾、傲悍的人，處罰他們，以幫助地氣宣洩，使五穀不會在秋季復生，造成災異。不要在此時行賞，若行賞，則會有大風，草木會過早地死亡，馬匹牛隻也會生長緩慢（受傷）。

・罰令者，抶盜賊[70]，開（研）詗詐偽人而殺之（四），以助臧（藏）地氣，使民毋疾役（疫）。毋脩（修）義（議）賞【1908】之令，脩（修）義（議）賞之令，羊□遲（遲／夷）。【1909】

語譯：罰令，發布命令對盜賊用刑，審問偵訊詐偽之人，並且刑殺，以幫助收藏地氣，這樣人民才不會染上疾病。不要修改行賞的命令，若修改行賞的命令，馬匹牛隻也會生長緩慢（受傷）。

（二）蟲災生、克

故德令失則羽虫（蟲）爲菑（災）∟，義令失則毛虫（蟲）爲菑（災）∟，惠令失則羸〈裸〉虫（蟲）[71]爲菑（災）∟，威令失【1910】則界（介）虫（蟲）爲菑（災）∟，罰【令失則鱗虫（蟲）爲菑（災）】。【1911】……【鱗虫（蟲）爲菑（災）則發】【惠】令，[72]羸〈裸〉虫（蟲）爲菑（災）則發德令，【毛虫（蟲）】【1912】菑（災）則發罰令∟，[73]界（介）虫（蟲）爲菑（災）則發義令∟，羽虫（蟲）爲菑（災）則發威令∟。此順天道。【1913】

語譯：所以德令有失，就會有羽蟲(鳥類)之災，義令有失，就會有毛蟲（野獸）之災，惠令有失，就會有裸蟲（蹄角裸現或無毛羽鱗甲蔽體的動物）之災，威令有失，就會有介蟲(有甲殼的動物)之災，罰令【有失，就會有鱗蟲(有鱗甲的動物，如魚類爬蟲類)之災】……【如果出現鱗蟲之災，就要發布惠】令，出現裸蟲之災，就要發布德令，出現【毛蟲】之災，就要發布罰令，出現介蟲之災，就要發布義令，出現羽蟲之災，就要發布威令。如此才能順應天道。

與傳世文獻不符。本篇簡 1908、1909：「毋脩（修）義（議）賞之令」，亦以冬季爲不行賞之季節，可知本簡仍當讀爲「毋發贛賜」。

[70] 原整理者認爲：「『淮南子・時則』『仲冬之月……急捕盜賊，誅淫泆詐偽之人』，與簡文相近。」（頁 227）「抶」字，《說文・手部》：「抶，笞擊也。从手，失聲。」段《注》：「笞所以擊也。抶之見《左傳》者多矣。」《左傳・文公十年》：「無畏抶其僕以徇。」

[71] 原整理者認爲：「此當是『羸』或是『羸』之譌字，即『裸』字。」（頁 227）

[72] 原整理者認爲：「此字已磨滅，據上下文當是『惠』字。」（頁 227）簡 1912 關於以發令消弭蟲災的部分多有殘缺，李零認爲：「『簡文說【鱗蟲爲】災則發罰令，界（介）蟲爲災則發義令，羽蟲爲災則發威令，此順天道』（簡 0235），則是以德、義爲陽爲德，威、罰爲陰爲刑，兩兩相克。另外，簡 2475 提到『羸（羸）蟲爲災則發德令』，則是講介於這兩類的土行之令。」（頁 303）沈祖春以簡文相互對照，所補文字與李零相同。（頁 461-465）又見沈祖春：《銀雀山漢墓竹簡〔貳〕》校讀札記》，《中國文字研究》，第 24 輯（上海：上海書店出版社，2016 年），頁 86-87。

[73] 原整理者認爲：「此三字模糊不可辨識，據文義下二字當是『虫爲』。」（頁 227）

三、字詞考釋

（一）稟（廩）氣（餼）

原整理者讀為「廩餼」，認為：「《淮南子·時則》『仲春之月……養幼小，存孤獨，以通句萌』，與簡文意近。」（頁 227）「稟」字，《說文·㐭部》：「稟，賜穀也。从㐭，从禾。」（頁 233）段《注》云：「凡賜穀曰稟，受賜亦曰稟。」《漢書·文帝紀》：「今聞吏稟當受鬻者，或以陳粟，豈稱養老之義哉！」（頁 113）《後漢書·章帝紀》：「方春冬作，恐人稍受稟，往來煩劇，或妨耕農。」（頁 132）「稟」、「稟受」皆指領取帝王賜予的糧食之義，與《漢書》常見貸民種食之制度，皆為政府養民的政策。《漢書·文帝紀》：

> 詔曰：「方春和時，草木群生之物皆有以自樂，而吾百姓鰥寡孤獨窮困之人或阽於死亡，而莫之省憂。為民父母將何如？其議所以振貸之。」又曰：「老者非帛不煖，非肉不飽。今歲首，不時使人存問長老，又無布帛酒肉之賜，將何以佐天下子孫孝養其親？今聞吏稟當受鬻者，或以陳粟，豈稱養老之義哉！具為令。」

「振貸之」即貸糧、貸種於民，「稟當受鬻」指吏民受政府所賜糧食。又如《漢書·昭帝紀》：「三月，遣使者振貸貧民毋種、食者。」（頁 220）〈宣帝紀〉：「四年春正月，詔曰：『丞相以下至都官令丞上書入穀，輸長安倉，助貸貧民。』」（頁 245）〈食貨志〉：「流民入關者數十萬人，置養澹官以稟之。」（頁 1145）皆為其例。

「氣」字，《說文·米部》：「氣，饋客芻米也。餼，氣或从食。」（頁 336）段《注》云：「按，从食而氣為聲，蓋晚出俗字，在假氣為气之後。」所言甚是。「氣」有贈送、贈予糧食之義，《儀禮·聘禮》：「凡餼大夫黍粱稷筐五斛。」[74]《國語·周語中·定王使單襄公聘於宋》：「廩人獻餼。」（頁 68）可知簡文「稟氣」，讀如本字即可。「稟氣」即賜、贈糧食於老弱鰥寡者，也與《管子·幼官》：「（冬）再會諸侯，令曰：養孤老，食常疾，收孤寡。」（頁 158）〈四時〉：「是故春三月以甲乙之日發五政：一政、曰論幼孤，舍有罪。」（頁 843）「冬三月以壬癸之日發五政：一政、曰論孤獨，恤長老。」（頁 855）意思相近，只是《管子》以春冬發此政令，而簡文於春季行此令，正與上引詔書頒布的時節相同。

（二）殺

簡文「蚤（早）殺」，原整理者認為：「早殺，謂草木早枯死。」（頁 227）「發贛賜，大風至，蚤（早）殺」，實同《淮南子·時則》：「（仲秋之月）行冬令，則風災數起，收雷先行，草木蚤死。」（頁 177）只是簡文以「發贛賜」為大風至之

---

[74] 〔清〕阮元以文選樓藏本校勘嘉慶二十年重刊宋本：《十三經注疏·儀禮》（京都：中文出版社，1972 年），頁 2322。

原因，與《淮南子》以「冬令」為風災之原因不同；「發贛賜」應為春季所行之事，本篇卻認為是秋季行冬令所產生之災異的原因。

另外，本簡「殺」字作 ▨，與簡 1908 ▨ 之寫法不同，前者左半部與秦文字「殺」字相同，後者寫法則與漢隸殺字相同。秦文字「殺」字作：

字形	▨	▨	▨	▨	▨	▨
出處	睡虎地《法律答問》簡66	睡虎地《法律答問》簡66	睡虎地《秦律十八種》簡7	睡虎地《日書甲》簡40	睡虎地《日書乙》簡104	龍崗秦簡79

吳振武認為甲骨文「殺」字本象以戈殺取人頭，西周、春秋金文從 ▨，▨ 亦聲。戰國文字則從攴，柔旁變化多端。秦文字 ▨ 旁上部類化為「乂」，左旁遂成「柔」旁。[75]季旭昇認為段注本《說文》有古文殺作「▨」，多從一「乂」旁，寫法接近秦系文字。[76]由上舉睡虎地《法律答問》、《秦律十八種》與《日書甲》的殺字看，其左旁 ▨ 明顯與「柔」旁不同，仍近於《莒叔之仲子平鐘》▨ 字所從 ▨ 旁，然睡虎地《日書乙》、龍崗之殺字左旁，已與柔旁接近，尤其龍崗簡字例已改去彎曲筆畫，完全看不出 ▨ 旁。銀雀山漢簡仍有與春秋金文、秦系文字殺字相似的字形，如 ▨（《三十時》簡 1744）、▨（《三十時》簡 1749），但也有與簡 1908 一樣，左半部已徹底類化為「柔」旁的殺字，如 ▨（《十問》簡 1560）、▨（《禁》簡 1698）。漢代隸書保留早期金文、秦系文字字形的現象，也可見於馬王堆漢墓帛書，同樣以殺字為例，▨（《陰陽五行甲》90）、▨（《五星占》13），也是較為早期的寫法，仍可看出「▨」旁的痕跡；而 ▨（《戰國縱橫家書》34）、▨（《老子甲》80）則與「柔」旁較為接近。

(三) 遲 (遲／瘖)

「遟」，圖版作 ▨，即「遲」字之籀文。《說文・辵部》：「遲，徐行也。從辵。犀聲。……▨，籀文遲從屖。」（頁 73）「遲」有緩慢之義，《廣雅・釋詁二》：「遲，緩也。」（頁 51）《禮記・王制》：「剛柔輕重遲速異齊。」（頁 2893），即以「遲」、「速」並列。「馬牛遲」及後文「羊□遲」，皆為不遵守發令規則之結果，故應為負面之事，可能為「生長緩慢」之義。傳世文獻多見上位者不依時節發令，而影響牲畜生長之例，如《管子・四時》：

> 是故聖王日食則修德，月食則修刑，彗星見則修和，風與日爭明則修生，
> 此四者聖王所以免於天地之誅也。信能行之，五穀蕃息，六畜殖，而甲兵

---

[75] 吳振武：〈▨字的形音義〉，臺灣師範大學國文學系、中央研究院歷史語言研究所：《甲骨文發現一百周年學術研討會論文集》（臺北：文史哲出版社，1998 年），頁 287-300。

[76] 季旭昇師：《說文新證》（福州：福建人民出版社，2010 年），頁 232。

強，治積則昌，暴虐積則亡。（頁 855）

聖王的「德、刑、和、生」可能影響五穀是否豐收、六畜是否繁殖等與農業相關之事。若聖王不依天時行事，就會使五穀、六畜無法生長，如《大戴禮記・易本命》：「故王者動必以道，靜必以理；動不以道，靜不以理，則自夭而不壽，訞孽數起，神靈不見，風雨不時，暴風水旱並興，人民夭死，五穀不滋，六畜不蕃息。」[77]傳世文獻中雖不見以「遲」字表示生長緩慢之例，但同簡有「大風至，蚤（早）殺」說明草木早枯，則「馬牛犀」指牲畜生長緩慢，也頗為合理。

　　或說「遲」字从犀，而从犀之字，可與「夷」字通假，犀字為定母脂部，夷為喻母脂部，喻母四等於上古音歸入定母，韻為疊韻，故可通假。如《逨盤》：「克匍保辪（厥）辟考（孝）王、徲王」，「徲王」即「夷王」。又如唐蘭認為西周金文中的「徲大室」是夷王的宗廟。並引《詩經・小雅・四牡》「周道倭遲」，《韓詩》作「倭夷」為說。[78]而《說文》遲字或體作𨒈，「𡰱」即古文夷字。而「夷」字有受傷、受創之義，如《周易・明夷》：「明夷夷于左股」，聞一多《新義》：「讀為痍。矢傷謂之夷。是『夷于左股』即射于左股明甚。」《後漢書・班梁列傳》：「每有攻戰，輒為先登，身被金夷，不避死亡。」（頁 1584）故簡文「遲」可通假為「痍」，用作「受創」之義。「馬牛遲」指牲畜受到創傷，為負面義。[79]

（四）開（研）詷詐偽人而殺之

　　原整理者認為：「簡文『詷』上一字也可能不是『開』字，待考。」（頁 227）方勇認為此即「開」字，只是形體稍有訛誤，當從「幵」得聲，簡文「開詷」即張家山漢簡《奏讞書》簡 210、226 之「訮（研）詷」，「開」應讀為「研」，表思慮義。[80]楊安從方勇說。（頁 288）蕭旭認為「開」當作「問」。（頁 160）

　　方勇關於簡文「開」字的說明，可從。該說認為《說文》「開」字古文應本就是戰國文字中的「開」字，並舉清華簡《皇門》簡 1 之 🀫 字，傳本對應字作「開」，認為在戰國中晚期的楚系文字中，「🀫（開）」也從「幵」得聲。由此可知戰國晚期的秦、楚文字皆以「開」字表示「開啟」之義，與「闢」字產生分化。

　　「闢」字本作「闘」，此可由西周金文得證，如《大盂鼎》：「在珷（武）王嗣玟（文）乍（作）邦，闘（闢）辪（厥）匿（慝），匍（敷）有四方，畯（畯）

---

77 〔清〕王聘珍撰，王文錦點校：《大戴禮記解詁》（北京：中華書局，1983 年），頁 260。

78 參唐蘭：〈西周銅器斷代中的康宮問題〉，故宮博物院主編，唐蘭著：《唐蘭先生金文論集》（北京：紫禁城出版社，1995 年），頁 115-167。

79 拙文完成後，北大漢簡出版，其中《雨書》簡 4：「旬五日，雨。不雨，蟄蟲青，羊牛遲。」原整理者引〈五令〉本簡，認為：「『遲』通『夷』。《匡謬正俗》卷八：『遲，即夷也。古者遲、夷通用。』『夷』又為『痍』之假借，訓為傷。《易・明夷》鄭《注》：『夷，傷也。』段玉裁《說文解字注・大部》：『凡注家云「夷，傷也」者，謂夷即痍之假借也。』」與拙文所釋相合，然「馬牛夷（夷）」或「羊牛遲（夷）」皆無文獻可佐證，故存之待考。參北京大學出土文獻研究所編：《北京大學藏西漢竹書（伍）》（上海：上海古籍出版社，2014 年），頁 79。

80 方勇：〈漢簡零拾兩則〉，武漢簡帛網，http://www.bsm.org.cn/show_article.php?id=1607，2011 年 12 月 23 日。

正乓（厥）民。」闢正作⿰. 然「闢」字後與「辟」字產生混用，如《儀禮・士喪禮》：「主人即位，辟門。」（頁 2470）鄭《注》：「辟，開也。」《荀子・議兵》：「故辟門除涂以迎吾入。」（頁 289）《左傳・襄公二十三年》：「冬十月，孟氏將辟，籍除於臧氏。」（頁 4292）皆以「辟」為「闢」之本義「開通」、「開啟」。「辟」也有開闢、開拓之義。《詩經・大雅・江漢》：「江漢之滸，王命召虎；式辟四方，徹我疆土。」（頁 1236）鄭《箋》：「王於江漢之水上命召公，使以王法征伐開辟四方，治我疆界於天下。」〈召旻〉：「日辟國百里，今也日蹙國百里。」（頁 1249）「辟」既有開闢、開拓之用，故又有開發之義，《管子・五行》：「春辟勿時，苗足本。」（頁 869）《史記・貨殖列傳》：「財匱少而山澤不辟矣。」（頁 3255）《索隱》：「辟，通也。」《漢書・文帝紀》：「朕親率天下農，十年於今，而野不加辟，歲一不登，民有饑色。」（頁 124）事實上「辟」字的本義為「法度」，《說文・辟部》：「辟，法也。从卩辛。節制其罪也。从口。用法者也。凡辟之屬皆从辟。」（頁 437）段《注》認為「辟」本義為「法」，後引申為「罪惡」、「辟除」，並可假借為僻、避、譬、闢、壁、襞。可知「辟」的開通、開闢、開拓、開發諸義項，皆與本義無關，是從「闢」字假借而來。

「闢」字，本義為「開」。《說文・門部》：「闢，開也。从門，辟聲。𨴈，《虞書》曰：『𨴈四門』，从門。从廾。」（頁 594）段《注》云：「此上當依《匡謬正俗》、《玉篇》補古文闢三字。」是知段玉裁即以𨴈字為古文闢。「闢」有「開啟」、「打開」之義，如《周易・繫辭上》：「夫坤，其靜也翕，其動也闢，是以廣生焉。」[81]「開拓」之義，如《吳子・圖國》：「闢土四面，拓地千里。」[82]「開墾」、「開發」之義，如《史記・田敬仲完世家》：「田野闢，人民給，官無留事，東方以寧。」（頁 1888）

由「闢」、「辟」二字之關係，可知本寫作「𨴈」的「闢」字，由於聲音與「辟」相近（辟為幫母錫部，闢為並母錫部，兩字為同類雙聲，韻部相同），故在文獻中常以辟字通假為𨴈（闢）。「𨴈」為闢之造字本義、「辟」則為闢之聲音，兩種用法並行於金文與早期傳世文獻，後因𨴈所从的廾旁與「开」旁產生訛混，朱駿聲《說文通訓定聲・開部》：「从門，从𠬞𠬞一，一者關也。小篆與古文不異，筆畫整齊之耳，非从开也。」[83]故朱駿聲以「開」字獨立一部，並不入於开部之下，曾為卓識。不過段《注》云：「按：大徐本改為从門从开，以开聲之字古不入之咍部也。玉裁謂此篆开聲。」以「開」字得音當於漢代時期。開為溪母微部，研為疑母元部，兩字聲為旁母，韻部則較遠，但就出土文獻所見，開字可能在戰國文字中即以「开」為聲符，如上博簡《陳公治兵》⿰字、清華簡《皇門》⿰字等，但後人無法明解開、开二字之音理，故又造了音近的「𨴈」字。故銀雀山漢簡、張家山漢簡的「開詞」、「研詞」二詞，其讀音可能由楚文字而來。

「開」字既取代了𨴈字，則須另造新字以表示闢之本義，故選擇以聲音與闢

---

81 〔清〕阮元以文選樓藏本校勘嘉慶二十年重刊宋本：《十三經注疏・周易》（京都：中文出版社，1972 年），頁 162。

82 傅紹傑註譯：《吳子》（臺北：臺灣商務印書館，1978 年），頁 42。

83 〔清〕朱駿聲編著：《說文通訓定聲》（北京：中華書局，2011 年），頁 603。

相近，義項又多可假借為闢的辟，造了從門辟，辟亦聲的後起字「闢」，故目前所用的開、闢二字，字形起源都較晚。但這又引發另一問題，即「開」字既然屬於後起字，則先秦如《逸周書・大開武解》、《小開武解》、《大開解》、《小開解》等具有「開」字的文獻，是否都應改讀為「闢」字，值得深究。

「詗」字，《說文・言部》：「詗，知處告言之。從言，同聲。」（頁101）「詗」有密告、偵查、探聽之義，《史記・淮南衡山列傳》：「王愛陵，多予金錢，為中詗長安，約結上左右。」（頁3082）《集解》引徐廣曰：「詗，伺候采察之名也。」而「研」字，除思慮外，可進一步認為是研究之義。《周易・繫辭下》：「能說諸心，能研諸侯之慮。」（頁188）簡文「開（研）詗詐偽人而殺之」，即研究、偵查詐偽者的罪刑，然後刑殺。

第三節、《不時之應》考證

一、解題

本篇共八簡，皆為完簡，將一年分為春、夏、秋、冬四季，每季又各分為六時，著重說明各節氣不時所產生之災異，每季又各有六時，雖無條列各節氣名稱，但可知本篇屬於二十四節氣系統，與《三十時》不同。本篇涉及節氣與災異，原整理者據此擬訂篇名。[84]李零認為本篇為「古災異之說」。[85]「不時」為因，「災異」為果，使得本篇的性質介於陰陽與五行之間，但因為本篇是用來告知讀者在不時的情況下，會產生何種災異，所以「災異」才是本書欲表達的重點，故《不時之應》應歸為五行類數術文獻。本篇雖以「不時」為「災異」的成因，但節氣時令是否應時，實與上位者的德行、所發的政令有關，文中雖未見任何人、事的相關描述，但節氣的不時毫無疑問是由人禍導致，「災異」與「人」的關係便逐漸明確。原整理者將《不時之應》置於《五令》、《為正不善之應》之間，即此因。

以往對《不時之應》的研究論著甚少，除原整理者外，連劭名則針對本篇及《為政不善之應》、《人君不善之應》寫過短札。[86]楊安則針對《銀雀山漢墓竹簡〔貳〕》進行集釋整理的工作。[87]

本篇書手僅使用篇章符號「・」，如▓（簡1914）、▓（簡1916），用於每季的起始處，提示下文。

本篇認為一年的各節氣若不準時到來，便會有對應的災異產生。必須指出的是，簡文的「一不時」、「再不時」、「三不時」等文字，並非對應固定節氣，而是有「第一次不時」、「第二次不時」及「第三次不時」之義，故可知簡文的災異會隨著節氣不時的次數，逐漸增加其嚴重性，故四季的六不時，皆是「不出三歲降如脊」，表示連續六個節氣不準時到來，會有最嚴重的災異。簡文雖無明說上位

者施政的重要性，但在古人的觀念中，節氣之時與不時，多與上位者有關，可知
簡文雖著重於「災異」的產生，卻隱含著上位者要注重政令的意義。[88]

二、簡文語譯

・春三月：一不時，孟種不孰（熟）。[89]再不時，二種不孰（熟）。三不時，三種
不孰（熟）。四不時，四種不【1914】孰（熟）。五不時，五種不孰（熟）。六不
時，不出三歲降如脊（漬）。[90]【1915】

語譯： 春季的三個月中，第一次節氣未準時到來，則首次種的作物不會成熟。第
二次節氣未準時到來，則二次種的作物不會成熟。第三次節氣未準時到來，則三
次種的作物不會成熟。第四次節氣未準時到來，則四次種的作物不會成熟。第五
次節氣未準時到來，則五次種的作物不會成熟。第六次節氣未準時到來，則不出
三年鳥類、家畜會死亡。

・夏三月：一不時，四足脊（漬）。再不時，則四足入邑（一）。三不時，則有喪。
四不時，則見血兵。【1916】五不時，則亂。六不時，不出三歲降如【脊】（漬）。
【1917】

語譯： 夏季的三個月中，第一次節氣未準時到來，則家畜死亡。第二次節氣未準
時到來，則野獸進入城邑肆虐。第三次節氣未準時到來，則有死亡之事。第四次
節氣未準時到來，則有血光、兵禍之災。第五次節氣未準時到來，則國家混亂。
第六次節氣未準時到來，則不出三年鳥類、家畜會死亡。

・秋三月：一不時，多夭（妖）言（二）。再不時，多□□□。[91]三不時，多戮死。
四不時，四足脊。五不【1918】時，疾。六不時，不出三歲降如脊（漬）。【1919】

語譯： 秋季的三個月中，第一次節氣未準時到來，則有謠言散播。第二次節氣未
準時到來，則多⋯⋯。第三次節氣未準時到來，則多有死亡之罪。第四次節氣未
準時到來，則家畜死亡。第五次節氣未準時到來，則有疾病。第六次節氣未準時
到來，則不出三年鳥類、家畜會死亡。

・冬三月：一不時，則國多風（三）。再不時，多螟虫（蟲）。三不時，旱。四不

---

[88] 楊安將數術文獻中的「不時」分為「自然」與「人為」兩種，並以《易緯通卦驗》為自然不時，
以《禮記・月令》為人為不時的代表。（頁293-297）《易緯通卦驗》中雖以較長篇幅說明二分
二至不時，甚至月蝕等現象導致的災異，但最後則歸結為「故人主動而得天地之道，則萬物之
精盡矣」，可知《易緯通卦驗》亦認為上位者所為將影響各種自然現象，進而導致災異。在古
人的觀念中，所謂的「自然不時」仍與上位者有極大關係。

[89] 原整理者認為：「《廣雅・釋詁一》『孟，始也』，孟種，猶言『首種』。《月令》『（孟春之月）行
冬令，則⋯⋯首種不入』。」（頁228）

[90] 原整理者認為：「《禮記・曲禮下》『天子死曰崩，諸侯曰薨⋯⋯羽鳥曰降，四足曰漬。』簡文
『脊』當讀爲『漬』，二字古音相近。『降如脊』之『如』當訓爲『與』或『及』（參看王引之
《經傳釋詞》卷七）」（頁228）據原整理者說，「不出三歲降如脊（漬）」當爲「不到三年羽鳥、
四足獸類必死亡」。

[91] 原整理者認為：「竹簡左半折損，『多』字下二字似是『四足』。」（頁228）

時，則水。五不時，初旱【1920】後水。六不時，不出三歲降如脊（瘠）。【1921】

語譯：冬季的三個月中，第一次節氣未準時到來，則城邑多風災。第二次節氣未準時到來，則多蟲災。第三次節氣未準時到來，則有旱災。第四次節氣未準時到來，則有水災。第五次節氣未準時到來，則先有旱災再有水災。第六次節氣未準時到來，則不出三年鳥類、家畜會死亡。

三、字詞考釋

（一）四足入邑

連劭名認為：「『四足入邑』，《隋書・五行志》引《京房易飛候》云：『野獸入邑，及至朝庭，若道上宮府門，有大害，君亡』。《易林》《履》之《豐》云：『群虎入邑，求索肉食，大人衛守，君不失國。』」（頁67）

如連氏所說，「四足」指走獸無誤。古人常以「禽獸入邑」比喻壞事，如《逸周書・寤儆解》：「監戒善敗，護守勿失，無為虎傅翼，將飛入邑，擇人而食，不驕不吝，時乃無敵。」[92]此即「為虎添翼」之由來，《韓非子・難勢》引作「故《周書》曰：『毋為虎傅翼，將飛入邑，擇人而食之。』夫乘不肖人於勢，是為虎傅翼也。」[93]認為上位者若不戒慎恐懼地執行政令，無疑是給予惡人橫行逞兇的機會，與惡虎入邑食人相同。「虎入邑」本為警戒上位者的話語，到了漢代則成為一種災異。漢人以為虎入邑，是因該地「功曹為姦」所致。《論衡・遭虎》認為：

> 變復之家，謂虎食人者，功曹為姦所致也。其意以為功曹眾吏之率，虎亦諸禽之雄也。功曹為姦，采漁於吏，故虎食人，以象其意。……夫虎食人於野，應功曹之姦，虎時入邑，行於民間，功曹游於閭巷之中乎？實說，虎害人於野，不應政，其行都邑，乃為怪。夫虎、山林之獸，不狎之物也，常在草野之中，不為馴畜，猶人家之有鼠也，伏匿希出，非可常見也。命吉居安，鼠不擾亂；祿衰居危，鼠為殃變。夫虎亦然也，邑縣吉安，長吏無患，虎匿不見；長吏且危，則虎入邑，行於民間。何則？長吏光氣已消，都邑之地，與野均也。推此以論，虎所食人，亦命時也。命訖時衰，光氣去身，視肉猶尸也，故虎食之。天道偶會，虎適食人，長吏遭惡，故謂為變，應上天矣。[94]

王充認為功曹為人民之首長，虎為獸群之王，將虎入邑食人之因歸咎於功曹罪責，只是穿鑿附會。因為功曹治理該地不力，導致城邑破敗，與荒野無異，虎或獸群才會進入城邑。「天道偶會」一言，表明虎入邑與功曹之姦實為巧合，並非真為因果。本篇成書於西漢初年，其「四足入邑」之觀念，直到東漢王充仍藉《論衡》批判，可見此種以「禽獸入邑」為災異的現象，籠罩於兩漢。

---

[92] 黃懷信：《逸周書校補注譯（修訂本）》（西安：三秦出版社，2006年），頁150。
[93] 〔清〕王先慎撰，鍾哲點校：《韓非子集解》（北京：中華書局，2003年），頁390。
[94] 黃暉校釋：《論衡校釋（附劉盼遂集解）》（北京：中華書局，1990年），頁707-711。

更可指出「四足入邑」為災，雖然多指禽獸，但也有非四足的動物入邑為災，如《漢書・武帝紀》：「秋七月，趙有蛇從郭外入邑，與邑中蛇群鬥孝文廟下，邑中蛇死。」（頁 207）此處並未說明蛇入邑造成何種災禍，但《漢書》記之，可知此為異象。又〈五行志〉：「左氏傳文公十六年夏，有蛇自泉宮出，入于國，如先君之數。劉向以為近蛇孽也。泉宮在囷中，公母姜氏嘗居之，蛇從之出，象宮將不居也。《詩》曰：『維虺維蛇，女子之祥。』又蛇入國，國將有女憂也。」（頁 1468）「蛇入國」表示有女憂，可能也屬四足入邑的災異之一。銀雀山漢簡《人君不善之應》簡 1941：「狼州而食□」，連劭名以「州」為「聚」，指狼聚集食人，可從。狼聚集食人，與惡虎入邑食人相似，或許也屬四足入邑的災異之一。

（二）多天（妖）言

連劭名認為：「『妖言』見《韓詩外傳》卷二：『昔者桀為酒池糟隄，縱靡靡之樂，一鼓而牛飲者乏千人，群臣皆相持而歌曰……伊尹知大命之將至，舉觴告桀曰：君王不聽臣言，大命至矣！亡無日矣！桀拍然而抃，盍然而笑，曰：「子又妖言矣。吾有天下，猶天之有日也，日有亡乎？日亡吾亦亡也。」』」（頁 67）楊安認為：「『不時』而『多妖言』又見於《乙巳占・熒惑占》：『人君失時令，則熒惑錯亂逆行。乘凌守犯，芒角動搖，句巳環繞，無所不為。或下化為人，童子妖言並作，惑亂人民，人君憂之，宜修德以謝其災。』」（頁 292）

「妖言」當指毀謗造謠之言，古人以之為妖言，並認為其禍足以亡國。《左傳・襄公十七年》：

> 宋皇國父為大宰，為平公築臺，妨於農功，子罕請俟農功之畢，公弗許，築者謳曰，澤門之皙，實興我役，邑中之黔，實慰我心，子罕聞之，親執扑，以行築者，而抶其不勉者，曰吾儕小人，皆有闔廬，以辟燥濕寒暑，今君為一臺而不速成，何以為役，謳者乃止。或問其故，子罕曰，宋國區區，而有謳有祝，禍之本也。（頁 4261）

「詛祝」即妖言。區區宋國，卻頻傳毀謗妖言，這是國家產生禍亂的徵兆，所以即便不滿意大宰築臺，但為國家安定，子罕仍然處罰行役不勤之人；對照子罕認為築臺妨於農功，「吾儕小人，皆有闔廬，以辟燥濕寒暑，今君為一臺而不速成，何以為役」，雖顯強詞奪理，卻也能明白子罕維護國家之決心。漢初更有「妖言令」，處罰毀謗之人，文帝時廢之。《史記・孝文本紀》：

> 上曰：「古之治天下，朝有進善之旌，誹謗之木，所以通治道而來諫者。今法有誹謗妖言之罪，是使眾臣不敢盡情，而上無由聞過失也。將何以來遠方之賢良？其除之。民或祝詛上以相約結而後相謾，吏以為大逆，其有他言，而吏又以為誹謗。此細民之愚無知抵死，朕甚不取。自今以來，有犯此者勿聽治。」（頁 423-424）

文帝雖廢除妖言之罪，但文帝之後因妖言而有罪的事跡仍不少見，《建元以來諸侯者年表》：「（楊惲）五鳳四年，作為妖言，大逆罪腰斬，國除。」（頁 1066）其中最重要的當屬淮南王劉安叛亂之事，《淮南衡山列傳》：「趙王彭祖、列侯臣讓等四十三人議，皆曰：『淮南王安甚大逆無道，謀反明白，當伏誅。』膠西王臣端議曰：『淮南王安廢法行邪，懷詐偽心，以亂天下，熒惑百姓，倍畔宗廟，妄作妖言。……』」（頁 3094）淮南王劉安以妖言謀逆，後刎頸自殺，王后荼、太子遷諸，所與謀反者皆族。簡文以「妖言」為災，或許反映了漢初上位者對妖言禍國之恐懼，故將之視為節氣不時的災異。

（三）國多風

連劭名隸為「知風」，誤。（頁 67）楊安認為：「傳世占書中，多有『某季行某令』之格式，和本篇『不時』的說法相類。《開元占經·七十二候當候不候》：『孟冬行春令，則凍閉不密，地氣上洩，民多流亡。行夏令則國多暴風，方冬不寒，蟄蟲復出，行秋令則霜雪不時。小兵時起，土地侵削。』《乙巳占·辰星占》：『以爲冬行夏令，則熒惑之氣乾之，辰星色赤而小昧，刑禍並起，兵旱，國多暴風，冬不雪不寒，氣霧冥昧，雷發聲矣。』」（頁 292）

簡文「國多風」未見風之名稱及其造成災害，或與《為政不善之應》簡 1925 相近：

> 爲正（政）壹利則長風，再則輬（涼）風，三則頹風，四則發屋，五則折木，六則兵作，七則君殍。（頁 228）

此言人君為政若貪利，則多有風災。所述長風、涼風、頹風雖是風的種類，但也會造成損害，而發屋、折木是以災害為稱，與其它風相比，更具破壞性。又《人君不善之應》簡 1937「人君好馳騁田邋（獵）……國多衝風」，以「衝風」為強風，當與上述風類相近，皆為災異。

第四節、《為政不善之應》考證

一、解題

本篇共十一簡，除簡 1927、1928、1931、1932 為殘簡外，多為完簡，說明上位者為政不善而導致的災異，故原整理者據此定名。[95]簡文以政令之惡為區別對象，如「擾」、「暴」、「利」、「緩」，各自對應蟲災、冰雹、水潦、風災以及地災，以警示上位者，故李零認為本篇為「古災異之說」。[96]本篇以「政令」為因，

---

[95] 參銀雀山漢墓竹簡整理小組編：《銀雀山漢墓竹簡〔貳〕》，頁 228-229。
[96] 參李零：〈讀銀雀山漢簡《三十時》〉，李零：《中國方術續考》，頁 303。

「災異」為果，雖不見金、木、水、火、土之紀錄，但已有漢代五行災異、天人感應的雛形，仍可歸入五行類數術文獻。

以往對《為政不善之應》的研究論著甚少，除原整理者外，連劭名則針對本篇及《不時之應》、《人君不善之應》寫過短札。[97]楊安對《銀雀山漢墓竹簡〔貳〕》進行集釋整理的工作，也概括了部分篇章涉及的思想。[98]

簡文依格式，可分為兩部分：其一是以「爲正（政）壹……」起始，後述災異之文句，其災異的破壞程度呈現遞增的趨勢。其二是以「爲正（政）多使百生（姓）……」起始，後述災異之文句，其最終的災異皆為天火。兩者性質差異不大，雖敘述方式不同，但皆以災異說明失政，加上數量不多，故不分為二類。

本篇書手共使用兩種符號，其一為篇章符號「・」，如█（簡1930），僅出現一次，置於簡文起始處，提示下文。其二為句讀符號「└ 」榴，如█（簡1922）、█（簡1923）、█（簡1926），用於文句停頓處。

值得注意的是，簡文所述之災異，頗具系統，簡1922的「虫」、「蛾」、「冥（螟）」、「踳（蠎）」、「螣」，皆為「蟲災」，蟲之體型由小而大，最後為蛇；簡1923的「胞（雹）」、「如垸（丸）」、「盈握」、「穿屋」、「如杚」，皆為「冰雹之災」，冰雹亦由小而大；簡1924文字漫漶，但僅存的「盈淵」、「盈空」應皆為「潦災」，指水滿出的災害，淵、空則指不同的損害程度；簡1925的「長風」、「輬（涼）風」、「頎風」、「發屋」、「折木」，皆為「風災」，損害程度亦由小而大；簡1926的「茢生」、「無定」、「渴（竭）澤」、「壞斥」，由單一植物叢生到收穫無成，再到池澤乾枯、地震，損害逐漸遞增，皆與地有關，故為「地災」。據此可知簡文是透過提高災異的損害程度，警示上位者改善施政措施。「壹則」至「五則」的災異的類型相同，但嚴重程度卻逐漸提高，若上位者仍不改善，後續災異則為「六則兵作，七則君殞」，以戰爭及國君死亡作為失政之應。可見簡文之災異也具備結構層次，又前五項災異皆與政策有關，「擾」為擾民，影響人民從事農業，故為蟲災；「暴」為凶暴，又有急躁猛烈之義，故與天降冰雹的情況相同；「利」為貪，《周易・說卦》以「風」、「利」同為巽卦，故簡文以風為貪之災。

簡1929到1932先說明失政之災異，若此災異連續出現三次，則會有大小不同的「天火」降臨，其災異種類也與政策有關，「恒於利」對應「風災」應與簡1925觀念相同，而「分壇（廛）羣居」與人民的居住處有關，故對應「地震」。由此可知簡文並非毫無理由地創造災異現象以警戒上位者，是將失政聯繫至相對應的災異，再逐漸增加災異強度，強化說服力。

---

97 參連劭名：《銀雀山漢簡陰陽災異書研究》，《考古》2005 年第 4 期，頁 64-68。

98 參楊安：《〈銀雀山漢墓竹簡・佚書叢殘〉集釋》，頁 297-302。楊安：〈銀雀山漢簡《為政不善之應》〉，中國古文字研究會等編：《古文字研究》，第 32 輯（北京：中華書局，2018 年），頁 548-553。

二、簡文語譯

為正（政）壹擾[99]則虫 ∟ ，再則蛾（蛾）[100] ∟ ，三則冥（螟）[101] ∟ ，四則踳（蠢）[102] ∟ ，五則螣[103] ∟ ，六則兵作，七則君殍（卒）。【1922】

語譯： 上位者施政擾民，一次則有蟲災，二次則有蛾或蟻災，三次則有食穀蟲之災，四次則有蝗蟲幼蟲之災，五次則有蝗蟲之災，六次則有兵禍，七次則國君死亡。

為正（政）壹暴則胞（雹） ∟ ，[104]再則如垸（丸） ∟ ，三則盈握 ∟ ，四則穿屋 ∟ ，五則如朾 ∟ ，[105]六則兵作 ∟ ，七則君殍（卒） ∟ 。【1923】

---

[99] 「擾」字，連劭名認為：「《說文》云：『擾，煩也』。《淮南子・主道》云：『君人之道，處靜以修身，儉約以率下，靜則下不擾矣，儉則民不怨矣，下擾則政亂，民怨則德薄，政亂則賢者不為謀，德薄則勇者不為死。』」（頁 66）楊安認為：「《開元占經・龍魚蟲蛇占》引《春秋緯》曰：『愁精所感，擾氣所生，蠡冬生，天不能滅，地不能藏。』又引《呂氏春秋》：『亂國之妖有螟集，其國其年兇。』從文獻看，『蟲生』一般和『亂』對應，故簡文之『擾』應訓『亂』。《尚書・胤征》：『俶擾天紀，遐棄厥司。』孔安國《傳》：『擾，亂也。』《呂氏春秋・審分》：『若此則百官恫擾。』高《注》：『擾，亂也。』」（頁 298）簡文所述應為具體的政策所導致的結果，若訓「擾」為「亂」，則後續的「暴」、「利」、「緩」亦皆可能導致國亂，故以擾為亂，作為蟲災的原因，有待商榷。「擾」即「擾民」，指要求百姓執行過多，或不屬於該時節應進行之事物，故當從連說訓為「煩」。

[100] 「蛾」字，原整理者認為：「蛾，當即《說文》螘字，今作蟻。《禮記・檀弓》『蟻結於四隅』，《注》：『蚍蜉也』。或謂此『蛾』字即《說文》訓為『蠺化飛蟲』之蠶字（或體作『蛾』）。」（頁 229）楊安認為：「《開元占經・龍魚蟲蛇占》以『白蛾蔽日』為一災異，引《漢書・孝元皇帝本紀》：『秋八月，有白蛾群飛蔽日。』」（頁 298）「蛾」字有可能為「蟻」、「蛾」之災，但因會飛，讀為蛾較佳。

[101] 「螟」字，原整理者認為：「《爾雅・釋蟲》『蟲食苗心，螟。』」（頁 229）楊安認為：「《淮南子・天文》『人主之情，上通於天，故誅暴則多飄風，枉法令則多蟲螟，殺不辜則國赤地，令不收則多淫雨。』《說文》：『螟，蟲，食穀葉者。吏冥冥犯法即生螟。從虫，從冥，冥亦聲。』張舜徽《說文解字約注》：『《淮南》、許書皆言政惡吏貪而後生螟，乃傅會之說。』從解釋文字來看，張氏所言無疑是對的，但是《淮南子》和《說文》等這樣的說法正反映了當時災異學說的影響。」（頁 299）

[102] 「踳」字，原整理者認為：「踳，疑當讀為『蠢』，『盾』與『象』古音相近。《爾雅・釋蟲》『蠢，復陶』，註：『蝗子未有翅者。』」（頁 229）楊安認為：「《開元占經・龍魚蟲蛇占》引《春秋漢含孳》：『魯室履畝而稅，貪忿大過，則蠢生。』類似說法又見《緯書集成》輯本《春秋漢含孳》：『稅，貪忿過，則蠢生，蟲食草木。』」（頁 299）

[103] 「螣」字，原整理者認為：「《詩經・小雅・大田》『去其螟螣』，毛《傳》：『食心曰螟，食葉曰螣。』《月令》『百螣時起』，《注》：『蝗之屬。』」（頁 229）連劭名認為：「『勝』讀為螣，《商君書・農戰》云：『今夫螟螣蚼蠋，春生秋死，一出而民數年不食。』」（頁 66）楊安認為：「《鹽鐵論・論菑》：『政教不均，則水旱不時，螟螣生，此災異之應也。』」（頁 299）此字圖版作▨，右下明顯從「虫」，故從原整理者所隸。

[104] 「暴」字，連劭名認為：「『暴』有多義，《韓非子・八說》云：『人主輕下口暴』。《新序・雜事》云：『緩令急誅，暴也』。《列女傳・辯通》云：『窮民財力謂之暴』。『胞』，讀為雹，《說文》云：『雹，雨冰也』。《釋名・釋天》云：『雹，跑也，其所中物皆摧折，如人所蹴跑也』。」（頁 66）楊安認為：「《開元占經・霜占》引京房曰：『凡雹過大，人君惡聞其過也。抑賢不與共位。』」（頁 300）

[105] 「朾」字，原整理者認為：「《說文・木部》『朾，平也』，又『槩，斗斛也』，徐鍇《說文繫傳》云：『朾即槩也，摩之使平也。』《月令》『正權概』，鄭《注》：『概，平斗斛者。』」（頁 229）連劭名認為：「疑讀為『溉』，灌注之義，『如▨』猶言『如注』。」（頁 66）斗斛為古代量器，「如朾」可能指冰雹如量器般多。

語譯：上位者施政暴虐，一次為冰雹，二次為冰雹大小如丸，三次則為冰雹大如手握，四次則冰雹可穿屋，五次則冰雹大如杙量，六次則有兵禍，七次則國君死亡。

爲正（政）壹□[106]則盈淵ㄴ　，再則盈空（一），三則█[107]虖，四則□□，五則□□，六則兵作，七則君殊（卒）。【1924】

語譯：上位者施政□，一次為水淵滿，二次為孔窖滿，三次則為⋯⋯，四次則為⋯⋯，五次則⋯⋯，六次則有兵禍，七次則國君死亡。

爲正（政）壹利則長風[108]ㄴ　，再則輬（倞）風[109]ㄴ　，三則頎（頹）風[110]ㄴ　，四則發屋ㄴ　，五則折木ㄴ　，[111]六則兵作ㄴ　，七則君殊（卒）ㄴ　。【1925】

語譯：上位者施政貪利，一次為強風，二次為稍強的風，三次則為大風，四次則風可毀壞屋，五次則風可折斷樹木，六次則有兵禍，七次則國君死亡。

【爲正（政）壹□則□】ㄴ　，再則苑生（二）ㄴ　，三則無定（三）ㄴ　，四則渴（竭）澤ㄴ　，五則壞斥（坼）[112]ㄴ　，六則兵作ㄴ　，七則君殊（卒）ㄴ　。

---

106 原整理者認為：「此字上半不清，似是『委』字。」（頁 229）連劭名認為：「爲正壹壺則盈淵，『壺』當讀爲夸，《說文》云：『夸，奢也』。」（頁 66）楊安疑「委政」當指「懶政」。參楊安：〈銀雀山漢簡《為政不善之應》〉，中國古文字研究會等編：《古文字研究》，第 32 輯，頁 550。此字漫漶不清，暫不隸出。

107 此字圖版作█，可看出左半从「車」旁，當隸為█。

108 「長風」，連劭名認為：「《南史·宗慤傳》云：『願乘長風破萬里浪』。」（頁 65）《一切經音義》卷一引《兼明苑》：「風暴疾而起者謂之長風。」故「長風」即「暴風」。

109 「輬」字，原整理者認為：「輬，當讀爲『涼』。《爾雅·釋天》：『北風謂之涼風。』」（頁 229）連劭名認為：「『輬』，疑讀爲『倞』，《說文》云：『倞，強也』。」（頁 65）以災異而言，將「輬風」讀為「倞風」，指威力較長風強烈的風，比訓為涼風、北風要合理許多。

110 「頎」字，原整理者認為：「頎，疑當讀爲『凱』。『斤』聲與『豈』聲古音相近。《呂氏春秋·本味》『菜之美者，雲夢之芹』，《說文》所引，『芹』作『蘄』（見艸部『蘄』字下）。又《說文·支部》『敳，有所治也。从攴豈聲，讀若狠』，《周禮·考工記·輈人》『輈欲頎典』，司農《注》讀『頎』爲『懇』，并可證。《爾雅·釋天》『南風謂之凱風』。」《廣雅·釋詁一》『凱，大也』。（頁 229）連劭名亦引《周禮》為證，但認為：「司農《注》：『頎，讀若懇』。《方言》十二：『艮，堅也』。故『頎風』即『堅風』，《說文》云：『堅，剛也』。隋蕭吉《五行大義》卷四有大剛風、小剛風，云：『大剛風者，太陰之氣，好殺故剛。又云：『小剛風者，亦金殺故也』。」（頁 66）楊安認為：「『頎風』解釋爲『堅風』對應『剛風』之說不可信，本簡《天地八風五行客主五音之居》篇有『剛風』不寫如此。我們懷疑『頎』當讀爲『頹』，『頎』古音在群母微部，『頹』在定母微部，兩字音近。《爾雅·釋天》：『焚輪謂之頹，扶搖謂之猋。』郭璞《注》：『頹，暴風從上下。』」（頁 300）楊說可從。

111 「發屋」、「折木」，連劭名認為：「『發風』如云『飄風』，《詩經·四月》云：『飄風發發』。鄭《箋》：『發發，疾貌』。『折木』指狂風暴雨，隋蕭吉《五行大義》卷四有『折風』，云：『折風者，金強，能摧折物也』。《尚書·金縢》云：『天大雷雨以風，禾盡偃，大木斯拔』。《韓詩外傳》第三十章云：『傳曰，國無道則飄風厲疾，暴雨折木』。」（頁 65-66）楊安認為：「『發屋折木』古書中多見形容大風以應『政德』有損。《漢書·五行志》：『政悖德隱茲謂亂，厥風先風不雨，大風暴起，發屋折木。』又《後漢書·蔡邕傳》引《洪範傳》曰：『政悖德隱，厥風發屋折木。』五音之風亦有應『兵作』之說：《神機制敵太白陰經·雜占》：『宮風發屋折木，未年兵作。徵風發屋折木，四方告急。商風發屋折木，有急兵。羽風發屋折木，米價貴。角風發屋折木，有急盜賊，戰鬥。』」（頁 301）傳世文獻常見「發屋」、「折木」，楊安說可從。

112 「壞斥」，連劭名認為：「『壞坼』者，地裂之義，《戰國策·齊策》六云：『嬴，博之間，地坼

【1926】

語譯：【上位者施政，一次為□】，二次為葦草叢生，三次則為五穀無成，四次則池沼乾涸，五次則土地裂開，六次則有兵禍，七次則國君死亡。

爲正（政）壹緩[113]則雨……【1927】

語譯：上位者施政廢怠，一次則為雨……

……□□□，六則兵作，七則君殍。【1928】

語譯：……六次則有兵禍，七次則國君死亡。

·爲正（政）多使百生（姓）恒於利，風睘（還）運，比三（四），有天火下，大如輇（鷁／鶉）（五）。【1929】

語譯：上位者施政多使百姓貪利，則會有風勢瞬間旋轉一類的災害，連續三次，則有大如知事鳥（或較肥的雞隻）的天火落下。

爲正（政）多使百生（姓）分壇（廛）羣居（六），壞動列（裂），比三，有天火下，大如雞。【1930】

語譯：上位者施政多使百姓搬遷居處，若有土地動裂一類的災害，連續三次，則有大如雞隻的天火落下。

爲正（政）多使【百姓】[114]……【1931】

……□樹，比參（三），有天火下，大如□。【1932】

語譯：……□樹，連續三次，則有大如□的隕石落下。

三、字詞考釋

（一）空

「空」字，原整理者無釋。由本篇論述災異之規則言，「盈空」當與前文「盈淵」義近，有可能指某地形因降雨或洪澇導致水滿，故「空」當與孔穴有關。「空」字從「穴」，當有孔穴之義，《說文·穴部》：「空，竅也。」（頁348）段《注》云：

至泉，王知之乎？……地坼至泉者，地以告也」。《太平御覽》卷八八〇引《竹書紀年》云：『夏桀末年，社坼裂，其年爲湯所放』。」（頁66）楊安認為：「『壞坼』即『地坼』。《開元占經·地占》單將『地坼』作爲一節來討論。《開元占經·地占》引《考異郵》曰：『臣恣，地裂坼』；引《春秋漢含孽》：『大夫專權，兵陵，地坼』；引《海中占》：『主好聽讒言，廢置大臣，女子爲政，刑法諸殺，不以道理則地坼。』又引京房曰：『陰背陽則地坼，臣叛君則義廢，此人君不親上下不厚致此災也。』」（頁301）《三十時》簡1727「地小坼」、簡1778「地大虖（墟）」，可參看。

113 「緩」字，連劭名認為：「政事廢殆稱爲緩，《釋名·釋言語》云：『緩，浣也，斷也，特之不急則動搖浣斷，自放縱也。』《荀子·王制》云：『人事殆弛。』楊《注》：『弛，廢也。』」（頁66）

114 「百姓」二字據簡1929、1930所補。

「今俗語所謂孔也。」《莊子・秋水》：「不似礨空之在大澤乎？」（頁 563）陸德明《釋文》：「空，音孔。礨孔，小穴也。」《周禮・考工記・函人》：「凡察革之道：視其鑽空，欲其惌也。」（頁 1982）陸德明《釋文》：「空，音孔，如字。」《史記・五帝本紀》：「舜穿井為匿空旁出。」（頁 34）《索隱》：「（空）音孔。」《漢書・鮑宣傳》：「今貧民菜食不厭，衣又穿空。」（頁 3089）顏師古《注》：「空，孔也。」是知「空」本就有「孔穴」之義，[115]而「淵」為水潭，兩字相對。簡文「再則盈空」即「盈孔」，指上位者若連續二次作了某事，會導致孔穴淹沒。

（二）萉生

「萉生」，原整理者無釋。連劭名認為：「『萉』，讀爲厲。《禮記・檀弓》云：『斬衽殺厲』鄭《注》：『厲，疫病也』。」（頁 66）楊安認為「萉」是一種旱生植物，預示乾旱的來臨。[116]

連說可商。萉字從艸，當與植物有關，而後文「渴（竭）澤」、「壤斥」皆是與自然有關之災害，故「萉生」應屬此類災異。「萉」字，《說文・艸部》：「萉，芀也。」（頁 34）而「芀」字，《說文・艸部》：「芀，葦華也。」（頁 34）「萉」、「芀」即蘆葦的花穗，《爾雅・釋草》：「葦醜，芀。」（頁 5715）郭《注》：「其類皆有芀秀。」陸德明《釋文》：「芀，字或作苕。」簡文「再則萉生」，指上位者若連續二次作了某事，會導致蘆葦一類的水草叢生。

（三）無定

「無定」，原整理者無釋。連劭名認為：「『無定』者，『不靜』之義，西周晚期的《毛公鼎》銘文云：『冊冊四方，大縱不靜』。《尚書・大誥》云：『即命曰：有大艱於西土，西土人亦不靜。』」（頁 66）

連說可商。「無定」當與「萉生」、「渴（竭）澤」、「壤斥（坼）」相同，是與自然有關之災害。「定」有「完成」、「達成」之義，用於農作物即為成長、熟成之義。《字彙補・宀部》：「定，歲熟也。」《國語・晉語三・六年秦歲定》：「秦歲定。」（頁 309）《呂氏春秋・審時》：「（稻）後時者，纖莖而不滋，厚糠多秕，辟米，不得待定熟，卬天而死。」（頁 699）高《注》：「言後時之稻，不得待成熟之時即卬天而死也。」《淮南子・天文》：「秋分薺定，薺定而禾熟。」（頁 116）高《注》：「定者，成也，故禾熟。」簡文「三則無定」，指上位者若連續三次作了某事，便會導致穀物無成。

---

[115] 「空」、「孔」相通之例，又如馬王堆帛書《十六經・成法》：「萬物之多，皆閱一空。」同文見於《淮南子・原道》則作「萬物之總，皆閱一孔；百事之根，皆出一門。」（頁 30）《養生方》「鼻空」，即「鼻孔」。參裘錫圭主編，湖南省博物館、復旦大學出土文獻與古文字研究中心編纂：《長沙馬王堆漢墓簡帛集成（肆）》（北京：中華書局，2014 年），頁 165。裘錫圭主編，湖南省博物館、復旦大學出土文獻與古文字研究中心編纂：《長沙馬王堆漢墓簡帛集成（陸）》（北京：中華書局，2014 年），頁 43。

[116] 楊安：〈銀雀山漢簡《為政不善之應》〉，中國古文字研究會等編：《古文字研究》，第 32 輯，頁 551。

（四）風晸（還）運，比三

連劭名認為：「『使百姓恒于利。』指國君治國重財貨而輕禮儀，《禮記・坊記》云：『先財而後禮則民利。』鄭《注》：『利猶貪也。』《禮記・表記》云：『事君大言入則望大利』，戰國時代的統治者多以『利』治國，銀雀山漢簡《富國》云：『凡欲富國，墾草仁邑，必外示之以利。』風晸運』如云『風旋轉』，《山海經・北山經》云：『歸山有獸焉，其名曰䮝，善還。』郭《注》：『還，旋也。』《廣雅・釋詁四》云：『運，轉也。』關於利和風之間有何聯繫，頗費解。《周易》中的巽卦為風，又為『近利市三倍。』利、風義通，《淮南子・地形》云：『輕土多利。』高註『利，疾也』、《周易・蠱・象》云：『山下有風。』何妥注：『風者，宣而疾。』」（頁 65）又認為「『比』猶『次』也，『比三』即『三次』，《文選・東京賦》云：『次如樹表』薛《注》：『次，比也。』」（頁 65）

上述關於「利」字的解釋可從，但有關「風晸運」一詞的說明則有誤。「晸」字雖應讀為「還」，但不該解釋為旋轉，因「運」字也有旋轉之義，如此則兩字重複。「還」當理解為「迅速」、「立刻」，《管子・任法》：「而失君則不然，法立而還廢之，令出而後反之。」《漢書・董仲舒傳》：「此皆可使還至而（立）有效者也。」顏《注》：「還讀曰旋。旋，速也。」（頁 2498-2499）又《周易・說卦》：「巽為木，為風，為長女，為繩直，為工，為白，為長，為高，為進退，為不果，為臭。其於人也，為寡髮，為廣顙，為多白眼，為近利市三倍，其究為躁卦。」（頁 197-198）確實可以將「風」與「利」聯繫，但連文以疾作為利、風義通的輔證則有誤，「輕土多利」之「利」為銳利、疾速之義，與「風者，宣而疾」確實相同，但「疾」與「貪」則無法聯繫，即便《周易》以風、利為同類，也無法證明風、利是因「疾」而歸於一類。

「比」字，連文認為是「次數」，但理解為「頻繁」、「連續」較好。楊樹達認為：「比，頻也，連也。」[117]「比」用作「連續」義，常見於文獻中有關災異、動亂的記載，如《漢書・五行志》：「十一年『秋，宋大水』。董仲舒以為時魯、宋比年為乘丘、鄑之戰，百姓愁怨，陰氣盛，故二國俱水」（頁 1343-1344）、「哀公十二年『十二月，螽』。是時哀用田賦。劉向以為春用田賦，冬而螽。十三年『九月，螽；十二月，螽』。比三螽，虐取於民之效也」（頁 1434）、「二十六年『十二月癸亥朔，日有食之』……劉向以為時戎侵曹，魯夫人淫於慶父、叔牙，將以弒君，故比年再蝕以見戒。」（頁 1484）知「比年」、「比三螽」為「連年」、「連三螽」之義。簡文「風還運，比三」，指「風勢瞬間旋轉，連續三次，便會有災異產生」。

（五）大如鶉

「鶉」字，原整理者無釋。連劭名認為：「又名『鸞』，《說文》云：『知來事鳥也。』」（頁 65）「鶉」字，《說文・隹部》：「鶉，鶉鸞也。」（頁 143）段《注》云：「此與鳥部鷻各物。」《說文・鳥部》：「鷻，雉肥鷻音者。從鳥，敦聲。魯郊

以丹雞祝曰：『以斯鶾音赤羽，去魯侯之咎。』」（頁 158）可見《說文》以「鶾」、「鶾」為二物。「鶾」字，段《注》云：「〈曲禮〉：『凡祭宗廟之禮，雞曰鶾音。』《注》：『鶾，猶長也。』《正義》曰：『雞肥則其鳴聲長也。』……鶾音之雞謂之鶾，此許以疊韻為訓也。鶾，雞肥貌。」由《禮記・曲禮》可知鶾（鶾音）是體型較大的雞，因體型較大的雞，所以鳴叫聲悠長，適合用於郊祭。「郊祭」是古代等級最高的祭祀儀式，其意義當如《春秋繁露・郊義》：

> 《春秋》之法，王者歲一祭天於郊，四祭於宗廟。……天者，百神之君也，王者之所最尊也。以最尊天之故，故易始歲更紀，即以其初郊。郊必以正月上辛者，言以所最尊，首一歲之事。每更紀者以郊，郊祭首之，先貴之義，尊天之道也。（頁 402-403）

天最為尊貴，故每年歲首要行郊祭，用以祭祀天。但也有行郊祭配祀山川、祖先等神祇，如《左傳・襄公七年》：「孟獻子曰：『吾乃今而後知有卜筮，夫郊祀后稷，以祈農事也，是故啟蟄而郊，郊而後耕。』」（頁 4203-4204）《史記・封禪書》：「（秦）文公問史敦，敦曰：「此上帝之徵，君其祠之。」（頁 1358）於是作鄜時，用三牲郊祭白帝焉。」〈魯周公世家〉：「成王乃命魯得郊祭文王。魯有天子禮樂者，以褒周公之德也。」（頁 1523）書例甚多，《漢書》更有〈郊祀志〉記載東漢以前有關郊祭的事宜。

以「鶾音」稱雞，除了表明其祭祀用途之外，也凸顯祭祀用雞的特色。事實上用於祭祀的牲畜，多有別稱，如《禮記・曲禮下》：「凡祭宗廟之禮：牛曰一元大武，豕曰剛鬣，豚曰腯肥，羊曰柔毛，雞曰鶾音，犬曰羹獻，雉曰疏趾，兔曰明視」（頁 2744），皆以牲畜的特點命名，如豚要取毛鬣剛大者，羊要選取毛柔者，犬食人之餘羹故曰羹獻，兔則要取肥大者，因其目開視明。

簡文「鶾」字，究竟是「山鵲」一類的知來事鳥，或讀為「鶾」，訓為較大的雞，因古文字中「隹」、「鳥」互通，故並存之。但若讀為「鶾」，則僅用於描述隕石之大小，與後文「雞」相對，無關祭祀。

（六）分壇（廛）羣居

連劭名認為：「指變動百姓的居民組織，更換居住地點，重新分配份地。《左傳・僖公十五年》云：『人而未定列』，杜《注》：『列，位也。』《左傳・昭公十三年》云：『輕重以列』，杜《注》：『列，位也。』」（頁 65）

「壇」字，原整理者讀為「廛」，可從。「廛」字，《說文・广部》：「廛，二畝半也。一家之尻。」（頁 449）「廛」有居住之義，如《周禮・地官・載師》：「以廛里任國中之地。」（頁 1560）鄭《注》：「廛，民居之區域也。」《孟子・滕文公上》：「願受一廛而為氓。」（頁 5877）趙《注》：「廛，居也。」故簡文中「廛」與「居」義同，「分壇（廛）羣居」，指變動百姓的居住處，分區群居。

第五節、《人君不善之應》考證

一、解題

　　本篇共十二簡，除簡 1933、1934、1935、1938 為完簡外，多為殘簡，說明上位者沉溺娛樂或不善為政所導致的災異，故原整理者據此定名。[118]簡文以上物者之娛樂為區別對象，如「水居」、「垂（埵）盧（爐）橐」、「田邋（獵）」、「好徙邑里」，配合失政的頻繁程度：「二時」、「四時」、「六時」、「八時」，而有不同災禍，以之警示上位者，故李零認為本篇為「古災異之說」。[119]本篇以「上位者沉耽的娛樂」為因，「災異」為果，與前述《為政不善之應》性質相近，只是《為政不善之應》著重在失政，本篇則聚焦於上位者之樂。又本篇五行金、木、火、水、土的觀念較為淡薄，可能是蘊藏於所述人君喜好之中，如「水居」屬水，「垂（埵）盧（爐）橐」屬金、火，「田邋（獵）」屬木、土，故有相應災異產生，屬五行類數術文獻。

　　本篇之相關研究，除原整理者外，連劭名則針對本篇及《不時之應》、《為政不善之應》寫過短札。[120]楊安則針對《銀雀山漢墓竹簡〔貳〕》進行集釋整理的工作。[121]蕭旭曾針對簡文的部分詞語進行考釋。[122]

　　簡文依脈絡可分為兩部分：其一是簡文含有「磨（歷）二時」、「磨（歷）四時」一類文句，如簡 1933 至 1936，其災異破壞程度呈現遞增的趨勢，最終為「磨（歷）八時而國亡」。其二則是剩餘的所有簡文，此部分多為殘簡，故難以歸類，雖然簡 1942、1943 結尾皆為「參（三）發而國亡」，但簡 1941 為「則三年而國亡」，其形式應該不同，故無法根據結尾分類。兩部分雖然敘述方式不同，但目的皆是以災異說明上位者耽溺於玩樂之後果，加上數量不多，故不分為二類。本篇書手共使用兩種符號，其一為篇章符號「·」，如 ● （簡 1935）、▇ （簡 1937），置於簡文起始處，提示下文。其二為句讀符號「ㄴ」，如 ▇ （簡 1933）、▇ （簡 1935）、▇ （簡 1938），用於文句停頓處。其三為重文符號「=」，如 ▇ （簡 1940）、▇ （簡 1940）。

　　本篇簡文殘缺，但各簡之災異應互有關聯，如簡 1933、1934 述人君好於水上遊玩，故為「山出泉」、「石辟（劈）而出泉」一類與水有關的災害；簡 1935、1936 述人君好冶煉，故為天火之災；簡 1937 述人君好田獵，故為「野草□」、「田壽（疇）蔵」、「國多衝風」、「折樹木」、「隕（壞）大墻」一類與土木有關的

---

[118] 銀雀山漢墓竹簡整理小組編：《銀雀山漢墓竹簡〔貳〕》（北京：文物出版社，2010 年），頁 229-230。

[119] 李零：〈讀銀雀山漢簡《三十時》〉，李零：《中國方術續考》（北京：中華書局，2010 年），頁 303-304。

[120] 參連劭名：〈銀雀山漢簡陰陽災異書研究〉，《考古》2005 年第 4 期，頁 64-68。

[121] 參楊安：《〈銀雀山漢墓竹簡·佚書叢殘〉集釋》（長春：吉林大學古籍研究所碩士論文，何景成指導，2013 年），頁 302-306。

[122] 參蕭旭：《群書校補（續）——簡帛校補（第一冊）》（新北市：花木蘭出版社，2014 年），頁 161。

災害。而簡 1938、1939 述人君好遷徙百姓或改變郡國制度，故有「雉兔剋亢（坑）」、「麋鹿剋朝」、「蜆魚剋□」、「蠆（龍）剋淵」一類禽獸不安於居所的災害。由於簡 1940 至 1944 殘缺頗甚，已不見造成災異之原因，故無法得知兩者的關係。

本篇內容部分又見於北大漢簡《陰陽家言》，雖然文句形制不同，且《陰陽家言》亦多殘缺，但仍可互相參照。

二、簡文語譯

・人君好水，居㵘（漸）臺，極舟歆（飲）酒游居，磨（歷）二時[123]，五穀湛（沉）涂（塗）[124]；磨（歷）四時，山出泉 ∟ ；磨（歷）六時，則石辟（劈）【1933】〈・〉[125]而出泉 ∟ ：磨（歷）八時而國亡。【1934】

語譯： 國君喜好居住於臨水臺榭、泛舟、飲酒、遷徙居所，經過二時，五穀則沉附於地；經過四時，山脈出現泉水；經過六時，則山石劈裂而出泉水；經過八時，國家滅亡。

・人君好垂（埵）盧（爐）橐，[126]抗金盧（爐），反山破石（一）∟ ，磨（歷）二時，五穀椅（殪）橋（槁）（二）∟ ；磨（歷）四時，天火[127]焚臧（藏）∟ ；磨（歷）六時，則林有【1935】蘱（爇）[128]者矣 ∟ ；磨（歷）八時而國亡。【1936】

語譯： 國君喜好冶煉金屬、開採礦石，經過二時，五穀則枯萎死亡；經過四時，天降大火焚燒倉廩；經過六時，則山林起火焚燒；經過八時，國家滅亡。

---

123 李零認為：「疑『二時』者半年，『四時』者一年，『六時』者一年半，『八時』者二年，皆『三年』以下之應，其最高限是三年。參《三十時》簡 2516『卒歲必有死亡之憂』，簡 2159『不出三年，必有死【亡之罪】』。」此處「時」字亦有可能為《三十時》之「時」，即以十五日為一時，如此則二時為三十日，四時為六十日，六時為九十日，八時為一百二十日，亦屬三年以下之應。參李零：〈讀銀雀山漢簡《三十時》〉，李零：《中國方術續考》，頁 304。

124 蕭旭認為「湛涂」可讀為「沉塗」，指五穀倒伏委附於地。（頁 161）蕭說可從。「五穀湛涂」與「山出泉」、「石辟（劈）」之結構可能皆作「N+V+N」或「N+V」，「湛涂」可能讀為「湛涂（塗）」，指五穀沉入泥塗。本簡與水有關，故當指五穀有水害。「湛涂」二字皆从水，或出於此因；後文「椅橋」皆从木，或許也是與枯萎一類的災異有關。

125 簡文「而」字之前有墨點 ，考慮到本篇書手多在簡文起始處以墨點提示下文，此處當屬書手誤書。

126 原整理者認為：「《淮南子・齊俗》：『鑪橐埵坊設，非巧冶不能以治金。』《注》：『鑪、橐、埵，皆冶具。』又同書〈本經〉：『鼓橐吹埵，以銷銅鐵。』《注》：『鼓，擊也。橐，冶鑪排橐也。埵，銅橐口鐵筒，埵入火中吹火也，故曰吹埵。』」（頁 230）

127 簡文「天火」一詞，沈祖春認為：「上引『大』字，原簡作『 』，當隸定為『天』，釋文誤。』天火』，指由雷電或物體自燃等自然原因引起的大火。《漢書・燕刺王劉旦傳》：『天火燒城門。』」（頁 461-465）沈說可從，天火即出自然形成之火災，然與《為政不善之應》簡 1929、1930、1932「天火」不同，該篇以「大如輪」、「大如雞」形容天火，當指隕石大小，非指火勢。

128 此字圖版作 ，可以看出上部从「艸」旁，故拙作原隸為 艹。王輝認為：「此字左下不清，上從艸，右下爲佳，當釋為『蘱』。《說文・火部》：以『蘱』為『然』之異體，『然』，燒也。古書或作『爇』，《漢書》『見巢爇，盡熯池中』，顏師古注：『爇，古然字。』」參拙作：《銀雀山漢簡、北大漢簡所見陰陽五行類出土文獻研究》（台南：成功大學中國文學系博士論文，沈寶春先生指導，2017 年），頁 205。王輝：〈銀雀山漢簡殘字的釋讀及其意義〉，《文史》，2022 年第 2 輯，總 139 輯，頁 271。

‧人君好馳騁田邋（獵），則野草□，田壽（疇）薉[129]，國多衝風[130]，折樹木，懹（壞）大墻，爲正（政）者不易，死【1937】……

語譯：國君喜好田獵，則草原……田野荒蕪，國邑中多強風，折斷樹木，毀壞牆垣，施政者若不改善，死……

‧人君好徙邑里，易路巷，[131]則水遷路徙，雉兔剋[132]宂（坑），麋鹿剋朝ㄴ，蜆魚剋□，蠪（龍）剋淵ㄴ，人君有謀【1938】而不成ㄴ，人民頜（咎），平地□，山巍崩，雖危□【1939】……

語譯：國君喜好遷徙人民居所、改變鄉里制度，則河流改道、道路遷徙，鳥類兔子離開居所（坑），麋鹿離開居所（沼澤、泥淖），蜆魚離開居所（□），麟龍離開居所（淵），國君的謀畫不會成功，人民咎責，土地□，山脈崩裂，雖危□……

……□非狼=（狼，狼）州而食□，□□之狗州罩[133]ㄴ，□山化爲晉=（晉（精），晉（精））【1940】化爲人（三），爲男爲女，處君，則三年而國亡。【1941】

語譯：……□非狼，狼群聚集而食□，□□之狗聚集吠叫，□山化為精怪，精怪化為人，為男或為女，若處於君位，三年之內國家滅亡。

---

[129] 「薉」字，原整理者讀為「穢」。（頁230）「薉」字，《說文‧艸部》：「薉，蕪也。」（頁40）《荀子‧天論》：「田薉稼惡，糴貴民飢。」（頁314）故「薉」字可指田疇荒蕪，不用讀為「穢」。

[130] 連劭名認為：「『衝風』即烈風，《楚辭‧九歌‧少司命》云：『衝風至兮水揚波』，《史記‧韓長儒列傳》云：『且強弩之極，矢不能穿魯縞，衝風之末，力不能飄鴻毛。』」（頁68）

[131] 簡文「人君好徙邑里，易路巷」，可能即〈為政不善之應〉簡1930：「爲正（政）多使百生（姓）分壇（廛）羣居」意義相近，皆指遷徙百姓的居處。

[132] 原整理者認為：「此字從文義上看似是『充』字之誤，也有可能本爲从『刀』『充』聲之字，讀爲『充』。」（頁230）「雉兔剋□宂（坑），麋鹿剋朝，蜆魚剋□，龍剋淵」等等，當指動物的種種反常現象，剋通克，《詩經‧桑柔》云：『如云不克』鄭《箋》：『克，勝也』。『雉兔剋坑』是指雉兔可從陷坑中躍出。『朝』疑讀爲『淖』，指沼澤之地。」（頁68）據原整理者所言，此字應為「充」字，但類化為「克」。「充」、「克」二字古文形體確實不同，但在漢隸中則非常接近，如「克」字作𡘤（馬王堆帛書《春秋事語》3）、𡘤（流沙墜簡7‧7），「充」字作𠑒（馬王堆帛書《老子甲》416）、𠑒（居延漢簡甲38），尤其流沙墜簡與馬王堆帛書〈老子甲〉之例字，若充字上半部改曲為直，即為克字。然簡文字作𡘤，其右下圓弧狀，與金文「克」字寫法相同𡘤（《利簋》）、𡘤（《克鼎》），可知此為「克」字無誤，其義當如連劭名說，但「坑」字則未必為「陷坑」，可能指兔子之居所，如簡文「龍克淵」。在古人觀念中龍本就居住於深淵，如北大漢簡《荊決》簡7：「玄蠪（龍）在淵」，龍之所以克淵，則是呼應簡文「人君好徙邑里，易路巷」之義，故「坑」字當指兔子之居所。又連氏讀「朝」為「淖」，以為泥淖。朝字為端母宵部，淖字為泥母宵部，兩字聲為旁母，韻為疊韻，當可通假。不過由此發想，「朝」或許也可讀為章母宵部的「沼」字，兩字聲為準雙聲，韻為疊韻亦可通假。《孟子‧梁惠王上》：「王立於沼上，顧鴻鴈麋鹿。」（頁5790）趙《注》：「沼，池也。」即以鹿在沼旁。雖然引文述梁惠王築園林臺池之樂，但以沼為鹿的居住地當可與簡文類似。則未知其是，「朝」字應與坑、淵相似，皆指禽獸的居所。參北京大學出土文獻研究所編：《北京大學藏西漢竹書（伍）》（上海：上海古籍出版社，2014年），頁175。

[133] 連劭名認為：「《禮記‧王制》云：『二百一十國以爲州，州有伯』。鄭《注》：『州，猶聚也』，故簡文云：『狼州而食人』。即『狼聚而食人』。罩、皋古通，字讀爲嗥，《說文》云：『嗥，咆也』。《廣雅‧釋詁二》：『獋，鳴也』。簡文云：『□邑之狗州罩』，是指居邑之中的狗群聚而叫。」（頁68）連說可從。

......□□及□有□□□參（三）發而國亡。【1942】

......參（三）發而國亡。【1943】

・人君【1944......】

三、字詞考釋

（一）抎金盧（爐）、反山破石

連劭名認為：「指冶煉採礦之事。」（頁 68）楊安認為：「抎，訓損毀意，《文選・上林賦》：『抎士卒之精。』李善《注》引郭璞曰：『抎，損也。』『盧』應和前半句一樣，通假為『爐』，『反山』謂『倒轉山川』見《列子・周穆王》：『周穆王時，西極之國有化人來，入水火，貫金石；反山川，移城邑。』『破石』也是取礦的一種說法，《論衡・逢遇》：『夫採玉者破石拔玉，選士者棄惡取善。』」（頁 304）

連、楊二說可從。但「抎」字應該是消耗、損耗之義，與損毀當有差別。簡文「金盧（爐）」，應理解為「金」與「爐」，前者指礦物，後者指冶煉裝置，在冶煉金屬之過程中，作為材料之礦物而言，應該是消耗，並非損壞。而在高溫環境下敲打製品，工具必然有所損耗，但裝置的毀壞，亦屬消耗之一，故「抎」字應理解為消耗為佳，如《史記・平準書》：「百姓抎獘以巧法。」《索隱》：「抎，耗也。」《漢書・吾丘壽王傳》：「海內抎蔽，巧詐並生。」顏師古《注》：「抎，訛盡也。」王先謙《補注》：「抎，摧挫消耗之義也。」

「反山破石」一句，楊安理解為「倒轉」。此句與北大漢簡《陰陽家言》簡6、7：「人君好垂（埵）盧（爐），反山求金鐵」[134]相近，其整理者即引《人君不善之應》之句，認為：「『反山求金鐵』，指將山上的土石翻覆過來，尋找和發掘礦石。」（頁 232）筆者曾據此二篇將嶽麓簡《占夢書》簡5：「庚辛夢██山鑄鐘，吉」之██字，隸為「反」字，訓為翻找。[135]但後來王挺斌引李守奎說，將「反」字訓為毀壞之義，[136]可從。「反」字訓為「翻」，由顛覆義而來，然「顛覆」則從本義毀壞山崖而來，故當從本義。「反山」即「墮山」，如《國語・周語下・太子晉諫靈王壅穀水》：「不墮山，不崇藪，不防川，不竇澤。」（頁 92-93）「反山」、「墮山」即開鑿山脈，又同於《禁》簡1705：「毋以聚衆鑿山出金石」。

（二）椅（殪）橋（槁）

連劭名認為：「『五穀椅橋』，『椅』通倚，《後漢書・楊震傳》李《注》：『倚，邪也』。『橋』，疑讀為槁，枯死之義。」（頁 67）蕭旭認讀「椅」為「殪」，《說文》：「殪，棄也。俗語死曰大殪。」......殪槁，猶言枯死。（頁 156）

---

[134] 北京大學出土文獻研究所編：《北京大學藏西漢竹書(叁)》（上海：上海古籍出版社，2015 年），頁 231。

[135] 龐壯城：〈北大漢簡《陰陽家言》、《雨書》、《荊決》、《六博》考釋零箋〉，武漢網，http://www.bsm.org.cn/show_article.php?id=2362，2015 年 11 月 19 日。

[136] 王挺斌：〈讀北大簡零拾〉，清華大學出土文獻研究與保護中心編，李學勤主編：《出土文獻》，第八輯（上海：中西書局，2016 年），頁 204-205。

「椅橋」當與前文「湛（沉）涂（塗）」義近，當從蕭旭讀為「猗槁」。「橋」字如連劭，可通假為「槁」，訓為乾枯。《呂氏春秋・介立》：「一蛇羞之，橋死於中野。」（頁264）高亨《箋》：「橋借為槁。槁，枯也。橋、槁古通用。《詩・山有扶蘇》：『山有橋松。』《釋文》：『橋，鄭作槁。』即其證。」簡文述人君喜愛冶煉，此行為屬火、金，對應於五穀正為枯槁之災。「椅（猗）橋（槁）」指「五穀異常枯萎」之現象，與前文「湛（甚）涂（塗）」並為災異，只是此處為火、金行之災，「湛（甚）涂（塗）」則為水行之災。

（三）□山化爲晉＝（晉〔精〕，晉〔精〕）化爲人

連劭名認為：「『神山化爲晉』。『晉』，疑讀爲齊，《周易・晉》《釋文》云：『晉，孟本作齊』。齊、平同義，故「神山化爲晉」，當指國之神山夷爲平地，與簡文下面所說的『平地□』、『山巍崩』是相同的災異。」（頁67）

簡文漫漶不清，故字形從原整理者所隸。但原整理者認為簡1941「化」字上有缺字，然化字上是否有缺字，今已無從判斷，本篇各簡首字與簡端間距如下圖：

原圈處正為「化」字，可見此字與各簡首字的位置相當的部分，應即該簡之首字。故本句當斷讀為：「□山化爲晉＝（晉（精），晉（精））化爲人」。

「化為」應指「變化」，尤多指精怪之事，如《漢書・五行志》：「史記魏襄王十三年，魏有女子化為丈夫。京房易傳曰：『女子化為丈夫，茲謂陰昌，賤人為王；丈夫化為女子，茲謂陰勝，厥咎亡。』一曰，男化為女，宮刑濫也；女化為男，婦政行也。」（頁1472）《後漢書・五行》：「七年，越巂有男化為女子。時

周群上言，哀帝時亦有此異，將有易代之事。至二十五年，獻帝封于山陽。」（頁3349）引文皆以「化為」描述精怪變化，且所述女化為男，正與簡文「化為人，為男為女」義近。若要描述山被夷為平地，只需寫作「神山平」即可。

「晉」字疑通假為「精」，晉為精母真部，精為精母耕部，兩字聲母相同，韻部為舌尖鼻音與舌根鼻音，應可通假。簡文「□山化為晉＝（晉（精），晉（精））化為人」，指某山化為精怪，而精怪又化為人，影響國家運勢。

第五章、銀雀山漢簡天文類出土文獻考證

本章針對銀雀山漢簡天文類的數術文獻進行討論，共有《占書》、《天地八風五行客主五音之居》二篇。每節首先以「解題」說明該篇之主旨與前人研究，而後進行簡文分組，統計以往多被忽略的「符號」（篇章符號、句讀符號、重文符號），以便通讀簡文，最後則說明該篇運用之數術理論。其次則為「簡文語譯」，以編聯結果，完整列出該篇之文字，並加入符號，明確簡文內容，並嘗試性地翻譯簡文內容。由於銀雀山漢簡殘缺頗甚，部分缺少上下文的簡文，只能條列原文。復次則為「字詞考釋」，針對簡文中隸定不夠準確，或有疑義之詞語提出說明。若該篇簡文若有出土或傳世文獻可供參照，則於「語譯」之後另闢項目說明。

第一節、《占書》考證

一、解題與編聯

（一）解題

本篇共四十三簡，部份簡文殘缺漫漶，無法辨認，不過大致可編聯通讀。篇題為原整理者所補，簡文內容多為天文占候，涉及「司德」、「氣象占」（又可分為「氣占」、「雷占」）以及「分野說」。[1]簡文透過引用古代之《亡國志》說明「氣占」的原理與應用。相關內容與馬王堆漢墓帛書《五星占》、《天文氣象雜占》、《刑德乙》[2]類似也可與《開元占經》、《乙巳占》對應。

有關《占書》的相關研究，除原整理者外，連劭名曾訓釋本篇部份詞彙。[3]楊安則針對《銀雀山漢墓竹簡〔貳〕》進行集釋整理的工作。[4]散見的學者論著，如李零談及本篇的性質。[5]葉山進行編聯。[6]劉樂賢談本篇引用的《亡國志》。[7]劉嬌略舉《占書》與傳世文獻的類似文句[8]。

簡文依內容可分為「司德占」、「五審」、「伐之道」、「分野」、「雷霆占」、「客星占」

[1] 銀雀山漢墓竹簡整理小組編：《銀雀山漢墓竹簡〔貳〕》（北京：文物出版社，2010 年），頁 243。

[2] 參裘錫圭主編，湖南省博物館、復旦大學出土文獻與古文字研究中心編著：《長沙馬王堆漢墓簡帛集成（肆）》（北京：中華書局，2014 年），頁 223-244、245-288。裘錫圭主編，湖南省博物館、復旦大學出土文獻與古文字研究中心編著：《長沙馬王堆漢墓簡帛集成（伍）》（北京：中華書局，2014 年），頁 48。

[3] 連劭名：〈銀雀山漢簡《占書》述略〉，《考古》（2007 年第 8 期），頁 62-67。

[4] 楊安：《〈銀雀山漢墓竹簡·佚書叢殘〉集釋》（長春：吉林大學古籍研究所碩士論文，何景成指導，2013 年），頁 335-354。

[5] 李零：〈讀銀雀山漢簡《三十時》〉，《簡帛研究》，第三輯（南寧：廣西教育出版社，1998 年），頁 194-210。

[6] 〔加拿大〕葉山著，劉樂賢譯：〈論銀雀山陰陽文獻的復原及其與道家黃老學派的關係〉，中國社會科學院簡帛研究中心編：《簡帛研究譯叢》，第二輯（湖南：湖南人民出版社，1998 年），頁 82-128。

[7] 劉樂賢：《簡帛數術文獻探論（增訂版）》（北京：中國人民大學出版社，2012 年），頁 167-174。

[8] 劉嬌：《言公與剿說──從出土簡帛古籍看西漢以前古籍中相同或類似內容重複出現現象》（北京：線裝書局，2012 年），頁 373。

與「其它」，前六組是依據占卜對象之不同而分，其編聯存在些許差異（詳後），也有可能抄錄自不同的占卜文獻，「其它」則收錄簡文殘缺嚴重，且句式風格與《占書》較不相同之簡，如簡2109、簡2110與簡2111。本篇書手使用二種符號，其一為篇章符號「‧」，如▨（簡2103），置於簡文起始處，提示下文。其二為句讀符號「ㄴ」，如▨（簡2071）、▨（簡2076）、▨（簡2077）等，用於文句停頓處。又本篇書手則多有錯字，如簡2091「商」字誤寫成「啇」；簡2092「偺」字，於簡2094則寫作「仙」；簡2099將「六」字誤寫作「九」；簡2101、2102皆將「贏」寫作「贏」。此種文字現象，顯示書手之不謹慎。

《占書》簡文殘缺較多，但仍可知其占卜對象多為「天象」，如日、月、星、辰與雷霆，甚至有星象分野的內容，與《漢書‧藝文志》的〈數術略‧天文〉所述十分接近。班固云：「天文者，序二十八宿，步五星日月，以紀吉凶之象，聖王所以參政也」，並將《漢日旁氣行事占驗》、《漢日食月暈雜變行事占驗》與《海中二十八宿國分》等與日、月、星辰有關的占卜書籍置於此類，這類書籍雖已亡佚，但主旨大概與本篇、馬王堆漢墓帛書《五星占》、《天文氣象雜占》相近。

（二）編聯

本篇之編聯，除原整理者外，目前有葉山、連劭名以及楊安提出意見，茲將三種編聯方式臚列如下表：

葉　　山[9]		連劭名[10]		楊　　安[11]	
絕大部份是描述歷史上「亡德」的實例；該文獻表明，各種數目的月暈及其他天體現象出現時，會有各種破壞性的人事隨之而來	2084-2094、2112[12]	天文月暈占	2089-2092，2094，2093b[13]	異事徵	2070-2079（「天」字前）
描述統治者的異常行為，並給予一連串的二項式解釋	2070-2079、2081、2095	星宿與分野	2095-2099	人事雜占	2079（「天」字後）-2086（「用兵」之前）
分野	2095-2099	客星占與雷霆占	2099-2102	伐之道與亡國志	2086（「用兵」之後）-2094
占測雷忌	2099-2102	司德占	2070-2079、2087-2088	分野	2095-2100（「凡」字前）
與軍事占測或部份軍事占測有關	2103（前7字）	人事雜占：1.五貪2.五棄	1.2105-2107a2.2085-20863.2080b	雷占	2100（「凡」字後）-2103（「凡」字前）
記載周天數和日、月行一	2103（第7字	3.五強	4.2081-2082	客星占	2103（「凡」字後）

9　〔加拿大〕葉山著，劉樂賢譯：〈論銀雀山陰陽文獻的復原及其與道家黃老學派的關係〉，中國社會科學院簡帛研究中心編：《簡帛研究譯叢》，第二輯，頁114-116。

10　連劭名：〈銀雀山漢簡《占書》述略〉，《考古》（2007年第8期），頁62-67。

11　楊安：《〈銀雀山漢簡‧佚書殘叢〉集釋》，頁352。

12　葉文中所記之簡序，參照舊版銀雀山漢簡，今依照新版銀雀山漢簡改寫。且葉山所記之《占書》簡數為45簡，與新版銀雀山漢簡所記不同，今以新版為主。

13　連文所記之簡序，參照舊版銀雀山漢簡，今依照新版銀雀山漢簡改寫。

葉　山[9]		連劭名[10]		楊　安[11]
天的度數	後）	4.五殆	（「天」字前）	-2104
統治者必須審查的「五貪」	2105-2107	5.六愛	5.2082（「天」字前）-2083	
無分類	2085、2104			

　　葉山、連劭名之分類早於《銀雀山漢墓竹簡〔貳〕》之出版，故二者在編聯上雖有可討論之空間，然瑕不掩瑜，將此些簡置於同類之看法，極有創見。2010 年出版之《銀雀山漢墓竹簡〔貳〕》吸收了葉、連二氏之結論，依照圖版、文句進行編聯、綴合，使得簡文便於通讀。而楊安對於簡序、編聯並無調整，僅依照各段文意給與名稱。

　　《占書》之文句多跨簡連讀，故編聯之問題較少，但部份簡序仍可商。本文依照原整理者之編聯進行調整、分類，分組名稱則參酌簡文及連、楊二氏文章。

　　「司德占」為《占書》之開頭，但頗懷疑「司德占」應為不同篇章，原因有在於簡文「性質」之不同，「司德占」開宗明義講「帝令司德監觀于下，視其吉凶禍福以及兵時」，故內容雖涉及「吉凶禍福」、「以兵時」，但皆以「國家政事」之執行作為觀察對象，並以「某德」作為表述。「司德占」以外之之篇章，雖性質亦有差異，如「五審」以天、地、國、君等為占，「伐之道」以「祲祥」等天文現象為占，「分野」則以「星宿」為占，「雷霆占」以「雷」為占，「客星占」以「客星」為占，但大抵可以天文氣象概括，且簡文大多連貫。是以「司德占」可能抄自不同篇章。

　　簡 2108「□无（無）故……」與「司德占」諸簡之行文相同，故應置於此處。然簡 2108 與 2075 皆殘，故其先後順序無法確定。是簡 2070 至簡 2074、簡 2108、簡 2075 與簡 2076 至簡 2079，皆為「司德占」之部份。

　　「五審」，由簡 2105 至簡 2107，與簡 2080 至簡 2086 組成。其中，連劭名已將簡 2105 與簡 2080 至 2086 諸簡編連歸類。此依連說，然調整順序，由總旨起，進而分述「五貪」、「五強」、「五殆」、「六愛」、「五棄」，俾使簡文連讀通順。

　　「伐之道」，由簡 2086 至簡 2094 與簡 2112 組成。其中，葉山已將簡 2112 歸於此類。簡 2112「此暴君之氣也」句，與簡 2094「此皆亂國之氣也」，文句結構類似，亦皆符合「望氣」的概念，故從葉山分類。而「伐之道」可分為「總旨」，並輔以「亡國志」解說證明，最後以「望氣」總結。「分野」，由簡 2095 至簡 2099 組成。此段文字殘缺頗多，多數由原整理者據傳世文獻所補。此段講述「星宿分野」。「雷霆占」，由簡 2099 至簡 2103 組成，此段文字錯字頗多，且有殘缺。然大抵可以通讀。為以「雷」占測吉凶之方法。「客星占」，由簡 2103 至簡 2104 組成，此段文字較少，然可以通讀，為以「客星運行之方位」占測吉凶之方法。

　　「其它」，收錄簡文殘缺嚴重，且句式風格與《占書》較不相同之簡，有簡 2109、簡 2110 與簡 2111。簡 2109 與 2110 皆提到「民」，然而本篇並不關心人民之吉凶[14]，反而多聚焦在「國事」、「兵事」上，故此二簡可能不屬於此。簡 2111 提到「君子」，

---

[14] 簡 2080 有「百姓乃□其正」之語，其「姓」為原整理者據簡拼合所得，然其字形與「姓」頗不相似，故不從。詳後論述。

亦與《占書》稱「帝」、「君」與「聖人」不同，故此簡可能不屬本篇。

本文所作簡序更動及原因，見下表：

名稱	簡序	原因
司德占	2070-2074 2108 2075 2076-2079	此段為「司德占」。簡 2108「□无（無）故」與「司德占」諸簡之行文相同，故置於此處。然簡 2108 與 2075 皆殘，故其先後順序無法確定。
「五審」： 1.總綱 2.五貪 3.五強 4.五殆 5.六愛 6.五棄	1.2105（「君之所審者五」） 2.2105（「一曰貪於布」）-2107 3.2080-2081（「天命」） 4.2081（「天之殆也」）-2082（「吉凶」） 5.2082（「天愛其精」）-2083（「以觀其成」） 6.2083（「西北以晦」）-2086（「以占吉凶」）	此段為君王之五審。簡 2105，連劭名已將之與簡 2080 至 2086 諸簡編連歸類。此依連說，然更將簡文調整順序，俾使簡文跨簡連讀通順。
「伐之道」： 1.總旨 2.亡國志 3.望氣	1.2086（「用兵成名」）-2089（「此三王授伐之道也」） 2.2089（其在古之亡國志也）-2093（「可以錯兵」） 3.2093（「夫名川絕」）-2094、2112	先言「總旨」，並輔以「亡國志」解說證明，而以「望氣」總結。
分野	2095-2099（「三百九〈六〉十五度四分度一」）	此段為「星宿分野」說。
雷霆占	2099（「凡雷之所」起）-2103（「皆大凶」）	此段為「雷霆占」。
客星占	2103（「·凡周天下三百六十五度四分度一」）-2104	此段為「客星占」。
其它	2109、2110、2111	此三簡文句風格似不屬於《占書》。

二、簡文語譯

（一）司德占

帝令司德監觀于下，視其吉兇（凶）禍福及以兵時（一）。取人之國而法（廢）[15]其鬼社稷（稷），【不】立其後，是【2070】胃（謂）威（滅）族棄祀（二），其子孫不有其國└。无（無）故而更其城郭、守備之具，是胃（謂）土觀（三），寇或至于城【2071】下。无（無）故而益為國門，是胃（謂）寶德（四），有害來取其國之重器以出者└。无（無）故而自田其城【2072】下，是胃（謂）窮德（五），乃有芒（荒）野，四競（境）不通。无（無）故而國門及巷閭皆自勒（泐），是胃（謂）易德（六），必亡其要【2073】塞若邊城。无（無）而踐其正卿，是胃（謂）務（瞀）德（七），適（嫡）

---

[15] 「法」字，原整理者認為：「法，疑當讀為『廢』，二字古通」。（頁 243）原整理者說可從。此字即讀為「廢」，指廢除他國社稷祭祀。

□不立。无（無）故而小其衡石斗甬（桶），是胃（謂）削【2074】德（八）……□无（無）故……【2108】……无（無）故而☑好兵，是胃（謂）盛德（九），□□□【2075】……國。无（無）故而田其術巷及廷，是胃（謂）盡德（十），五穀（穀）大蟲。无（無）故而為大溝以屬它國之地，【2076】是胃（謂）通德（十一），必川（穿）谷ㄴ。无（無）故而廷術巷皆高其西方而下其東方，是胃（謂）順德（十二），王公得【2077】讎[16]，以正四方ㄴ。无（無）故而皆長其綬，是胃（謂）女德（十三），國不甯，女子為正（政）。无（無）故而服其初國之寂〈冠〉，是【2078】胃（謂）復德（十四），君臣定固，以正四國。无（無）故而短其衣，是胃（謂）棘德（十五），乃亡其邊城ㄴ。天之明，日月乃明。【2079】

語譯： 天帝命令司德監視、觀察人世，顯示吉凶與能夠用兵的時間。攻取他人的國家，然後廢絕他人的宗廟祭祀，使他人無後者，自己子孫亦會遭受相同之結果，因而無法繼承國家。無緣無故變更、更動用以防禦的城郭以及守備工具，這是土觀，盜寇將會兵臨城下。無緣無故在城牆上多開城門，這是寶德，將有人來奪取國家重器而離去。無緣無故在城下耕作，這是窮德，會產生荒野，無法通達邊境。無緣無故國門及巷閭自行龜裂，這是易德，將會喪失要塞與邊境的城池。無緣無故翦害國家大臣，這是督德，嫡長子將無法順利繼承政權。無緣無故縮小容積單位，這是削德……無緣無故喜好興兵征戰，這是盛德……無緣無故將城中街道巷等地變為田地，這是盡德，所種植的五穀將會產生蟲害。無緣無故用溝渠連接他國，這是通德，將會貫穿山谷。無緣無故將廷、術、巷等建築改為西高東低的形式，這是順德，王公貴族將有所匹配，而四方安定。無緣無故加長女子許嫁佩帶彩帶之長度，這是女德，國家將不安寧，而女子掌權。無緣無故回復到國初的服冠制度，這是復德，君臣關係穩固，四方安寧。無緣無故縮短衣服之形制，這是棘德，將會喪失邊境的城池。天清明，日月才會清明。

（二）五審

……□君之所審者五：一曰貪於布，【2105】乃病都鄙。二曰貪於禾粟，乃病關市。三曰貪□【2106】……五曰貪[17]於甲兵，內亂乃起。審察五貪，以占其紀。大谷无（無）故而出水，不出三年，國有大喪。【2107】…………君之強，百□（十六），乃□其正。

---

[16] 「讎」字，原整理者認為：「讎，謂仇匹。」（頁243）

[17] 「貪」字，連劭名依文意隸為「貪」。原整理者改隸為「食」。（頁241）沈祖春認為此字形即「貪」字。參連劭名：〈銀雀山漢簡《占書》述略〉，《考古》（2007年第8期），頁66。沈祖春：〈《銀雀山漢墓竹簡（貳）》校補〉，甘肅省文物局：《甘肅省第二屆簡牘學國際研討會論文集》，2011年8月，頁461。按：沈說可從，由圖版可知此字即「貪」字，今改隸。

國之強，四競（境）甚敬。都之強，士力多。審察五強[18]，以占【2080】天命[19]ㄴ。天之殆[20]也，日月不明。地之殆也，草木不生。君之殆也，刑罰不行。國之殆也，務於四方。都【2081】之殆也，不勝甲兵。審察五殆，以占吉兇（凶）。天愛其精，以立其名[21]ㄴ。地愛其德，以求其經[22]。【2082】鬼愛其福[23]，以求其靈（靈）ㄴ。人愛其情，以求其□。君愛其士，以求其盈ㄴ。國愛其聖，以求其正。審察【2083】六愛[24]，以觀其成。西北以晦，東南以明，□【2084】……西風五日，兵甲乃發ㄴ。東風五日，大木乃伐。【天棄之，】南月毋（無）光[25]。地棄之[26]，五穀□山，慶（羌）獸作恙（十七）。川棄【2085】之，水漢（暵）乃昌ㄴ。先胆（祖）棄之，宗人[27]起兵。察審五棄，以占吉兇（凶）。

語譯：君王要審察的事情有五種：第一是貪瀆布幣，會使都城邊邑產生災禍。第二是貪瀆糧食，會使關卡產生災禍。第三是貪瀆……第五是貪瀆軍武，會使國家產生內亂。審察這五種貪瀆之事，可以占卜相關的標準。大的山谷無緣無故產生水患，不到三年，國家會有大的喪亡。……君王強盛，百□，乃□其正。國家強盛，四方邊境都會敬重。都城強盛，則可用的人力豐盛。審察這五種強盛之事，可以占卜天命之所向。天危亂，

---

[18] 簡文「五強」殘缺，僅剩「君」、「國」、「都」三強。照「五殆」文例，在「君之強」之前或有「天之強」與「地之強」。

[19] 劇前後文「以占其紀」、「以占吉凶」等句，可知此處殘字可能「占」字，整句作「以占天命」，指審視「五強」則可以了解天命之所向。

[20] 「殆」字，連劭名認為：「《爾雅·釋詁》云：『殆，危也』。」參連劭名：〈銀雀山漢簡《占書》述略〉，《考古》（2007年第8期），頁67。

[21] 連劭名認為：「精指日月，《呂氏春秋·圜道》云：『精行四時』。高註：『精，日月之光明也』。」又認為：「名同命，《春秋繁露·深察名號》云：『鳴而命施謂之名，名之為言鳴與命也』。故『以立其名』者，立命之義。」原整理者認為：「《淮南子·本經》『天愛其精，地愛其平，人愛其情。天之精，日月星辰雷電風雨也，地之平，水火金木土也，人之情，思慮聰明喜怒也。』所言與此近似，可參考。」（頁243）參連劭名：〈銀雀山漢簡《占書》述略〉，《考古》（2007年第8期），頁67。原整理者所引《淮南子》文句，與《占書》所言類似，其說可從。「愛」字，應為「親愛」、「重視」之意，如《左傳·隱公三年》：「父慈子孝，兄愛弟敬。」參楊伯峻編著：《春秋左傳注》（北京：中華書局，2009年），頁32。

[22] 連邵名認為：「《管子·問》云：『理國之道，地德為首』。地以生物為德，《賈子·道德說》云：『物所道始謂之道，所得以生謂之德』。」參連劭：〈銀雀山漢簡《占書》述略〉，《考古》（2007年第8期），頁67。

[23] 連劭名認為：「《禮記·祭統》云：『賢者之祭也，必受其福，非世所謂福也。福者，備也。備者，百順之名也，無所不順者謂之備，言內盡於己，而外順於道也。』」參連劭名：〈銀雀山漢簡《占書》述略〉，《考古》（2007年第8期），頁67。按：連說可從。

[24] 連劭名以文意補為「六愛」。參連劭名：〈銀雀山漢簡《占書》述略〉，《考古》（2007年第8期），頁67。按：連說可從。「六愛」包括「天、地、鬼、人、君、國」六者所愛。

[25] 原整理者認為：「此處有脫誤，疑當作『南風五日……天棄之……日月毋』。」（頁243）

[26] 「棄」字，用為「捨棄」，如《詩·周南·汝墳》：「既見君子，不我遐棄。」參〔漢〕毛亨傳，〔東漢〕鄭玄箋，〔唐〕孔穎達疏，龔抗雲、李傳書等整理，劉家和審定：《毛詩正義》（北京：北京大學出版社，1999年），頁57。

[27] 「宗人」，指「同族之人」，如《史記·田單列傳》：「安平之戰，田單宗人以鐵籠得全，習兵。」參〔西漢〕司馬遷撰：《史記》（北京：中華書局，2009年），頁2453。

則日月無法清明。地危亂，則草木無法生長。君王危亂，則刑罰無法施展。國家危亂，則使四方邊境昏亂。都城危亂，則軍武無法強盛。審察這五種危亂之事，可以占卜吉凶禍福。天重視它的精（日、月、星辰、雷、電、風、雨），所以確保了它的名字。地重視它的德（金、木、水、火、土），所以確保了它的標準。神鬼等祖先神重視它的福澤，所以確保了它的靈性。人類重視它的情感，所以確保……。君王重視它的臣子，所以確保它的富足。國家重視它的聖人，所以確保它的正直。審察這六種重視之事，可以觀察成功與否。西北方屬於陰晦，東南方屬於明亮……西風吹拂五日，將有士兵出征之事。東風吹拂五日，將有巨木砍伐之事。【天捨棄了】，南方的月光黯淡。地捨棄了，五穀□山，羌一類的動物造成禍患。川捨棄了，水患就會增加。祖先捨棄了，同族之人就會起兵作亂。審察這五種捨棄之事，可以占卜吉凶禍福。

（三）伐之道

用兵成名，攻者必先觀君臣【2086】之德，占天地之恙（祥），順時而動之，□□【2087】……觀其時，以占其德，亦可功（攻）也。是故聖（聖）人慎觀侵（祲）恙（祥），未見其徵，不發其【兵】[28]，隨時而動，因毀而伐[29]，【2088】是以有功而除害。此三王之授伐之道也[30]∟。其在古之亡國志也，月十三垣（暈）[31]，共工亡，離民[32]亡∟；星貫【2089】

---

[28] 原整理者認為：「『其』下抄脫一字。」（頁243）此說可從。此段講「興兵征伐之道」，有可能漏抄一「兵」字。

[29] 「因毀而伐」，指「因應敵方之毀敗，而興兵征伐」。

[30] 「三王之授伐之道也」，「授」，指「教導」、「傳授」，如《尚書・堯典》：「乃命羲和，欽若昊天，厤象日月星辰，敬授民時。」，意即：「這是三王所傳授用以征伐之道理」。參〔西漢〕孔安國傳，廖明春、呂明整理，呂紹剛審定：《尚書正義》（北京：北京大學出版社，1999年），頁28。

[31] 「垣」，連樂賢認為：「月暈：在簡文中出現最多，應是一種常見的占測項目。『垣』，吳書認為通『暈』。按，垣字古音是元部匣母，暈字古音是文部匣母，二字聲母相同，韻部也相近，應可通假。因此，吳書的意見可從。月暈是古代星占書中的常見占測項目，有關解釋及占辭可參看《開元占經》卷十五、卷十六。」連劭名、原整理者從之。參劉樂賢：《簡帛數術文獻探論（增訂版）》，頁168。連劭名：〈銀雀山漢簡《占書》述略〉，《考古》（2007年第8期），頁62。

[32] 離，連劭名認為：「《左傳・昭公十七年》云：『共工氏以水紀，故為水師而水名』。《呂氏春秋・蕩兵》云：『兵所自來者久矣。黃炎故用水火矣，共工氏固次作難矣』。《國語・周語》下云：『昔共工氏棄此道也，虞于湛樂，淫失其身，欲壅防百川，墮高堙庳，以害天下，皇天弗福，庶民弗助，禍亂並興，共工用失』。離讀為黎，『離民』當指祝融氏。《左傳・昭公廿九年》云：『火正曰祝融，顓頊氏有子曰犁，為祝融』。《國語・鄭語》云：『夫黎為高辛氏火正，以淳耀敦大，天明地德，光照四海，故命之曰祝融，其功大矣』。共工與離民指水火，古人或以水火為災難的象徵。」原整理者認為：「疑讀為『驪』，驪民當即驪戎。《周書・史記》：『昔有林氏召離戎之君而朝之，至而不禮，留而弗親。離戎逃而去之，林氏誅之。天下叛林氏。』敦煌寫本《六韜》殘卷《周志廿八國》（伯3454）『離戎』作『麗戎』。麗戎當即驪戎。」（頁244）參連劭名：〈銀雀山漢簡《占書》述略〉，《考古》（2007年第8期），頁62、63。連氏以「共工」、「離民」為對舉關係，故以「離民」為「祝融」；原整理者則以「離民」為「驪戎」。兩者說法皆有可能，故並存之。《占書》中「某某民」字，其「民」字，劉樂賢則改隸為「氏」字（頁170）古文中確實存在「民」、「氏」相混之現象，但這並不妨礙將「某某民」認為是「氏族」之名稱。故「民」字之隸定，仍從原整理者。參劉樂賢：《簡帛數術文獻探論（增訂版）》，頁170。

月[33]，苗民[34]亡ㄴ ；月十一垣（暈），昆吾民亡[35]，有狄民[36]亡；月九垣（暈），有快民[37]亡ㄴ ；月八垣（暈），有扈民[38]亡ㄴ ；月七垣（暈），有盡【2090】民[39]亡ㄴ ；月六垣（暈），有吳（虞）民[40]亡ㄴ ；月五垣（暈），夏后民亡ㄴ ；月四垣（暈），□患民亡（十八）；月

---

[33] 「星貫月」，劉樂賢認為：「《開元占經》卷六十四『順逆略例五』引石氏曰：『西入東出爲貫。』又引甘氏曰：『在下相侵爲貫，在傍爲刺。』關於星貫月的占辭，古代星占書中亦多有記載。《開元占經》卷十二『月與五星相犯蝕四』引《帝覽嬉》曰：『太白與月貫，期不出三年，國大危，戰敗亡地，以女亂亡，期不出六年。』又引《海中占》：『辰星貫月，不出四年有殃，內禍匿謀。』又引《荊州占》曰：『辰星貫月，國以女子內亂，期六年。』同書卷十三『月與列星相犯』引《帝覽嬉》曰：『列星貫月，陰國可伐也，期不出五年，其國受兵，不出十年中國有內亂，大危。』」連劭名則認為：「星指流星，《開元占經》卷十六月占引《河圖帝覽嬉》云：『月暈，有流星橫貫月度暈中者，諸侯皇后有亡失國者。又曰：流星貫暈不中月，出月右如建鼓，右吏死，出月左，左吏死』。」參劉樂賢：《簡帛數術文獻探論（增訂版）》，頁 169。連劭名：〈銀雀山漢簡《占書》述略〉，《考古》（2007 年第 8 期），頁 63。兩說最大不同在於，劉氏並未將「星」之解釋局限於流星，而是指一般星辰，以劉說較佳。

[34] 「苗民」，連劭名認為：「『苗』是南方部族，《尚書·呂刑》云：『若古有訓，蚩尤惟始作亂，延及于平民，罔不寇賊，鴟義姦宄，奪攘矯虔，苗民弗用靈，制以刑，惟作五虐之刑曰法，殺戮無辜，爰始淫爲劓刵椓黥，越茲麗刑並制，罔差有辭，民興胥漸，泯泯棼棼，罔中於信，以覆詛盟，虐威庶戮，方告無辜於上，上帝監民，罔有馨香德，刑發聞惟腥，皇帝哀矜庶戮之不辜，報虐以威，遏絕苗民，無世在下』。」參連劭名：〈銀雀山漢簡《占書》述略〉，《考古》（2007 年第 8 期），頁 63。

[35] 「昆吾民」，連劭名認為：「昆吾。西方部族，《詩經·采薇》序云：『西有昆吾之患』。鄭玄箋：『昆，西戎也』。」參連劭名：〈銀雀山漢簡《占書》述略〉，《考古》（2007 年第 8 期），頁 63。

[36] 「有狄民」，連劭名認為：「有狄。北方民族，《禮記·王制》云：『北方曰狄』。《大戴禮記·千乘》云：『北辟之民曰狄』。」參連劭名：〈銀雀山漢簡《占書》述略〉，《考古》（2007 年第 8 期），頁 63。

[37] 「有快民」，連劭名認為：「即英，東方部族，《史記·陳杞世家》云：『皋陶之後，或封英、六，楚穆王滅之，無譜』。《春秋·僖公十七年》：『春，徐人、齊人伐英氏，以報婁林之役也』。杜預注：『英氏，楚與國』。原整理者認為：「《周書·史記》『昔陽氏之君自伐而好變，事無故業，官無定位，民運於下，陽氏以亡。』疑簡文『有快民』即『陽氏』。」（頁 244）參連劭名：〈銀雀山漢簡《占書》述略〉，《考古》（2007 年第 8 期），頁 63。

[38] 「有扈民」，連劭名認為：「見《尚書·甘誓》，《國語·楚語》記觀射父言：『堯有丹朱，舜有商均，夏有觀扈，周有管蔡』。《說文》云：『扈，夏后同姓所封，戰于甘者，在鄠有扈谷甘亭』。有扈是夏人分支，屬中原古族。」參連劭名：〈銀雀山漢簡《占書》述略〉，《考古》（2007 年第 8 期），頁 63。

[39] 「有盡民」，連劭名認為：「即晉國，盡讀盞，《爾雅·釋詁》云：『盞，進也』。《說文》云：『晉，進也，日出萬物進』。《釋名·釋州國》云：『晉，進也，其地在北，有事於中國則進而南也』。周初封叔虞于唐，後更名爲晉，此處是夏朝舊地。」原整理者認為：「盡，疑當讀爲『莘』，『有盡民』當即有莘氏。」（頁 244）參連劭名：〈銀雀山漢簡《占書》述略〉，《考古》（2007 年第 8 期），頁 63。

[40] 「有吳（虞）民」，連劭名認為：「中原古族，相傳舜子商均封于虞，以國爲氏。《史記·五帝本紀》云：『虞舜者，名曰重華』。《索隱》云：『虞，國名，在河東大陽縣』。《正義》引《括地志》云：『故虞城在陝州河北縣東北五十里虞山之上』。」參連劭名：〈銀雀山漢簡《占書》述略〉，《考古》（2007 年第 8 期），頁 63。

並出[41]，啇〈商〉人亡；反景三日[42]，天【2091】下□周[43]ㄴ；日倍儵[44]，智氏[45]亡；月日垣（暈），鄭人亡。此古之亡德之夭（妖）也，亡徵也。有道以察此者，可以伐矣。若【2092】反景之君之勝上者，必其法失之[46]。地觀其野，以授其國，可以錯兵。夫名川絕、大徼（激）固（涸）、天雨血星、【2093】月並出、星貫月、反景、倍仙、篲（彗）星、營（熒）或（惑）、雲□[47]、夭（妖）迲（祥）見於天，此逆上者也，此皆亂國之氣也。【2094】□□□□□，此暴君之氣也。□【2112】……

語譯： 率領軍隊成就名聲，進攻者必須先觀察審視君臣的行為，占卜天地的祥瑞，順應時節而行動……觀察時節，占卜行為，也是可以進攻。所以聖人謹慎觀察審視祥瑞災異，尚未看見徵兆，就不發動軍隊，順應時節而行動，因對方敗亡而討伐，這是以成就功績並翦除禍害。這是三王傳授的討伐道理。在古代的王國志中記載，月亮有十

---

41 「月並出」，劉樂賢認為：「月並出，指兩月或數月同時出現，也是古代星占書中的常見占測項目，其占辭可參看《開元占經》卷十一『月並出及重累二十五』。」連劭名則補充：「馬王堆帛書《天文氣象雜占》云：『兩月並出，有邦亡』。《開元占經》卷十一月占引《京房占》云：『月並出爲並明，天下有兩王』。」原整理者認為：「《呂氏春秋‧明理》：『有四月並出，有二月並見。《開元占經》卷十一『月並出及重累二十五』引《京房易傳》曰『君弱而婦強，爲陰所乘，則月並出』，又引京氏曰『月並出爲並明，天下有兩王立』。」（頁244）參劉樂賢：《簡帛數術文獻探論（增訂版）》，頁169。連劭名：〈銀雀山漢簡《占書》述略〉，《考古》（2007年第8期），頁63、64。

42 「反景」，劉樂賢認為：「指夕陽反照。《山海經‧西山經》：『是神也，主司反景。』」連劭名同劉樂賢，認為：「《初學記》卷一云：『日西落，光反照於東，謂之反景』。」原整理者認為：「《呂氏春秋‧明理》『其日有鬭蝕，有倍儵，有暈珥，有不光，有不及景』，舊校云『及，一作反』。《開元占經》卷八『日占四』引《孝經內記》云『日暈且冠戴，又有反照於日上，有戴赤青，長四五尺，左右上下有氣各一丈許』，『反照』當即『反景』。」（頁244）參劉樂賢：《簡帛數術文獻探論（增訂版）》，頁169。連劭名：〈銀雀山漢簡《占書》述略〉，《考古》（2007年第8期），頁64。

43 「天下□周」，所缺字，劉樂賢隸為「邰」字。連劭名從之。原整理者認為：「左從『合』，右似從『反』，字不識，疑當讀爲『叛』。」（頁244）參劉樂賢：《簡帛數術文獻探論（增訂版）》，頁168。連劭名：〈銀雀山漢簡《占書》述略〉，《考古》（2007年第8期），頁64。此字左從合可信，然右部漫漶未識，今不隸，改為缺字。

44 「日倍儵」，劉樂賢：「簡文乂作倍仙，儵、仙二字皆不見於字書。由於沒有見到原簡及照片，我們無法判斷簡文的釋讀是否準確，因而也就難以對此作出深入討論。下面，只能從星占學的角度提出一個初步的猜測供大家參考。按，古代星占書常以『日倍儵』為占，疑簡文『日倍儵』與『日倍僑』有關，『儵』可能是『僑』之誤，『仙』則為『儵』之省。」連劭名：「疑即倍儵，又作背穴或背鐍，《漢書‧天文志》云：『暈適背穴』。孟康曰：『背，形如背字也，穴多作鐍，其形如玉鐍也。如淳云：『在旁如半環向日爲抱，向外爲背。有氣刺日爲鐍』。」原整理者認為：「乃從『虫』（虺）得聲之字。倍，當即倍儵，『虫』聲與『喬』聲古音相近。《呂氏春秋‧明理》『其日有鬭蝕，有倍儵，有暈珥』，註『倍儵、暈珥，皆日旁之危氣也。在兩旁反出爲倍，在上反出爲儵，在上內向爲冠，兩旁內向爲珥』。《淮南子‧覽冥》『君臣乖心，則背譎見於天』，《春秋元命苞》『陰陽交而爲虹蜺，離爲背儵，分爲抱珥』，《漢書‧天文志》『暈適背穴，抱珥蜺』，註『穴多作鐍，其形如玉鐍也』，《開元占經》卷七『日占三』引京氏曰『日背璚，在日之南及其三方者，其國有反臣』。倍儵、背譎、背儵、背穴、背璚，並同。」（頁244）參劉樂賢：《簡帛數術文獻探論（增訂版）》，頁168。連劭名：〈銀雀山漢簡《占書》述略〉，《考古》（2007年第8期），頁64。原整理者說法可從。

45 「智氏」，連劭名認為：「《史記‧晉世家》云：『當是時，晉國政皆決知伯，晉哀公不得有所制，知伯遂有范、中行地，最強。哀公四年，趙襄子、韓康子、魏桓子共殺知伯，盡並其地』。」參連劭名：〈銀雀山漢簡《占書》述略〉，《考古》（2007年第8期），頁64。知、智可通，連說可參。

46 「反景之君之勝上者，必其法失之」，意即「敵方有反景之天象，仍未能取勝，必是方法有失所致」。

47 所缺字，原整理者認為：「此字右側從『雲』，左側殘泐。」（頁244）此字圖版殘缺，今以缺字論。十

三暈時，共工滅亡，離民滅亡；星辰貫穿月亮時，苗民滅亡；月亮有十一暈時，昆吾民滅亡，有狄民滅亡；月亮有九暈時，有快民滅亡；月亮有八暈時，有扈民滅亡；月亮有七暈時，有盡民滅亡；月亮有六暈時，有虞民滅亡；月亮有五暈時，夏后氏滅亡；月亮有四暈時，□患民滅亡；月亮並出的時候，商人滅亡；夕陽反照三日，天下□周；太陽背誦，智氏滅亡；月亮有日暈，鄭人滅亡。這些是古代反映無德之災異，是滅亡的徵兆。有方法能夠審察這些徵兆的人，可以出兵討伐。如果敵方有反景的天象，仍未能取勝，必是方法有失所致。觀察地形，可以開創國家，可以發動軍隊。大川斷絕、大澤乾涸、天上降下血紅的星辰、月並出、星辰貫穿月亮、夕陽反照、背誦、彗星、熒惑、雲□、災異顯示在天空，這些都是違逆常道的現象，都是悖亂國家的氣⋯⋯這是暴君的氣⋯⋯

（四）分野

天德羍（羴（羶）／〈善〉？）鈞（均）侵（祲）恙（祥）件〈伴？〉（十九），而倍（背）眾侍（恃）強以幸，殆於天下者（二十），雖勝其民，不有其土。鄭受角、亢、抵（氐）[48]，其日【2095】【□，其辰□。】[49]鼛（魏）受房、心、尾[50]，其日辛[51]，【其辰□。□受箕、斗，其日□，其辰□[52]。□受牽】牛、嫛女[53]，其日丁，【2096】【其辰□。□受虛、危，其日□，其辰□。□受營室、東壁，其日】[54]□，其辰□。魯受奎、婁女[55]、胃，【2097】【其日□，其辰□。□受昴、畢、觜巂、參[56]，其】日庚，

---

[48] 原整理者認為：「自此以下記星宿分野，與《淮南子‧天文》、《漢書‧地理志》、《廣雅‧釋天》、《史記‧天官書》正義引《星經》、《開元占經》卷六四『分野略例』所載略同。鄭即韓，戰國人多謂韓為鄭。《漢書‧地理志》『韓地，角、亢、氐之分野也』，與簡文合。它書皆以角、亢之分野為鄭，氐之分野為宋。」（頁245）

[49] 所缺字為原整理者據《占書》文例而補。

[50] 原整理者認為：「諸書或以畢、觜巂、參為魏之分野（《史記》正義引《星經》），或以胃、昴、畢為魏之分野（《淮南子‧天文》），而以房、心為宋之分野，尾為燕之分野（《漢書‧地理志》、《史記》正義引《星經》），與簡文異。」（頁245）

[51] 原整理者認為：「簡文所記每一地區都有一個天干名（日）和一個地支名（辰）與之相配，而《淮南子‧天文》、《廣雅‧釋天》及《開元占經》每一地區僅有一個天干名或一個地支名與之相配。諸書所記略同。」（頁245）

[52] 原整理者認為：「上文言房、心、尾之分野，下文言牽牛、嫛女之分野，此處缺文中應有『□受箕、斗，其日□，其辰□』十字，但諸書所記星宿分野，無以箕、斗二宿共配一地者。」（頁245）

[53] 原整理者認為：「『牽』字從『牛』，『嫛』字從『女』，疑簡文『牽牛』原寫作『牽＝』，『嫛女』原寫作『嫛＝』此簡右側折損，二合文號均殘去。嫛女，即須女。《淮南子‧天文》以斗、牽牛、須女為吳越之分野。（據王引之校），《史記‧天官書》正義引《星經》以牽牛為吳之分野，以綴須為齊之分野。《開元占經》卷六四『分野略例』亦以須女為齊之分野。」（頁245）

[54] 原整理者認為：「上文言牽牛、嫛女之分野，下文言奎、婁、胃之分野，則此處缺文中應記虛、危、營室、東壁四宿的分野。今參照《淮南子‧天文》、《廣雅‧釋天》以虛、危為齊之分野，營室、東壁為衛之分野，在釋文中補出『□受虛、危，其日□，其辰□。□受營室、東壁，其日』十八字。」（頁245）

[55] 原整理者認為：「諸書皆以奎、婁為魯之分野，而以胃為趙之分野（《淮南子‧天文》以胃為魏之分野）。簡文『婁』下兩點應是合文號，『婁＝』讀為『婁女』。簡文稱女宿為嫛女，故『女』不可能指女宿，疑『婁女』為『婁』之異名。」（頁245）

[56] 原整理者認為：「上文言奎、婁、胃之分野，下文言東井、輿鬼之分野，則此處缺文應記昴、畢、觜

其辰申。秦受東井、輿鬼，其日甲，其辰子[57]。周受柳、【2098】七星、張[58]，其日丙，其辰午乚。楚受翼、軫，其日癸，其辰巳[59]。·□寅贏〈贏（雷）？〉[60]五月，凡廿八宿，三百九〈六〉[61]十五度【2099】四分度一。

語譯： 天之德行擅於均等分配，所以吉凶徵兆相互伴隨，然而背棄眾人、依恃強勢而得以倖存，危害天下者，雖然可以勝利而擁有他國人民，卻無法保有國土。鄭國屬於角、亢、氐的星宿，其日【□，其辰□】。魏國屬於房、心、尾的星宿，搭配日為辛，【其辰□】。□屬於箕、斗的星宿，搭配日為□，搭配時辰為□。□國屬於牽】牛、婺女的星宿，搭配日為丁，【其辰□】。□受虛、危，其日□，其辰□。□受營室、東壁，其日】□，其辰□。魯國屬於奎、婁女、胃的星宿，【其日□，其辰□】。□受昴、畢、觜嶲、參，其】日庚，搭配時辰為申。秦國屬於東井、輿鬼的星宿，搭配日為甲，搭配時辰為子。周國屬於柳、七星、張的星宿，搭配日為丙，搭配時辰為午。楚國屬於翼、軫的星宿，搭配日為癸，搭配時辰為巳。□寅贏〈贏（雷）？〉五月，共二十八星宿，周天為三百六十五度四分度一。

（五）雷霆占

凡贏（雷）[62]之所，毋（無）先起兵。其在冬春，小兇（凶）；在夏，大兇（凶）。在日為幾（饑），在夕為兵。有音，有將死【2100】之。其音大而數[63]，其罰乃大而亟；其音小而秫[64]，其罰乃小而久。春贏〈贏（雷）〉[65]會旦，為大襄（穰）[66]，為亂，為役（疫）【2101】。夏贏（雷）會晝，為幾（饑），為……□為兵氣。贏〈贏（雷）〉□□[67]

觜嶲、參四宿之分野。從缺文字數看，此四宿當是共配一地，釋文據此補出『□受昴、畢、觜嶲、參、其』八字。《史記‧天官書》以畢、觜嶲、參為魏之分野，以昴為趙之分野，《漢書‧天文志》則以觜嶲、參為魏之分野，以昴、畢為趙之分野。簡文以房、心、尾為魏之分野。」（頁245）

57 原整理者認為：「諸書皆以東井、輿鬼為秦之分野，與簡文合。」（頁245）

58 原整理者認為：「諸書皆以柳、七星、張為周之分野，簡文缺字當是『張』字。」（頁245）

59 原整理者認為：「諸書皆以翼、軫為楚之分野，與簡文合。」（頁245）

60 「□寅贏」，原整理者認為：「『寅』上一字不清，似是『凡』字。『贏』當是『贏』字寫誤，讀為『雷』。」（頁245）「寅」上一字圖版模糊不識，故以缺字論。

61 「九」字，原整理者認為：「簡文『九』字當是『六』字之誤。《淮南子‧天文》『日移一度，凡行百八十二度八分度之五而復至牛首之山，反覆三百六十五度四分度之一而成一歲。』」（頁245）

62 連劭名認為：「八卦中震為雷，《周易‧震》云：『震來虩虩，笑言啞啞，震驚百里，不喪匕鬯。』可見雷霆占甚為古老。」原整理者認為：「『贏』字見《說文》，『贏』『贏』『贏』等字皆從『贏』得聲，簡文借為『雷』字。」（頁245）參連劭名：〈銀雀山漢簡《占書》述略〉，《考古》（2007年第8期），頁65。

63 「數」字，原整理者認為：「數，促也，密也。」（頁245）

64 「秫」字，原整理者認為：「秫，疑是『秫』之誤字，『秫』與上文『數』字為對文，《說文》：『秫，稀疏適秫』，《廣雅‧釋詁三》『秫，疏也。』」（頁246）

65 「贏」字，原整理者認為：「此『贏』字亦當是『贏』字之寫誤，讀為『雷』。」（頁246）

66 「襄」字，原整理者認為：「當讀為穰。《史記‧天官書》『所居野大穰』，《正義》『穰，豐熟也。』《開元占經》卷一○二『雷占』引京房曰『春始雷東方，五穀盡熟，人民蕃殖。若夜雷，歲半熟』。」（頁246）

67 「贏〈贏（雷）〉□□」，原整理者認為：「此二字已殘，上一字似『在』，下一字似從『女』。」（頁246）此二字圖版殘缺，今以缺字論。

會莫（暮），為役（疫）。凡嬴〈雷〉之日，毋（無）以事君入【2102】室及營車，皆大兇（凶）。

語譯： 只要是雷霆發生的場所，不能先發動軍隊。如果是冬、春兩季，是小凶；在夏季，則是大凶。在白天會有飢荒，在傍晚則有戰爭。有雷聲的話，有將領會死亡。如果雷聲劇烈且頻繁，伴隨的懲罰會很嚴重且快速；如果雷聲微弱且稀疏，伴隨的懲罰較弱但持久。春天早上出現雷霆，可能會有豐收、禍亂、疫病。春天白天出現雷霆，可能會有飢荒……為兵氣。嬴〈嬴（雷）〉□□會莫（暮），可能會有疫病。只要出現雷霆，不要服侍君王進入宮殿及車廂，都是大凶。

（六）客星占

．凡周天下三百六十五度四分度一，日行一度，月行十三度四分度一。客星□□□□【2103】有憂，非中亂68，則主兵，國亡；後客星復舍焉，其國將復立。客星抵月，布衣試（弒）其君69。【2104】

語譯： 周天共有三百六十五度四分度一，太陽每天行走一度，月亮則行走十三度四分度一。客星□□□□，將有憂慮之事，不是內亂，主要代表戰爭軍事，國家將會滅亡；之後客星再次停留那個位置，國家將可以復興建立。客星停留在月亮的位置，布衣卿相將會弒君。

（七）其它

……□王，民去其故里……【2109】

語譯： ……□王，人民離開其故國鄉里……

東，莫居其鄉70，國大實，民歷居與六畜□【2110】……

語譯： 東方，不要停留在此方向，國家充足、復育，民歷居與六畜□……

□□□□□百生（姓）□食，君子不處其【2111】……

---

68 「中亂」，連劭名認為：「《開元占經》卷七十七客星占引《黃帝占》云：『客星者，周伯、老子、王蓬絮、國皇、溫星，凡五星，皆客星也，行諸列舍十二國分野，各在其所臨之邦，所守之宿，以占吉凶。』又引《河圖》云：『客星入月中，有破觸月，臣弒主，有內亂。』」原整理者認為：「猶言『內亂』。《開元占經》卷四『地自出泉』引《易候》曰：『天不下雨，而地自出泉，其國大水，亂從中生。』」（頁246）參連劭名：〈銀雀山漢簡《占書》述略〉，《考古》（2007年第8期），頁64、65。

69 「客星抵月，布衣試（弒）其君」，原整理者認為：「《開元占經》卷七七『客星犯月三』引《河圖》『客星入月中，有破（應補『軍』字），觸月，臣弒主，有內亂』。又引《洛書》『大星入月中，臣弒主』。」（頁246）

70 「東，莫居其鄉」，原整理者認為：「《開元占經》卷三『天雨灰土』引《易飛候》『天雨土是大兇，民人負子東西，莫居其鄉。』」（頁246）

三、字詞考釋

（一）帝令司德監觀于下，視其吉兇（凶）禍福及以兵時

「帝」，即「天帝」，《易·益》：「王用享于帝吉。」[71]王弼注：「帝者，生物之主，興益之宗。孔疏：「帝，天也。」《公羊傳·宣公三年》：「帝牲不吉。」[72]何休注：「帝，皇天大帝。」《史記·天官書》：「斗為帝車」（頁1293）、「天王帝廷」（頁1297），皆以「帝」為「天帝」。「司德」一詞，陳偉武認為：「義近於馬王堆帛書《刑德》中的『德』，也是指據下方德政以定刑罰慶賞之神。」「『司德』當即《甘氏歲星法》所稱的『監德』。」[73]

連劭名認為：「『司德』見《逸周書·命訓》：『天生民而成大命，命司德，正之以禍福，立明王以順之，曰：大命有常，小命日成，成則敬，有常則廣，廣以敬命，則度至於極。夫司德司義而賜之福祿，福祿在人，能無懲乎？若懲而悔過，則度至於極。』」[74]連氏更引用《史記·武帝本紀》「陛下建漢家封禪，天其報德星雲」，索隱云：「德星，歲星也，歲星所在有福，故曰德星也。」是陳、連二氏皆以「歲星」為「監德」，並以「司德」為福祿、刑罰、慶賞之神。古人以為「歲星」可以反映禍福。《開元占經》卷廿三引《甘氏歲星法》云：

> （監德）其狀蒼蒼若有光，其國有德，乃熟黍稷，其國無德，甲兵側側，其失次，將有天應見於輿鬼，其歲早水而晚旱。

透過觀察「歲星」之運行，可以明瞭禍福休咎，而簡文進一步以國政、軍事為判斷吉凶之根據，如簡2071「无（無）故而更其城郭、守備之具」、簡2074「无（無）而踐其正卿」與簡2076「无（無）故而為大溝以屬它國之地」等，皆與「歲星」無關。故「司德」應僅為天帝轄下官職之一，其利用各種行為（某德）掌管「吉凶」、「兵時」。「司德」為官職，故可以「監觀」。「監觀」，即監視、觀察。如《左傳·莊公三十二年》：「明神降之，監其德也。」[75]

後文「視其吉兇（凶）禍福及以兵時」之「視」字，並非「監視」、「觀看」之意。「視」字為「顯示」、「表示」之意，通「示」，如《詩經·小雅·鹿鳴》：「視民不恌，君子是則是傚。」[76]《漢書·陳勝項籍傳》：「已渡，皆湛舡，破釜甑，燒廬舍，持三

---

71 〔魏〕王弼注，〔唐〕孔穎達疏，李申、盧光明整理，呂紹剛審定：《周易正義》（北京：北京大學出版社，1999年），頁177。

72 〔西漢〕公羊壽傳，〔漢〕何休解詁，〔唐〕徐彥疏，浦衛忠整理，楊向逵審定：《春秋公羊傳注疏》（北京：北京大學出版社，1999年），頁325。

73 陳偉武：〈簡帛兵學文獻軍術考述〉，《華學》，第一輯（廣州：中山大學出版社，1995年），頁128。

74 連劭名：〈銀雀山漢簡《占書》述略〉，《考古》（2007年第8期），頁65。

75 楊伯峻編著：《春秋左傳注》，頁251。

76 〔西漢〕毛亨傳，〔東漢〕鄭玄箋，〔唐〕孔穎達疏，龔抗雲、李傳書等整理，劉家和審定：《毛詩正義》，頁558。

日糧，視士必死，無還心。」[77]簡文「帝令司德監觀于下，視其吉兇（凶）禍福及以兵時」，意即「天帝命令司德監視、觀察人世，顯示吉凶與能夠用兵之時」。而「某德」對應於「無故而……」一類的行為，司德神便是根據某德而賜予吉凶禍福。現將三者之關係臚列如表：

	行為	某德	結果
1	取人之國而法（廢）其鬼、社褫（稷），【不】立其後	是胃（謂）威（滅）族棄祀	其子孫不有其國
2	无（無）故而更其城郭、守備之具	是胃（謂）土觀	寇或至於城下
3	无（無）故而益為國門	是胃（謂）寶德	有害來取其國之重器以出者。
4	无（無）故而自田其城下	是胃（謂）窮德	乃有芒（荒）野，四竟（境）不通
5	无（無）故而國門及巷閭皆自勒（泐）	是胃（謂）易德	必亡其要塞若邊城
6	无（無）故而踐其正卿	是胃（謂）務（瞀）德	適（嫡）□不立。
7	无（無）故而小其衡石斗甬（桶）	是胃（謂）削德	
8	无（無）故而▨好兵	是胃（謂）盛德	
9	无（無）故而田其術巷及廷	是胃（謂）盡德	五穀（穀）大蟲
10	无（無）故而為大溝以屬它國之地	是胃（謂）通德	必川（穿）谷
11	无（無）故而廷術巷皆高其西方而下其東方	是胃（謂）順德	王公得讎，以正四方
12	无（無）故而皆長其縷	是胃（謂）女德	國不甯，女子為正（政）
13	无（無）故而服其初國之寂〈冠〉	是胃（謂）復德	君臣定固，以正四國
14	无（無）故而短其衣	是胃（謂）棘德	乃亡其邊城。

就文句之形式，可將「司德占」分為十四組，第一、二組雖無某德一詞，但其行文與其他組相同，皆先述政事行為，次而稱「是謂……」，最後說明吉凶禍福，故仍此二組列入討論。附帶一提，由於簡 2108 與簡 2075 殘損，未可知兩簡之吉凶禍福，但「司德占」的占卜結果多屬凶、禍，而殘損的兩簡涉及度量衡制度與兵事，其結果亦很可能為凶。

　　本篇以「某德」為各項政事行為的代稱，司德神便是依據某德而給予吉凶禍福。十四組「某德」之詞語，其「某」字皆能與代稱的行為相呼應：「威（滅）族棄祀」、「土觀」二詞雖與「某德」之形式不同，但亦與政事行為有關，前者對應於廢除敵國祖先與社稷之祭祀，後者對應於更動城郭防禦與守備用具。後續的「寶」對應於增加國門，「窮」對應在城下耕種，「易」對應於國門破裂，「務（瞀）」對應於蹭殺臣子，「削」對應縮小度量衡器具，「盛」對應於喜好陳兵，「盡」對應於耕種於城內巷道，

77 〔東漢〕班固著，〔唐〕顏詩古注：《漢書》（北京：中華書局，2007 年），頁 1804。

「通」對應於以溝渠連接他國，「順」對應於西高東低的城內巷道，「女」對應於增加纓之長度，「復」對應於回復國家制度之衣物，「棘」對應於縮短穿著衣物之長度。

　　政事行為與司德神顯示之吉凶禍福亦有「相反」、「類推」二種關係，「相反」者指占卜結果與行為相反，如「法（廢）其鬼、社禝（稷），【不】立其後」之結果為「其子孫不有其國」，本來是滅他人之族，卻使自己之子孫無法保有國家；「踐其正卿」之結果為「適（嫡）□不立」，本來是窮害國家大臣，卻使自己子孫無法接續政權。此兩則皆是殘害他人，而自身反受其殃之占卜結果。又如「田於城下」之結果為「乃有芒（荒）野，四竟（境）不通」，「田其術巷及廷」之結果為「五穀（穀）大蟲」，二者皆是為求增加農穫產量，卻導致荒野、五穀不成的結果，故為「相反」之關係。

　　「類推」者指占卜結果可由行為推導、延伸而來，如「益為國門」之結果為「有害來取其國之重器以出者」，隨意增加國門，導致敵人入國奪取重器；「國門及巷閭皆自勒（泐）」之結果為「必亡其要塞若邊城」，這是將國門、巷閭比擬為要塞、邊城，故國門、巷閭之損裂，便象徵要塞、邊城的滅亡；「為大溝以屬它國之地」之結果為「必川（穿）谷」，連接、貫通它國之地，於是有貫穿山谷之結果；「廷術巷皆高其西方而下其東方」之結果為「王公得饇，以正四方」，因為西高東低符應地理形勢，故為順，為匹配，可以安定四方；「長其纓」之結果為「國不甯，女子為正（政）」，因為纓是女性出嫁之標誌，為女性之象徵，「長」則可視為「助長」之義，故導致「女子為正（政）」；「服其初國之寂〈冠〉」之結果為「君臣定固，以正四國」，服其初國之冠可視為回復國家制度，故可正四國；「短其衣」之結果為「乃亡其邊城」，這是將衣物視為國土，削短衣物等於喪失邊城。

　　十四組詞句中僅「更其城郭、守備之具」與「寇或至於城下」之關係無法判斷，因為「更動」可以是增加或減少，若為增加，則「寇或至於城下」屬相反之占卜；若為減少，則屬類推之占卜。

　　由此可知「司德占」雖然託名於「司德神」，但其所運用的占卜方式仍屬簡單、直接，且集中於政事行為的討論，較為具體，與本篇之「五審」、「伐之道」、「雷霆占」、「客星占」皆不相同。

（二）威（滅）族棄祀

　　簡2070、2071：「取人之國而法（廢）其鬼、社禝（稷），【不】立其後，是胃（謂）威（滅）族棄祀，其子孫不有其國。」原整理者認為：「法，疑當讀為『廢』，二字古通。」（頁243）

　　原整理者說可從。「鬼」指「祖先」，如《論語・為政》：「非其鬼而祭之，諂也。」[78]何晏注：「鄭曰：『人神曰鬼，非其祖考而祭之者，是諂求福。』」兩國相爭，勝者在戰爭後往往要對敗者的祭祀對象進行破壞，作為古人精神代表的鬼（祖先）與社稷便首當其衝，如《呂氏春秋・知化》：「越報吳，殘其國，絕其世，滅其社稷，夷其宗廟，

---

[78] 〔清〕阮元以文選樓藏本校勘嘉慶二十年重刊宋本：《十三經注疏・論語》（京都：中文出版社，1972年），頁5348。

夫差身為擒。」（頁 629）「滅其社稷，夷其宗廟」同於簡文「法（廢）其鬼、社禝（稷）」，皆指戰勝國破壞敵對國家的祭祀中心。又《漢書・高帝紀下》：「故粵王亡諸世奉粵祀，秦侵奪其地，使其社稷不得血食。」（頁 53）「社稷不得血食」，即代表社稷無人奉祀，同於簡文。

頗疑簡文「立其後」前缺一「不」字，應為「不立其後」。蓋因簡文言「法（廢）其鬼、社禝（稷）」，又言「威（滅）族棄祀」，同於《呂氏春秋・知化》：「絕其世，滅其社稷，夷其宗廟」，皆為斷除敵國祭祀香火之義。由此而言，「立其後」便與簡文意思相悖，既要「威（滅）族棄祀」又何來「立其後」？故疑「立其後」前漏寫「不」字。

簡文「威（滅）族棄祀」是「取人之國而法（廢）其鬼、社禝（稷），【不】立其後」的行為代稱，故其結果為「其子孫不有其國」。簡言之便是滅他人社稷，使他人無後者，自己子孫亦會遭受相同之結果，因而無法繼承國家。

（三）土觀

「土觀」又見《逸周書・柔武》：「土觀幸時，政匱不疑。」[79]黃懷信校注：「『土觀』，即觀土，為有土而不耕。『幸』，望也。』『時』，猶獲。」「土觀幸時」，當讀為「觀土幸時」，指農人不耕作而坐等豐收。由於書證過少，《逸周書》之「土觀」是否該讀為「觀土」，猶未可知，不過《逸周書》云：「維周禁五戎，五戎不禁，厥民乃淫。……五者不距，自生戎旅。」「土觀幸時」即五戎之第一因。目前無法確定簡文與《逸周書》「土觀」是否所指相同，但兩者皆以「土觀」為招致盜寇之原因。「土觀」，疑即「土功」。《管子・度地》：「晝日益長，利以作土功之事。」[80]《史記・晉世家》：「梁伯好土功，治城溝」（頁 1655）「土功」即有關營建工程之事。後文「无（無）故而更其城郭、守備之具」，指「更動城郭以及守備工具」，與工程相當，屬「土功」之一。

簡文「土觀」為「无（無）故而更其城郭、守備之具」之代稱，「更其城郭、守備之具」，指變更、更動用以防禦的城郭以及相關守備工具。城郭修治與守備器具，皆關乎國家城市之防禦，故多為並稱，如《韓非子・十過》：「君夕出令，明日，倉不容粟，府無積錢，庫不受甲兵，居五日而城郭已治，守備已具。」[81]《管子・問》：「工之巧，出，足以利軍伍，處，可以修城郭補守備者幾何人？城粟軍糧其可以行幾何年也。」（頁 492-493）是知簡文認為「無故」更動城郭、守備之具有自毀城牆之嫌疑，故有可能導致「賊寇兵臨城下」的結果。

「土觀」與後文「某德」相同（如「竇德」、「窮德」、「順德」等），皆為「專有名詞」，包含各種國政、軍事，如「土觀」即「无（無）故而更其城郭、守備之具」，「竇德」即「无（無）故而益為國門」。簡文不稱「土德」，卻稱「土觀」，則未可知然。

---

[79] 黃懷信：《逸周書校補注譯（修訂本）》（西安：三秦出版社，2006 年 9 月），頁 121。
[80] 黎翔鳳撰，梁運華整理：《管子校注》（北京：中華書局，2004 年 6 月），頁 1063。
[81] 〔清〕王先慎撰，鍾哲點校：《韓非子集解》（北京：中華書局，2003 年 4 月），頁 67。

（四）竇德

原整理者無說。簡文以「某德」指稱失常之國政、軍事行為；而此「某德」，又是「司德」以之顯示吉凶禍福之根據。本篇所見「某德」，其結果有好有壞，大抵而言是藉由「某德」之「某」所定。故此「德」即「司德」之「德」，為德行之意。「某德」，指如此之行為，則為「某」之德行。

「竇德」，為「无（無）故而益為國門」之行為名稱。「竇」字，指「孔穴」。《說文·穴部》：「竇，空也。」（頁384）段《注》云：「空、孔，古今語，凡孔皆謂之竇。」如《左傳·哀公元年》：「后緡方娠，逃出自竇。」[82]《世說新語·排調》：「君口中何為開狗竇？」[83]皆以「竇」為「孔穴」之意。

簡文「竇德」，為「无（無）故而益為國門」之代稱，「无（無）故而益為國門」，即在城牆上多開城門，也是多開孔穴之意，故名為「竇德」，不過其結果為「有害來取其國重器以出者」，指「對於來取其國重器之人有所防礙、損害」，此種解讀應為正面之意，而與「竇德」、「无（無）故而益為國門」等負面情況相反。若從此讀法，則任意、隨意開闢城門，反而會造成拿取國家重器之人的損失，確實不合理。

頗疑「有害來取其國重器以出者」之「來」字應書於「有」字後，而「害」字則通讀為「奪」。古割、奪通用，《尚書·湯誓》：「率割夏邑。」「割」字，《史記·殷本紀》作「奪」。而「割」從「害」聲，應可與「奪」通用。即此，則「有害來取其國重器以出者」當作「有來害（奪）取其國重器以出者」，與「无（無）故而益為國門」可相呼應。蓋因多開城門，使外人容易入內，增加奪取國之重器以出的機會。

（五）窮德

簡2072、2073：「无（無）故而自田其城下，是胃（謂）窮德，乃有芒（荒）野，四竞（境）不通。」「田」字，指「耕種田地」。如《詩經·小雅·信南山》：「畇畇原隰，曾孫田之。」[84]《漢書·高帝紀上》：「故秦苑囿園池，令民得田之。」（頁33）顏師古注：「田，謂耕作也。」

「窮」字，《說文·穴部》：「竆，極也。」（頁350）《尚書·微子之命》：「作賓于王家，與國咸休，永世無窮。」[85]孔傳：「為時王賓客與時皆美，長世無竟。」可見「窮」有窮盡、竭盡之義，「窮德」與後文「盡德」之概念類似，皆指變更城市格局之行為。「窮德」為「无（無）故而自田其城下」之代稱，毫無原因，卻於城下耕作，等於縮小自身的居住區域，故言「窮德」，而其結果為「乃有芒（荒）野，四竞（境）不通」。自田城下本是為了拓展開墾區域，但卻招致荒野、四境不通的結果，兩者正好相反。

82 楊伯峻編著：《春秋左傳注》，頁1605。
83 余嘉錫撰：《世說新語箋疏》（臺北：華正書局，2003年），頁803。
84 〔清〕阮元以文選樓藏本校勘嘉慶二十年重刊宋本：《十三經注疏·詩經》（京都：中文出版社，1972年），頁1010。
85 〔清〕阮元以文選樓藏本校勘嘉慶二十年重刊宋本：《十三經注疏·尚書》（京都：中文出版社，1972年），頁425。

（六）易德

簡 2073、2074：「无（無）故而國門及巷閭皆自勒（泐），是胃（謂）易德，必亡其要塞若邊城。」「勒」字，原圖作：

字形極為不清，無法確定是否如原整理者所云，隸為「勒」，讀為「泐」，僅能暫且從之。「泐」，指「裂開」。《說文·水部》：「泐，水石之理也。」徐鍇《繫傳》：「言石因其脈理而解裂也。」《周禮·冬官·考工記》：「石有時以泐，水有時以凝。」[86]鄭玄注引鄭司農曰：「泐，謂石解散也。」

「易」字，指「改變」、「變易」。《周易·繫辭下》：「上古穴居而野處，後世聖人易之以宮室。」[87]「无（無）故而國門及巷閭皆自勒（泐）」，指「毫無原因，國門及巷閭卻自行龜裂」。由於國門及巷閭自行裂開，可視為有所「改變」，故稱為「易德」，其結果為「必亡其要塞若邊城」，指要塞與邊境之城池將會滅亡。

「城」字，原整理者隸為「誠」。原圖作：

是字左半明顯不從「言」，而是從「土」。故原整理者隸定錯誤，今改隸為「城」。本篇採用類推之方式預言「易德」之結果，故將國門、巷閭類比為要塞與邊城，自勒（泐）則代表城池之亡。

（七）務（瞀）德

簡 2074：「无（無）故而踐其正卿，是胃（謂）務（瞀）德，適（嫡）□不立。」「踐」字，原整理者云：「《尚書大傳》：『周公以成王之命殺祿父，遂踐奄。踐之云者謂殺其身，執其家，瀦其宮。』」（頁 243）

原整理者說可從。簡文「踐」字，當作「剪」、「滅」之用，如《呂氏春秋·古樂》：「成王立，殷民反，王命周公踐伐之。」（頁 128）高亨云：「踐，讀為《詩·甘棠》『勿翦勿伐』之翦。踐、翦古通用。」朱駿聲《說文通訓定聲·乾部》：「踐，叚借為剪。」（頁 770）

「務」、「瞀」二字皆從「敄」聲，故可通假。「瞀」有昏亂、眩惑之義，《說文通訓定聲·孚部》：「務，叚借為瞀。」如《商君書·靳令》：「國以六蝨授官予爵，則治

---

86 〔清〕阮元以文選樓藏本校勘嘉慶二十年重刊宋本：《十三經注疏·周禮》（京都：中文出版社，1972年），頁 1958。

87 〔清〕阮元以文選樓藏本校勘嘉慶二十年重刊宋本：《十三經注疏·周易》（京都：中文出版社，1972年），頁 180。

煩言生；此謂以法致法，以言致言，則君務於說言，官亂於治邪。」[88]「務於說言」即「眢於說言」，指君主被言語所蒙蔽。

簡文「无（無）故而踐其正卿」，指毫無原因便翦害國家大臣，故稱為「務（眢）德」，其結果為「適（嫡）□不立」。就內容而言，□字應可補為「長」，「適（嫡）長不立」文從字順，不過簡 2074 由兩簡綴合而成，其斷裂處即□字所在，故存疑待考。「踐其正卿」與「適（嫡）□不立」二者可能屬於類推之關係，蓋因君主殺害國家大臣，預示了國家政權的不穩定，故認為是昏亂、眩惑之行為，可能影響君權之接續。

（八）削[德]

簡 2074：「无（無）故而小其衡石斗甬（桶），是胃（謂）削[德]。」原整理者認為：「《開元占經》卷一一四引《天鏡》「人君改小秤衡斗桶，是謂裂德，五穀不入倉，民流亡，大饑。」（頁 243）

原整理者所引《天鏡》文句，與簡文相類，可以參照。「衡」，指秤桿，如《國語·周語下》：「是故先王之制鍾也，大不出鈞，重不過石。律度量衡于是乎生，小大器用于是乎出。」[89]韋昭注：「衡，稱上衡。衡有斤兩之數。」《淮南子·說林》：「懸衡而量則不差。」[90]高誘注：「衡，稱也。」

「石」，亦為重量單位，《尚書·五子之歌》：「關石和鈞，王府則有。」孔疏：「三十斤為鈞，四鈞為石，是石為稱之最重。」《漢書·律曆志》：「三十斤為鈞，四鈞為石。」就簡文而言衡石、斗桶，分別為重量與容量單位，前後對舉，可見此處的「石」仍該理解為重量單位為佳。

「削」字，應近於前述所提《天鏡》引文「裂德」之「裂」。「削」與「裂」皆有「分割」之義。「削」字，《說文·刀部》：「削，析也。」《戰國策·齊策一》：「夫齊，削地而封田嬰，是其所以弱也。」[91]高誘注：「削，分也。」「裂」字如《廣雅·釋詁一》：「裂，分也。」[92]《墨子·尚賢中》：「般爵以貴之，裂地以封之。」[93]簡文於「削」字後殘，今依照簡文規律，可補「德」字於後。

簡文「无（無）故而小其衡石斗甬（桶）」，是指無故縮小容積單位，屬於「分割」之行為，故稱為「削[德]」，只是簡文後段殘缺，無法得知其結果。

（九）盛德

簡 2075：「无（無）故而☒好兵，是胃（謂）盛德，□□□。」「好兵」，為喜好興兵征戰之意。如《左傳·隱公三年》：「公子州吁，嬖人之子也，有寵而好兵。」[94]

88 蔣禮鴻撰：《商君書錐指》（北京：中華書局，1986 年），頁 79。
89 徐元誥撰：《國語集解（修訂本）》（北京：中華書局，2015 年），頁 108。
90 劉文典撰：《淮南鴻烈集解》（北京：中華書局，1989 年），頁 568-569。
91 諸祖耿編撰：《戰國策集注匯考》（南京：鳳凰出版社，2008 年），頁 473。
92 〔清〕王念孫著：《廣雅疏證》（北京：中華書局，2004 年），頁 21。
93 〔清〕孫詒讓撰，孫啟治點校：《墨子閒詁》（北京：中華書局，2001 年），頁 53。
94 〔清〕阮元以文選樓藏本校勘嘉慶二十年重刊宋本：《十三經注疏·左傳》，頁 3739。

《晏子春秋・內篇・問上》:「流湎而忘國,好兵而忘民。」[95]不過簡文有缺,應可補為「无（無）故而☐好兵盛」,「而」至「好兵」之所缺字數無法知曉,文意大抵是「毫無原因,而喜好興兵征戰」。

「盛」字,有「多」、「眾多」之義,如《國語・越語下》:「天道盈而不溢,盛而不驕」（頁575）。又如《莊子・徐无鬼》:「君亦必无盛鶴列於麗譙之間,無徒驥於錙壇之宮。」[96]注:「亦無為盛兵走馬。」疏:「亦無勞盛陳兵卒於高樓之下。」皆以「盛」為「多」;《莊子》更以「盛」形容軍容壯勢,與簡文以「盛」指稱「好兵」相類。「无（無）故而☐好兵」,指無故而喜好興兵征戰,因喜好兵事,故云「盛德」,只是簡文後殘,無法得知其結果。

（十）盡德

簡 2076:「无（無）故而田其術巷及廷,是胃（謂）盡德,五穀（穀）大蟲。」「盡」字有「竭盡」、「窮盡」之義,《周易・繫辭上》:「書不盡言,言不盡義。」[97]《禮記・哀公問》:「今之君子,好實無厭,淫德不倦,荒怠敖慢,固民是盡。」[98]孔疏:「盡謂竭盡。」是「窮」與「盡」皆有「竭盡」之意,而兩者互通之直接例證,如《列子・湯問》:「飛衛之矢先窮。」[99]張湛注:「窮,盡也。」

「大蟲」應指「嚴重的蟲害」,如傳世文獻中多以蝗蟲、螟蟲為穀物之災禍,如《史記・龜策列傳》:「天數枯旱,國多妖祥。螟蟲歲生,五穀不成。」（頁3235）《漢書・五行志》引京房易傳曰:「公常於利茲謂亂,厥風微而溫,生蟲蝗,害五穀。棄正作淫茲謂惑,厥風溫,螟蟲起,害有益人之物。」（頁1443）簡文雖未說明是何種蟲,但可能與蝗蟲、螟蟲有關。

「盡德」為「无（無）故而田其術巷及廷」之代稱,其結果為「五穀（穀）大蟲」,指穀物莊稼為昆蟲所害,導致產量減少。將城中街道巷等地變為田地,屬於竭盡之行為,故云「盡德」,其本應是提高農產量的作為,結果卻導致「五穀（穀）大蟲」,此處是以相反的概念預言後果。值得注意的是「盡德」與前述簡 2072、2073 之「窮德」相近,「盡」、「窮」二字皆有竭盡、窮盡之義,又前者耕於術、巷、廷,後者耕於城下,就結果而言皆是「耕於城內」,可見兩簡之行為、名稱皆頗近,而其結果分別為「乃有芒（荒）野,四竟（境）不通」與「五穀（穀）大蟲」,皆有農業荒蕪之義。本篇可能為了避免使用相同詞彙,故使用近似詞「盡」、「窮」。

（十一）通德

簡 2076、2077:「无（無）故而為大溝以屬它國之地,是胃（謂）通德,必川（穿）

[95] 吳則虞撰:《晏子春秋集釋》（北京:中華書局,1982年）,頁234。
[96] 〔清〕郭慶藩輯,王孝魚整理:《莊子集釋》（臺北:華正書局,2004年）,頁827。
[97] 〔清〕阮元以文選樓藏本校勘嘉慶二十年重刊宋本:《十三經注疏・周易》,頁169。
[98] 〔清〕阮元以文選樓藏本校勘嘉慶二十年重刊宋本:《十三經注疏・禮記》（京都:中文出版社,1972年）,頁3494。
[99] 楊伯峻撰:《列子集釋》（北京:中華書局,1985年）,頁184。

谷。」「屬」字有「連接」之義。《說文・尾部》：「屬，連也。」《尚書・禹貢》：「涇屬渭汭。」[100]孔疏：「屬謂相連屬。」《呂氏春秋・知化》：「夫吳之與越也，接土鄰境，壤交通屬。」（頁 628）皆以「屬」為相連繫之義。

「通」字則有「連接」、「貫通」之義，如《逸周書・大聚》：「與田疇皆通。」[101]《晉書・赫連勃勃載記》：「華林靈沼，崇臺祕室，通房連閣，馳道苑園。」[102]

「川」字，《說文・川部》：「川，貫穿通流水也。」「川」字於傳世文獻中，多用為名詞，然簡文「川」字應作動詞用，或即「穿」。《說文通訓定聲・屯部》：「川借為穿。」（頁 817）「川」字為穿母文部，「穿」字為穿母元部，二字聲母元音相近，韻部屬旁轉關係，可以通假，如長沙子彈庫楚帛書丙篇：「曰倉，不可以川□，大不訓（順）」，李學勤即讀「川」為「穿」[103]。

「无（無）故而為大溝以屬它國之地」，指毫無緣故便以溝渠連接他國，故云「通德」，其結果則為「川（穿）谷」，指穿通山谷。由此看來「屬」、「通」、「川（穿）」皆有貫通、貫穿之義，故此處可視為以「類推」的方式預言。

（十二）順德

簡 2077、2078：「无（無）故而廷術巷皆高其西方而下其東方，是胃（謂）順德，王公得讎，以正四方。」「讎」字，原整理者認為：「讎，謂仇匹。《詩經・周南・兔罝》：『公侯好仇。』」（頁 243）「順」字，應為「順應」之意，如《釋名・釋言語》：「順，循也。循其理也。」[104]《詩經・大雅・皇矣》：「不識不知，順帝之則。」[105]《史記・禮書》：「本末相順，始終相應。」（頁 1171）

簡文「无（無）故而廷術巷皆高其西方而下其東方」，指廷、術、巷等建築採西高東低的形式，故云「順德」，其結果為「王公得讎，以正四方」，指王公有所匹配，四方安定，屬於運用類推方式進行吉占。本簡內容或與古人對中國地理之認識有關。郭店簡《太一生水》：「【天不足】於西北，其下高以勁。墜（地）不足於東南，其上☑……」[106]；又如《淮南子・天文訓》：「天傾西北，故日月星辰移焉；地不滿東南，故水潦塵埃歸焉」[107]。郭店簡《太一生水》與《淮南子》皆以「西北」、「東南」對舉，屬「西北高，東南低」之地理概念。簡文雖言「西高東西」，不過隨州孔家坡漢簡《日書・歲》：「天不足西方，天柱乃折。地不足東方，地維乃絕。」[108]亦以「西、東」對舉，與本簡「高西方，下東方」相同，差別僅在孔家坡漢簡是敘述「地理環境」，本

---

100 〔清〕阮元以文選樓藏本校勘嘉慶二十年重刊宋本：《十三經注疏・尚書》，頁 316。

101 黃懷信：《逸周書校補注譯（修訂本）》，頁 188。

102 〔唐〕房玄齡等撰：《晉書》（北京：中華書局，1974 年），頁 3211。

103 李學勤：《簡帛佚籍與學術史》（南昌：江西教育出版社，2001 年），頁 57。

104 〔東漢〕劉熙撰：《釋名》（北京：中華書局，2016 年），頁 51。

105 〔清〕阮元以文選樓藏本校勘嘉慶二十年重刊宋本：《十三經注疏・詩經》，頁 1123。

106 引文見陳偉等著：《楚地出土戰國簡冊[十四種]》（北京：經濟科學出版社，2009 年），頁 160。

107 劉文典撰：《淮南鴻烈集解》，頁 80。

108 湖北省文物考古研究所、隨州市文物隊編：《隨州孔家坡漢墓簡牘》（北京：文物出版社，2006 年），頁 184。

篇則以此說明建築形制。

（十三）女德

簡2078：「无（無）故而皆長其纓，是胃（謂）女德，國不甯，女子為正（政）。」「纓」，指繫帽的帶子，如《說文・系部》：「纓，冠系也。」（頁659）又可指「古代女子許嫁時配帶之彩帶」，如《儀禮・士婚禮》：「親說婦之纓。」鄭玄注：「婦人十五許嫁，笄而禮之，因著纓，明有繫也，蓋以五采為之，其制未聞。」有關「纓」之記載，又見《禮記・曲禮上》：「女子許嫁，纓。」及《禮記・內則》：「衿纓皆佩容臭。」《儀禮》以「纓」為表明女子許嫁之物；而《禮記》則以「纓」為「女子許嫁時，用以繫香囊之物」。可知「纓」與女子許嫁之事相關。

簡文後有「女德」、「國不甯，女子為正（政）」等句，故知「无（無）故而皆長其纓」應與「女子」極有關聯，故此以「纓」為「古代女子許嫁時配帶之彩帶」。「无（無）故而皆長其纓」，意即「毫無原因，便加長女子許嫁佩帶之彩帶（纓）之長度」。

（十四）復德

簡2078、2079：「无（無）故而服其初國之宋〈冠〉，是胃（謂）復德，君臣定固，以正四國。」原整理者認為：「宋，疑是『冠』之誤字。」（頁243）連劭名則以為：「宋、靜同義，《尚書・盤庚上》：『則惟汝眾，自作弗靖』。《國語・周語》下云：『自后稷之始基靖民』。」[109]劉嬌則依原整理者說。[110]

本簡「宋」字作：

銀雀山漢簡所見「叔」字作：

字形					
簡號	1205	1418	1421	1423	1818

本字形寫法與簡1418、1421相同，僅右半「又」旁模糊，故可知簡文字形从「叔」不誤。而銀雀山漢簡之「冠」字作：

---

[109] 連劭名：〈銀雀山漢簡《占書》述略〉，《考古》（2007年第8期），頁66。
[110] 劉嬌：《言公與勦說——從出土簡帛古籍看西漢以前古籍中相同或類似內容重複出現現象》，頁373。

字形				
簡號	1792	1803	1837	1840

由「寂」、「冠」二字之圖版,可清楚看出兩字之差別僅在左旁所從之不同,前者從「朮」,後者從「元」。而「朮」、「元」之差異僅在下部,如簡1837之「冠」字,其「元」旁便與簡1418、1421「寂」字所從之「朮」相近。本篇錯字甚多,「寂」、「冠」二字形接近,或如原整理者所說,為「冠」字訛寫。

關於「服其初國之寂〈冠〉」一句,原整理者認為:「《開元占經》卷一一四引《天鏡》云:『人君及民,無故違國制,服上古之服,是謂悖德,君臣有反政。』」(頁243)《天鏡》文句與簡文相近,差別在簡文從正面立說,故為復德,結果為正四國;《天鏡》則從反面立說,為「悖德」,結果為反政,二者皆要求國人穿著國家制度許可之服冠。「復德」,連劭名認為:

> 「復德」,如《周易·復》:「亨,出入無疾,朋來無咎,反復其道,七日來復,利有攸往」。(彖)云:「復亨,剛反,動而以順行,是以出入無疾,朋來無咎,反復其道,七日來復,天行也,利有攸往,剛長也,復其見天地之心乎」。復、反同義,「服其初」即反本復始,《老子·道經》第十六章:「致虛極,守靖篤,萬物並作吾以觀其復,凡物云云,各歸其根,歸根曰靖,靖曰復命,復命曰常,積常曰明,不知常,妄作,凶」。[111]

「復德」即「无(無)故而服其初國之寂〈冠〉」之行為名稱,就是「反本復始」。然而簡文只涉及「服裝制度」之改換,用「反」解釋「復」,似乎不妥,「復」字,應即「恢復」、「復原」,如《尚書·盤庚上》:「天其永我命于茲新邑,紹復先王之大業。」[112]《史記·平原君列傳》:「三去相,三復位。」(頁2365)皆以「復」為「恢復」、「復原」。

簡文「无(無)故而服其初國之寂〈冠〉」,指回復到國初的服冠制度,可視為回歸正統、正道,故云「復德」,其結果為「君臣定固,以正四國」,指君臣之關係「穩定堅固」,而「四國」並非指具體的四個國家,當指周邊區域。此則亦屬類推方式之占卜。

(十五)棘德

簡2079:「无(無)故而短其衣,是胃(謂)棘德,乃亡其邊城。」原整理者認

111 連劭名:〈銀雀山漢簡《占書》述略〉,《考古》(2007年第8期),頁66。
112 〔清〕阮元以文選樓藏本校勘嘉慶二十年重刊宋本:《十三經注疏·尚書》,頁357。

為：

> 《開元占經》……又曰「無故小其衣服，不出三年，邊有急兵若外國來降服，後大兇」，又曰「人君好爲短小之衣，兵革（此下有脫字）不出六年，邊城有相犯，君弱臣強。」（頁243）

此段文字近於簡文，可互相參照。「无（無）故而短其衣」，指「毫無原因，便縮短衣服之形制」。

「棘德」，為「无（無）故而短其衣」之名稱，此種行為與簡2074「无（無）故而小其衡石斗甬（桶），是胃（謂）削德」相似，皆是縮小、更動制度，故「棘」之意義，可能與「削」字近似。由此思考，「削」為「分割」、「縮小」，則「棘」，或即「貧瘠」、「贏瘠」之意，通「瘠」字。如《呂氏春秋·任地》：「棘者欲肥，肥者欲棘。」（頁688）高誘注：「棘，贏瘠也。」「无（無）故而短其衣」，指縮小、更動衣服形制，故云「棘德」，其結果為「乃亡其邊城」。由於失去邊城，顯示國力減弱，近於「貧瘠」，亦屬類推之的占卜方式。

（十六）百□

簡2080所缺字，原整理者隸為「姓」。是字作，圖版由原整理者綴合，有所殘缺。但觀其剩餘偏旁，與漢簡所見之「姓」字不同：

字形	𡛘	𡛔	𡛋	妵
簡號	馬王堆《老子甲》92	馬王堆《春秋事語》24	馬王堆《十問》85	銀雀山漢簡14

簡文「姓」字左邊所從似不為「女」旁，而右邊所從又分為上下兩部，上部為三橫，下部為一點，與「姓」字所從「生」不類。故此字所隸，不從原整理者，以缺字處理。

（十七）慶（羌）獸作恙

本篇「恙」字有兩種用法，一讀如本字使用，意為「禍患」，如簡文「作恙」。其用法見《史記·外戚世家》：「及高祖崩，呂后夷戚氏，誅趙王，而高祖後宮唯獨無寵疏遠者得無恙。」（頁1969）漢王延壽〈夢賦〉：「轉禍為福，永無恙兮。」

「恙」字的第二種用法，則假為「祥」，用為「吉祥」，如簡2087「占天地之恙（祥）」、簡2088「是故聖（聖）人慎觀侵（祲）恙（祥）」簡2094「夭（妖）恙（祥）見於天」及簡2095「天德奉鈞侵（祲）恙（祥）」。《說文·示部》「祥」字，段《注》云：「祥，凡統言則災亦謂之祥，析言則善者謂之祥。」就廣義而言，「吉」與「凶」

皆可稱為祥，如《漢書・禮樂志》：「犍為郡於水濱得古磬十六枚，義者以為善祥。」（頁1033），是知「祥」可為善或不善。狹義而言，只有「吉」、「善」才可稱之為祥。簡文多次以「祲」、「妖」與「祥」對舉，可見「祥」與二字當為相反之關係，用作「吉利」、「美善」之意。如《尚書・伊訓》：「作善，降之百祥。」《墨子・天志中》：「且夫天下蓋有不仁不祥者。」[113]

簡文「作羗」為造成「禍患」之意，由此可進一步思考「慶」字之意。「慶」字，原整理者認為：

> 疑當讀爲「獷」，二字古音相近。獷獸猶言猛獸。《後漢書・光武紀》「又驅諸猛獸虎豹犀象之屬，以助威武」，註「猛或作獷。獷，猛貌也。」（頁243）

「慶」字為溪母陽部，「獷」字則為見母陽部，兩字韻部相同，聲母皆為牙音，屬旁轉關係，可以通假。然而此種通假方式於傳世文獻無徵，且若讀「慶」為「獷」，是為「獷獸」，指凶猛之野獸，則「獷獸作羗」便是「猛獸造成禍患」之意。猛獸本就難以馴化，故其造成禍患之現象本就多見，以常見之現象當作吉凶之徵兆，於理不合。

「慶」字，當假為「羌」字，用作草食動物名。「羌」字為溪母陽部，其聲母、韻部與「慶」字相同，屬雙聲疊韻，可以通假。慶、羌相通之例，如《漢書・禮樂志》：「靈之至，慶陰陰。」（頁1052）王念孫《讀書雜志》：「慶，讀為羌，發聲也。」又《漢書・揚雄傳》：「慶夭顇而喪榮。」（頁3519）張晏注：「慶，辭也。」顏師古《注》：「慶，讀與羌同。」是漢人多假「慶」為「羌」用。簡文「慶獸」即「羌獸」，可指羌屬的草食性動物。由於草食類動物，較一般猛獸為溫馴，故其「作羗」才有特殊性，可作吉凶之徵兆。「慶（羌）獸作羗」，意即「羌一類的動物造成禍患」。

（十八）□患民亡

「□患民亡」，原整理者認為：

> 「患」上一字從「豕」，似是「豕」字。豕患，疑是「豕韋」二字之訛。《國語・鄭語》「大彭、豕韋為商伯矣」，又云「彭姓，彭祖、豕韋、諸稽，則商滅之矣」。（頁244）

劉樂賢認為傳世文獻未見「遂患氏」、「有快氏」，有待進一步研究。[114] 連劭名認為：

> 遂患民。即古人所說的附庸。國之郊外曰遂，《周禮・地官》遂人，鄭司農註：「遂謂王國百里之外」。附庸多為依附於大國的弱小民族。《春秋繁露・天道無二》云：「書文，止於一者謂之忠，持二忠者謂之患，患人之忠不一者也」。非

---

[113] 〔清〕孫詒讓撰，孫啟治點校：《墨子閒詁》，頁201。
[114] 劉樂賢：《簡帛數術文獻探論（增訂版）》，頁172。

其族類，其心必異，故附庸之人稱爲「遂患民」。[115]

楊安認爲「豕」，無論字形怎麼變化，中間的豎筆都是有一定弧度的，但本字下部豎筆筆直，很難說與「遂」、「豕」一類字類似。[116]而此字形作，原整理者及連劭名皆認爲此字應從「豕」；楊安則認爲此字中間豎筆筆直，與「遂」、「豕」等字不同。銀雀山漢簡中即有從「豕」諸字，可供全面檢驗：

字形					
簡號	943	947	898	905	862

「豕」、「狠」、「豪」字皆從「豕」。字形確如楊安所言，下部筆畫有弧度。

字形					
簡號	65	350	350	350	2014

「象」字，從「豕」。其下筆畫明顯垂直無弧度，與簡文字相同。

字形				
簡號	405	408	415	427

「喙」字，從「口」從「豕」。其所從「豕」之下部筆畫，有彎曲者，如簡 405、408；亦有垂直者，如簡 415、427。

字形					
簡號	156	157	159	160	393
字形					

---

[115] 連劭名：〈銀雀山漢簡《占書》述略〉，《考古》（2007 年第 8 期），頁 63。
[116] 楊安：《〈銀雀山漢簡・佚書殘叢〉集釋》，頁 345。

簡號	402	469	695	695	771

「家」字，多見於銀雀山漢簡，从「豕」。其下筆畫有彎曲者，如 156、157、159；亦有「近於」垂直者，於最末筆上鉤處彎曲，與其餘「家」字明顯不同。

字形	𧖀	𧖀	𧖀	𧖀	𧖀
簡號	176	186	255	679	803
字形	𧖀	𧖀	𧖀	𧖀	𧖀
簡號	1233	1233	1557	1558	1558

「遂」字，从「辵」从「豕」。其所从「豕」之下部筆畫，有彎曲者，如簡 176、186、255；亦有「近於」垂直者，於最末筆上鉤處彎曲，如簡 679；亦有完全垂直者，如𧖀（簡 1701）。「豕」字下部豎筆雖多呈現彎曲，但亦有近於垂直，或完全垂直者。楊安舉簡文此字不具弧度為證，認為此字非从「豕」字之說法，可商。「豕」字下筆垂直之字例，亦多見於秦文字：

字形	不	不	𧰨	𧰨	𧰨
簡號	睡虎地《日書甲》80 背	睡虎地《日書乙》158	睡虎地《法律答問》190	龍崗 124	關沮 309
字形	家	家	家	家	狠
簡號	關沮 229	嶽麓《為吏之道》39 正	嶽麓《占夢書》16 正	里耶 JI(9)1	睡虎地《秦律》8

上述「豕」、「𧰨」、「家」與「狠」字，其所从「豕」之下部筆畫幾乎皆為垂直，字形甚至與此字所殘筆畫相同，如所舉「家」字。是知漢簡中从「豕」之字，其下部筆畫雖多有彎曲之現象，但亦有垂直者，皆可見於銀雀山漢簡。而此種垂直之寫法，又與秦文字相同。故若依楊說，便認為簡文此字不从「豕」，極為不妥。透過與秦、漢文字比較，此字仍可視為从「豕」，至於確切之字形，則因圖版殘缺而會能得知。

「□患民」，原整理者以為是「豕患」，疑是「豕韋」；連劭名則以為是「遂患」。前者利用語音通假，後者則利用字義解釋，說法皆有問題。患為「匣母元部」，韋為「云母微部」，其聲、韻皆不近，難以通假。「亡國志」之「某某民」多為古代氏族，

部分可與傳世文獻對照，但亦有氏族，如「離民」、「有快民」、「有盡民」是無法在文獻中找到例證。然而以之為「某地之氏族」應是可行的。若照連氏說法解為「附庸」，則其所指便不限於一氏一族了，與「亡國志」之形式極為不同。「□患民」之缺字應可隸為從「豕」，但實際所指氏族，則難以確定。

（十九）天德羍（羳（羶）／〈善〉？）鈞（均）侵（祲）恙（祥）件〈伴？〉

原整理者無說。解讀此段文字，須先明瞭「羍」、「鈞」與「件」三字之意。「羍」字見於甲、金文，如❅（《合集》13506 正）、❅（《羍父辛斝》，《集成》9218）、❅（《羍鼎》，《集成》1108）等。「羍」於甲骨文中用作人名[117]；於金文中則用作族徽氏族名。

簡文「羍」作❅，從二羊。古文字中多見重複偏旁之現象，「羍」字從二「羊」，或可直接視為「羊」字之繁體。「羊」字，有「吉利」之意，後世改作「祥」，如《墨子·明鬼下》：「有恐後世子孫，不能敬箬以取羊。」孫詒讓引《說文》云：「『羊，祥也。』秦、漢金石多以羊為祥。」[118]馬王堆漢墓帛書《十六經·行守》：「陰謀不羊（祥）。」[119]

然而《占書》中多以「恙」字假借為「祥」，如本句「侵（祲）恙（祥）」。很難想像同一句中，出現「用兩不同字假借為同一字」之現象。如此，則以「羍」為「羊」繁體之說法，似乎不通。或可將「羍」視為「羴」之省體。「羴」字，《說文·羴部》：「羴，羊臭也。羶，羴或從亶。」（頁 149）《玉篇·羊部》：「羶，羊脂也，羊氣也。」「羴」除專指羊氣外，後引申為「氣味」。如《廣雅·釋氣》：「羶，臭也。」[120]《禮記·月令》：「（孟春之月）其味酸，其臭羶。」[121]鄭玄《注》：「木之臭味也。」孔疏：「凡草木所生，其氣羶也。」《呂氏春秋·本味》：「肉玃者臊，草食者羶。」（頁 313）若以「羍」字為「羴」，訓為「氣味」，則與「天德」無關，難以通讀文義。

「羍」為「羴」之省體，而「羴」可寫作「羶」，從羊亶聲，可讀為「善」。古文中從「旦」之字，多可與「善」字通假。「亶」字即從旦，為照母元部，「善」字為禪母元部，兩字聲母皆為舌面音，屬旁母關係，韻部則同，當可通假。而傳世文獻中，亦不乏從「亶」之字，與「善」通假之例，如《儀禮·聘禮》：「使者載旜。」[122]鄭玄《注》：「古文旜皆為膳。」又「朝服載膳。」鄭玄《注》：「古文旜作膳。」又如《儀禮·既夕禮》：「革靼載旜。」[123]鄭玄《注》：「古文旜為膳。」又如《老子》王弼注：

---

117 參于省吾主編：《甲骨文字詁林》（北京：中華書局，1999 年），頁 1540、1541。

118 〔清〕孫詒讓撰，孫啟治點校：《墨子閒詁》，頁 238。

119 裘錫圭主編，湖南省博物館、復旦大學出土文獻與古文字研究中心編纂：《長沙馬王堆漢墓簡帛集成（肆）》，頁 169。

120 〔清〕王念孫著：《廣雅疏證（附索引）》（北京：中華書局，2013 年），頁 251。

121 〔東漢〕鄭玄注，〔唐〕孔穎達疏，龔抗雲整理，王文錦審定：《禮記正義》（北京：北京大學出版社，1999 年），頁 448。

122 〔東漢〕鄭玄注，〔唐〕賈公彥疏，彭林整理，王文錦審定：《儀禮注疏》（北京：北京大學出版社，2000 年），頁 420。

123 〔東漢〕鄭玄注，〔唐〕賈公彥疏，彭林整理，王文錦審定：《儀禮注疏》，頁 503。

「夫蚖蟺以淵為淺而鑿穴其中。」[124]陸德明《釋文》:「蟺,本又作蟮。」

簡文以「羣」為「善」,除通假之可能外,亦有「訛誤」之可能。「善」字,《說文‧誩部》:「譱,吉也。从誩羊。此與義美同意。善,篆文从言。」(頁 102)「善」字小篆或从「言」,或从「誩」,與隸書从「口」不同。銀雀山漢簡「善」字多寫作:

字形					
簡號	11	22	28	30	32
字形					
簡號	40	53	42	328	329

善字之基本寫法應如簡 11、12、28 等字,上部與下部分開,然亦有一筆貫穿者,如簡 42、328、329,然細數其橫畫,皆為「上三下二」(「羊頭」部份有作橫畫者,有作兩斜點者,並不納入計算)。然「善」字之寫法亦多變化,有的甚至會把「下二」省為一橫畫,如 (簡 834) 與 (簡 739);亦有增為「三橫畫」者,如 (簡 1714) 與 (簡 1715)。寫作一橫畫、三橫畫之字例雖少,然或可反映「書手之程度」以及「善字寫法之多變」。「善」字其下有如上所列舉作「二橫畫者」,亦有類似寫作「羊」旁上部之寫法,如:

字形					
簡號	464	464	627	628	798

如簡464、627、628之「善」字;簡798、818、972更省為「⼃」。而關於書手草率書寫之「善」字,更如 (簡1161),其下「口」旁寫法幾乎訛為橫畫。足見書手之草率。是以或可推想簡文「羣」字,或本當寫為「善」,然書手在書寫下半時,一不注意便將「㕣」寫成「羊」字。

若將「羣」透過「通假」或「訛寫」之方式,理解為「善」,或當指「擅長」之意,如《孫子‧軍爭》:「善用兵者,避其銳氣,擊其惰歸。」[125]《禮記‧學記》:「善歌者使人繼其聲,善教者使人繼其志。」[126]皆以「善」字為「擅長」之用。

124 〔周〕李耳著,〔魏〕王弼注:《老子道德經》,清乾隆敕刻武英殿聚珍本,頁 16-1。
125 〔東周〕孫武撰,〔東漢〕曹操等注,楊丙安校理:《孫子》(北京:中華書局,1999 年,頁 150。
126 〔東漢〕鄭玄注,〔唐〕孔穎達疏,龔抗雲整理,王文錦審定:《禮記正義》,頁 1065。

「鈞」字，通「均」，為「均等」、「相同」之意。《說文·金部》段《注》云：「古多叚鈞為均。」（頁 715）用法如《孟子·滕文公上》：「經界不正，井地不鈞。」[127]阮元校勘記云：「閩、監、毛三本『鈞』作『均』。」《禮記·投壺》：「均則曰：『左右鈞』。」[128]鄭玄注：「鈞，猶等也。」《漢書·律曆志上》云：「鈞者，均也。陽施其氣，陰化其物，皆得其成就平均也。」（頁 969）此言陰、陽二氣之鈞等，其意與簡文「天德善鈞」頗近。

「件」字，見於金文，如《件觚》（《集成》6578），用為氏族名。「件」有「分別」之意，大徐本《說文·人部》：「件，分也。」段注本無此字。《廣韻·獮韻》：「件，分次也。」然此用法起源甚晚，未見於秦漢文獻。故頗疑此處「件」字為書手訛寫。簡文「件」字，從「人」從「牛」，簡文作 ![件]。「牛」字於銀雀山漢簡中多寫作 ![牛]（簡946）、![牛]（簡 1657）、![牛]（簡 1907）；而「半」字則作：

字形	![半]	![半]	![半]	![半]	![半]
簡號	98	344	508	744	744
字形	![半]	![半]	![半]	![半]	![半]
簡號	774	837	839	897	905
字形	![半]	![半]	![半]	![半]	
簡號	905	932	945	1141 正	

「牛」、「半」二字差異僅在其上所從之「八」，故疑簡文「件」字本為「伴」，因書手漏寫而成為「件」字。本篇錯字甚多，如簡 2091「商」字訛作「啻」；簡 2094「儘」字漏寫「皿」訛為「儘」；簡 2101「贏」字漏寫「貝」訛為「贏」（簡 2102「贏」字同此），故書手訛寫之可能性極高；又「件」字出現甚晚，故此字極有可能為「伴」之訛字。

「伴」字，有「伴隨」、「依隨」之意。《廣韻·緩韻》：「伴，依也。」如《詩·大雅·卷阿》：「伴奐爾游矣。」[129]《楚辭·九章·悲回風》：「伴張弛之信期。」[130]王逸注：「伴，俱也。」簡文「天德莑（莑（羶）／〈善？〉）鈞（均）侵（祲）恙（祥）

---

127 〔漢〕趙歧注，〔宋〕孫奭疏，廖名春、劉佑平整理，錢遜審定：《孟子注疏》（北京：北京大學出版社，1999 年），頁 136。

128 〔東漢〕鄭玄注，〔唐〕孔穎達疏，龔抗雲整理，王文錦審定：《禮記正義》，頁 1570。

129 〔漢〕毛亨傳，〔漢〕鄭玄箋，〔唐〕孔穎達疏，龔抗雲、李傳書等整理，劉家和審定：《毛詩正義》，頁 1127。

130 蔣天樞校釋：《楚辭校釋》（上海：上海古籍出版社，1989 年），頁 383。

件〈伴？〉，意即「天之德行擅於均等分配，所以吉凶之徵兆相互伴隨」。

（二十）而倍（背）眾侍（恃）強以幸，殆於天下者

此句原整理者讀為「而倍（背）眾侍（恃）強以幸殆於天下者」，今改於「幸」字下斷讀，為「而倍（背）眾侍（恃）強以幸，殆於天下者」。

「幸」字，《說文・夭部》：「幸，吉而免兇也。」（頁 499）指「意外獲得好處」、「僥倖」或「免去災害」。如《左傳・宣公十六年》：「善人在上則國無幸民。」（頁 410）《史記・東越列傳》：「今漢兵眾彊，今即幸勝之，後來益多，終滅國而止。」（頁 2981）簡文「而倍（背）眾侍（恃）強以幸，殆於天下者」，意即「背棄眾人、依恃強勢而得以倖存，危害天下者」。

第二節、《天地八風五行客主五音之居》考證

一、解題

本篇共一百二十五簡，但多數簡文殘斷，並無完簡，字形漫漶，幾乎無法辨認。原整理者指出本篇書寫於「短簡」之上，原長約 18 公分，屬漢代的「八寸簡」，所用字體較古，有篆書意味，與其他篇不同。[131]本篇圖版發表於 2010 年的《銀雀山漢墓竹簡〔貳〕》一書，在此之前，學者僅能就吳九龍所著的《銀雀山漢簡釋文》進行討論，[132]但後者所收的竹簡較少，也未進行綴合，使得相關研究著作根據的簡號、文字隸定等有根本上的不同，增加研究難度。由於簡文自帶篇題，對歸類、綴合殘簡極有幫助，內容多為天文占候，涉及「天地運行」、「風角」（「八風」與「八風圖」）、「刑德」、「客主人分日」、「五音六屬」、「其它」。不過在部分類別中，又能看見相似的占卜事項，如「風候」尚可見於「客主人分日」、「五音六屬」兩類，或許是今人對本篇簡文的歸類、綴合有誤所致；又或者混入不屬於本篇之殘簡。相關內容與馬王堆漢墓帛書《陰陽五行甲》[133]類似，也可與《開元占經》、《乙巳占》對應。

《天地八風五行客主五音之居》的相關研究，除原整理者外，吳九龍、羅福頤首先研究、分類竹簡。[134]劉樂賢、饒宗頤、陳偉武、胡文輝、連劭名曾訓釋本篇部份詞彙及數術原理；周雯則回顧評介前述相關研究。[135]楊安針對《銀雀山漢墓竹簡〔貳〕》

---

131 參銀雀山漢墓竹簡整理小組編：《銀雀山漢墓竹簡〔貳〕》，頁 231。

132 參吳九龍：《銀雀山漢簡釋文》（北京：文物出版社，1985 年）

133 裘錫圭主編，湖南省博物館、復旦大學出土文獻與古文字研究中心編著：《長沙馬王堆漢墓簡帛集成（伍）》（北京：中華書局，2014 年），頁 71。

134 參羅福頤：〈臨沂漢簡所見古籍概略〉，中國古文字研究會等編：《古文字研究》，第 11 輯（北京：中華書局，1985 年），頁 44-46。

135 參劉樂賢：〈五行三合局與納音說—讀饒宗頤先生《秦簡中的五行說與納音說》〉，《江漢考古》，1992年第 1 期。饒宗頤：〈談銀雀山漢簡《天地八風五行客主五音之居》〉，《簡帛研究》，第 1 輯（北京：法律出版社，1993 年），頁 113-119。陳偉武：《簡帛兵學文獻探源》（廣州：中山大學出版社，1999年），頁 64-67。胡文輝：〈談銀雀山漢簡《天地八風五行客主五音之居》釋證〉，《簡帛研究》，第 3輯（南寧：廣西教育出版社，1998 年），頁 267-278。連劭名：〈銀雀山漢簡《占書》述略〉，《考古》

進行集釋整理的工作，也參照傳世文獻，調整、拚合本篇之「八風圖」。[136]

　　簡文依內容可分為「天地」、「八風圖占」、「刑德」、「客主人分日」、「五音六屬」與「其它」，前六組是依據占卜對象之不同而分，由於簡文保存狀況較差，僅能就剩餘可辨識之字形進行規類。「其它」則收錄簡文殘缺嚴重，且無法綴合通讀之簡，可能也有部分屬於銀雀山漢簡的其它篇章。本篇書手使用四種符號，其一為篇章符號「▌」，如 ▃▃（簡 1945）、▆（簡 1951）置於簡文起始處，標示篇章起訖。其一亦為篇章符號「○」，為白色圈點，如 ▆（簡 1957）、▆（簡 1958）、▆（簡 1962）、▆（簡 1990）。其三為句讀符號「Ⴑ」，如 ▆（簡 1957）、▆（簡 1963）、▆（簡 1982）等，用於文句停頓處。其四為重文符號「＝」，如 ▆（簡 1965）、▆（簡 1985）。本文使用符號較多，甚至有赤色符號，但由於印刷效果，在圖版上較難顯示；又「八風圖」可能與出土文獻的《日書》圖像、式盤性質相近，故其使用線條較多，或許原簡亦存在圖形。

　　《天地八風五行客主五音之居》的簡文幾乎殘缺，雖然原整理者據文意進行歸類與綴合，但效果有限，多數簡文僅存二至四字，甚或可能為其他篇章之文句。而由剩餘所見簡文，可知本篇的占卜對象較多涉及「風」，如八風、五宮風，即傳世文獻所見的風角、占候一類「占風」的數術方法。[137]劉樂賢認為：「《天地八風五行客主五音之居》比較重『術』，內容又與馬王堆選擇文獻《式法・天地》相近，可以歸入五行類。」[138]《漢書・藝文志》將「五行納音」的書籍歸入《數術略・五行》中，卻將「望氣、觀雲雨」一類的書籍歸入「天文」，兩者區別仍在是否運用「五行」理論。本篇內容較多談風角占候，五行之理論運用較少，僅見於納音與刑德部分，應該歸入「天文」類為宜。

二、簡文語譯

（一）篇題

▌天地八風五行客主五音之居【1945】

（二）天地[139]

天　正月、五月、九月：上旬，天地【1946】【在西；中旬，天在北，地在南；】▌下旬，天地在東方。【1952】

地　二月、六月、十月：【1947】【上旬，天在南，地在北；】中旬，天地在西方。【1950】【下旬，天在北，地在南。】

　　三月、七月、十一月：【1948】【上旬，天地在東；】【中旬，天在南方，地在北

（2007 年第 8 期），頁 62-67。周雯：〈銀雀山漢簡《天地八風五行客主五音之居》研究綜述〉武漢大學簡帛研究中心：《簡帛》（上海：上海古籍出版社，2012 年），第 7 輯，頁 321-342。

[136] 參楊安：《《銀雀山漢墓竹簡・佚書叢殘》集釋》，頁 335-354。楊安：〈銀雀山漢簡《天地八風圖》的再復原及相關說明〉，《中國國家博物館館刊》，2016 年第 1 期，總 150 期，頁 56-64。

[137] 部分簡文亦涉及「星宿」，與馬王堆帛書《五星占》《天文氣象雜占》類似。

[138] 劉樂賢：《簡帛數術文獻探論（增訂版）》，頁 30。

[139] 簡 1946 至簡 1952 之復原過程詳參後文。

方；下旬，天地在西。】

四月【、八月、】十二月：【1949】【上旬，天在北，地在南；中旬，天地在東；】
■下旬，天在南方，地在北方。【1951】

語譯：天正月、五月、九月的時候，上旬十日，天地神煞皆在西方；中旬十日，天在
北方，地在南方；下旬十日，天地神煞皆在東方。

地二月、六月、十月的時候，上旬十日，天在南方，地在北方；中旬十日，天地
神煞皆在西方；下旬十日，天在北方，地在南方。

三月、七月、十一月的時候，上旬十日，天地神煞皆在東方；中旬十日，天在南
方，地在北方；下旬十日，天地神煞皆在西方。

四月、八月、十二月的時候，上旬十日，天在北方，地在南方；中旬十日，天地
神煞皆在東方；下旬十日，天在南方，地在北方。[140]

......天地在東方。【1953】
......旬，天地在【1954】
......【天在】北方，地在【南方】【1955】......
......【天在南】方，地在北【1956】......

□也卒（猝）∟，其巳（已）也勿（忽）[141] ∟，其折禍，當之大敗。○并天地[142]
【1957】......
......順之，致利有功。○以戰□□□□□【1958】......
并天地之所在逆，以戰，軍敗。不出三年，將【1959】......

語譯：......也卒（猝），迅速停止，有禍，遇到這種神煞位置，則會失敗。并天地......
順從這種位置，可獲得成功。以戰□□□□□......
如果違逆天地神煞的位置，起兵戰爭，軍隊則會敗亡。三年不到，將領......

......而逆【1960】......
......而右之【1961】......
......之，勝，一擊□【2048】......
......之，大勝【2051】......
□○天地所【1962】......

---

[140] 由於本篇簡文殘損嚴重，故僅就較完整之文句進行譯文通讀。

[141] 原整理者認為：「勿，當讀為『忽』，與上句『卒』（猝）為對文。《左傳·莊公十一年》：『其亡也忽
焉。』注：『忽，速貌。』」（頁232）

[142] 原整理者認為：「下文1959號簡云『并天地之所在逆以戰』，上引馬王堆占候書亦有『并天地而逆』
『并天地左右之』之語。」（頁232）

（三）八風圖占

八風（二）【1964】

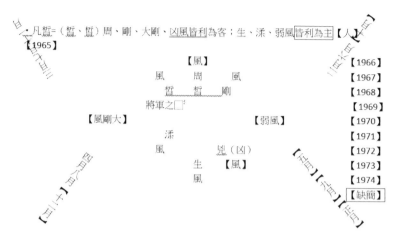

語譯：舉凡皙風、皙周風、剛風、大剛風與凶風，對客人（進攻方）是有利的；而生風…、溓風、弱風，對主人（防守方）是有利的。

風從剛風來[143]，疾而【1975】……

【風】從生風來，疾而暴【1976】……

【風】從溓風來，疾而暴。擊之，破軍禽（擒）將。【1977】

風從弱【風】來，疾而暴。疾從而擊之，破軍禽（擒）將。[144]【1978】

【風從】兇（凶）【風】來，疾而暴，主人與□（三）客分（半）[145]。禍風[146]，北多則客勝，東多則主人勝。【1979】

……暴，勿應【1980】……

……□則主人軍破【1981】……

---

[143] 原整理者認為：「『風從……』為古代占風之習語，例如《史記・天官書》：『風從南方來，大旱。西南，小旱。西方，有兵。西北，戎菽為。小雨，趣兵。北方為中歲。東方為上歲。東方，大水。東南，民有疾疫，歲惡。』《開元占經》卷九一『五音鄉動風占』有『宮日，風從子午宮來宮動宮』、『宮日風從丑未寅申徵來為宮動徵』等語。《乙巳占》卷十『三辱八角風』有『風從辱上來』、『風從殺上來』等語。」（頁234）

[144] 原整理者認為：「此簡『風』字上的組繩痕跡當是從別處黏上去的。『弱』下脫『風』字。」（頁234）

[145] 原整理者認為：「主人與客分，『分』當訓為『半』，謂勝負之可能，主客各半。」（頁234）原整理者對「分」字、「與」字的訓釋與隸定可商（詳後）。

[146] 原整理者認為：「禍，疑當讀為『課』。《史記・天官書》『故八風各與其衝對，課多者爲勝。多勝少，久勝亟，疾勝徐。』《漢書・天文志》王先謙補註：『《廣雅・釋言》「課，第也」，以八方相衝之風對，次第其多少、負。』」（頁234）「禍」字古音為「匣母歌部」，「課」為「溪母歌部」，韻部相同，聲母皆為牙音，溪匣旁母，確有通假可能。「課」字有「計算」之義，如《九章算術》「課分」，李淳風等注：「分各異名，理不齊一，按其相多之數，故曰課分也。」王先謙所謂「次第其多少、負」，其實就是計算，「課風」就是計算風的大小、強烈程度。又「課」也是占卜的一種，如宋人釋惠洪《冷齋夜話・課術有驗無驗》：「有日者能課，使之課，無不其中。」傳世文獻中的「卜課」、「起課」皆是占卜之義。簡文及《史記・天官書》以「課風」為「風角」之術，無疑是這些用法的源頭。

語譯：風從漻風的方位而來，急速而凶暴。如果出兵攻擊，可以打敗敵軍擒獲將領。風從弱風的方位而來，急速而凶暴。如果快速跟隨而攻擊，可以打敗敵軍擒獲將領。風從生風的方位而來，急速而凶暴。主人與客人戰爭的勝率持平。必須衡量風的方向，偏北對客人（進攻方）是有利的，偏東則對主人（防守方）是有利的。

（四）五行

○五行（四），德行所不勝，刑行所勝。五歲【1982】……

……餘（余）¹⁴⁷女（如）以金應之，以火應之，以水應之，以□【1983】……

……□故土苦木【1984】，【乃生金】以報木＝（木，木）苦金，乃生火以【報金，金】苦火，乃生水以報火＝（火，火）苦水，乃生【1985】土以報水＝（水，水）苦土，乃生木以報土。‧毋以其子孫功（攻）其大父。適（敵）人【1986】……

語譯：五行　德之神煞所在，則無法取勝，刑之神煞所在，則可以取勝。五歲……

……余如果以金行對應，以火行對應，以水行對應，以□……

……所以土以木為難，於是生化出金以剋制木，木以金為難，於是生化出火以剋制金，金以火為難，於是生化出水以剋制火，火以水為難，於是生化出土以剋制水，水以土為難，於是生化出木以剋制土。不要以五行所生之子、孫剋制其所祖先。敵人……

（五）客主人分日

主人　　客主人分（半）日¹⁴⁸：甲子、乙丑 ∟ 、戊寅〈辰〉、己巳、庚午【1987】【辛未、壬申、癸酉】

利主人○甲寅、乙卯、丙辰、丁巳、戊午、己未、【庚申、辛酉、壬戌、癸亥，】主人一當客二。¹⁴⁹【1988】

利主人○甲辰、乙巳、丙午、丁未、戊申、己酉、庚戌、辛亥，主人一當客之四。【1989】

利主人○甲午、乙未、丙申、丁酉、戊戌、己亥，主人一當客之【八】。【1990】

利主人○甲申、乙酉、丙戌、丁亥，主人一當客之十六。【1991】

利主人○甲戌、乙亥，主人一當客之卅二。【1992】

利客　　客主人勝日：甲子、乙丑、丙寅、丁卯¹⁵⁰【1993】【戊辰、己巳、庚午、辛未、

---

147 原整理者認為：「此字左旁從『食』字。」（頁235）此字原圖版作 ，其左旁確實從「食」，而右上似從「令」，可能為「餘」字。銀雀山漢簡所見「餘」字作 （簡1146）、 （簡1147）、 （簡1187）與 （簡1178），與本簡圖版近似，故改隸為「餘」，可能讀為「余」，用作第一人稱代詞。

148 原整理者認為：「客主人分日，指主人與客勝負機會均等之日。此簡下折，簡上所見干支均在甲子旬，惟戊寅在甲戌旬。據下第1994號簡戊寅乃利客之日，此『戊寅』疑是『戊辰』之誤寫。」（頁236）

149 原整理者認為：「自此以下『利主人』五簡所舉干支分別屬於甲寅、甲辰、甲午、甲申、甲戌（作者案：原文誤作申戌，今改。）五旬。後四簡簡文基本上完整，其所舉干支日數依次為八日、六日、四日、二日，據此，本簡所列干支似應爲甲寅旬之十日，但此簡空缺處容納不下這許多字，疑本條原來分兩簡書寫。」（頁236）

150 原整理者認為：「自此以下『利客』五簡所舉干支分別屬於甲子、甲戌、甲申、甲午、甲辰五旬。本簡下折，據後四簡簡文基本上完整，其所舉干支日數依次為八日、六日、四日、二日，則此簡似

壬申、癸酉】

利客○丙子、丁丑、戊寅、己卯、庚辰、辛巳、【壬午、癸未，】主人四不如客之一。【1994】

利客○戊子、己丑、庚寅、辛卯、壬辰、癸巳，主人八不如客【之一】。【1995】

利客○庚子、辛丑、壬寅、癸卯，主【人十六】不當客【一】。【1996】

利客○壬子、癸丑，主人卅二不當客一。【1997】

利主人○弱風、溓風、生風，不可以為客，可以為主人。【1998】

利客○大剛風、晢【周】風[151]、剛風，可以為客，不可以為主人。[152]【1999】

語譯： 主人　客人、主人均分的干支日：甲子、乙丑、戊寅〈辰〉、己巳、庚午、辛未、壬申、癸酉。

有利主人的干支日：甲寅、乙卯、丙辰、丁巳、戊午、己未、庚申、辛酉、壬戌、癸亥，在這些干支日，主人可以一敵二。

有利主人的干支日：甲辰、乙巳、丙午、丁未、戊申、己酉、庚戌、辛亥，在這些干支日，主人可以一敵四。

有利主人的干支日：甲午、乙未、丙申、丁酉、戊戌、己亥，在這些干支日，主人可以一敵八。

有利主人的干支日：甲申、乙酉、丙戌、丁亥，在這些干支日，主人可以一敵十六。

有利主人的干支日：甲戌、乙亥，在這些干支日，主人可以一敵三十二。

有利客人的干支日：甲子、乙丑、丙寅、丁卯、戊辰、己巳、庚午、辛未、壬申、癸酉，在這些干支日，客人可以一敵二。

有利客人的干支日：丙子、丁丑、戊寅、己卯、庚辰、辛巳、壬午、癸未，在這些干支日，主人四倍也不如客人一。

有利客人的干支日：戊子、己丑、庚寅、辛卯、壬辰、癸巳，在這些干支日，主人八倍也不如客人一。

有利客人的干支日：庚子、辛丑、壬寅、癸卯，在這些干支日，主人十六倍也不如客人一。

有利客人的干支日：壬子、癸丑，在這些干支日，主人三十二倍也不如客人一。

有利主人的風：弱風、溓風、生風，在這些風出現的時候，可以當主人（進行防守），不可當客人（進攻對手）。

有利客人的風：大剛風、晢周風、剛風，在這些風出現的時候，可以當客人（進攻對手），不可當主人（進行防守）。

應舉全甲子旬之日。」（頁 236）

[151] 本文認為「晢風」為「晢周風」之漏抄（詳後）。

[152] 原整理者認為：「以上二簡為弱風、溓風、生風利主人，大剛風、晢風、剛風利客，未及凶風及晢周風。」（頁 236）

（六）五音六屬

宮○宮風（六）：庚子、辛丑、庚午、辛未、戊申、己酉、戊寅、己卯、丙辰、丁巳、丙【2003】【戌、丁亥】

商○商風：庚辰、辛巳、庚戌、辛亥、壬寅、癸卯、壬申、癸酉、甲午、乙未、甲子、乙【2004】【丑】

角○角風：戊戌、己亥、戊辰、己巳、庚【2005】【寅、辛卯、庚申、辛酉、壬子、癸丑、壬午、癸未】……

徵○徵風：丙寅、丁卯、甲戌、乙亥、丙申、【2006】【丁酉、甲辰、乙巳、戊子、己丑、戊午、己未】……

禹（羽）○禹（羽）風：壬辰、癸巳、壬戌、癸亥、丁【2007】丑、丙午[153]、【2008】丁未、丙子、甲[154]【2009】【寅、乙卯、甲申、乙酉】……

角風當生長，三日宿戒[155]，五日兵□【2010】……

語譯：宮聲　宮風的干支日有庚子、辛丑、庚午、辛未、戊申、己酉、戊寅、己卯、丙辰、丁巳、丙戌、丁亥。

商聲　商風的干支日有庚辰、辛巳、庚戌、辛亥、壬寅、癸卯、壬申、癸酉、甲午、乙未、甲子、乙丑。

角聲　角風的干支日有戊戌、己亥、戊辰、己巳、庚寅、辛卯、庚申、辛酉、壬子、癸丑、壬午、癸未。

徵聲　徵風的干支日有丙寅、丁卯、甲戌、乙亥、丙申、丁酉、甲辰、乙巳、戊子、己丑、戊午、己未。

羽聲　羽風的干支日有壬辰、癸巳、壬戌、癸亥、丁丑、丙午、丁未、丙子、甲寅、乙卯、甲申、乙酉。

角風出現後象徵生長，持續三日則需要齋戒，持續五日則有兵事……

不出，三日宿戒，五日□□□□【2011】……
……前無後，三日宿戒，五日□□□【2012】……

（七）其它

春三月，右日吉；夏三月，逆日吉；秋三月，逆日吉【1963】……
○星極星而馳，天下日夜不休，求不□【2013】……
星旗○象龗（龍）曰興，南方象鳥曰旌【2014】……

---

[153] 原整理者認為：「此殘簡疑屬上文羽風條。『丑』上所缺當是『丁』字。」（頁237）

[154] 原整理者認為：「此殘簡疑亦屬上文羽風條。『甲』下所缺可能是『申』字，也可能是『寅』字。」（頁237）

[155] 原整理者認為：「宿戒，齋戒。《禮記・禮器》：『七日戒，三日宿。』鄭注：『戒，散齊也；宿，致齊也。』」（頁237）

......旌=（旌，旌）在七星[156]，後軍建靳[157]，靳□【2026】......

兵忌○凡斗月，咸池立，用兵之夬（決）也。[158]【2015】......

兵陳（陣）○木陳（陣）直。○土陳（陣）圜。○水陳（陣）曲。金陳（陣）[159]【2016】
【方。火陳（陣）銳。】......

......【司】寇先應。‧南方以木【陳（陣）】【2017】......

......應。東方以金陳（陣）ㄴ，司馬先應。○西方以火陳（陣）【2018】......

釜法○此黃帝之見適（敵），不叚（假）焯（灼）龜而卜□[160]【2019】......

斗建○正月斗昏（昏）建寅[161]。○食昔卯[162]。○少亡喪。○□□□【2020】......

九時○一道曰：傳禺未可與俱。○二【道曰】【2021】......

○九道曰：木欲高ㄴ，金伐之。‧金欲堅，火則鑠之。【2022】......

語譯：春季三個月，順著太陽的方位，是吉祥的，夏季三個月，逆著太陽的方位，是
吉祥的；秋季三個月，逆著太陽的方位，是吉祥的......

星　星動快速，天下日夜不停，求不□......

星辰之旗　形狀像龍稱為旂，南方星象像鳥稱為旌旗......

星辰之旌旗在七星，後軍隊建立在靳，靳□......

用兵的忌諱　舉凡建斗於月，出現咸池星，可以用兵起事。

軍隊的戰陣　木行之陣屬於豎直。土行之陣屬於圓潤。水行之陣屬於彎曲。金行之陣
屬於方正。火行之陣屬於尖銳。

......先以司寇對應。南方則以木陣。

......對應。東方以金行之陣對應，先以司馬對應。西方以火行之陣對應......

鍋釜占卜之法　這是黃帝在遭遇敵人時，不通過燒灼龜甲而占卜的方式......

北斗建法　一月北斗建於寅。食夕之時星為卯，少年逃亡喪命......

---

[156] 原整理者認為：「七星，即二十八宿中之星宿。《史記‧天官書》：『七星，頸，爲員官，主急事。』」
（頁240）

[157] 原整理者認為：「居延漢簡以『靳』爲『旂』。此簡上言旌，下言靳，『靳』似亦當讀爲『旂』。」
（頁240）

[158] 原整理者認為：「北，北斗七星。咸池，星宿名。《史記‧天官書》：『西宮咸池，曰天五潢。』《正
義》：『咸池三星，在五車中，天潢南，魚鳥之所託也。』」（頁240）陳偉武認為：「『斗月』即斗建
之月。『夬』通『決』。……謂北斗星杓所指之辰（月）遇到咸池之日，就可用兵。」參陳偉武：《簡
帛兵學文獻探源》，頁64。

[159] 原整理者認為：「《北堂書鈔》卷一一七『圓者土，方者金』下引《黃帝問玄女兵法》：『敵人爲曲
陣，己以圓陣攻之。圓陣者，土陣也。敵人爲直陣，己以方陣攻之。方陣者，金陣也。』《太平
御覽》卷三〇一引《黃石公記》：『彼以直陣來者，我以方陣應之。方來銳應。銳來曲應之。曲
來圓應之。直木，方金，銳火，曲水，圓土也。各以能克者應勝之。』據此，簡文『金陣』下可
補『方火陣銳』四字。」（頁240）

[160] 原整理者認為：「焯，當讀爲『灼』。《書‧立政》：『灼見三有俊心』，《說文》所引『灼』作『焯』。」
（頁240）

[161] 原整理者認為：「《史記‧天官書》『北斗七星......用昏建者杓......夜半建者衡......平旦建者魁』，
《正義》言北斗昏建用斗杓，星指寅也』，《集解》引孟康曰『假令杓昏建寅，衡夜半亦建寅』。」
（頁240）

[162] 原整理者認為：「昔，當讀爲『夕』，二字古通。『食夕』與上句之『昏』，皆當爲時段的名稱，食
夕卯，謂食夕之時星指卯。」（頁240）

九種時機　第一種稱為傳禺未可與俱。

九種道理　樹木生長較高，可用金屬砍伐。金屬質地堅固，可用火焰熔鑠……

……是胃（謂）五勝之常，戒五日□【2023】……

……∟　是胃（謂）四【2024】……

……時之用晦一時如[163]【2025】……

……不出七日，國□□□□【2027】……

……取，將軍疾死□□【2028】……

可有索，三日士可□[164]【2029】……

□○七日衰。○八日老。○九日死。【2030】……

□七月八月【2031】……

○月□【2032】……

……□子○□□丑□□【2033】……

……月毋害菽地□【2034】……

……生長□之□【2035】……

……風疾者所□【2036】……

……其□薄【2037】……

……死地【2038】……

……□攀【2039】……

……柔【2040】……

……主人得三，客[165]【2041】……

……得九【2042】……

……□而【2043】……

……之四【2044】……

……・招（招）橋（搖）[166]【2045】……

……□青蠪（龍）[167]【2046】……

……□玄武[168]【2047】……

……□勝【2049】……

……□勝□□【2050】……

……□將□【2052】……

……□□若=（若若）【2053】……

---

163 原整理者認為：「2024號簡為簡尾，2025號簡為簡首，二簡文字可能相接，『是謂四時之用』連為一句讀。」（頁240）

164 原整理者認為：「此殘簡下端右半折損，『可』下一字似是『事』字。」（頁241）

165 原整理者認為：「此簡與下一簡可能是一簡之折，因斷處不連，故未綴合。」（頁241）

166 原整理者認為：《史記·天官書》：『杓端有兩星，一內為矛，招搖；一外為盾，天鋒。』」（頁241）

167 原整理者認為：「青龍，當即蒼龍。《史記·天官書》：『東宮蒼龍，房、心。』」（頁241）

168 原整理者認為：「《史記·天官書》：『北宮玄武，虛、危。』」（頁241）

......庚子、辛丑、甲[169]【2054】......

......出□【2055】......

......□生□【2056】......

......□火□【2057】......

......□□□□之□【2058】......

□二□【2059】......

......□曰土□□【2060】......

......□後□□□□【2061】......

......□□觀【2062】......

......□□□【2063】......

......□□□【2064】......

......□□□【2065】......

□□【2066】......

○【2067】......

○【2068】......

三、字詞考釋

（一）中旬，天地在西方

原整理者認為：「以下各簡及上 1946 號簡下半記天地所在之方位，與馬王堆帛書中的一種占候書所記『中旬天在北，地在南』、『中旬天地在西』、『中旬天在南，地【在北】』、『中旬天地在東』略同。」（頁 231-232）胡文輝認為：「由以上簡文，祇能判斷『天』、『地』是以為單位，周期性地運行於四方。」此段簡文可與馬王堆帛書《陰陽五行甲》互相參照：

> 端月、五月、九月：上旬，天地才（在）西；中旬，天才（在）北，地才（在）南；【下】旬，天地【才（在）東】。【1 上】
> 二月、六月、十月：【上旬】，天才（在）南，地才（在）北；中旬，天地才（在）西；【下】旬，天才（在）【北，地在南】。【2 上】
> 三月、十一月、七月：上旬，天地才（在）東；中旬，天才（在）南，地【才（在）北；下】旬，天地【才（在）西】【3 上】
> 四月、八月、十二月：上旬，天才（在）北，地才（在）南；中旬，天地才（在）東；下旬，天才（在）【南，地】才（在）北。【4 上】
> 凡徙、取（娶）婦：右天左地，貧；右地左天，吉；怀（背）【2 下】地逆天，

---

[169] 此簡應記載干支。「丑」下一字作▓，右邊惟轉折豎筆，干支諸字中惟「甲」作此種寫法，銀雀山漢簡所見「甲」字如甲（簡 1146）、甲（簡 1743）與甲（簡 1992）等，故該字應可隸為「甲」字，可能屬於「客主人分日」或「五音六屬」的內容。

辱；怀（背）天逆地，死，并天地左右之，大吉。凡戰（戰），左天右地，勝；
怀（背）下天逆地，勝而有【憂】關（患）；怀（倍）地逆天，大貝（敗）；
并天地而左｛右｝【3下】之，一毅（擊）十；并天地而逆【之】，大貝（敗）；
并天地而右之，王戰。【4下】
廿五年，十【5下】【月】☐。【6下】（頁71）

首先，根據帛書內容4下「之，一毅（擊）十」、「并天地而逆【之】，大貝（敗）」，
可以推測本篇簡2048「……之，勝，一擊□」、簡2051「……之，大勝」應該也是類
似的文句，雖然殘缺，但可改歸入本段內容。帛書以「天」、「地」作為占卜吉凶的神
煞，運行於四方，使用者根據每月的時間以及自己與天、地的相對位置，如左、右、
背、逆，判斷事物的吉凶。由殘餘簡文與帛書可知，天地占卜主要用於預測戰爭軍
事之勝敗，所以多見勝、敗等用語，如「以戰，軍敗」、「勝，一擊□」、「大勝」等，
但也可用於遷徙、娶婦等事項。

以神煞位置為占卜依據者，尚有「刑德」之術。馬王堆帛書《陰陽五行乙》云：
「德居甲午六日，荊（刑）德皆【并，復徙】庚午。戰，欲背之右之，勿迎勿左。」
或云：「倍（背）荊（刑）德，戰，取勝受邑。左德右荊（刑），勝，取地。」（頁118-
119）此係在刑德二神煞的與占卜者的相對位置（左、右、背、逆）等基礎在，結合六
十甲子的干支時序，對戰事進行占卜。北大漢簡《節》云：「德在室，是不可毀也諸，
室事不可動也。」「德在木，木不可伐。」「刑德所并，兵不可鄉（嚮）行。德在中，
不可為人始，是胃（謂）五行。」此以刑德之位置進行占卜，然其位置又可分為「七
舍」（室、堂、庭、門、巷、術、野）與「五行」，可見《節》蘊含的刑德觀念可能源
於兩種體系，而所謂的「所并」、「在中」，則與《天地八風》所言的「左、右、背、
逆」相似。天地與刑德雖為不同神煞，但藉由比較所用術理，可知比起馬王堆帛書《陰
陽五行乙》，本篇與《節》之理論較為簡單，僅憑相對位置便可預測吉凶。

簡1946與簡1947之頂端分為為「天」、「地」二字，可視為此段文字之標題，其
下的「正月、五月、九月」與「二月、六月、十月」並不是僅針對天或地所說，因為
天、地神煞不會單獨出現於十二月份，所以殘存簡文可見到「天地在西方」（簡1950）、
「天地在東方」（簡1952）等句。另外，參照帛書《陰陽五行乙》「端月、五月、九月」、
「二月、六月、十月」之下的文字，或可將本篇復原為：

天　　正月、五月、九月：上旬，天地【1946】【在西；中旬，天在北，地在
南；】■下旬，天地在東方。【1952】
地　　二月、六月、十月：【1947】【上旬，天在南，地在北；】中旬，天地在
西方。【1950】【下旬，天在北，地在南。】
　　三月、七月、十一月：【1948】【上旬，天地在東；】【中旬，天在南方，地
在北方；下旬，天地在西。】
　　四月【、八月、】十二月：【1949】【上旬，天在北，地在南；中旬，天地

在東；】■下旬，天在南方，地在北方。【1951】

其中最明確的是，簡 1952「■下旬，天地在東方」可以補入「正月」條之下旬；簡
1950「中旬，天地在西方」可以補入「二月」條之中旬；簡 1951「■下旬，天在南方，
地在北方」可以補入「四月」條之下旬。而其餘簡由於缺少月旬的紀錄，故可能歸入
多種月份，如簡 1953「天地在東方」可能為「三月」條之上旬或「四月」條之中旬；
簡 1954「旬，天地在」可能為「三月」條之上旬、下旬或「四月」條之中旬；簡 1955
可以補為「【天在】北方，地在【南】」，可能為「正月」條之中旬或「二月」條之下
旬；最後是簡 1956 可以補為「【天在南】方，地在北【方】」，可能為「二月」條之上
旬或「三月」條之中旬。由簡文可將天、地神煞與十二月旬的關係製成表格：

	上旬	中旬	下旬
正月	天地在西	天北地南	天地在東
二月	天南地北	天地在西	天北地南
三月	天地在東	天南地北	天地在西
四月	天北地南	天地在東	天南地北

由圖可知，天、地在每個月可完成一次四方的循環，如正月上旬兩者由「西方」出發，
天往北，地往南，故中旬為「天北地南」，下旬則集結於「東方」，之後則天往南，地
往北，二月上旬為「天南地北」，中旬則又集結於「西方」。天為順時針運行，地為逆
時針運行，於焉往復，五旬可完成一循環。

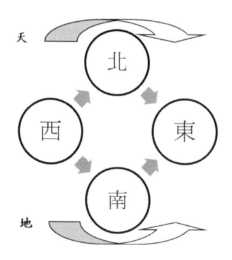

故從天、地運行軌跡可知，以「月」而言，「正月、三月」與「二月、四月」的運行位
置是相對的；若以「旬」而言，「上旬、下旬」的運行位置也是相對的，故「天北地

南」與「天南地北」為對,「天地在西」與「在東」為對,同於古人對天地運行的觀點,如《逸周書‧武順解》:「天道尚右,日月西移。地道尚左,水道東流。」[170]「尚右」,即由右向左,「尚左」,則由左向右。而從殘存簡文看,本篇以天、地神煞所占卜的事項,大概還是以戰爭軍事為主,又簡 1963「春三月,右日吉,夏三月,逆日吉,秋三月,逆日吉」,改以四季為序,配合日的順、逆,可能不屬於天、地一類的占卜方式,故改置於「其它」。

(二)八風

原整理者認為:

> 自此以下十一簡為八風圖。根據圖中所註月名,可知此圖至少應包括十一根簡。釋文中將所缺最後一簡以及其他各簡的殘缺部分用虛線補出。殘缺部分只補可以確知為原來所有的文字,至於朱色及黑色線條,由於實際情況難以斷定,一概略去不補。圖中所舉八風名目與隋蕭吉《五行大義》及唐李淳風《乙巳占》八風風名大體相合。《五行大義》卷四「論八卦八風」引太公兵書云:「坎名大剛風,乾名折風,兌名小剛風,艮名兇風,坤名謀風,巽名小弱風,震名嬰兒風,離名大弱風。」《乙巳占》卷十占風圖及「占八風知主客勝負法」所舉風名「謀風」作「諫風」(同卷「八方暴風占」云「坤為謀風」,原註「一名陰謀」),「嬰兒風」作「宄風」(占風圖「宄風」下註云「一名嬰兒」),大剛風、小剛風、大弱風、小弱風、折風則均同於《五行大義》(《乙巳占》大剛風、小剛風之「剛」寫作「罡」),《乙巳占》尚有「衝風」一名,應與《五行大義》的「兌風」相當。
> 簡文之大剛風、剛風當即《五行大義》之大剛風、小剛風,弱風、揉風當即《五行大義》之大弱風、小弱風(《廣雅‧釋詁一》「柔,弱也」),皙風當即《五行大義》之「折風」(「皙」字從「日」從「析」,可能是從「白」「析」聲的「皙」字之誤,也可能是從「日」「折」聲的「誓」字之誤。「析」與「折」、「白」與「日」,字形相近易混),「兌風」一名,簡文同於《五行大義》,簡文「生風」似應與《五行大義》之「嬰兒風」相當。如此則簡文所餘「皙周風」一名應與《五行大義》之「謀風」相當。(頁232)

在此篇整理出版前,饒宗頤已辨認出「八風」中的大剛風、剛風、皙風、周風、兌(凶)風、大弱風與溓弱風,引《史記‧天官書》、《五行大義》、《乙巳占》、《黃帝內經》等傳世文獻中所提「八風」相互參照,更進一步聯繫甲骨卜辭中的四方風,認為必與「候風之事」有關。[171]其後,陳偉武辨識出簡文「生風」一名,又指出「皙」與「周」之間的兩短橫並無意義,「周風」即「調風」,與《呂氏春秋‧有始覽》、《淮南子‧天文

170 黃懷信:《逸周書校補注譯(修訂本)》(西安:三秦出版社,2006年),頁152。
171 饒宗頤:〈談銀雀山漢簡《天地八風五行客主五音之居》,《簡帛研究》,第1輯,頁119。

訓》中的滔風、條風相同，而條風又名「融風」，故周風、調風、滔風及融風是一種
風的不同叫法。[172]胡文輝則認為兩短橫應該是合文符號，「晢=」即是「晢、析」二字，
而溓弱風實為柔風之別名，故以為「八風」即晢風、析風、周風、剛風、大剛風、兇
（凶）風、生風、柔風（柔弱風）。[173]由簡 1965 可知，本篇述及風名時，常省略「風」
字，只在最後的風名加上風字，故正確的八風，當以原整理者提出的晢風、晢周風、
剛風、大剛風、兇風、溓風、弱風和生風為是。

　　既確立八風之名，後續學者便得以研究出土、傳世文獻的八風差異。李零、楊安
在前人的基礎上，研究、整理目前可見的八風，並將之與《周易》八卦相聯繫，現將
其成果彙整如下：

八卦	艮	震	巽	離	坤	兌	乾	坎
方位	東北	東	東南	南	西南	西	西北	北
《天地八風五行客主五音之居》	凶風	生風	溓風	弱風	晢風	晢周風	剛風	大剛風
《五行大義》	凶風	嬰兒風	小弱風	大弱風	謀風	小剛風	折風	大剛風
《乙巳占》	小罡風	冗風（嬰兒風）	小弱風	大弱風	諫風（陰謀風）	衝風	折風	大罡風
《靈樞經》	凶風	嬰兒風	弱風	大弱風	謀風	剛風	折風	大剛風
《呂氏春秋》	炎風	滔風	勳風	巨風	淒風	曒風	厲風	寒風
《白虎通》	條風	明庶風	清明風	景風	涼風	閶闔風	不周風	廣莫風

對於上述八風名稱之異，楊安認為：「這樣看來，『八風』至少存在兩個名稱系統，一
個是和占風存在聯繫的，如銀雀山漢簡、《靈樞經》、《乙巳占》等 ；另一個是與定候
有關聯的，如《白虎通》、《說文》等，《呂氏春秋》中的名稱也許只是季節風的別名。
當然，我們不能將這幾個名稱系統絕對分開，他們之間存在互相聯繫。」[174]此說可從。
用於風角之術的八風及季節月令之八風，具有不同的功能，故名稱不同，前者僅保留
在數術類文獻，形成傳統。楊安又根據出土文獻之《日書》與式盤，認為本篇的八風
圖占是有上下對稱的圖形，可復原如下：

---

[172] 陳偉武：《簡帛兵學文獻探源》，頁 62。
[173] 胡文輝：〈談銀雀山漢簡《天地八風五行客主五音之居》釋證〉，《簡帛研究》，第 3 輯，頁 269-270。
[174] 參楊安：〈銀雀山漢簡《天地八風圖》的再復原及相關說明〉，《中國國家博物館館刊》，2016 年第 1
　　期，總 150 期，頁 61。

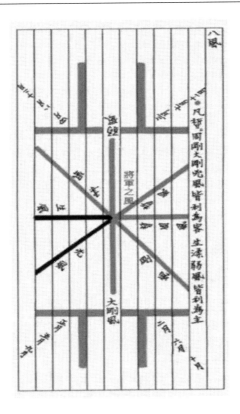

對於原整理者以「弱風」為正寫，置於北方坎位。楊安則認為：「這於文獻是不符合的，雖然關於八卦所居之八方有不同排列，但是北方『坎』位相當固定。而傳世文獻中也從未見『弱風』於北方之說。」[175]因此，簡 1970 應翻轉 180 度，將「弱風」置於居南方離位。

簡 1975 至簡 1981 係講述八風對客、主人戰事的影響，原整理者認為：

> 1998 號簡云「弱風、溓風、生風，不可以爲客，可以爲主人」，1999 號簡云「大剛風、晢風、剛風，可以爲客，不可以為主人」，所舉僅弱、溓、生、大剛、晢、剛六風而不及兌風及晢周風。據此簡「【風】從兌風來……主人與客分」之語，頗疑八風中弱、溓、生三風利主人，大剛、晢、剛三風利客，而兌、晢周二風於主客勝負之機會爲均等。上文第 1965 號簡云「凡晢、晢周、剛、大剛、兌風皆爲客，生、溓、弱風皆利爲主人」，以晢周風與兌風爲利客，與此不同。（頁 234-235）

雖然簡 1998 與簡 1999 內容與「客主人分日」一段差異較大，但由於該兩簡頂端所書「利主人○」、「利客○」，與該段文句的形制相近，故不應歸入「八風」一段。且由

175　參楊安：〈銀雀山漢簡《天地八風圖》的再復原及相關說明〉，《中國國家博物館館刊》，2016 年第 1 期，總 150 期，頁 58。

兩簡未及「兇（凶）風」、「晢周風」一點，或可推知本篇書手係抄寫兩個不同文獻，故兩段簡文對八風的主客勝負，有不同預測。至於簡 1965 與簡 1979 之矛盾，或可認為是對勝負判定的補充，由於兇（凶）風屬東北艮位，故簡文認為「北多則客勝，東多則主人勝」，值得注意的是，生、溓、弱三風分屬東震位、東南巽位與南離位，而這三風的勝負皆是「利主人」，正好呼應簡 1979。此風角之術大概是以東、南為主人，故與這兩方位有關者，較可「利主人」，故東北之兇（凶）風，若較偏向東方，亦可利主人，反之則利客。此說若可成立，則可推測簡 1999 可能是將「晢周風」漏抄為「晢風」，蓋前者屬西方兌位，後者屬西南坤位，亦有南方之性質，故亦可能「西多則客勝，南多則主人勝」，如此則簡 1998、1999 所無之「兇（凶）風」、「晢風」即與簡 1979 所謂「主人與客分」的觀點相同，也與簡 1965 的劃分不相矛盾。即此，可知八風與客主人之關係圖如下：

簡文雖只以為生、溓、弱三風為利主人，但「兇（凶）風」與「晢風」皆有一半的機會可以「利主人」，故機率而言，在八風中，利主人與利客的機會皆是二分之一，只是「利主人」的第四風由「兇（凶）風」與「晢風」組成。在此概念下，則可通暢理解整篇簡文的風角理論。

（三）與□

　　簡 1979 實由三段殘簡綴合而成，其中兩處斷裂分別處在「與」字上、「東多」二字之間，然覆核簡文，「與」字作▆，其字下從「廾」，不該有一豎筆。銀雀山漢簡所見「與」字作：

字形					
簡號	1002	1221	1676	1848	1849

其上所從「与」旁極其明顯，原整理者蓋依此將字隸為「與」，但下部所從「廾」旁

皆無豎筆，或如本篇簡 2021「與」字，作▓，亦無豎筆。和「與」字構形相近者如「興」字，見銀雀山漢簡▓（簡 1335），所从「廾」旁亦無豎筆，可見本簡▓字，應是兩個字，不該隸為單一的「與」字，[176]今改隸為「與□」。[177]

（四）五行

簡 1984 至簡 1986 係由胡文輝所綴合，認為此段「似乎是說：不要以所生的五行攻擊所由生的五行……早期文獻講到五行，要麼祇講相勝，要麼祇講相生，而《天地》此處同時說明了五行的相勝及相生，並使相勝與相生兩種學說融合成一個相當完滿的解釋體系。」[178]斯言甚是。但胡氏將簡 2016 與簡 2018 歸入本篇，則可商。該兩簡論及五行與戰陣的配合，與此段文字以「德、刑」為主的論述似乎又較無關係，故此處從原整理者之簡序。

使用德、刑二神煞搭配五行的占卜理論，如馬王堆帛書《刑德乙》：「德在土，名曰不明……德在木，名曰招搖……德在金，名曰清明……德在火，名曰不足……德在水，名曰陰鐵……。」（頁 42）帛書將「德」在五行之居，分別予以命名，並說明在各時段是否可以「舉事」，與戰爭極有關係。另外《刑德甲》「十勝」云：

> 五行有六康，有十勝，有廢日，【有勝日】。木不勝金與火=（火，火）不勝水與土=（土，土）不勝【木與金=（金，金）不勝火與水=（水，水）不勝土與木，此謂】十勝。（頁 25）

「木不勝金與火」，因為由相剋而言，「火剋木」，由相生而言，由於土苦木，故「生金報木」；「火不勝水與土」，因為「水剋火」，而金苦火，故「生水報火」。故與「十勝」所言與本篇的生剋理論完全相同，只是表述有異。又北大漢簡《節》云：[179]

> ・德在木=（木，木）不可伐。德在火=（火，火）不可動，見火勿先走也。德在金=（金，金）不可流燔石。德在水=（水，水）不可塞，毋行水。德在中=（中，〈中〉）不可動土功、為污（污）池。
>
> ・刑德所并，兵不可鄉（嚮）行。德在中，不可為人始，是為五行。

此段文字與帛書《刑德乙》較為接近，但所述卻與軍事無關，而是說明德在五行所居的政治舉措；雖然也使用了五行理論，卻不涉及相生、相勝，只是最末提及「是為五行」，與簡 1982 標題「五行」有異曲同工之妙，大抵是相同的刑德、五刑概念，可惜

---

[176] 楊安《銀雀山漢簡文字編・續》將▓字列入「與」字。（頁 47）

[177] 或者此兩段殘簡不該綴合為一，而是分屬兩段簡文。

[178] 胡文輝：〈談銀雀山漢簡《天地八風五行客主五音之居》釋證〉，《簡帛研究》，第 3 輯，頁 267-271。

[179] 參北京大學出土文獻研究所編：《北京大學藏西漢竹書（伍）》（上海：上海古籍出版社，2014 年），頁 44。

本篇簡文頗殘，無法進行系統性比對。

（五）客主人分（半）日

　　原整理者認為：「客主人分日，指主人與客勝負機會均等之日。此簡下折，簡上所見干支均在甲子旬，惟戊寅在甲戌旬。據下第 1994 號簡戊寅乃利客之日，此『戊寅』疑是『戊辰』之誤寫。」（頁 236）原整理者疑「戊寅」為「戊辰」之訛，可從。此簡頂端書有「主人」一詞，與後文以「利主人」、「利客」，說明兩者所勝之日，意義不同，疑為本段標題。又「分」字是否與簡 14「主人與□客分」相同，皆訓為「平」，指勝負平分、均分，則可商。

　　根據殘存的簡文，可以將客主人分日中「利主人」、「利客」相對的確切干支，列表如下：

甲子	乙丑	丙寅	丁卯	戊辰	己巳	庚午	辛未	壬申	癸酉
甲戌	乙亥	丙子	丁丑	戊寅	己卯	庚辰	辛巳	壬午	癸未
甲申	乙酉	丙戌	丁亥	戊子	己丑	庚寅	辛卯	壬辰	癸巳
甲午	乙未	丙申	丁酉	戊戌	己亥	庚子	辛丑	壬寅	癸卯
甲辰	乙巳	丙午	丁未	戊申	己酉	庚戌	辛亥	壬子	癸丑
甲寅	乙卯	丙辰	丁巳	戊午	己未	庚申	辛酉	壬戌	癸亥

　　上表含括六十甲子，右上區塊屬「利客」之日，右下區塊則屬「利主人」之日。簡。簡 1988 中，以「甲寅」至「癸酉」的十個干支日，為「利主人」之日，在此時期，主人一當客二，亦即主人與客的比例為二比一，故利於主人。依此遞減干支日，增加比例，故「甲辰」至「辛亥」的八個干支日，主人與客的比例為四比一；「甲午」至「己亥」的六個干支日，主人與客的比例為八比一；「甲申」至「丁亥」的四個干支日，主人與客的比例為十六比一；「甲戌」、「乙亥」的二個干支日，主人與客的比例為三十二比一。

　　既然簡 1988 以「甲寅」等十個干支日為利主人之日，則簡 1933 的「利客之日」，應該也是相對應的「甲子」等十個干支日。其下四支簡，亦依上述規則，遞減干支日，增加比例，「丙子」至「癸未」的八個干支日，主人與客的比例為一比四；「戊子」至「癸巳」的六個干支日，主人與客的比例為一比八；「庚子」至「癸卯」的四個干支

日，主人與客的比例為一比十六；「壬子」、「癸丑」的二個干支日，主人與客的比例為一比三十二。遞減的干支數，以及增加的比例皆與利主人日相同，只是「利客」簡文係從反面論之。如果「利主人」與「利客」確實均分六十干支日，那麼「甲子至癸酉」就不屬於客、主人勝負均等之日，因為簡 1993 將此十日視為利客，且主人與客的比例為一比二，將「分」訓為勝負平分、均等，對於理解本段的數術理論是有問題的。

簡文「分」字疑讀為半，「分」字古音為「幫母文部」，「半」字為「幫母元部」，兩字聲母相同，皆為唇音，韻部為文、元旁轉，傳世文獻中從「分」得聲之「鼖」，可與從「半」得聲之「𩋸」，如《禮記・樂記》：「車甲鼖而藏之府庫。」[180]鄭注：「𩋸，鼖字也。」。讀「分」為「半」，似同於平分、均分，但半為「二分之一」之義。「半日」指主人與客人在「甲子至癸酉」與「甲寅至癸亥」共二十日內，勝負均為一半（二分之一），故簡 1988 言「主人一當客二」，只是有關「客二主一」的簡文已經殘缺，但大概會表述為「主人二不如客一」。原整理者將「分」字訓為「平」，如僅指平分此二十日，而非勝負均分，亦可疏通文意。若對分日的理解確實，則簡 1987 後應該是抄錄二十個干支日，而非現在所增補的十個干支日，如此才能確立主、客各半的意旨。

在「客主人分（半）日」中，六十干支正好分為三十日利主人，三十日利客人，這也是一種「半」的概念。春秋以出兵討伐他人者為客，以被討伐者為主。故在數術類出土文獻中，多以主、客為占卜軍事吉凶的對象，如馬王堆帛書《五星占》「大白、營（熒）或（惑）、耕星赤而角，利以伐人，客勝；客不動，以為主人，主人勝」[181]；《刑德甲》「攻城圍邑，智（知）客與主人相勝」（頁 11）；《刑德乙》「日月風雨雲氣占」、「主人不勝（勝）」、「主人大朕（勝）藩兵」（頁 45）等。是知客、主是專門用以占卜防守、進攻之軍隊的戰爭勝負術語。然相較於上引諸文利用星宿、日月雲氣等自然現象作為占卜，本篇僅是機械性地區分六十干支為主人、客人，在使用上略顯呆板、制式，缺少靈活變化的徵兆，但卻能以固定的模式推導出「利主人、客」之日，這可能是一種簡化後的占卜方式。

（六）宮風

簡 2003 至簡 2009 屬於五音與六十干支的配合，即傳世的「納音」之法。原整理者認為：

> 本組所收各簡屬於標題所謂「五音」的範圍。簡文列舉宮風、商風、角風、徵風、羽風五種風所屬的日辰。《開元占經》卷九十一「五音六屬法」下云：「五音，一言宮，三言徵，五言羽，七言商，九言角。六屬，……子午屬庚，丑未屬辛，寅申屬戊，卯酉屬己，辰戌屬丙，巳亥屬丁」，又云：「以地十二辰合十干，以十干所屬者命之，以其言數納其音，以主一日，日辰相配 得一音，

---

[180] 〔清〕孫希旦撰，沈嘯寰、王星賢點校：《禮記集解》（北京：中華書局，1989 年），頁 1026。

[181] 裘錫圭主編，湖南省博物館、復旦大學出土文獻與古文字研究中心編著：《長沙馬王堆漢墓簡帛集成（肆）》（北京：中華書局，2014 年），頁 232。

此納音之法也。」據此，則六十甲子日所屬之音可以據干支本身推定。例如丙寅日，據上引「五音六屬法」，寅屬戊，以丙寅之丙數至戊爲三言（丙、丁、戊），所以丙寅屬徵。以下各簡所缺干支均可據此補足，如宮風條「丙」下應補「戊、丁亥」，商風條「甲子」下應補「乙丑」。（頁237）

本段簡文所述五音六屬的內容，配合傳世文獻的「納音」之法，可復原如下表：

宮	商	角	徵	羽
庚子	庚辰	戊戌	丙寅	壬辰
辛丑	辛巳	己亥	丁卯	癸巳
庚午	庚戌	戊辰	丙申	壬戌
辛未	辛亥	己巳	丁酉	癸亥
戊申	壬寅	庚寅	甲戌	甲申
己酉	癸卯	辛卯	乙亥	乙酉
戊寅	壬申	庚申	甲辰	甲寅
己卯	癸酉	辛酉	乙巳	乙卯
丙辰	甲午	壬子	戊午	丙子
丁巳	乙未	癸丑	己未	丁丑
丙戌	甲子	壬午	戊子	丙午
丁亥	乙丑	癸未	己丑	丁未
土	金	木	火	水

由此表可知，原整理者認為簡2008為羽風條，當補為「丁丑、丙午」，可從。而其認為簡2009亦屬羽風條，當補為「丙子、甲申（或甲寅）」。考慮到簡文習慣的干支敘述順序，此簡大抵補為「丁未、丙子、甲【2009】【寅、乙卯、甲申、乙酉】」較為合適。

「五音」除可與六十干支相配，形成「六屬」之外，還可與基本的五行配伍，「宮、商、角、徵、羽」分別配伍「土、金、木、火、水」，然各音之「干支」與五行十勝的生剋理論並無關係，如角風屬木，而甲、乙並不屬於角風之干支，而是以層遞的順序開展，五音雖以「宮、商、角、徵、羽」為序，然其所配之天干卻是由「火、土、木、金、水」，每一行順延一對，如「角風（火）」為甲乙、丙丁、戊己三對，則「宮風（土）」即順延一對天干，為丙丁、戊己、庚辛三對，依此類推，如下表：

角風木	宮風土	徵風火	商風金	羽風水
甲乙	丙丁	戊己	庚辛	壬癸
丙丁	戊己	庚辛	壬癸	甲乙
戊己	庚辛	壬癸	甲乙	丙丁

傳世文獻中五音與五行的配伍，源於不同系統，其一是《管子・幼官》，為「角風木，羽風火，宮風土，商風金，徵風水」；其二是《淮南子・天文訓》，為「角風木，徵風火，宮風土，商風金，羽風水」。二者差異在於羽、徵二風與水、火二行之搭配。章太炎認為：

> 《管子・幼官》中方圖云「聽宮聲」，東方圖云「聽角聲」，南方圖云「聽羽聲」，西方圖云「聽商聲」，北方圖云「聽徵聲」，三方之聲皆合，而南方羽，北方徵獨不合，豈得云羽當屬火，徵當屬水邪？翔鳳案：《管子》為殷文化，用今文說。[182]

《管子》所述之配伍又見《呂氏春秋・十二月紀》，即有可能是殷、周文化之差異所致，而簡文所用則與後者相同。每一風的六個天干，又可分配十二地支，故每風正好配伍一輪地支，每兩輪地支內，五風可分別出現六次，其間隔剛好為三組干支，共六日，故簡 2010「三日宿戒，五日兵□」、簡 2011「三日宿戒，五日□□」等，皆以三、五日為數。[183]

　　傳世文獻之「五音」，其內涵最早僅是指音律，但在儒家思想的詮釋下，五音則又代表了禮樂制度的施行，故《孟子・離婁上》云：「離婁之明，公輸子之巧，不以規矩，不能成方員；師曠之聰，不以六律，不能正五音；堯舜之道，不以仁政，不能平治天下。」[184]離婁、公輸子、師曠皆是傳說中技藝精湛的能工巧匠，其所擅長之工藝規矩、五音六律甚至可與堯舜的治政之道相提並論，蓋儒家認為方圓、五音是文明發展的徵兆，也是聖王仁政的產物之一；故不成方圓、悖亂五音，便會教化不施，成為君王「失政」的現象之一。五音作為儒家禮樂制度的代表，便遭受道、法二家的駁斥與批判，《道德經》「五色令人目盲，五音令人耳聾，五味令人口爽」[185]，將五色、五音、五味等文明、價值標準列為需要捨棄的對象，間接反對傳統儒家的政治教化。由此開展，《韓非子・十過》云：「不務聽治而好五音，則窮身之事也。」[186]雖不反對五音，卻認為喜好、追求音律之美，容易本末倒置，妨礙君主施政抑或官吏治事。五音既能聯繫至政治的清明，亦可與追求天道和諧的占卜之術進行搭配，《管子・宙合》「左操五音，右執五味，懷繩與准鉤，多備規軸，減溜大成，是唯時德之節」，所言「五音、五味、規軸」實出自前引《孟子・離婁上》「方圓、五音」，《管子》將這些代表文明的產物連繫至「時德之節」，認為合理使用方圓、五音，可達到協同天道的效果，「參贊化育」。《淮南子・天文訓》云：

> 二陰一陽成氣二，二陽一陰成氣三，合氣而為音，合陰而為陽，合陽而為律，

---

182 參黎翔鳳撰，梁運華整理：《管子校注》（北京：中華書局，2004 年），頁 823。
183 簡文「七」字雖殘缺，但由三、五之日數可推斷其下當為「七日」云云。
184 〔清〕焦循撰，沈文倬點校：《孟子正義》（北京：中華書局，1987 年），頁 475-483。
185 朱謙之撰：《老子校釋》（北京：中華書局，1984 年），頁 45。
186 〔清〕王先謙撰，鍾哲點校：《韓非子集解》（北京：中華書局，2003 年），頁 59。

故曰五音六律。[187]

高注云：「上得二，下得三，合為五，故曰『合氣以為音』，音數五也。」此將陰陽二氣的變化以「成數」除之，變化出五音、六律。[188]五音既然出於天道陰陽，自然可與「天」和諧共鳴。又云：

> 一律而生五音，十二律而為六十音，因而六之，六六三十六，故三百六十音以當一歲之日。（頁117）

在陰陽的基礎上，配合天干地支的六十甲子，即可結合五音六律與一年十二月、三十六旬、三百六十日，為和諧天道提供更詳實的理論根據。又如〈泰族訓〉言「夔之初作樂也，皆合六律而調五音，以通八風」（頁673）。關於五音與政治的實際關係，《說苑‧脩文》認為：

> 聲音之道，與政通矣。宮為君，商為臣，角為民，徵為事，羽為物；五音亂則無法，無法之音：宮亂則荒，其君驕；商亂則陂，其官壞；角亂則憂，其民怨；徵亂則哀，其事勤；羽亂則危，其財匱；五者皆亂，代相淩謂之慢，如此則國之滅亡無日矣。[189]

此段文字同見於《禮記‧樂記》，惟該處言「五者不亂，則無怗懘之音矣」[190]，由正面論述；又「代相淩」作「迭相陵」。五音分別象徵君、臣、民、事、物，音律失調，則相對的事物就會出現問題，倘若五音皆亂，便會相淩而慢，導致國家步入滅亡。五音六律既然由陰陽而來，當然可通於「八風」，更可預測軍事的占卜吉凶。《鶡冠子‧世兵》云：「昔善戰者舉兵相從，陳以五行，戰以五音，指天之極，與神同方，類類生成，用一不窮。」[191]陳以五行，即本篇簡2016提及的「○木陳（陣）直。○土陳（陣）圜。○水陳（陣）曲。金陳（陣）【方。火陳（陣）銳】」，與五音皆為「天之極」，可以御四方，又因「同神」，所以妙算如神。另外，通過五行與各種事項（如干支、地形等）的搭配，其變化則無窮盡。〈天權〉亦云：「故所肄學兵必先天權，陳以五行，戰以五音，左倍宮角，右挾商羽，徵君為隨，以曹無素之眾，陸溺溺人。」（頁349-350）此更將五陣、五音視為「天權」。權，為秤錘，用以平衡，所謂「天權」即

---

[187] 劉文典撰：《淮南鴻烈集解》（北京：中華書局，1989年），頁104。

[188] 俞樾認為：「陽之數以三而奇，陰之數以二而偶，所謂『參天兩地』也。《周書‧武順》篇曰：『男生而成三，女生而成兩。』是其義也。二陰一陽，則二二如四，一三如三，其數七。除五生數，則得成數二。所謂『二陰一陽成氣二』也。二陽一陰，則二三如六，一二如二，其數八。除五生數，則得成數三。所謂『二陽一陰成氣三』也。」參劉文典撰：《淮南鴻烈集解》，頁104。

[189] 左松超：《說苑集證》（臺北：鼎文書局，2001年），頁1277。

[190] 〔清〕孫希旦撰，沈嘯寰、王星賢點校：《禮記集解》，頁979。

[191] 黃懷信撰：《鶡冠子校注》（北京：中華書局，2014年），頁274-275。

平衡天地自然之物，認為以五陣、五音的規律作戰，可與天地相合，取得戰果，故言「天權神曲，五音術兵」。以五音用兵，又見《六韜‧龍韜‧五音》：

> 夫律管十二，其要有五音：宮、商、角、徵、羽，此其正聲也，萬代不易。五行之神，道之常也，可以知敵。金、木、水、火、土，各以其勝攻之。古者，三皇之世，虛無之情以制剛彊。無有文字，皆由五行。五行之道，天地自然。六甲之分，微妙之神。其法：以天清淨，無陰雲風雨，夜半遣輕騎，往至敵人之壘，去九百步外，偏持律管當耳，大呼驚之。有聲應管，其來甚微。角聲應管，當以白虎；徵聲應管，當以玄武；商聲應管，當以朱雀；羽聲應管，當以勾陳；五管聲盡不應者，宮也，當以青龍。此五行之符，佐勝之徵，成敗之機。[192]

《鶡冠子》以五音為陣，故「左倍宮角，右挾商羽，徵君為隨」，藉此達到「陸溺」的奇兵效果；《六韜》則較為不同，係以五音為「知敵」的手段。在無風無雨的夜晚寧靜時段，對著律管喊叫，利用聲音的不同，判斷敵方的五行歸屬，之後便可以用相應的戰陣防守、進攻，如角聲屬木，故以白虎之陣（金）對應，徵聲屬火，以白玄武之陣（水）對應，商聲屬金，以朱雀之陣（火）對應，羽聲屬水，以勾陳之陣（土）對應，無所回應之聲為宮聲，[193]屬土，以青龍之陣（木）對應。《六韜》運用了五行相剋的理論，以所得管律聲響象徵五行，比之出土文獻或者《鶡冠子》等一類涉及兵陰陽的文獻，要來得主觀且抽象。五音不僅運用在軍事作戰方面，還可用於相宅定名，如《潛夫論‧卜列》載：

> 亦有妄傳姓於五音，設五宅之符第，其為誣也甚矣！古有陰陽，然後有五行。五帝右據行氣，以生人民，載世遠，乃有姓名敬民。名字者，蓋所以別眾猥而顯此人爾，非以絕五音而定剛柔也。今俗人不能推紀本祖，而反欲以聲音言語定五行，誤莫甚焉。[194]

兩漢時人多崇信數術，相宅、命名之術尤以五音為重。王符認為姓名事用來標示彰顯個人，可以追本溯源，以顯先祖事蹟，當時卻將五音用於判斷姓名之剛柔，預測吉凶禍福，屬於本末倒置的行為。《論衡‧詰術》更提到「五音六甲」的相宅之術：「圖宅術曰：宅有八術，以六甲之名，數而第之，第定名立，宮商殊別。宅有五音，姓有五

---

[192] 唐書文：《〈六韜‧三略〉譯注》（上海：上海古籍出版社，2012年），頁58。

[193] 〈五音〉又云：「聞枹鼓之音者，角也；見火光者，徵也；聞金鐵矛戟之音者，商也；聞人嘯呼之音者，羽也；寂寞無聞者，宮也。」枹鼓為木器，為角聲、火光為徵聲、金鐵為商聲，此三者分別以器材做為五行之判斷；人聲由人所發，而人性屬水，故為羽聲；無聲則符合土性沉寂，故寂寞無聞為宮聲。相較於角、徵、商三聲的直觀聯繫，羽、宮二聲則略顯晦澀。參唐書文：《〈六韜‧三略〉譯注》，頁59。王曉衛、楊軍等譯注：《〈六韜‧吳子‧司馬法‧黃石公三略‧李衛公問對〉全譯》（貴陽：貴州人民出版社，1998年），頁123-124。

[194] 彭鐸校正：《潛夫論箋校正》（北京：中華書局，1997年），頁296。

聲。宅不宜其姓，姓與宅相賊，則疾病死亡，犯罪遇禍。」[195]王充以「疾虛妄」的態度批判了此類占卜吉凶之術，卻也變相地記錄這類數術的模式及原理。以六甲之術定立圖宅之名，既然有「名」，便可用宮、商等五音決定其吉凶。又云：「五音之家，用口調姓名及字，用姓定其名，用名正其字。口有張歙，聲有外內，以定五音宮商之實。」（頁 1032）發音時，嘴形的開合，對應聲的內外之別，故能與五音相配。倘若宅的聲與居住者的姓名互相衝突，便會導致居住者遭遇疾病死亡或罪犯橫禍。綜上所述，由出土文獻與傳世文獻之記載，可知「五音」不僅用於預測戰爭，也可用於訂立圖宅、姓名，故《漢書・藝文志・數術略・五行》收錄《五音奇胲用兵》《五音奇胲刑德》《五音定名》一類書籍；甚至如《十二典災異應》、《鍾律災異》、《鍾律叢辰日苑》、《鍾律消息》、《黃鍾》雖不以五音為名，但言及《鍾律》，大抵也是由五音六律為主題的數術書籍，可見當時充斥著迷信五音之風氣。

---

195 黃暉校釋：《論衡校釋（附劉盼遂集解）》（北京：中華書局，1990 年），頁 1027-1028。

第六章、結語

　　本書以銀雀山漢簡之陰陽、五行、天文類出土文獻為主要研究對象，通過《漢書・藝文志・諸子略・陰陽》以及〈數術略・五行〉釐清《漢書》中「陰陽」、「五行」之概念，之後對出土文獻進行文字、詞語、義理的全面性解讀。整合出土、傳世文獻，得以建構以往難以觸及的先秦兩漢數術文化。

一、《漢書・藝文志》之陰陽、五行觀念

　　藉由分析班固〈諸子略・陰陽〉與〈數術略・五行〉之序文，可判定「陰陽」當是以天文觀測、時令曆數、吉凶占卜為主的數術學說，雖無可避免與他種數術行為相混，然「歷象日月星辰」當為其核心概念。「五行」則是以五行為基礎思想，配合其他事項而開展的學說，即「進用五事以順五行」，而「災異」則是推廣五行的重要手段，其概念與《漢書・五行志》之創立宗旨相同。而透過序文之解讀，亦可知班固並不排斥數術文化，而是認為「數術」應掌握於聖王賢人之手，小人使用，則會使「道術破碎」，故〈諸子略・陰陽〉、〈數術略・五行〉二篇與〈五行志〉相同，皆是「聖人知命之術」。

二、銀雀山漢簡之解讀

　　解析〈諸子略・陰陽〉與〈數術略・五行〉之概念後，即將銀雀山漢簡之數術類出土文獻進行分類，而後整理簡文，考釋字詞，通讀全文。本文依據學界整理出土文獻之方式，重新編聯簡文，調整文義不通順者，並依照段落大意予以分組，以便後續考釋、通讀簡文。諸篇中更動較多者為《曹氏陰陽》、《三十時》與《天地八風五行客主五音之居》。最後則是針對各篇章的疑難字詞進行疏證，以字形分析書手特徵，補苴殘簡，透過音韻、訓詁之方法儘可能釐清詞義，提出各篇之白話翻譯。

三、特殊的陰陽、五行觀念

　　由銀雀山漢簡《曹氏陰陽》，可見陰陽透過二元對立論，與寒暑、水火等相聯繫，並加入「重時」、「知終始」的概念，發展出有別於傳世文獻的「陰陽宇宙論」；古人亦依「陰」之特質：靜、刑、傷、老為據，區別季節、人事、動、植物以及天文地理的陰陽屬性，此為傳世文獻所無，是非常重要的先秦兩漢陰陽理論。若以為《曹氏陰陽》體現了先秦兩漢陰陽理論之深度，《占書》及《天地八風五行客主五音之居》則拓展其廣度。此兩篇簡文可能屬於節錄性質之文獻，但透過與馬王堆帛書《刑德》甲、乙、丙、《陰陽五行》甲、乙與北大漢簡《節》等篇章參照，可知其內容可能與「刑德小游圖」中，刑德與神煞、五宮（五行）之關係有關。不過《占書》及《天地八風五行客主五音之居》之內容較少涉及五行與災異，反而與「天文現象」的關係密切，涉及星象、風角、納音等占術。

　　透過參照《呂氏春秋》、《淮南子》等傳世文獻，可知銀雀山漢簡之篇章呈現了經

典化前的月令文化。由文獻之精疏程度，可判斷銀雀山漢簡、北大漢簡之月令條文較原始、素樸，故所載條文非常豐富，且多以陰陽、五行為論述之基礎；然《呂氏春秋‧十二紀》、《淮南子‧時則》等傳世文獻則呈現了整合、改寫後的月令面貌，故所載事項鉅細靡遺，亦與典章制度關係密切，並且有實用化之趨向，五行色彩較為淡薄。尤其銀雀山漢簡《三十時》之出現，顯示古人透過結合月令、日書於一，希望提高月令之實用性，降低日書之複雜性，有別於《呂氏春秋》一類以帝王為對象之月令文獻，《三十時》記載多種行事忌宜，顯露出其以庶民為對象，實用為目的的創作主旨，且保留了「十月曆」此一罕見之曆法，呈現秦漢時期多元不同於傳世文獻之月令文化。

四、研究困境

本文於撰寫過程中遭遇不少學術難題，可歸結為三點：其一、出土文獻殘缺，難以達詁。損壞、殘泐的出土文獻，其字句大多無法得知，如銀雀山漢簡之篇章，故研究者亦難以就此立論，僅能就可參照之傳世文獻盡量補充。其二、傳世文獻亡佚，難以參照。相較於其他文獻，數術類傳世文獻的數量極其稀少，而戰國以降，人文勃興，類似記載則散見於諸子散文或史傳中，並多有改寫，已失原意；隋唐之後，數術文獻較多，然其時代上距兩漢已遠，能否參照，亦屬疑問。故傳世文獻缺席，使得數術類出土文獻的釋讀進展緩慢。其三、時移境遷，難以理解。數術文化屬於文化人類學之一環，其研究過程講究情境、理解，研究者須還原當時之文化背景、語境，才能順利解讀數術文獻蘊藏之文化意義。即使吾人順利整合出土、傳世文獻，然其背後蘊含之真意則難以瞭解，如今、古文《尚書》之五行觀念可從五行相生、相勝理解，然《管子》之五行觀在無法還原作者認知之情況下，難以回答，如黎翔鳳提出「以北為尊」、「齊人崇商」之論點，也只能解決部分問題，而無法涵蓋《管子》全書。而三點之中，則以認知最難，若缺乏設身處地之思維，即使文獻齊備，所擬論述亦如空中樓臺，飄渺無根。是以本文首先便討論《漢書‧藝文志》之陰陽、五行思維，從中亦理解〈諸子略‧陰陽〉與〈數術略‧五行〉當有班固自身及其文化之底蘊，未必能套用至銀雀山漢簡、北大漢簡。確實，本文所採用之出土文獻亦有陰陽、五行混用之情況，所謂「陰陽」為時令，「五行」為災異，也僅是一方便說。

五、未來展望

在本書的撰寫過程中，確實理解到數術類傳世文獻仍具有不少可說之處，如《淮南子》、《春秋繁露》、《潛夫論》、《論衡》、《太玄》等。在引用此類文獻時，常可趕到一些文句、字詞頗有可疑處，而參照出土文獻，前人說解則未必圓滿，故可藉由出土文獻回顧傳世文獻，或重新整理文句、訓詁詞彙，或並列文句、交互參照。數術文化之建構，絕非利用幾篇文獻便可完成，材料愈豐富愈好，然本書對於文獻之應用，礙於學力，常感力有未逮，在論述上無法首尾兼顧，僅能呈現數術文化之單一面向，此即吾人未來須努力之目標。

本文在撰寫過程中，也針對外文論著進行耙梳，其中不乏專業性高，論述能力優

秀，觀點新穎之著作，然礙於語言能力，對於外籍學者之論述只能簡單引用、描述，希冀未來能夠更進一步利用外文著作討論出土、傳世文獻，並針對中、外國之數術文化進行比較研究。而在銀雀山漢簡、北大漢簡後，安大簡、北大秦簡等出土文獻也將陸續出版，其中亦有不少數術類出土文獻，顯見數術類文獻仍舊具有不少學術能量，仍是可持續鑽研關注之寶地。

徵引書目

（古典文獻依照朝代、作者姓名、出版時間排列；近人專著則先列中文著作，依作者姓名筆劃、出版時間排列，若為近人校注本，則歸為近人專著；其次為外文著作，依國籍、作者姓名筆劃、出版時間排列。學位論文、期刊論文、會議論文、網路論文則依照作者姓名筆劃、發表、刊登時間排列。）

古典文獻

〔東周〕李　耳著，〔魏〕王弼注：《老子道德經》，清乾隆敕刻武英殿聚珍本。

〔東周〕孫　武撰，〔東漢〕曹操等注，楊丙安校理：《孫子》，北京：中華書局，1999 年。

〔西漢〕司馬遷撰，〔南朝宋〕裴駰集解，〔唐〕張守節正義，〔唐〕司馬貞索隱：《史記》，北京：中華書局，2009 年。

〔東漢〕荀　悅撰：《前漢紀》，臺北：臺灣商務印書館，1971 年。

〔東漢〕班　固撰，〔唐〕顏師古注：《漢書》，北京：中華書局，2007 年。

〔東漢〕許　慎撰，〔宋〕徐鉉校定：《說文解字》，北京：中華書局，2014 年。

〔東漢〕揚　雄撰，〔宋〕司馬光集注：《太玄集注》，北京：中華書局，1998 年。

〔東漢〕鄭　玄注，〔唐〕賈公彥疏，彭林整理，王文錦審定：《儀禮注疏》，北京：北京大學出版社，2000 年。

〔東漢〕劉　熙撰：《釋名》，北京：中華書局，2016 年。

〔晉〕王　嘉撰，〔梁〕蕭綺錄：《拾遺記》，北京：中華書局，1988 年。

〔南朝宋〕范　曄撰，〔唐〕李賢等注：《後漢書》，北京：中華書局，1973 年。

〔南朝梁〕蕭　統編，〔唐〕李善注：《文選》，上海：上海古籍出版社，1989 年。

〔唐〕房玄齡等撰：《晉書》，北京：中華書局，1974 年。

〔宋〕王應麟撰：《漢藝文志考證》，收於王承略、劉心明主編：《二十五史藝文經籍志考補萃編》，第一卷，北京：清華大學出版社，2014 年。

〔宋〕李昉等編：《太平御覽》，臺北：臺灣商務印書館，1975 年。

〔宋〕洪興祖撰：《楚辭補注》，北京：中華書局，1983 年。

〔清〕王仁俊校補：《漢藝文志考證校補》，收於王承略、劉心明主編：《二十五史藝文經籍志考補萃編》，第一卷，北京：清華大學出版社，2014 年。

〔清〕王先慎撰，鍾哲點校：《韓非子集解》，北京：中華書局，2003 年。

〔清〕王先謙補注，上海師範大學古籍整理研究所整理：《漢書補注》，上海：上海古籍出版社，2008 年。

〔清〕王先謙撰，沈嘯寰、王星賢點校：《荀子集解》，北京：中華書局，1988 年。

〔清〕王念孫撰：《廣雅疏證》，北京：中華書局，2004 年。

〔清〕王筠撰：《說文解字句讀》，北京：中華書局，2011 年。

〔清〕王聘珍撰，王文錦點校：《大戴禮記解詁》，北京：中華書局，1983 年。

〔清〕朱駿聲編著：《說文通訓定聲》，北京：中華書局，2011年。

〔清〕沈欽韓撰：《漢書藝文志疏證》，收於王承略、劉心明主編：《二十五史藝文經籍志考補萃編》，第二卷，北京：清華大學出版社，2011年。

〔清〕阮元以文選樓藏本校勘嘉慶二十年重刊宋本：《十三經注疏·周易》，京都：中文出版社，1972年。

〔清〕阮元以文選樓藏本校勘嘉慶二十年重刊宋本：《十三經注疏·詩經》，京都：中文出版社，1972年。

〔清〕阮元以文選樓藏本校勘嘉慶二十年重刊宋本：《十三經注疏·禮記》，京都：中文出版社，1972年。

〔清〕阮元以文選樓藏本校勘嘉慶二十年重刊宋本：《十三經注疏·周禮》，京都：中文出版社，1972年。

〔清〕阮元以文選樓藏本校勘嘉慶二十年重刊宋本：《十三經注疏·儀禮》，京都：中文出版社，1972年。

〔清〕阮元以文選樓藏本校勘嘉慶二十年重刊宋本：《十三經注疏·左傳》，京都：中文出版社，1972年。

〔清〕阮元以文選樓藏本校勘嘉慶二十年重刊宋本：《十三經注疏·公羊傳》，京都：中文出版社，1972年。

〔清〕阮元以文選樓藏本校勘嘉慶二十年重刊宋本：《十三經注疏·穀梁傳》，京都：中文出版社，1972年。

〔清〕阮元以文選樓藏本校勘嘉慶二十年重刊宋本：《十三經注疏·論語》，京都：中文出版社，1972年。

〔清〕阮元以文選樓藏本校勘嘉慶二十年重刊宋本：《十三經注疏·孟子》，京都：中文出版社，1972年。

〔清〕阮元以文選樓藏本校勘嘉慶二十年重刊宋本：《十三經注疏·爾雅》，京都：中文出版社，1972年9月。

〔清〕姚振宗撰：《漢書藝文志拾補》，收於王承略、劉心明主編：《二十五史藝文經籍志考補萃編》，第二卷，北京：清華大學出版社，2011年。

〔清〕姚振宗撰：《漢書藝文志條理》，收於王承略、劉心明主編：《二十五史藝文經籍志考補萃編》，第三卷，北京：清華大學出版社，2011年。

〔清〕段玉裁撰：《說文解字注》，臺北：藝文印書館，2005年。

〔清〕孫希旦撰，沈嘯寰、王星賢點校：《禮記集解》，北京：中華書局，1989年。

〔清〕孫詒讓撰，孫啟治點校：《墨子閒詁》，北京：中華書局，2001年。

〔清〕馬國翰：《玉函山房輯佚書》，第五冊，臺北：文海出版社，1967年。

〔清〕馬瑞辰撰，陳金生點校：《毛詩傳箋通釋》，北京：中華書局，1989年。

〔清〕章學誠撰：《文史通義校注》，北京：中華書局，2011年。

〔清〕郭慶藩輯，王孝魚整理：《莊子集釋》，臺北：華正書局，2004年。

〔清〕陳　立撰，吳則虞點校：《白虎通疏證》，北京：中華書局，1994年。

〔清〕焦　循撰，沈文倬點校：《孟子正義》，北京：中華書局，1987 年。
〔清〕劉光蕡撰：《前漢書・藝文志注》，收於王承略、劉心明主編：《二十五史藝文
　　　經籍志考補萃編》，第五卷，北京：清華大學出版社，2012 年。
〔清〕劉獻廷撰，汪北平，夏志和標點：《廣陽雜記》，北京：中華書局，1997 年。

出土文獻

北京大學出土文獻研究所編：《北京大學藏西漢竹書（貳）》，上海：上海古籍出版社，
　　　2012 年。
北京大學出土文獻研究所編：《北京大學藏西漢竹書（伍）》，上海：上海古籍出版社，
　　　2014 年。
北京大學出土文獻研究所編：《北京大學藏西漢竹書（壹）》，上海：上海古籍出版社，
　　　2015 年。
北京大學出土文獻研究所編：《北京大學藏西漢竹書（叁）》，上海：上海古籍出版社，
　　　2015 年。
朱漢民、陳松長主編：《嶽麓書院藏秦簡（壹）》，上海：上海辭書出版社，2010 年。
武漢大學簡帛研究中心、湖北省博物館、湖北省文物考古研究所編，陳偉主編：《秦
　　　簡牘合集（壹）》，武漢：武漢大學出版社，2014 年。
武漢大學簡帛研究中心、湖北省博物館、湖北省文物考古研究所編，陳偉主編：《秦
　　　簡牘合集（肆）》，武漢：武漢大學出版社，2014 年。
荊門市博物館編：《郭店楚墓竹簡》，北京：文物出版社，1998 年。
張家山二四七號漢墓竹簡整理小組編：《張家山漢墓竹簡〔二四七號墓〕》，北京：文
　　　物出版社，2001 年。
清華大學出土文獻研究與保護中心、李學勤主編：《清華大學藏戰國竹簡（肆）》，上
　　　海：中西書局，2013 年。
湖北省文物考古研究所、北京大學中文系編：《望山楚簡》，北京：文物出版社，1995 年。
湖北省文物考古研究所、北京大學中文系編：《九店楚簡》，北京：中華書局，2000 年。
湖北省文物考古研究所、隨州市文物隊編：《隨州孔家坡漢墓簡牘》，北京：文物出版
　　　社，2006 年。
裘錫圭主編，湖南省博物館、復旦大學出土文獻與古文字研究中心編纂：《長沙馬王
　　　堆漢墓簡帛集成（壹）》，北京：中華書局，2014 年。
裘錫圭主編，湖南省博物館、復旦大學出土文獻與古文字研究中心編纂：《長沙馬王
　　　堆漢墓簡帛集成（肆）》，北京：中華書局，2014 年。
裘錫圭主編，湖南省博物館、復旦大學出土文獻與古文字研究中心編纂：《長沙馬王
　　　堆漢墓簡帛集成（伍）》，北京：中華書局，2014 年。
裘錫圭主編，湖南省博物館、復旦大學出土文獻與古文字研究中心編纂：《長沙馬王
　　　堆漢墓簡帛集成（陸）》，北京：中華書局，2014 年。
銀雀山漢墓竹簡整理小組編：《銀雀山漢墓竹簡〔壹〕》，北京：文物出版社，1985 年。

銀雀山漢墓竹簡整理小組編：《銀雀山漢墓竹簡〔貳〕》，北京：文物出版社，2010 年。

近人專著

〔英〕汪　濤著，郅曉娜譯：《顏色與祭祀——中國古代文化中顏色意義探幽》，上海：
　　　上海古籍出版社，2013 年。

于省吾主編：《甲骨文字詁林》，北京：中華書局，1999 年。

王國維：《古史新證——王國維最後的講義》，北京：清華大學出版社，1994 年。

王曉衛、楊軍等譯注：《〈六韜‧吳子‧司馬法‧黃石公三略‧李衛公問對〉全譯》，
　　　貴陽：貴州人民出版社，1998 年。

王叔岷：《古籍虛字廣義》，北京：中華書局，2007 年。

王輝編著：《古文字通假字典》，北京：中華書局，2008 年。

左松超：《說苑集證》，臺北：鼎文書局，2001 年。

石聲漢校注：《四民月令校注》，北京：中華書局，2013 年。

石聲漢校釋：《齊民要術今釋》，北京：中華書局，2009 年。

向宗魯校證：《說苑校證》，北京：中華書局，1987 年。

朱謙之撰：《老子校釋》，北京：中華書局，2009 年。

余嘉錫：《目錄學發微》，北京：中華書局，2014 年。

余嘉錫撰：《世說新語箋疏》，臺北：華正書局，2003 年。

吳九龍：《銀雀山漢簡釋文》，北京：文物出版社，1985 年。

吳樹平校注：《東觀漢記校注》，河南：中洲出版社，1987 年。

李　零：《中國方術正考》，北京：中華書局，2012 年。

李　零：《中國方術續考》，北京：中華書局，2010 年。

李　零：《死生有命　富貴在天：〈周易〉的自然哲學》，北京：三聯書店，2013 年。

李　零：《簡帛學術與古書源流（修訂本）》，北京：三聯書店，2009 年。

李　零：《蘭臺萬卷‧讀〈漢書‧藝文志〉》，北京：三聯書店，2011 年。

沈厫民撰：《漢書藝文志校補存遺》，收於王承略、劉心明主編：《二十五史藝文經籍
　　　志考補萃編》，第五卷，北京：清華大學出版社，2012 年。

季旭昇師：《說文新證》，福州：福建人民出版社，2010 年。

房繼榮：《敦煌本鳥鳴占文獻研究》，蘭州：甘肅人民出版社，2016 年。

姚名達撰，嚴佐之導讀：《中國目錄學史》，上海：上海古籍出版社，2011 年。

姚明輝撰：《漢書藝文志注解》，收於王承略、劉心明主編：《二十五史藝文經籍志考
　　　補萃編》，第四卷，北京：清華大學出版社，2011 年。

洪　颺：《古文字考釋通假關係研究》，福州：福建人民出版社，2008 年。

胡文輝：《中國早期方術與文獻叢考》，廣州：中山大學出版社，2000 年。

唐書文：《〈六韜‧三略〉譯注》，上海：上海古籍出版社，2012 年。

孫　剛：《齊文字編》，福州：福建人民出版社，2010 年 1 月。

孫開泰：《鄒衍與陰陽五行》，濟南：山東文藝出版社，2004 年。

孫廣德：《先秦兩漢陰陽五行說的政治思想》，臺北：商務印書館，1993 年。

容肇祖：《容肇祖集》，濟南：齊魯書社，1989 年 9 月。

徐元誥：《國語集解（修訂本）》，北京：中華書局，2015 年。

袁珂校注：《山海經》，臺北：里仁書局，2004 年。

張　會：《銀雀山漢墓竹簡字形研究》，長春：吉林文史出版社，2016 年。

許維遹集釋，梁運華整理：《呂氏春秋集釋》，北京：中華書局，2010 年。

陳久金、楊怡：《中國古代的天文與曆法》，臺北：臺灣商務印書館，1993 年。

陳久金、盧央、劉堯漢：《彝族天文學史》，昆明：雲南人民出版社，1991 年。

陳久金：《帛書及古典天文史料注析與研究》，臺北：萬卷樓股份有限公司，2001 年。

陳侃理：《儒學、數術與政治：災異的政治文化史》，北京：北京大學出版社，2015 年。

陳偉武：《簡帛兵學文獻探源》，廣州：中山大學出版社，1999 年。

陳偉等著：《楚地出土戰國簡冊〔十四種〕》，北京：經濟科學出版社，2009 年。

陳國慶：《漢書藝文志注釋彙編》，臺北：木鐸出版社，1983 年。

陳朝爵：《漢書藝文志約說》，收於王承略、劉心明主編：《二十五史藝文經籍志考補
　　　萃編》，第五卷，北京：清華大學出版社，2012 年。

傅紹傑註譯：《吳子》，臺北：臺灣商務印書館，1978 年。

傅榮賢：《出土簡帛與中國早期藏書研究》，北京：知識產權出版社，2014 年。

彭鐸校正：《潛夫論箋校正》，北京：中華書局，1997 年。

逯欽立輯校：《先秦漢魏晉南北朝詩》，北京：中華書局，1983 年。

黃人二：《敦煌懸泉置〈四時月令詔條〉整理與研究》，武漢：武漢大學出版社，2010 年。

黃暉校釋：《論衡校釋（附劉盼遂集解）》，北京：中華書局，1990 年。

黃懷信：《逸周書校補注譯（修訂本）》，西安：三秦出版社，2006 年。

黃懷信：《鶡冠子彙校集注》，北京：中華書局，2004 年。

楊丙安校理：《十一家注孫子校理》，北京：中華書局，1999 年。

楊維傑編：《黃帝內經素問譯解》，臺北：台聯國風出版社，1984 年。

楊樹達：《詞詮》，上海：上海古籍出版社，2006 年。

楊樹達：《積微居小學述林》，上海：上海古籍出版社，2007 年。

葉長青：《漢書藝文志問答》，臺北：正中書局，1976 年。

劉　嬌：《言公與剿說——從出土簡帛古籍看西漢以前古籍中相同或類似內容重複出
　　　現現象》，北京：線裝書局，2012 年。

劉文典撰，馮逸、喬華點校：《淮南鴻烈集解》，北京：中華書局，2013 年。

劉樂賢：《睡虎地秦簡日書研究》，臺北：文津出版社，1994 年。

劉樂賢：《簡帛數術文獻探論（增訂版）》，北京：中國人民大學出版社，2012 年。

蔣天樞校釋：《楚辭校釋》，上海：上海古籍出版社，1989 年。

諸祖耿編撰：《戰國策集注匯考》，南京：鳳凰出版社，2008 年。

黎翔鳳撰，梁運華整理：《管子校注》，北京：中華書局，2004 年。

蕭聖中：《曾侯乙墓竹簡釋文補正暨車馬制度研究》，北京：科學出版社，2011 年。

閻振益、鍾夏校注：《新書》，北京：中華書局，2000 年。

駢宇騫、段書安：《二十世紀出土簡帛綜述》，北京：文物出版社，2006 年。

駢宇騫：《簡帛文獻概述》，臺北：萬卷樓圖書股份有限公司，2005 年。

戴建業：《文獻考辨與文學闡釋：戴建業自選集》，武漢：華中師範大學出版社，2012 年。

鍾振宇師：《道家與海德格》，臺北：文津出版社，2010 年。

鄺芷人：《陰陽五行及其體系》，臺北：文津出版社，1998 年。

蘇輿義證，鍾哲點校：《春秋繁露義證》，北京：中華書局，1992 年。

顧實撰：《漢書藝文志講疏》，收於王承略、劉心明主編：《二十五史藝文經籍志考補萃編》，第四卷，北京：清華大學出版社，2011 年。

學位論文

史大豐：《〈銀雀山漢墓竹簡〔貳〕〉文字詞匯研究》，上海：華東師範大學中國語言文學系博士論文，2017 年。

曹　磊：《銀雀山漢簡文字構形系統研究》，河北：河北師範大學漢語言文字學碩士論文，2013 年。

陶　磊：《〈淮南子·天文〉研究—從數術史的角度》，北京：中國社會科學院歷史文獻博士論文，2002 年。

楊　安：《〈銀雀山漢墓竹簡·佚書叢殘〉集釋》，長春：吉林大學古籍研究所碩士論文，2013 年。

麗壯城：《銀雀山漢簡、北大漢簡所見陰陽、五行類出土文獻研究》，臺南：成功大學中國文學研究所博士論文，2017 年。

蘇德昌：《〈漢書·五行志〉研究》，臺北：臺灣大學中國文學研究所博士論文，2011 年。

專書論文

王國維：〈戰國時秦用籀文六國用古文說〉，王國維著：《觀堂集林》，北京：中華書局，2006 年 8 月。

吳振武：〈「肖」字的形音義〉，臺灣師範大學國文學系、中央研究院歷史語言研究所：《甲骨文發現一百周年學術研討會論文集》，臺北：文史哲出版社，1998 年 5 月。

李家浩：〈楚簡所記楚人祖先「鬻（鬻）熊　與「穴熊」為一人說——兼說上古幽部與微、文二部音轉〉，《安徽大學漢語言文字研究叢書·李家浩卷》，合肥，安徽大學出版社，2013 年 7 月。

沈祖春：〈《銀雀山漢墓竹簡（貳）》校補〉，張德芳主編：《甘肅省第二屆簡牘學國際研討會論文集》，上海：上海古籍出版社，2011 年 8 月。

唐　蘭：〈西周銅器斷代中的康宮問題〉，故宮博物院主編，唐蘭著：《唐蘭先生金文論集》，北京：紫禁城出版社，1995 年 10 月。

蕭　旭：《群書校補（續）——簡帛校補（第一冊）》，新北市：花木蘭出版社，2014

年 9 月。

龍宇純先生：〈上古音芻議〉，《中上古漢語音韻論文集》，臺北：五四書店，2002 年
　　12 月。

顏世鉉：〈秦簡牘詞語釋讀二則〉，《第五屆古文字與古代史國際學術研討會會議論文
　　集》，臺北：中央研究院歷史語言研究所，2016 年 1 月 25-27 日。

羅福頤：〈臨沂漢簡所見古籍概略〉，中國古文字研究會等編：《古文字研究》，第 11
　　輯，北京：中華書局，1985 年。

期刊論文

〔加拿大〕葉　山著，劉樂賢譯：〈論銀雀山陰陽文獻的復原及其與道家黃老學派的
　　關係〉，中國社會科學院簡帛研究中心編：《簡帛研究譯叢》，第二輯，湖南：
　　湖南人民出版社，1998 年 8 月。

王挺彬：〈讀北大簡零拾〉，清華大學出土文獻研究與保護中心編，李學勤主編：《出
　　土文獻》，第八輯，上海：中西書局，2016 年 4 月。

向燕南：〈論匡正漢主是班固撰述《漢書・五行志》的政治目的〉，《河北師範大學學
　　報（社會科學版）》，第 23 卷第 1 期，2000 年 1 月。

沈祖春：〈《銀雀山漢墓竹簡〔貳〕》校讀札記〉，《中國文字研究》，第 24 輯，上海：
　　上海書店出版社，2016 年 12 月。

周　雯：〈銀雀山漢簡《天地八風五行客主五音之居》研究綜述〉武漢大學簡帛研究
　　中心：《簡帛》，第 7 輯，上海：上海古籍出版社，2012 年 10 月。

武秀成：〈《漢書・藝文志》總序獻疑〉，程章燦主編：《古典文獻研究》，第 16 輯，南
　　京：鳳凰出版社，2013 年 12 月。

胡文輝：〈談銀雀山漢簡《天地八風五行客主五音之居》釋證〉，《簡帛研究》，第 3 輯，
　　南寧：廣西教育出版社，1998 年 12 月。

張海波〈銀雀山漢簡字跡研究〉，《中國書法》，2018 年第 1 期，總 321 期。

張　會、毛新雯〈論銀雀山漢簡字形的書法藝術特徵〉，《民俗典籍文字研究》，2018
　　年第 1 期。

許學仁師：〈漢字形體研究斷鏈管窺〉，復旦大學出土文獻與古文字研究編：《出土文
　　獻與古文字研究》，第六輯，上海：上海古籍出版社，2015 年 2 月。

連劭名：〈銀雀山漢簡《占書》述略〉，《考古》，2007 年第 8 期。

連劭名：〈銀雀山漢簡《曹氏陰陽》研究〉，《中原文物》，2007 年第 2 期。

連劭名：〈銀雀山漢簡陰陽災異書研究〉，《考古》，2005 年第 4 期。

陳侃理：〈從陰陽書到明堂禮──讀銀雀山漢簡《迎四時》〉，《中華文史論叢》，2010
　　年第 1 期。

游自勇：〈論班固創立《漢書・五行志》的意圖〉，《中國史研究》，2007 年第 4 期。

馮令儒、馬瑞文：〈銀雀山漢簡的保護與影像採集〉，《孫子研究》，2018 年第 3 期，總

第 21 期。

黃啟書：〈《漢書‧五行志》之創制及其相關問題〉，《臺大中文學報》，第 40 期，2013
　　　年 3 月。

楊　　安：〈銀雀山漢簡《天地八風圖》的再復原及相關說明〉，《中國國家博物館館刊》，
　　　2016 年第 1 期，總 150 期。

鄔可晶：〈銀雀山漢簡「陰陽時令、占候之類」叢札〉，清華大學出土文獻研究與保護
　　　中心編，李學勤主編：《出土文獻》，第七輯，上海：中西書局，2015 年 10
　　　月。

趙　　益：〈漢志數術略考釋補證（上）〉，《古典文獻研究》，2004 年 00 期。

趙　　益：〈漢志數術略考釋補證（下）〉，《古典文獻研究》，2005 年 00 期。

劉紹剛、曹晉彰：〈銀雀山漢簡的文字與書法漫談〉，《中國書法》，2018 年第 1 期，總
　　　321 期。

劉　　徵：〈銀雀山漢簡文字形體特點〉，《古漢語研究》，2017 年第 1 期，總 114 期。

劉樂賢：〈五行三合局與納音說──讀饒宗頤先生《秦簡中的五行說與納音說》〉，《江漢
　　　考古》，1992 年第 1 期。

衛松濤：〈「銀雀山漢簡保護整理與研究項目」階段性成果簡述〉，《孫子研究》，2018
　　　年第 3 期，總第 21 期。

饒宗頤：〈談銀雀山漢簡《天地八風五行客主五音之居》〉，《簡帛研究》，第 1 輯，北
　　　京：法律出版社，1993 年 8 月。

會議論文

郭永秉：〈談談戰國楚地簡冊文字與秦文字值得注意的相合相應現象〉，上海復旦大學
　　　出土文獻與古文字研究中心主辦：「戰國文字研究的回顧與展望」國際學術
　　　研討會，上海：復旦大學，2015 年 12 月 12-13 日，頁 93-111。

網路論文

〈清華五《封許之命》初讀〉，武漢簡帛網，http://www.bsm.org.cn/bbs/read.php?tid=3
　　　246，2015 年 4 月 9 日。

方　　勇：〈漢簡零拾兩則〉，武漢簡帛網，http://www.bsm.org.cn/show_article.php?id=1
　　　607，2011 年 12 月 23 日。

方　　勇：〈讀秦漢簡札記二則〉，武漢簡帛網，http://www.bsm.org.cn/show_article.php?
　　　id=1572，2011 年 10 月 28 日。

陳侃理：〈銀雀山漢簡《迎四時》補說〉，武漢簡帛網，http://www.bsm.org.cn/show_ar
　　　ticle.php?id=1304，2010 年 9 月 20 日。

陳　　劍：〈關於《昭王與龔之脾》的「定冬」〉，復旦網，http://www.gwz.fudan.edu.cn/
　　　Web/Show/1712，2011 年 11 月 18 日。

翟玉忠：〈銀雀山漢簡與河圖洛書五行四時曆〉，http://bbs.lzszg.com/thread-907872-1-

1.html，2015 年 1 月 19 。

銀雀山竹簡整理課題組：〈「銀雀山漢墓竹簡整理研究」課題組第三次工作會議紀要〉，清華大學出土文獻與保護中心，http://www.ctwx.tsinghua.edu.cn/publish/cetrp/6835/2015/20151112172237260745095/20151112172237260745095_.html，2015 年 11 月 14 日。

龐壯城：〈北大漢簡《陰陽家言》、《雨書》、《荊決》、《六博》考釋零箋〉，武漢網，http://www.bsm.org.cn/show_article.php?id=2362，2015 年 11 月 19 日。

龐壯城：〈北大漢簡《節》考釋零箋〉，武漢簡帛網，http://www.bsm.org.cn/show_article.php?id=2374，2015 年 11 月 25 日

龐壯城：〈銀雀山漢簡《占書》考釋零箋〉，武漢簡帛網，http://www.bsm.org.cn/show_article.php?id=2388，2015 年 12 月 3 日

龐壯城：〈銀雀山漢簡《曹氏陰陽》考釋零箋〉，武漢簡帛網，http://www.bsm.org.cn/show_article.php?id=2389，2015 年 12 月 3 日。

後記

　　小書取自博論《銀雀山漢簡、北大漢簡所見陰陽、五行類出土文獻研究》，保留銀雀山漢簡之內容，增補《占書》與《天地八風五行客主五音之居》之考證，希冀對銀雀山漢簡數術類文獻之研究略盡棉力。本預計於 2020 年上旬出版，會疫情爆發，致生活、工作徒生變化，衝擊心志，因之延宕再三，而今出版，幸不辱師命，聊為任職之誌。

　　2018 年赴福建師範大學文學院任教，已逾五載，箇中酸甜，不足為道矣。契闊兩岸，作劇閩臺，則翅翼得展，設古代漢語、出土文獻、古文字等課，不至荒廢舊學；使眼界恢拓，製線上課程、社科項目、讀書會等事，有加論思新知。學海茫茫，唯情是從，文學院李小榮、林志強、歐明俊、陳鴻、李春曉、陳芳、黃濤師長，每見小子，必多殷切關懷，但有所求，莫不慨然應允；文山巍巍，非勤不從，田偉、方遙、周祥、劉偉浠、莊哲彥學友，時愾當以慷，相濡問學，然何以解憂，唯有孔方。小子迻滯榕城，亦拘拘自適，天性豈懶慢，露才猶疏狂，唯求心安理達，無問東西紛雜，偶有所得，或躍然敬告，或悵然自珍，一朝但得文章力，半夜何妨筆墨遲，不求甚解，亦甚求不解。

　　昔負笈成大，承過庭之訓，漸鼓篋之術。得沈寶春、季旭昇、許學仁師之教導，處事為學，受用俱妙；當高佑仁、高榮鴻、洪德榮、黃澤鈞學長之遊處，故情畢通，言無不盡。每慮及此，則恐得於人者眾，出於己者微；一念思之，直欲參較彼此，推己及人。非是小子年淺，盡得放肆；方知大人齒增，況逢扶持。他鄉誰料理，行路致殷勤，疫情險困，親友遠離，一別豈堪二三載，再逢哪盡千萬言？更自相催，無非砥礪；還應攜將，安得護持。余志學失恃，父子相依，胖鳥在側，親舍雲飛千里客，疏篷雨漲一江黃。而立餘半，孝思彌篤，調遠別土，觴頻孤館，感季路之負米，嘆秣陵之報書。霸王重瞳尚羞面江東，游子入夢且誓言海西，慰立身似小就，慚經綸未大成，撰薄責小書，償澤霈大恩。

　　小子治學，銜奉師長提點，志於簡帛文獻，由占夢而入數術，本小學復外他術。嘗戲言之：「吾少也賤，故多鄙事。」加之師院授課，執教學專。私以學術、授業之輔翼，在略通文、史、哲學，故課外頗講老莊天道、馬遷深意、簡牘舊文，希擬漢唐經師，曠日累之，遂成一隅之見：凡解簡帛，非求文字、聲韻、訓詁之理，亦得其時代語境，通爾字詞文句，切勿倒想輕用，迷惑自欺。近解《養生主》「養新非養親」、《戰國策》「王負劍」、《反淫》《妄稽》，以至小書語譯，皆承此旨，聊作殘棋，且行藏舟。　小書付梓，蒙許學仁師賜題、林志強師及高佑仁學長撰序，後得張雯靜、林舒洋女棣校正，再獲福建師大文學院資助，萬卷樓張晏瑞、林以邠先生編輯，謹致謝忱。唯撰寫時長，思緒或異，前後或非一是，就中文責概由本人所負，祈請方家指證。

　　　　　　　　　　　　謹撰於深坑始平堂

　　　　　　　　　　　　二〇二二年十一月二十三日

文獻研究叢書・出土文獻譯注研析叢刊 0902025

銀雀山漢簡數術類文獻整理與研究

作　　者　龐壯城
書名題字　許學仁
責任編輯　林以邠

發 行 人　林慶彰
總 經 理　梁錦興
總 編 輯　張晏瑞
編 輯 所　萬卷樓圖書股份有限公司
　　　　　臺北市羅斯福路二段 41 號 6 樓之 3
　　　　　電話 (02)23216565
　　　　　傳真 (02)23218698

發　　行　萬卷樓圖書股份有限公司
　　　　　臺北市羅斯福路二段 41 號 6 樓之 3
　　　　　電話 (02)23216565
　　　　　傳真 (02)23218698
　　　　　電郵 SERVICE@WANJUAN.COM.TW
香港經銷　香港聯合書刊物流有限公司
　　　　　電話 (852)21502100
　　　　　傳真 (852)23560735

ISBN 978-986-478-800-2
2022 年 12 月初版一刷
定價：新臺幣 520 元

如何購買本書：

1. 劃撥購書，請透過以下郵政劃撥帳號：
　帳號：15624015
　戶名：萬卷樓圖書股份有限公司
2. 轉帳購書，請透過以下帳戶
　合作金庫銀行　古亭分行
　戶名：萬卷樓圖書股份有限公司
　帳號：0877717092596
3. 網路購書，請透過萬卷樓網站
　網址 WWW.WANJUAN.COM.TW
大量購書，請直接聯繫我們，將有專人為您
服務。客服：(02)23216565 分機 610

如有缺頁、破損或裝訂錯誤，請寄回更換

國家圖書館出版品預行編目資料

銀雀山漢簡數術類文獻整理與研究/龐壯城
著. -- 初版. -- 臺北市 ： 萬卷樓圖書股份有
限公司, 2022.12
　面 ；　公分. -- (文獻研究叢書. 出土文
獻譯注研析叢刊 ；902025)
ISBN 978-986-478-800-2(平裝)
1.CST: 簡牘學　2.CST: 術數　3.CST: 研究考
訂

796.8　　　　　　　　　　　　　111021992